hueber
hochschulreihe 20

ayad/sautermeister

**la traduction
allemand-français**

elisabeth ayad
christine sautermeister

la traduction
allemand-français

max hueber verlag

ISBN 3–19–00.3115–0
1. Auflage 1975
© 1975 Max Hueber Verlag München
Satz und Druck: Gebr. Parcus, München
Printed in Germany

INHALTSVERZEICHNIS

Vorwort   7

Text 1   Victor Auburtin, „Ich fange ein neues Leben an" aus
          Seifenblasen, © Albert Langen-Georg Müller Verlag GmbH,
          München   10

Text 2   Robert Walser, „Der Hanswurst" aus *Prosa,*
          © Helmut Kossodo Verlag, Genf   22

Text 3   Hans Fallada, aus *Der Trinker,*
          © Emma D. Hey, Braunschweig   36

Text 4   Rainer Maria Rilke, aus *Die Aufzeichnungen des Malte
          Laurits Brigge,* © Insel Verlag, Frankfurt   50

Text 5   Ingeborg Bachmann, aus *Das dreißigste Jahr,*
          © R. Piper & Co. Verlag, München   64

Text 6   Erich Kästner, „Fahrten ins Blaue", aus *Die kleine Freiheit,*
          © Droemer Verlag, München/Atrium Verlag, Zürich   78

Text 7   Hermann Hesse, aus *Der Steppenwolf,* © Suhrkamp Verlag,
          Frankfurt   92

Text 8   Franz Kafka, aus Die Verwandlung, in: *Erzählungen,*
          Europ. Lizenzausgabe S. Fischer Verlag GmbH, Frankfurt,
          © 1935 by Schocken Verlag Berlin, © 1940, 1963 by
          Schocken Books Inc. New York 104

Text 9   Wolfgang Hildesheimer, „Eine größere Anschaffung" aus
          Lieblose Legenden, © 1962 Suhrkamp Verlag, Frankfurt . . 118

Text 10   Günter Grass, aus *Die Blechtrommel,* © 1959 by Hermann
          Luchterhand Verlag, Darmstadt und Neuwied 134

Text 11   Heinrich Böll, aus *Billard um halb zehn,* © Kiepenheuer
          & Witsch Verlag, Köln 148

Text 12   Günter Wallraff, „Am Band" aus *Aus der Welt der Arbeit,*
          Almanach der Gruppe 61, © by Hermann Luchterhand Verlag
          Darmstadt und Neuwied 162

Text 13   Esther Vilar, aus *Der dressierte Mann,* © Caann Verlag, München 178

Text 14   Walter Benjamin, „Potemkin" aus *Angelus Novus,* © Suhrkamp Verlag, Frankfurt 196

Text 15   Bertolt Brecht, „Der Lebenslauf des Boxers Samson-Körner" aus *Die Hauspostille.* Geschichten I. © Suhrkamp Verlag, Frankfurt 212

Text 16   Heinrich Mann, „Die Machtergreifung" aus *Die Vollendung des Königs Henri Quatre,* © Econ Verlagsgruppe, Düsseldorf   234

Text 17   Ricarda Huch, aus Aus der Triumphgasse, © Marietta Böhm, Rockenberg 252

Text 18   Siegfried Kracauer, „Das goldene Herz" aus *Die kleinen Ladenmädchen gehen ins Kino,* © Suhrkamp Verlag, Frankfurt 270

Text 19   Horst Bienek, „*Stimmen im Dunkel*" aus *Nachtstücke,* © 1959 Carl Hanser Verlag, München 284

Text 20   Max Frisch, „Brecht" aus *Tagebuch 1946—1949,* © Suhrkamp Verlag, Frankfurt 294

Bibliographie 323

VORWORT

Tous les textes présentés dans cet ouvrage ont été travaillés en cours. Les commentaires apportés aux traductions sont issus des fautes relevées chez nos étudiants au cours d'exercices oraux ou écrits. Ceci explique l'ampleur de ces commentaires aussi importants, sinon plus, que la traduction qui n'est là qu'à titre de suggestion.

Certains de ces textes ont été donnés à l'examen, tels que Fallada et Rilke (Zwischenprüfung de l'Université de Munich), Bachmann (Prüfung für das Lehramt an Realschulen, Munich), Hesse (Diplom-Übersetzer-Prüfung, Munich), et Hildesheimer (Bayerische Staatsprüfung für Übersetzer). La seconde moitié de l'ouvrage est constituée de textes se rapprochant du niveau exigé au Staatsexamen bavarois.

Conformément aux exigences des examens, le choix a donc porté sur des textes de prose moderne, c'est-à-dire en grande partie littéraires. Cependant certaines traductions, telles que Wallraff, Vilar, Brecht, bien que n'étant pas des articles de journaux, ce qui aurait dérangé l'unité du livre, traitent de sujets d'actualité précis: émancipation de la femme, travail à la chaîne, sport.

Pour habituer l'étudiant à différents niveaux de style ainsi qu'à différents vocabulaires, nous avons cherché des textes concrets en essayant de varier les centres d'intérêt. Une exception toutefois, le texte de Frisch est particulièrement long et, du moins dans sa première partie, abstrait. Son choix nous a semblé parachever la liste des différents niveaux de style possibles.

Autant que faire se peut, nous avons respecté une progression linéaire ascendante dans la difficulté des traductions, ce qui n'empêche pas que celles du début peuvent être tout à fait profitables aux candidats au Staatsexamen. Il est même recommandé à ces derniers, ainsi qu'à ceux préparant le diplôme d'Etat de traducteur, de travailler le livre dès le début.

Les commentaires sont délibérément nombreux et très développés. Comme nous l'avons déjà mentionné ci-dessus, l'accent n'est pas mis sur la traduction définitive, qui ne doit pas être l'unique but poursuivi par l'étudiant. Ce qui importe, c'est moins d'arriver à la traduction proposée que de comprendre le processus qui permet d'y aboutir, d'éviter les fautes en saisissant les problèmes posés, de faire un choix parmi les synonymes et les variantes. Les notes des premiers textes insistent davantage sur la grammaire et la phraséologie, par la

suite l'accent est mis sur le style, ce qui explique que certaines remarques se trouvent reprises et développées sous un aspect différent.

Dans la traduction, il est conseillé de rester le plus près du texte possible. Il n'est pas question de faire de la littérature, mais de rendre fidèlement l'esprit du texte.

Le rythme à atteindre est de vingt-cinq lignes environ pour quatre-vingt-dix minutes. Ne pas oublier d'utiliser, à côté des dictionnaires bilingues, des ouvrages monolingues qui seuls peuvent permettre un choix judicieux entre les différentes possibilités de traduction. Pour ce faire, de même que pour les questions de grammaire, de syntaxe, de sémantique et de stylistique, nous renvoyons à la bibliographie proposée à la fin de l'ouvrage.

TEXT 1

Ich fange ein neues Leben an

Wie alle Leute, die es zu nichts im Leben bringen, so führe auch ich ein Tagebuch.

Das heißt, jeden Abend schreibe ich in ein kleines, schwarzlackiertes Heft ein, welche Ereignisse an diesem Tag vorgefallen sind; was es zu Mittag gegeben hat, wieviel Schnaps ich getrunken habe, welchen Klassiker ich gelesen habe und wie mein Stuhlgang gewesen ist.

Wenn etwas Bedenkliches zu verzeichnen ist, schreibe ich es auf griechisch, damit die Aufwartefrau es nicht lesen kann. Alle diese kleinen Hefte aber hebe ich auf; es ist ihrer schon eine ganze Menge zusammengekommen.

Jetzt muß ich meine Tagebücher wieder einmal durchgehen, um eine Adresse zu finden, und dabei habe ich eine Entdeckung gemacht. Die Entdeckung nämlich, daß alle drei oder vier Monate in den Tagebüchern die Notiz steht: Heute fange ich ein neues Leben an.

Ich erinnere mich auch genau, was damit gemeint ist. Wenn ich diese Bemerkung einschrieb, hatte ich den Entschluß gefaßt, keinen Schnaps mehr zu trinken, meine Dramen zu Ende zu schreiben und jeden Sonntag wieder in die Kirche zu gehen.

Aber ach, meistens so zwei oder drei Seiten nach dieser Aufzeichnung steht dann in den Tagebüchern wieder etwas Griechisches drin, was, wenn ich es entziffere, Cherry Brandy oder so ähnlich heißt; oder es steht auch gar nichts drin, ein Zeichen, daß an diesem Tage alles drunter und drüber gegangen ist. Und so habe ich in diesen letzten Jahren ungefähr zwölfmal ein neues Leben angefangen.

Es ist meine Absicht, wenn ich sterbe, meine hinterlassenen Schriften dem Goethe-Schiller-Archiv in Weimar zu überweisen, wie das ja auch Wildenbruch mit seinen hinterlassenen Schriften gemacht hat. Jüngere Literaturhistoriker von Begabung werden dann meine Tagebücher sichten, und sie werden aus ihnen vielleicht mehr Nutzen ziehen als aus der Beschäftigung mit den hinterlassenen Schriften Wildenbruchs.

Aber Griechisch müssen diese jüngeren Literaturhistoriker verstehen, *viel Griechisch!*

Victor Auburtin, aus: *Seifenblasen*

Je commence une nouvelle[1] vie

Comme[2] tous les gens[3] qui n'arrivent à rien[4] dans la vie, je tiens[5], moi aussi[6], un journal. C'est-à-dire que[7] j'inscris chaque soir[8] dans un petit[9] cahier noir et glacé[10] quels[11] événements[12] ont eu lieu[13] dans[14] la journée[15], ce qu'il y a eu à manger[16] à midi, combien d'eau-de-vie j'ai bue[17], quel classique[18] j'ai lu et comment ont été mes selles[19]. Quand[20] il me faut[21] noter[22] quelque chose de[23] gênant[24], je l'écris en grec pour que la femme de ménage ne puisse pas le lire[25]. Quant à[26] tous ces petits cahiers, je les conserve[27]; j'[28] en ai déjà rassemblé[29] tout un tas[30]. Maintenant je dois[31] parcourir[32] une fois de plus[33] mon[34] journal pour trouver une adresse et, à cette occasion[35], j'ai fait une découverte. J'ai découvert en effet[36] que tous les trois ou quatre mois se trouve[37] dans mon journal la note[38] suivante[39]: Aujourd'hui je commence une nouvelle vie.

Je me rappelle[40] aussi exactement ce que cela signifie[41]. Quand j'inscrivais[42] cette remarque, j'avais pris la décision de ne plus boire d'eau-de-vie[43], d'achever[44] d'écrire mes drames et d'aller tous les dimanches à l'église[45].

Mais hélas[46], la plupart du temps[47], deux ou trois pages[48] après cette note[49], on trouve[50] dans mon journal une inscription[51] en[52] grec, qui veut dire[53], quand je la déchiffre, Cherry Brandy ou quelque chose de semblable[54]; ou bien[55] il n'y a rien du tout, signe[56] que ce jour-là tout est allé de travers[57]. Et ainsi, ces dernières années[58], j'ai commencé une douzaine[59] de fois une nouvelle vie.

J'ai l'intention[60], quand je mourrai[61], de transmettre[62] mes écrits[63] posthumes[64] aux archives[65] Goethe-Schiller à Weimar, comme[66] Wildenbruch l'a fait avec[67] les siens[68]. De jeunes[69] et talentueux[70] historiens de la littérature[71] examineront[72] alors mon journal, et ils en tireront peut-être[73] plus de profit[74] que de l'étude[75] des œuvres posthumes de Wildenbruch. Mais[76] ces jeunes historiens de la littérature devront comprendre le grec[77], beaucoup de grec.

1) *Neu* se traduit selon le cas par *neuf* ou *nouveau.*
   neuf = fabrikneu, noch nicht gebraucht
   nouveau = neuartig, neuerschienen
   Ex.: Je voudrais acheter un *livre neuf* et non d'occasion.
       Il a une *nouvelle voiture,* une Renault d'occasion.
   Ainsi on peut avoir une *nouvelle voiture* sans pour cela avoir une *voiture neuve.*
   Neuf s'applique donc à un objet non usé ou qui n'a pas servi. *Neuf* appliqué à *vie*
   serait absurde.
   Une nouvelle vie, c.-à-d. une autre vie que celle qu'on avait menée auparavant. *Une*
   vie nouvelle signifierait une deuxième vie. Il faut prendre garde ici à la place de
   l'adjectif. Un *habit nouveau* est un habit d'une nouvelle mode, *un nouvel habit* est
   un habit différent de celui qu'on avait avant. De même, *un nouveau livre* est un livre
   différent de ceux qu'on possède ou qu'on a lus. *Un livre nouveau* est un livre nouvel-
   lement paru. En parlant de personnes qui sont depuis peu ce qu'elles sont, on fait
   précéder l'adjectif.
   Ex.: *les nouveaux riches*
       le nouveau ministre
       les nouveaux mariés
   Je change de vie n'est pas assez précis. De même, l'expression plus familière *je repars*
   à zéro signifie qu'on recommence tout depuis le début en ignorant tout ce qu'il y
   avait avant. *Débuter* s'emploie de manière absolue, sans complément. *Débuter,* c'est
   faire ses premiers essais au théâtre et, par extension, ses premiers pas dans la vie.
   Ex.: Cet acteur n'a pas beaucoup d'expérience, il *débute.*
       Ce gros entrepreneur *a débuté* avec un petit capital.
   Var.: *Je prends un nouveau départ dans la vie.*

2) Var.: *de même que, ainsi que,* expressions plus lourdes cependant

3) Attention au genre de ce substantif selon qu'il précède (masculin) ou qu'il suit (fémi-
   nin) l'adjectif.
   Ex.: des gens *travailleurs*
       de *bonnes* gens
   Cependant, l'adjectif reste au masculin quand l'article vient s'intercaler entre lui et
   le substantif, comme c'est le cas avec *tous les gens.*
   Var.: *tous ceux*

4) Var.: *qui ne réussissent pas*
   Ne pas employer dans ce cas *qui n'ont pas de succès,* expression qui ferait plutôt
   allusion à l'attirance personnelle exercée, et non à la réussite, phénomène purement
   matériel.
   Ex.: Malgré son succès auprès des femmes, il n'a pas *réussi* dans la vie.

5) Différentes traductions de *führen*:
   ein Geschäft führen = *tenir* un commerce
   Kasse führen = *tenir* la caisse
   Mais: ein Leben führen = *mener* une vie
   Krieg führen = *faire* la guerre

6) *Ich* est mis en relief. D'où la nécessité de soutenir en français le pronom personnel atone *je* par son équivalent sous la forme tonique *moi*. Des traductions telles que *je tiens également,* ou *je tiens aussi* se rapporteraient à *journal* et signifieraient que l'auteur tient un journal, entre autres choses.

7) Par rapport à l'allemand qui juxtapose, le français, dans ce cas, éprouve le besoin de relier. D'où la présence de *que*. De même, si l'allemand dit: *ich glaube, er ist krank,* le français traduira: *je crois qu'il est malade.*
   Var.: *cela signifie que*

8) Var.: *tous les soirs*

9) Noter la place de *petit* devant le substantif, alors que les adjectifs indiquant la couleur et la matière se placent obligatoirement après *cahier*.

10) *glacé:* lustré et luisant, se dit pour du papier ou du carton
    verni: recouvert d'un enduit vitreux, souvent protecteur; on *vernit* un tableau, un mur, un meuble.
    vernissé: recouvert de vernis ou brillant comme un objet verni; on parle d'une poterie *vernissée*.
    laqué: recouvert de gomme résine ou de vernis de Chine; on *laque* un meuble, une voiture.
    Noter cependant der Nagellack = le *vernis* à ongle

11) *quel* (adjectif interrogatif) et non *lequel* (pronom interrogatif)
    Ex.: *Quel livre* avez-vous lu?
          J'ai lu un roman. – *Lequel?*

12) Var.: *ce qui s'est passé dans la journée* (en supprimant *quel*)
    événement: terme général, se dit de faits importants, heureux, malheureux ou indifférents, ayant généralement une cause connue
    Ex.: L'invention de l'imprimerie fut un événement qui changea le cours de l'histoire.
    incident: événement accessoire, assez peu important, souvent fâcheux, survenant dans le cours d'une entreprise ou d'une affaire
    Ex.: Un *incident* est venu interrompre mon voyage.

13) Noter toutes les expressions possibles avec *événement:*
    Un événement a lieu.
    Un événement se passe.
    Un événement se produit.

14) Var.: *dans la journée* ou *au cours de cette journée*
    Journée et non *jour,* puisqu'il s'agit d'une durée. Mais on peut dire aussi, en pensant davantage à la date: *ce jour-là.*

15) L'emploi du point-virgule allemand marquerait une coupure trop grande dans la phrase française; il vaut mieux relier toutes les subordonnées au style indirect.

16) Il est nécessaire de préciser en ajoutant: *à manger. A midi* tout seul serait une allusion à un événement qui aurait pu se passer à midi.

17) Normalement, *eau-de-vie* doit suivre immédiatement *combien*. Cependant, *eau-de-vie* étant objet direct, il est possible de placer le groupe après le participe en disant: *combien j'ai bu d'eau-de-vie*. Dans ce dernier cas, le complément d'objet direct étant placé après le groupe verbal, le participe restera invariable. Dans la traduction retenue, l'accord du participe avec le complément doit se faire puisque la locution collective précède le participe.
Ex.:   Combien d'heures ai-je perdu*es*?
        Combien ai-je perd*u* d'heures?

18) Var.: *auteur classique*
On parle cependant des *grands classiques,* en désignant par là soit l'auteur, soit l'ouvrage classique. Un troisième sens de *classique,* employé comme substantif, désigne la musique classique. On dira: *Il n'aime que le classique.*

19) *Stuhlgang haben = aller à la selle, avoir des selles*
keinen Stuhlgang haben = *être constipé*
De *sele* désignant au XIIIème siècle la *chaise percée* on est passé à l'expression *aller à la selle,* c.-à-d. expulser les matières fécales, puis aux *selles,* c.-à-d. les matières fécales elles-mêmes.
défécation: terme plus scientifique désignant l'expulsion des matières fécales

20) *Wenn* se traduit selon le cas par *quand, lorsque* ou *si.*
Quand est général, vague, traduit le rapport avec un fait possible ou idéal.
Lorsque traduit un moment plus précis, il s'applique de préférence à un fait réel et particulier. Il est d'un emploi souvent historique et plus littéraire que *quand.*
Si traduit l'hypothèse, l'éventualité et non la fréquence de l'action. L'emploi de *si* est donc ici exclu.

21) Var.: *Quand il y a à noter,* traduction moins bonne cependant en raison de l'assonance
        Quand il faut que je note, traduction moins élégante
        Quand je dois noter

22) Var.: *inscrire,* déjà employé cependant.
verzeichnen = *noter,* terme général, c.-à-d. marquer d'un trait dans un écrit ou inscrire sur un carnet, un registre
D'autres traductions de *verzeichnen* appartiennent au vocabulaire administratif; il s'agit de: *consigner, enregistrer, relever.*
consigner: noter ce qu'on veut retenir, citer ou rapporter
Ex.: On *consigne* les points importants d'une affaire pour en faire un rapport.
enregistrer: noter sur un registre implique plus de soin et de précision que noter
relever: prendre en note pour dresser un compte, une liste
Ex.: On *relève* les fautes pour en dresser un catalogue.
Autres traductions possibles de *verzeichnen,* qui cependant ne conviennent pas dans le texte proposé:
spécifier: indiquer précisément quelque chose
Ex.: Il a annoncé son arrivée sans en *spécifier* le jour.

mentionner = erwähnen

signaler: attirer l'attention sur quelque chose

citer: faire connaître, à propos de ce qu'on dit, un écrit, un passage, un exemple
Ex.: Il m'a *cité* le cas d'un cancéreux qui a fini par guérir.

23) Ne pas oublier d'intercaler la préposition *de* entre le pronom indéfini *quelque chose* et l'adjectif alors invariable.

24) *Bedenklich* a ici le sens de *difficile à dire, embarrassant, gênant. Douteux, louche* (plus familier) insistent plutôt sur l'ambiguïté; *critique, inquiétant, dangereux* sont des termes trop forts (= besorgniserregend).

25) Var.: *pour éviter que la femme de ménage ne le lise*
Afin que est plus fort que *pour que* (possible ici également) et révèle expressément le dessein d'arriver à un but.
Pour exprimer une fin à éviter, utiliser le tour *pour que... ne... pas.* Avec *pour éviter que, pour empêcher que,* on emploie généralement le *ne* explétif.

26) Ne pas traduire *aber* par *mais;* il ne s'agit pas d'une véritable opposition, mais d'un passage à une autre idée. D'où la traduction par *quant à.*
Var.: *pour ce qui est de*
d'autre part

27) *Aufheben* au sens de aufbewahren se traduit par *garder, conserver, mettre de côté.*
Conserver s'emploie plutôt pour des choses qu'on ne veut pas perdre ou laisser perdre.
Garder ajoute une idée de vigilance, de sollicitude.
Mettre de côté s'applique exclusivement à des choses généralement de valeur: de l'argent par exemple.
Ramasser, relever, soulever sont impropres.

28) Le tour personnel doit être ici préféré au tour impersonnel, comme c'est généralement le cas pour toute traduction d'allemand en français.

29) *Rassembler* convient le mieux dans ce contexte puisque ce terme signifie entre autres *mettre ensemble différentes choses* (ou des personnes) ou *former un groupe* à partir de plusieurs choses.
Var. avec la même nuance de sens: *réuni*
Accumuler, amasser, entasser, amonceler, empiler ne conviennent pas.
accumuler: mettre des choses les unes sur les autres jusqu'au comble: on *accumule* des richesses.
Amasser indique un effort pour rassembler les objets dans une intention délibérée: on *amasse* des documents pour un procès.
entasser: mettre plusieurs choses les unes sur les autres, en tas, avec ou sans ordre: on *entasse* des papiers, des journaux.
Amonceler précise *entasser* et implique un entassement désordonné.
Empiler est du langage familier: on *empile* des livres.
Orthographe de *rassemblé:*
Il s'agit du problème de l'accord du participe passé précédé de *en.* Quand *en* fait fonction de complément direct, le participe passé reste invariable.

Ex.: J'ai trouvé des livres intéressants, j'en ai *acheté* deux.

Mais: Cet opéra a été repris, les représentations qu'on en a *données* sont remarquables.

30) Var.: *un nombre considérable,* d'un style plus soutenu

Toute une pile est du langage parlé.

On ne dit pas *une foule* en parlant de cahiers. Par rapport à *amas, masse,* termes très imprécis, *tas* et *pile* indiquent une certaine symétrie. *Monceau* serait trop fort, de même qu'*amoncellement.* On parle d'*un monceau de ruines,* d'*un amoncellement de neige.*

31) Var.: *maintenant il me faut*

       maintenant il faut que je parcoure

       mais voilà que je dois

La première variante passe pour être d'un style plus relevé que les autres traductions.

32) *parcourir,* c.-à-d. relire, revoir rapidement

examiner = prüfen

feuilleter = durchblättern: on *feuillette* un livre avant de l'acheter.

Vérifier, réviser ne conviennent pas.

Vérifier, c'est voir s'il n'y a pas de faute: le comptable *vérifie* ses comptes.

Réviser, c'est examiner de nouveau pour corriger ou reprendre ce qu'on a appris: l'étudiant *révise* ses cours avant l'examen.

33) Var.: *encore une fois* ou *une nouvelle fois*

D'un point de vue strict, on distingue entre *à nouveau* qui signifie ‹d'une manière toute différente de la première fois› et *de nouveau* qui signifie ‹de la même façon que la première fois›. Cependant les écrivains modernes font de moins en moins la différence.

34) Préférer *mon journal* à *mes journaux* pour éviter la confusion avec *Zeitungen*

35) Var.: *c'est alors que*

      j'ai fait là

36) L'adverbe explicatif *nämlich* peut se traduire de diverses manières: *à savoir, c'est-à-dire que, en effet,* ou tout simplement par deux points.

D'où les variantes suivantes:

          à savoir la découverte

          c'est-à-dire que j'ai découvert

          c'est-à-dire la découverte

Il faut éviter, en tous cas, d'employer la ponctuation allemande (c.-à-d. le point) qui traduit une plus grande rupture en français qu'en allemand.

D'autre part la traduction par le tour verbal dans la solution retenue est préférable pour ne pas répéter *découverte.*

37) *Il y a* serait trop plat.

Var.: *on trouve*

Ne pas employer le verbe *se trouver* à la forme impersonnelle, ce qui serait souligner la notion de hasard.

16

Ex.: Il s'est trouvé quelqu'un sur la route pour me dépanner.
(Zufällig war jemand...)

38) Var.: *remarque* (= Anmerkung)
Notice désigne en français soit une courte préface dans laquelle l'éditeur présente l'ouvrage, soit un ensemble d'indications sommaires. On parle par exemple de la *notice bibliographique* d'un ouvrage.
Notation s'applique à la façon de noter. Ainsi, pour faciliter l'apprentissage d'une langue, les manuels emploient la *notation phonétique*.
L'annotation, c'est dans un ouvrage une note personnelle de l'auteur, une observation ou une réflexion mise en marge du texte.
Ex.: Le metteur en scène a mis quelques *annotations* en marge du scénario.

39) Il est nécessaire d'ajouter *suivante*, le français introduisant toujours les citations directement et avec précision. Le démonstratif *cette* conviendrait pour rappeler une chose déjà mentionnée, non pour l'introduire.

40) *sich erinnern* – attention à la construction respective des verbes français suivants:
se souvenir de qc. ou *de qn*
se rappeler qc. ou *qn*
Se rappeler est des deux le terme le plus courant.
Se souvenir appartient à une langue légèrement plus recherchée.
Se remémorer est du style littéraire, c'est reconstituer qc. avec précision dans sa mémoire.

41) Var.: *ce que j'ai voulu dire par là*
Remarquer le tour *par là* dans les expressions telles que *vouloir dire, entendre, exprimer.*
Avec ça serait du français trop familier.

42) Emploi de l'imparfait pour souligner la répétition de l'action. Cependant le passé simple serait justifié, si on envisage chaque fois le moment précis où l'auteur a fait sa remarque. On souligne ainsi l'aspect ponctuel de l'action.

43) *d'eau-de-vie*: absence d'article ici, car il s'agit d'un cas de négation absolue. En opposant *eau-de-vie* à une autre boisson, on dira: j'avais pris la décision de ne plus boire *de l'eau-de-vie* mais *de la limonade*. De même, si *eau-de-vie* est précisé par une proposition, on emploiera l'article.
Ex.: Je n'ai pas *de l'eau de vie* pour en offrir à tous les passants.

44) Var.: *finir*
Achever ajoute au sens de *finir* une idée de perfection dans l'accomplissement. *Terminer* insiste sur la fin. Il vaut mieux éviter de construire *terminer* avec un infinitif.

45) Equivalent de l'église chez le protestant: *le temple*. On dit: *aller au temple.*
Dans la langue courante, on désignera plutôt le service religieux et on dira *aller à la messe,* pour un catholique, *aller au culte,* pour un protestant.

46) Var.: *malheureusement*
L'interjection *ah* est tout d'abord imprécise, car elle marque la joie, la surprise plus

que la douleur, et, d'autre part, la juxtaposition des monosyllabiques *(mais, ah)* est du discours parlé.

47) Var.: *le plus souvent*
     généralement

48) Eviter de traduire *so* par *environ* qui ferait pléonasme. L'expression *deux ou trois* se suffit à elle-même, car elle a déjà un sens approximatif.

49) *Aufzeichnungen machen* = *prendre des notes.* Cf. rem. 38.

50) *Dann* indiquant la simple succession se traduit par *ensuite* ou par *puis.*
    Ex.: Ils sont allés au théâtre, *ensuite (puis)* ils ont été souper.
    Noter que *puis* s'emploie uniquement en début de phrase ou de proposition.
    Ex.: Il a commencé par prendre un bain, *puis (ensuite)* il s'est couché.
        Il a commencé par prendre un bain, il est *ensuite* allé se coucher.
    L'emploi de *puis,* à la place d'*ensuite,* est impossible dans le deuxième exemple.
    Dann marquant le moment précis est rendu par *alors.*
    Ex.: Il voulait aller au théâtre, *c'est alors que* la voiture refusa de démarrer.
    Ici *dann* a une valeur déictique et sa traduction par *alors* n'est pas nécessaire en français.

51) Remplacer ici la traduction mot à mot *quelque chose* par un terme précis, l'indéfini étant indispensable plus loin.
    Var.: *quelques mots*

52) *En grec* et non *de grec,* c.-à-d. *écrite en grec.* De la même manière, on dira *quelques mots en grec* (ou *écrits en grec*) et non *quelques mots de grec.*
    Ex.: Il ne connaît que quelques mots de grec.
    L'adjectif *grec,* employé sans préposition, désignerait la nationalité. *Quelque chose de grec* s'appliquerait à un objet ou une caractéristique appartenant à la Grèce ou rappelant la Grèce.

53) Var.: *qui signifie*

54) *Ähnlich*
    semblable, terme général
    Analogue est moins général que *semblable* et suppose entre les deux choses comparées moins de points communs.
    Ressemblant désigne une conformité extérieure de forme, de figure ou d'apparence.
    Ex.: Un fils est *semblable* à son père, bien qu'il ne lui soit pas *ressemblant* de figure.
    Equivalent se dit de ce qui est semblable par la valeur ou par le sens.
    Ex.: le baccalauréat ou un diplôme *équivalent*
    Similaire est du langage commercial.
    Ex.: Un quincailler vend des ustensiles en métal, des casseroles et autres objets *similaires.*
    Conforme se dit de ce qui est semblable quant à la forme.
    Ex.: La copie est *conforme* à l'original.
    Pareil ajoute à ‹semblable› une idée d'égalité plus grande au point que deux choses à comparer peuvent être appareillées.
    Ex.: Ce n'est pas *pareil.* = Ce n'est pas la même chose.

Identique renchérit trop sur la similitude: deux choses identiques sont parfaitement semblables.

De ce tour d'horizon des différentes traductions possibles de *ähnlich,* il ressort que seuls les adjectifs suivants conviennent: *semblable, analogue, équivalent, pareil.*

Chose pareille, chose semblable sont des traductions trop littéraires ou de sens exclamatif.

Ex.: On n'a jamais vu *chose pareille!*

Autre variante possible: *quelque chose de ce genre*

55) *Ou bien,* pour éviter la répétition de ‹ou›
Auch est ici une particule de soutien dont la traduction en français (= même) est inutile ici.

56) En général l'apposition ne prend pas l'article en français, sauf si on veut insister sur un fait unique en son genre.

Ex.: Paris, *la* métropole de la gastronomie (= la fameuse métropole de la gastronomie).

Ne pas employer *signal* ici. Le signal est un signe convenu, une création artificielle servant souvent d'avertissement.

Ex.: donner le *signal* du départ en agitant un drapeau

57) *drunter und drüber:*
Les expressions *sens dessus dessous, pêle-mêle* sont réservées à des objets en désordre. *Bouleversé* est impropre. Il s'emploie au sens propre pour exprimer, lui aussi, le désordre ou, au sens figuré, pour marquer l'agitation, l'émotion.

58) La préposition *dans* est d'un emploi incorrect. *Ces dernières années* indique la date pure et simple. Cependant il est possible de dire aussi *pendant ces dernières années* ou *au cours de ces dernières années* en insistant davantage sur la durée. Noter ‹la dernière *année›,* mais ‹l'*an* dernier›.

59) Var.: *environ douze fois*

60) Var.: *mon intention est*
il est dans mes intentions, expression plus précieuse et ironique. *Il n'est pas dans mes intentions d'accepter cette proposition* est un euphémisme pour dire: je n'accepterai pas cette proposition.

61) Var.: *à ma mort*
Noter le futur obligatoire en français.

62) Var.: *léguer,* puisqu'il s'agit de faire don de ses écrits par testament
Virer, transférer sont réservés à la langue des affaires.
Ex.: einen Scheck überweisen = *virer* un chèque, *faire un virement* par chèque
Autre exemple: Cet éditeur a *transféré* une partie de ses fonds en Suisse.

63) Var.: *mes œuvres*
Œuvre (fém.) par rapport à *ouvrage* (masc.) éveille une idée d'ensemble qui a reçu telle ou telle forme particulière, tandis qu'*ouvrage* a un sens plus concret, désigne les volumes pris séparément. Remarquer que de nos jours *œuvre* ne s'emploie plus au masculin que dans le vocabulaire de l'architecture.

Ex.: le gros œuvre d'un bâtiment (c.-à-d. les fondations)
Noter: die Heilige Schrift = *l'Ecriture sainte*

64) *Posthumes,* c.-à-d. publiés après la mort de leur auteur.
Var.: *les écrits que j'aurai laissés à la postérité*

65) Noter le nombre (pluriel) et le genre (féminin) d'*archives* en français.

66) Var.: *ce que Wildenbruch a également fait pour les siens*
Ja, ici explétif, ne se traduira pas. *Certes* placé après *Wildenbruch* ou devant *fait*
alourdirait inutilement la phrase.
Pour les différentes traductions de *wie* cf. rem. 2.

67) Moins bon: *tout comme Wildenbruch l'a fait des siens,* qui supposerait une trans-
formation.
Faire avec indique la destination, l'utilisation d'un objet.
faire de: changer, transformer un objet
Ex.: Que peut-on faire *avec* cette machine? Laver le linge.
De sa maison, il a fait un véritable château.

68) Emploi du pronom possessif pour éviter la répétition de *écrits.*
Var.: *pour ses écrits à lui,* expression qui appartient davantage à la langue parlée

69) *Jüngere* ne se traduira pas ici par *plus jeunes,* car le comparatif exige en français un
complément; *assez jeunes* ne va pas non plus, cela signifierait que ces historiens sont
encore jeunes, c.-à-d. entre deux âges. Le comparatif allemand ne se traduira donc
pas comme c'est souvent le cas. Il s'agit des générations postérieures d'historiens de
la littérature.
Ne pas dire: *de futurs historiens,* ce qui signifierait des gens qui sont destinés à être
plus tard des historiens, mais ne le sont pas encore.

70) *De talent* est à éviter en raison de la répétition de la préposition *de.*
Pleins de talent est une expression trop emphatique. Toutes ces traductions s'ap-
pliquent à un artiste ou à un homme de lettres.
D'un étudiant, on dira plutôt qu'il est *doué.*
Exceptionnellement l'adjectif *talentueux* a été placé devant le substantif puisque
celui-ci est accompagné d'un complément de nom.

71) *Historiens de la littérature* et non pas *critiques littéraires* qui est le terme désignant
celui dont la profession est de porter un jugement sur les œuvres de ses contempo-
rains. Ainsi, une partie de l'œuvre de Valéry est une œuvre de critique littéraire, mais
Lanson est un historien de la littérature.
un littéraire: un étudiant en littérature (plus péjoratif: un lettreux), par opposition
à un étudiant en sciences ou un ‹scientifique›

72) *sichten* = examiner, trier (mettre de l'ordre dans ses papiers)
En forçant un peu le sens, on pourrait aller jusqu'à employer des expressions telles
que *éplucher,* c.-à-d. chercher ce qu'il peut y avoir de critiquable ou de répréhensible,
passer au crible (appareil pour nettoyer, trier et classer le grain), c.-à-d. examiner
avec soin pour distinguer ce qu'il y a de bon et ce qu'il y a de mauvais.

Filtrer, tamiser ne s'emploient pas au figuré dans ce sens. Mais on pourrait dire également dans le sens d'éplucher, de passer au crible *disséquer,* terme emprunté à l'anatomie (sezieren) ou *décortiquer* qui signifie au sens propre séparer un grain ou un fruit de son enveloppe (= abschälen).

73) Remarquer que *peut-être* placé en tête de la proposition demande l'inversion: *peut-être en tireront-ils.* Le français parlé évite cette inversion et dit: *peut-être qu'ils en tireront.* Il faut cependant éviter cette dernière tournure d'un niveau de style trop familier dans un tel contexte.

74) *Profiter* ne convient pas ici, car ce terme sous-entend un avantage matériel en vue d'aboutir à qc.
Ex.: *profiter* des soldes pour acheter de nouvelles chaussures
Noter l'expression *en profiter* = mener une vie agréable.
Ex.: Le professeur absent, les élèves *en profitent* (sous-entendu: pour s'amuser).
De même *tirer parti* (= exploiter, utiliser) est à rejeter.
Ex.: Tel peintre a su *tirer parti* d'un effet de lumière.
Auburtin veut dire ici que les jeunes historiens trouveront des remarques intéressantes, qu'ils apprendront beaucoup. D'où le choix de l'expression générale *tirer profit.*

75) Var.: *qu'en s'occupant de*
Noter la différence de sens entre *s'occuper de* et *s'occuper à:*
s'occuper de: avoir soin, avoir souci de quelque chose.
s'occuper à: travailler, passer son temps à faire quelque chose.
Ex.: *s'occuper d*'une maison
       s'occuper à des travaux de rangement
Ici, on pourrait dire avec un infinitif: *qu'en s'occupant à examiner,* ce qui signifierait exactement: ‹en passant leur temps à examiner›.

76) Var.: *cependant*
            néanmoins
Mais est le terme le plus général pour marquer l'opposition.
Cependant marque l'opposition ou la restriction à ce qui a été dit.
Pourtant enchérit sur l'idée de restriction contenue dans *cependant.*
Ex.: Elle est jeune et *pourtant* elle a de l'expérience.
Néanmoins suppose une restriction très nette et c'est de plus un adverbe appartenant au style soutenu.
Ex.: Cette lecture est difficile; elle est *néanmoins* nécessaire (ou par la tournure négative: elle *n*'en est *pas moins* nécessaire).
Toutefois indique également la restriction en insistant sur le caractère d'exception d'une chose, une fois considérées toutes les circonstances qui pourraient s'y opposer.
Ex.: C'est un homme très nerveux; *toutefois,* il a supporté son accident avec calme.
Quand même, tout de même appartiennent à la langue parlée et s'emploient au sens adversatif de *malgré tout.*

77) Var.: *Mais le grec, voilà ce que devront comprendre ces jeunes historiens,* traduction plus proche du texte allemand, mais d'une rhétorique trop appuyée en français.

21

TEXT 2

Der Hanswurst

Da ist einer, sie nennen ihn Hanswurst, weil er so ein dummer Mensch ist, der zu nichts Rechtem zu gebrauchen ist. Ich kenne ihn wohl, den liederlichen, unklugen Burschen. Es ist mir im Leben noch keiner begegnet, zu dem ich rascher hätte sagen mögen: „Du bist ein Schelm", und keiner, der mich mehr nötigte, über ihn zu lachen. Wenn dumme und ungesunde Einfälle Zinsen eintragen, so gehört er zu den reichen Leuten, aber die Wahrheit ist: er ist arm wie eine Spitzmaus. Ein Sperling hat nicht so wenig Aussicht, es in der Welt zu etwas zu bringen als er, und dennoch kennt er nur Fröhlichkeit, und es ist mir noch nie gegönnt gewesen, einen Zug von Unlust in seinem Spitzbubengesicht zu entdecken. Einmal wollte ihn jemand befördern, Hanswurst aber ergriff die Flucht vor der Beförderung, als wenn sie ein Unheil sei; so dumm benahm er sich im wichtigsten Moment seines Lebens. Er ist und bleibt ein Kind, ein Dummkopf, der das Bedeutende vom Unbedeutenden, das Schätzenswerte vom Wertlosen nicht zu unterscheiden vermag. Oder sollte er am Ende klüger sein, als er selber ahnt, sollte er mehr Witz haben, als er fähig ist zu verantworten? Liebe Frage, ich bitte dich, bleibe hübsch unbeantwortet! Hanswurst ist jedenfalls glücklich in seiner Haut. Eine Zukunft hat er nicht, aber er begehrt auch gar nicht, etwas derartiges zu haben. Was soll aus ihm werden? Bete doch einer für ihn! Er selber ist zu dumm dazu.

Robert Walser, aus: *Prosa*

Le polichinelle[1]

En[2] voilà un[3], on[4] l'appelle[5] Polichinelle parce que c'est un homme si[6] bête[7] qu'il ne peut servir à rien de bon[8]. Je le connais bien[9], ce garçon[10] sans sérieux[11] ni raison[12]. Jamais de ma vie[13], je n'ai vu personne à qui[14] j'aurais[15] aimé[16] dire plus spontanément[17]: «Tu es un fripon[18]», ni[19] personne qui me forçât[20] davantage[21] à[22] me moquer de lui[23]. Si les idées[24] folles[25] et saugrenues[26] rapportent des intérêts[27], il compte parmi[28] les riches, mais la vérité[29] est qu'il[30] est pauvre comme Job[31]. Un moineau[32] n'a pas aussi peu[33] de chances que lui d'arriver à quelque chose en ce monde[34], pourtant[35], il ne connaît que la gaieté[36], et jamais il ne m'a été donné[37] de découvrir une trace[38] de mauvaise humeur[39] sur son visage[40] de filou[41]. Un jour[42], quelqu'un voulut[43] lui donner de l'avancement[44], mais Polichinelle prit la fuite à l'idée[45] de cet avancement, comme si c'était une calamité[46]; telle fut sa sottise[47] au moment[48] le plus important de sa vie. Il est et restera[49] toujours un enfant, un sot incapable de discerner[50] l'important de ce qui ne l'est pas[51], ce qui a de la valeur[52] de ce qui n'en a pas. Ou bien serait-il[53] finalement[54] plus malin[55] qu'il ne le soupçonne[56], aurait-il plus d'esprit qu'il ne[57] peut en répondre[58]? Chère question, je t'en prie[59], reste gentiment[60] sans réponse[61]! Polichinelle est heureux comme il est[62]. D'avenir[63], il n'en[64] a pas, mais il ne désire[65] pas non plus avoir pareille chose[66]. Qu'adviendra-t-il[67] de lui? Bonnes âmes[68], priez[69] pour lui! Lui-même est trop bête pour le faire[70].

1) *Hanswurst:*

Il s'agit de choisir ici un terme pouvant fonctionner à la fois avec article comme nom commun ou sans article comme nom propre, un nom emprunté à la fois au théâtre et significatif d'un caractère. D'où le choix de *Polichinelle*, traduction française de *Pulcinella*, à l'origine personnage des farces napolitaines, passé au répertoire des théâtres de marionnettes français. Au sens figuré, on emploie *polichinelle* pour désigner quelqu'un de ridicule, d'irréfléchi.

Ex.: mener une vie de *polichinelle*

prendre quelqu'un pour un *polichinelle*

un secret de *polichinelle:* un secret bientôt connu de tous

Guignol, à l'origine nom d'un ouvrier lyonnais travaillant dans une usine de soie, a également un sens moral, mais il est surtout réservé aux marionnettes pour enfants.

2) Le pronom personnel *en* est obligatoire du fait de la présence du terme quantitatif *un*.

3) La traduction *en voilà un* a été retenue pour rendre la mise en relief contenue dans la phrase allemande: *da ist einer.*

Voici ne se dira pas dans ce cas. *Voici* ne s'emploie aujourd'hui que pour marquer la proximité de la personne dont on parle.

Il y en a un est une traduction moins bonne, car l'aspect déictique disparaît et on pense davantage à une personne ou à un objet déjà mentionné.

Ex.: Donne-moi un verre. *Il y en a un* dans l'armoire.

Un et non *quelqu'un* (= jemand)

Il y a *quelqu'un.* = Es ist jemand da.

Voilà *quelqu'un.* = Da kommt jemand.

4) Var.: *les gens*

Ne pas employer, comme en allemand, le pronom personnel *ils* qui représenterait des personnes précises.

5) *Nommer* est plus précis. On *nomme* une personne en lui donnant le nom qui lui revient de droit.

Appeler, c'est désigner par un nom d'une façon souvent libre et arbitraire.

Ex.: Ses parents l'ont *nommé* Valentin, mais on *l'appelle* Tintin.

6) Var.: *extrêmement,* traduction qui permettrait de garder la relative comme en allemand

Si marquant à lui seul l'intensité et non suivi d'une proposition consécutive, ne s'emploie qu'en français parlé: le sens exclamatif est alors souligné par l'intonation.

7) *Bête* marque l'absence d'intelligence, de finesse ou parfois seulement l'étourderie.

Sot a plutôt trait à l'absence de bon sens.

Stupide a rapport à toutes les qualités de l'esprit; ce terme est trop fort pour convenir ici.

niais = albern

8) Var.: *qu'il n'est bon à rien*

Qu'il n'est d'aucune utilité se dira à propos d'une personne inapte à servir d'aide.

Ex.: Ses amis *ne lui sont d'aucune utilité* pour son déménagement.

Noter dans nombre d'expressions la traduction de *recht* par *bon*:
zur rechten Zeit = au *bon* moment
am rechten Ort = au *bon* endroit
nichts Rechtes tun = ne rien faire de *bon*
Autres exemples de traductions de *recht:*
Das ist mir recht. = Cela me *convient.*
Du bist mir der Rechte. = Tu es la personne *qu'il me faut.* Ou, plus ironique: Je suis
bien monté avec toi.
Er soll nach dem Rechten sehen. = C'est lui qui doit veiller à ce que *tout marche
bien.*
Gehe ich hier recht? = Est-ce que je suis sur le *bon chemin?*

9) *Wohl* n'a pas de nuance dubitative, il renforce le verbe et ne se traduit pas par *sans
doute,* mais par *bien.*

10) *Gars,* plus familier que *garçon,* est à l'origine un jeune homme solide et bien bâti
venant de la campagne.
Gaillard désigne un homme plein de vigueur, d'entrain et souvent de mœurs très
libres.
Type est populaire et désigne un individu quelconque.
Les termes *luron, lascar, loustic* et *drille* sont réservés à des personnes dont on veut
souligner la jovialité et le manque de sérieux dans une langue familière.

11) *Liederlich* n'est pas à prendre dans son sens de débauché, dissolu, mais sous une
forme atténuée, il équivaut à *léger, insouciant, étourdi,* insiste sur l'absence de
sérieux. D'où sa traduction par *sans sérieux.*
Var.: *frivole*
　　　irréfléchi
Ne pas dire *désordonné* qui s'applique à l'absence de sens de l'ordre.

12) *Unklug* renforce l'adjectif précédent. De même que *liederlich* indiquait le manque de
sérieux, *unklug* marque le manque de raison et non le manque d'intelligence.
Var.: *déraisonnable*

13) *jamais de ma vie:* expression consacrée qui se rencontre aussi sous la forme *de ma
vie,* c.-à-d. sans l'adverbe *jamais.*
jamais de la vie = nie im Leben

14) Var.: *à laquelle,* possible puisque ‹personne› est ici un nom, l'omission de l'article
défini étant régulière, mais non obligatoire après *jamais*
Avec *de* suivi d'un adjectif, *personne,* pronom, est masculin. Ainsi: Je n'ai jamais vu
personne d'aussi *heureux* que lui.
Il faut remarquer d'autre part que les formes du relatif composé en tant qu'objet
direct ou sujet appartiennent à la langue écrite recherchée. *A qui* est plus courant et
moins lourd.

15) Var.: *j'eusse aimé*
Le plus-que-parfait du subjonctif employé comme deuxième forme du conditionnel
passé est plus littéraire que la première forme.

16) Var.: *voulu*
   eu envie de
   Mögen se traduit selon le cas par *aimer, avoir envie de, prendre plaisir à, désirer*.
   Désirer et *prendre plaisir* sont à rejeter ici du fait de leur caractère trop concret.

17) Il est plus juste de traduire *rascher* par *spontanément* car ce n'est pas la rapidité, mais la qualité impulsive de l'action qui importe ici.

18) Var.: *coquin*
   Fripon ajoute à l'idée de malhonnêteté comprise dans *coquin* une nuance de ruse et d'adresse; cependant ces deux termes s'emploient dans un sens atténué envers une personne à l'égard de laquelle on éprouve une défiance amusée.
   Maraud, drôle sont vieillis.
   Gredin désignant une personne méprisable et sans honneur est une injure trop forte dans ce contexte.
   Vaurien traduit le terme allemand *Taugenichts*.
   Filou rend *Spitzbube*.
   Malin (= schlau) est trop faible.
   Polisson désigne un enfant espiègle et désobéissant et parfois une personne aux manières et aux propos licencieux; il s'emploie aussi comme adjectif: des propos *polissons*.

19) *Und* servant à joindre deux propositions négatives ou différents termes d'une proposition négative se rend par *ni*, à condition que les deux termes de la proposition soient sur le même plan. Si le deuxième terme de la proposition exprime une idée complémentaire à la première, il est possible de traduire *und* également par *et*.
   Ex.: La police ne manquera pas d'arriver *et de* distribuer des contraventions.

20) La relative restreignant une proposition principale négative, on emploiera de préférence le subjonctif.
   Var.: *force*
   Le français moderne a de plus en plus tendance à remplacer l'imparfait du subjonctif par le présent, même dans un contexte au passé.
   Obliger implique l'idée d'un devoir moral.
   Contraindre suppose une restriction de liberté très forte, un acte de persécution qui arrache un consentement opposé à la préférence de la personne.
   Astreindre, en intensité encore plus fort, ne s'emploie qu'avec un substantif.
   Ex.: *astreindre au service militaire*

21) Var.: *plus*
   Toutefois, pour éviter l'accumulation des monosyllabiques, c'est *davantage* qui a été retenu comme traduction.

22) *forcer à* ou *forcer de?*
   En règle générale, *on force quelqu'un à faire* quelque chose, mais, au passif, quelqu'un *est forcé de* faire quelque chose.

23) *Se moquer de* est le terme général.
   Rire de, rire aux dépens de sont plus recherchés.
   Se railler de est archaïque.

Var.: *rire de lui*
  rire à ses dépens

24) *Einfall,* c'est exactement en français une *idée subite.* La traduction comportant déjà deux adjectifs, on laissera le terme général *idée.*
Quelques traductions de *Einfall:*
ein witziger Einfall = *une saillie*
ein toller Einfall = *une trouvaille*
auf den Einfall kommen = *avoir l'idée, s'aviser de*
der Einfall kam ihm: *il lui vint à l'idée de* (ou: *que*)

25) *Ungesund*
Au sens propre: *malsain,* se dit pour une personne ou une chose (p. ex: climat, région).
en mauvaise santé, s'emploie seulement pour une personne.
insalubre, qualifie des choses ou des situations nuisibles à la santé (p. ex: locaux *insalubres)*
Au sens figuré: *insane,* c.-à-d. déraisonnable, fou, s'emploie pour désigner une personne qui n'est pas saine d'esprit ou dans le cas d'idées, pour souligner qu'elles sont contraires au bon sens, à la saine raison. Cependant *insane* se dit rarement. D'où la traduction retenue.
L'ordre des adjectifs allemands a été inversé en français, *folles* étant plus court que *saugrenues.*

26) Var.: *sottes, bêtes*
Saugrenu s'emploie souvent avec *idée* au sens de *sot, absurde* et à la fois *bizarre* parce qu'inattendu. Ce terme permet de rendre *dumm* et en même temps la nuance de brusquerie contenue dans *Einfall.*

27) *Zins* = *l'intérêt.* On dit d'un placement d'argent qu'il rapporte un *intérêt de 3%.*
Usure, synonyme autrefois d'intérêt, ne s'emploie plus que péjorativement au sens de *Wucherzins.*
Un capital *porte intérêt* ou *rapporte des intérêts* (un intérêt de).
Geld auf Zinsen leihen = prêter de l'argent *à intérêt.*
Bénéfice désigne de manière plus générale l'avantage qu'on tire de quelque chose. En allemand: *Gewinn.* On dit que de l'argent rapporte des *bénéfices. Bénéfices* est également possible dans ce contexte.

28) Var.: *Il fait partie des gens riches.*
Ne pas dire: *il appartient* qui indique la possession.
Dieses Buch gehört mir. = Ce livre m'*appartient.*
Er gehört zu meinen Freunden. = Il *compte parmi* (il *est du nombre de*) mes amis.
Compter parmi marque l'appartenance à une catégorie ou à un groupe.
Un troisième sens de *gehören:* Wohin gehört dieses Buch? = Où *est la place* de ce livre?

29) *Wahrheit*
la vérité: qualité de ce qui est vrai, sincère, a une valeur plus morale que *le vrai* qui souligne surtout l'authenticité d'une chose, son caractère unique.

27

Ex.: dire la *vérité* (= ne pas mentir)

être dans le *vrai* (= ne pas se tromper)

La véracité désigne l'attachement constant à la vérité, la qualité de ce qui est conforme à la vérité. On parle par exemple de la *véracité d'un récit, d'un fait.*

La véridicité, terme le plus proche de *véracité* de par le sens, est très rare.

30) Le français préfère transformer les deux points en une proposition subordonnée reliant les deux phrases. Les deux points marqueraient une coupure trop grande dans le raisonnement.

31) *Spitzmaus* désigne exactement en français la *musaraigne.*

Rat d'église, rat de sacristie, souris de bénitier sont des expressions s'employant uniquement pour désigner une personne bigote.

32) Expressions avec *moineau:*

avoir une cervelle de moineau, s'emploie pour quelqu'un de très oublieux

Manger comme un moineau, c'est manger très peu.

Par contre l'expression allemande ‹Besser ein Sperling in der Hand als eine Taube auf dem Dach› se rend en français par le vieux proverbe suivant: *Un tiens vaut mieux que deux tu l'auras.*

Pierrot, piaf sont des termes populaires pour *moineau.*

Passereau est le terme vieilli de *moineau;* il désigne surtout aujourd'hui la famille des oiseaux percheurs et chanteurs de petite taille (en allemand: Sperlingsvögel).

33) Var.: *pas moins*

34) Var.: *sur cette terre,* moins bon toutefois, car l'accent serait mis dans ce cas sur l'opposition ciel – terre, ce qui n'est pas l'intention de l'auteur.

Dans le monde signifie *dans la société,* au sens d'une vie en société considérée sous ses aspects de luxe et de divertissement.

Ex.: Autrefois une jeune fille faisait son entrée *dans le monde* à dix-huit ans.

dans *ce* monde: dans le monde en question, au sens de ‹dans le monde qu'une personne fréquente›.

Ex.: Manger le poulet avec ses doigts ne se fait pas *dans ce monde.*

35) Var.: *cependant*

toutefois

néanmoins

Pour tous ces synonymes, cf. p. 21, rem. 76.

36) Var.: *la bonne humeur*

l'enjouement

L'entrain s'emploie pour désigner la bonne humeur et la vivacité avec laquelle on entreprend quelque chose.

Ex.: être plein d'*entrain* au travail

La gaieté (gaîté) dans l'humeur ou les manières se traduit par des mouvements pleins de vivacité, elle est communicative et rend un commerce agréable. Elle tient généralement au caractère.

La joie est plus intime, souvent cachée, plus profonde aussi. Toutefois, elle peut être courte et passagère.

L'enjouement est une gaieté mesurée.

La jovialité est une gaieté parfois un peu grosse, accompagnée de plaisanteries faciles. Remarquer que le français emploie l'article devant les noms abstraits.

37) Var.: *accordé*
      permis

A remarquer cependant l'expression du passif impersonnel avec *donner* dans ce sens.

Octroyer doit être rejeté; *octroyer,* c'est accorder à titre de faveur, de grâce quelque chose qu'on ne donnerait pas facilement en d'autres circonstances. Ainsi une personne hautaine daigne *octroyer un regard* à quelqu'un. D'autre part *octroyer* relève du style administratif.

Ex.: Le roi *a octroyé* une charte.

Quelques traductions d'expressions avec *gönnen:*

Ich gönne es ihm. = Je suis *content pour* lui. (Ou, avec une nuance de dépit: *Grand bien* lui *fasse!)*

jemandem sein Glück nicht gönnen = *envier* son bonheur à qn

sich etwas gönnen = *se permettre* un plaisir

38) *Zug* se traduira ici par *trace* plutôt que par *trait* qui a un sens physique permanent (les *traits* réguliers du visage) ou un sens moral (un vilain *trait* de caractère). *Trace* rend mieux le caractère passager du sentiment.

39) Var.: *mécontentement*
      contrariété

Unlust = *mauvaise humeur*. La mauvaise humeur caractérise un état d'âme motivé ou non, tandis que *mécontentement* et *contrariété* expriment plutôt le résultat d'un fait précis. Le *déplaisir* est un terme plus recherché et euphémique.

Ex.: C'est *sans déplaisir* que j'ai appris son départ.

40) *sur son visage* et non *dans*

Pour marquer l'expression, on emploie la préposition *sur* avec visage.

Dans son visage se dira pour un trait permanent.

Ex.: Cet homme a *dans son visage* quelque chose de déplaisant.

Figure traduit davantage la forme (*figure* anguleuse, ronde, allongée) et *visage* l'expression. Dans la langue parlée, les deux termes s'emploient l'un pour l'autre, *figure* étant plus populaire.

La physionomie, c'est l'expression du visage dans la mesure où elle semble révéler quelques traits du caractère de la personne.

La mine reflète l'humeur ou la santé.

Ex.: avoir bonne *mine,* avoir une *mine* réjouie ou renfrognée

41) Var.: *fripon*
      coquin

Filou, par rapport à *fripon* et à *coquin* (cf. la remarque 18 ci-dessus) insiste sur la subtilité et l'adresse avec laquelle on exécute des manœuvres frauduleuses.

Un *voyou*, c'est d'abord un garçon mal élevé qui traîne dans les rues, puis un mauvais sujet peu recommandable. Le terme est carrément péjoratif et n'implique pas l'idée de ruse contenue dans les termes précédents.

Larron est un vieux mot qui désigne un voleur ou un brigand. Le terme ne se trouve plus que dans la Bible (le bon et le mauvais *larrons*, crucifiés en même temps que le Christ) et dans certaines expressions comme: s'entendre comme *larrons* en foire, c.-à-d. bien s'entendre.

42) *einmal* = un jour, une fois

Une fois ne s'emploie que dans un contexte passé, dans les contes (il était *une fois* une belle princesse) ou pour marquer le caractère unique d'une action.

Ex.: *Une fois*, il a promis de ne plus jamais boire d'alcool.

Cependant, dans ce dernier sens, *une fois* est de plus en plus remplacé en français moderne par *un jour*.

Dans un contexte au futur, *une fois* est exclu et *einmal* doit être rendu par *un jour*.

43) L'imparfait est également possible, il insiste sur le lien de cause à effet entre *donner de l'avancement* et *prendre la fuite*. Il s'agit du sens inchoatif de l'imparfait.

44) *befördern*

au sens propre, *transporter, acheminer, transmettre, expédier*

Ex.: die Beförderungsmittel = les moyens de transport

au sens figuré, lorsqu'on parle d'un avancement, *faire monter en grade* (pour un militaire), *promouvoir au rang de* ou simplement *promouvoir,* lorsqu'il s'agit d'un domaine ou d'un secteur particulier

Ex.: M. X a été *promu* au rang d'officier de la Légion d'honneur.

Le gouvernement a décidé de *promouvoir* la recherche énergétique.

Beförderung = *avancement*

befördert werden = *recevoir de l'avancement, monter en grade*

Avancer (befördert werden), *faire avancer* (befördern), trop généraux dans ce contexte, manquent de clarté.

45) *A l'idée:* plus précis que *devant* dont le sens est essentiellement local.

Ex.: Il a pris la fuite *devant* l'ennemi.

D'où la nécessité d'étoffement de la préposition rendue plus avantageusement par *à l'idée de.*

46) *Unheil*

Calamité (f.), le terme choisi, désigne un grand malheur, souvent général (les guerres, la famine sont des *calamités* du genre humain), mais parfois particulier, comme c'est le cas ici.

Désastre s'applique à une situation d'ensemble concrète.

Ex.: Les inondations ont provoqué un véritable *désastre* dans cette région essentiellement agricole.

La sécheresse est une *calamité* des pays du Tiers-Monde.

cataclysme: grand désastre naturel

30

Ex.: Le pourtour de la Méditerranée est souvent dévasté par ces *cataclysmes* que sont les tremblements de terre.

Fléau marque moins l'origine géophysique du désastre que ses répercussions sur l'humanité.

Ex.: le *fléau* de la guerre, de la peste

Catastrophe marque simplement le caractère brusque d'un événement malheureux.

Ex.: La dernière *catastrophe* a fait trente-six morts.

Malheur, mal seraient trop faibles ici.

De ce tour d'horizon des différentes traductions de *Unheil*, il résulte que nous pouvons accepter comme variante: *catastrophe*.

47) Var.: *si bête fut son comportement*
Comportement et non *attitude* qui a un caractère plus précis et plus limité dans le temps.

48) *Moment* est en français un terme concret désignant un espace de quelque étendue, considéré en rapport avec les événements qui s'y passent.
Instant caractérise un point sans étendue dans le temps.
Ex.: Anxieuse, elle attendit un *moment* avant de frapper à la porte du directeur, cet *instant* n'allait-il pas décider de toute sa carrière?

49) Var.: *reste*
Il est souvent avantageux de rendre le présent allemand par un futur français. On peut sans inconvénient le faire ici étant donné l'absence d'équivoque quant à la portée future de la situation.

50) *Unterscheiden*
Discerner est la solution retenue, car ce verbe désigne un appel au jugement, au raisonnement, tandis que *distinguer* ne traduit généralement que la perception visuelle d'une chose ou, à la rigueur, un contexte assez évident: on *distingue* le bien du mal, mais on *discerne* la raison profonde des agissements d'une personne.

51) Il n'existe pas d'adjectif négatif correspondant à *unbedeutend* et, d'autre part, il faut éviter en français la répétition d'*important*.

52) *schätzenswert*
Il importe de garder en français le parallélisme existant dans la phrase allemande; d'où le choix de la formule retenue contenant le terme *valeur* répondant à *importance*.
Si on traduisait dans ce contexte *schätzenswert* par un adjectif, c'est *appréciable* et non *estimable* qu'il faudrait choisir, car ce dernier terme a plutôt une valeur morale.
wertlos = sans valeur, dénué de valeur, de valeur nulle, de nulle valeur
valable = gültig
Ex.: Ce billet n'est plus *valable* à partir d'aujourd'hui.

53) *Sollen* ne se traduit pas ici par *devoir*; ce n'est qu'un auxiliaire indiquant l'éventualité et il se rend en français par le conditionnel.

Autres exemples:

Falls er *kommen sollte,* vergessen Sie nicht, ihn von mir zu grüßen. = Au cas où il *viendrait,* n'oubliez pas de le saluer de ma part.

Sollte er krank *sein? = Serait*-il malade?

54) Var.: *en fin de compte*

A la fin doit être rejeté, car on croit alors qu'il s'agit du point d'aboutissement d'une situation donnée.

Finalement ou *en fin de compte* marquent la conclusion logique, la déduction.

Enfin est équivoque, car sa valeur se situe à mi-chemin entre les deux catégories susmentionnées.

55) *klug = malin,* car on fait allusion ici à la faculté de savoir se débrouiller, à la finesse d'esprit et non au degré d'intelligence.

56) *Ne* est ici facultatif, le premier terme de la comparaison étant interrogatif. Cependant, il est d'usage de l'employer avec un verbe tel que *se douter.*

57) Var.: *qu'il ne s'en doute*

Ahnen se traduit par *pressentir, avoir l'intuition de qc.,* surtout en parlant d'un événement.

On *pressent* un malheur, on *a l'intuition* de quelque chose qui va arriver (souvent quelque chose de néfaste).

Pour l'emploi de *ne,* cf. la remarque ci-dessus.

58) Var.: *qu'il n'est capable d'en répondre*

Var. plus littéraire: *qu'il n'en peut répondre* (à cause de la place du *en,* construction archaïque)

Prendre, assumer la responsabilité, traductions possibles de *verantworten,* sont à rejeter ici, car leur longueur alourdit la construction de la phrase déjà compliquée.

59) En reliant les deux propositions, on peut dire: *Je te prie de rester,* ce qui serait cependant une injonction trop pressante.

60) Var.: *bien*

> *sagement*

Joliment (= de manière considérable) sert à renforcer l'intensité d'un terme.

Ex.: Ton ami nous a *joliment* trompés.

Hübsch sert ici à atténuer l'aspect contraignant que pourrait avoir l'impératif.

61) Le français ne dispose pas du participe négatif correspondant à l'allemand *unbeantwortet.*

62) Malgré la richesse des expressions françaises avec *peau,* il n'y a pas d'équivalent exact en français pour ‚sich in seiner Haut glücklich fühlen'. Il faut donc traduire par une expression comme *se sentir à l'aise, être heureux.*

Peau s'emploie au sens de *vie* dans grand nombre de tournures familières pour la plupart.

Ex.: défendre sa *peau* = sich seiner Haut wehren

Quelques traductions d'expressions avec *Haut:*

naß bis auf die Haut = *trempé jusqu'aux os*

mit heiler Haut davonkommen = *s'en tirer*

63) Var.: *De l'avenir, il n'en a pas*

Dans cette dernière traduction, la mise en relief est particulièrement soulignée. On dit, en effet, affirmativement de qn: *il a de l'avenir.* Cependant la négation suivant directement l'expression mise en relief, il est plus normal d'employer la forme négative *d'avenir* bien que *de l'avenir* soit grammaticalement juste. Cette construction affirmative est d'ailleurs d'un emploi courant dans la langue parlée.

Ex.: *Du* courage, il n'en a jamais montré.

La traduction mot à mot par l'article indéfini est à rejeter, l'expression n'existant en français qu'avec un adjectif.

Ex.: Cet homme a un bel avenir devant lui.

Mais: Cet homme a de l'avenir, il ira loin.

Le futur se rapporte à une partie du temps beaucoup plus éloignée que l'avenir et il a une portée plus générale.

Ex.: Les études universitaires à la portée de toutes les bourses ne sont pas du domaine de l'avenir, elles appartiennent au *futur. La vie future* s'oppose à *la vie terrestre.*

64) Le substantif complément étant mis en tête de phrase, sa reprise par le pronom personnel *en* est de rigueur.

65) Var.: *il n'a pas non plus le désir d'avoir*

begehren = demander, désirer, souhaiter, convoiter, revendiquer

Désirer implique une intensité, une violence parfois du sentiment plus forte que *souhaiter* qui signifie désirer vaguement ou secrètement pour soi ou pour autrui.

Convoiter contient une idée de blâme. La *convoitise* s'exprime souvent à l'égard d'une chose défendue.

Revendiquer, plus fort que *demander,* s'emploie lorsqu'il s'agit de faire valoir un droit ou un privilège dont on se sent frustré (en allemand = beanspruchen).

66) En employant l'article pour particulariser davantage on peut dire également: *une pareille chose.*

Autres variantes: *une chose semblable*
une chose de ce genre

ou, sans article: *chose semblable*
chose pareille

Pareil suppose une égalité parfaite. *Semblable* indique une relation générale plus extérieure.

Cf. p. 18, rem. 54.

Toutefois, avec un substantif, les deux adjectifs s'emploient souvent l'un pour l'autre, d'où les variantes possibles indiquées ci-dessus.

Ne pas dire une *telle chose, telle* a alors un sens affectif, allant jusqu'à marquer une nuance de blâme ou de mépris. Il faut distinguer en français entre: je ne fréquente pas de *telles gens* (qui est péjoratif) et: je ne fréquente pas des *gens de ce genre* (qui est neutre, sans exclure d'ailleurs nécessairement un jugement de valeur).

Dans ce goût-là est du style familier.

67) Var.: *Que deviendra-t-il?*
Que lui arrivera-t-il ou *que lui adviendra-t-il* ne conviennent pas, car ces verbes s'emploient essentiellement lorsqu'on fait allusion à un événement précis.
Soll sert ici d'auxiliaire marquant le futur.
Cf. ci-dessus, rem. 53.

68) Traduction littérale: *Que quelqu'un prie pour lui,* tournure exprimée de façon plus précise en français par: *Qu'une bonne âme prie pour lui* ou, traduction idiomatique retenue: *Bonnes âmes, priez pour lui.*

69) La traduction de *doch* n'est pas nécessaire en français. Sa traduction possible par *donc* serait trop insistante.

70) Var.: *pour cela*
       pour ça
Le pronom démonstratif *cela,* ou sa forme abrégée plus familière *ça,* peuvent remplacer le pronom personnel et l'infinitif après des expressions telles que: *trop ... pour, assez ... pour* etc.
Cependant l'infinitif reste plus précis que le démonstratif.
Pour ce faire est littéraire et vieilli.

TEXT 3

Der Trinker

Wachtmeister Schulze drückte auf einen Klingelknopf. Eine große Eisentür tat sich auf, und ein blau Uniformierter begrüßte Schulze mit Handschlag und mich mit einem kühlen prüfenden Blick (. . .)
„Kommen Sie mal mit", sagte der Uniformierte nachlässig und führte mich in eine Bürostube, in der aber niemand war. „Legen Sie mal alles hier auf den Tisch, was Sie in den Taschen haben!" Ich tat es, es war wenig genug: ein Schlüsselbund, ein Taschenmesser, ein ziemlich schmutziges Taschentuch. „Ist das alles, was Sie haben? Kein Geld? Na, dann halten Sie mal die Arme hoch." Ich tat es und wurde nun von oben bis unten abgefühlt, nach verborgenen Tascheninhalten vermutlich.
„Na gut", sagte der blau Uniformierte dann. „Ich werde Sie erst einmal in die Elf legen, der Inspektor ist jetzt nicht hier, es ist Mittagspause." Ich fragte höflich, ob ich nicht auch ein Mittagessen haben könne. Ich habe noch keines bekommen.
„Essen ist vorbei", antwortete er kühl. „Es ist nichts mehr da." — „Aber ich habe auch kein Frühstück bekommen!" rief ich erregt. Bisher war mein Hunger nach Essen nicht gerade sehr groß gewesen, jetzt aber merkte ich ihn gewaltig. Ich fühlte mich in meinen Rechten gekränkt: auch ein Gefangener muß essen!
„Um so besser wird Ihnen das Abendessen schmecken", antwortete er unge-rührt. „Also kommen Sie!"
Er führte mich einen Gang entlang, durch ein Eisengitter hindurch, eine Treppe hinauf, durch eine eiserne Tür. Ich sah einen langen Gang, düster, mit vielen eisenbeschlagenen Türen, mit Riegeln und Schlössern, und wieder eine Treppe hinauf, wieder eine Treppe hinauf, wieder eine Eisentür — immer mußte der Mann aufschließen und zuschließen und tat es so selbstverständlich... Mir aber legte es sich auf die Brust: alle diese Türen, die jetzt zwischen mir und der Außenwelt lagen, sie brachten es mir so recht deutlich zum Bewußtsein, wie sehr ich gefangen war, wie schwer es wieder sein würde, in die Freiheit zu kommen. Vom ersten Augenblick an spürte ich die Wahrheit des Satzes, den ich später so oft im Gefängnis hörte: „Du kommst so leicht hinein und so schwer hinaus."

Hans Fallada, aus: *Der Trinker*

Le buveur[1]

Le brigadier Schulze appuya[2] sur le bouton d'une sonnette[3], une grande porte de[4] fer s'ouvrit, un homme en uniforme[5] bleu salua Schulze en lui donnant une poignée de main[6], quant à moi[7], il m'accueillit[8] d'un regard[9] froid[10] et scrutateur[11] (. . .).

Venez donc[12] avec moi[13], dit négligemment[14] l'homme en uniforme[15], et il[16] me conduisit[17] dans[18] un bureau où il n'y avait[19] pourtant[20] personne. «Mettez[21] donc[22] tout ce que[23] vous avez dans les poches ici sur la table.» J'obéis[24], c'était[25] assez peu de choses: un trousseau de clés[26], un canif[27], un mouchoir assez sale. «C'est tout ce que vous avez[28]? Pas d'argent? Bon[29], alors[30] levez les bras[31].» J'obéis et il me fouilla[32] alors de la tête aux pieds[33], à la recherche[34], sans doute[35], de choses cachées[36] dans mes poches.

«Bien»[37], dit alors l'homme à l'uniforme bleu. «Je vais tout d'abord[38] vous mettre au[39] onze, l'inspecteur n'est pas là pour l'instant[40], c'est l'heure du déjeuner[41]». Je demandai poliment[42] si je ne pouvais[43] pas, moi aussi, avoir un[44] déjeuner[45], étant donné[46] que je n'en avais pas encore eu[47].

«Le déjeuner est terminé[48]», répondit-il froidement. «Il ne reste plus rien.» — «Mais je n'ai pas pris[49] de petit déjeuner non plus»[50], m'écriai-je agacé[51]. Jusqu'ici[52], ma faim[53] ne s'était pas tellement[54] manifestée[55], mais maintenant elle se faisait terriblement[56] sentir[57]. J'avais l'impression[58] d'être lésé dans mes droits:[59] un prisonnier doit manger lui aussi[60].

«Le dîner[61] vous en[62] semblera d'autant meilleur»[63], répondit-il imperturbable[64]. «Allons, venez!»

Il me conduisit le long d'un[65] corridor[66], me fit traverser[67] une grille de fer, monter un escalier, passer par[68] une porte de fer. Je vis[69] un long couloir sombre[70] avec beaucoup de portes bardées de fer[71], munies[72] de verrous[73] et de serrures[74], puis nous montâmes[75] encore un escalier, puis un autre[76] escalier, puis nous franchîmes[77] une nouvelle porte de fer — constamment[78], l'homme devait[79] ouvrir et fermer les portes avec ses clés[80], et il le faisait d'une façon si naturelle[81]. Mon cœur se serra[82]: toutes ces portes qui me séparaient[83] désormais[84] du monde extérieur me faisaient si nettement[85] sentir[86] à quel point j'étais prisonnier, combien il me serait difficile par la suite[87] de recouvrer[88] la liberté. Dès le premier moment[89], je sentis la vérité[90] de cette[91] phrase que plus tard j'entendis[92] si souvent en prison: «Il t'est si facile d'y entrer[93], mais[94] si difficile d'en sortir.»[95]

1) Var.: *l'ivrogne,* terme plus péjoratif que *buveur*
   Un *buveur* désigne, dans un sens général, une personne qui boit, puis une personne qui aime boire.
   Un *ivrogne* est quelqu'un qui boit par habitude, avec excès et qui ne peut cacher son vice.
   Des synonymes d'*ivrogne,* tels que *pochard, poivrot, soûlard, soûlaud* sont du français parlé populaire.

2) Var.: *pressa le bouton*

3) Ne pas dire *un bouton de sonnette,* terme générique trop indéterminé. Quelqu'un qui veut installer une sonnette à sa porte ira acheter un bouton *de* sonnette. Mais on dira pour une sonnette bien précise: le bouton *de la* sonnette ne fonctionne pas.

4) Var.: *une grande porte en fer*
   On emploie indifféremment *en* et *de* pour marquer la matière.
   Dans certaines expressions, la préférence va à la préposition *en.*
   Ex.: une montre *en* or, une pipe *en* terre
   Cependant au sens figuré, on emploie toujours *de.*
   Ex.: une santé *de* fer, un cœur *d'*or
   Une porte ferrée serait une porte uniquement garnie de fer, mais qui, par ailleurs, peut être de matière différente, en bois, par exemple.

5) La traduction mot à mot est impossible en français. Ne pas oublier qu'*uniforme* est masculin: on disait autrefois *un habit uniforme;* l'adjectif est devenu substantif. De la même manière, on traduit *die Exekutive* par *l'exécutif* (le pouvoir exécutif), *das Rundschreiben* par *la circulaire* (la lettre circulaire).

6) Traduction meilleure que *salua Schulze par une poignée de main* ou *d'une poignée de main.* Dans un bon style, on étoffera donc la préposition en français. Ne pas dire en tout cas *avec une poignée de main, avec* désignant surtout un outil et non la manière.
   Var.: *en lui serrant la main*
   Une *poignée de main* et non un *coup de main. Donner un coup de main à quelqu'un* est une expression populaire qui veut dire ‹aider quelqu'un›.
   Toper signifie *taper dans la main de quelqu'un,* lorsqu'on accepte un pari, un défi ou lorsqu'on conclut une affaire; d'où l'expression courante, entre maquignons par exemple: *Tope!* ou: *tope là!* = j'accepte.

7) Var.: *et moi*
   La traduction retenue a l'avantage de souligner l'opposition entre les deux personnages.

8) La traduction littérale serait la suivante: *et moi d'un regard froid.*
   Toutefois le premier terme de la phrase *salua Schulze en lui donnant une poignée de main* étant trop long, on risque, à la lecture, de ne plus savoir de quel verbe dépend *moi.* D'où la nécessité de donner plus de clarté à la phrase en ajoutant un deuxième verbe. De plus, le style de la traduction littérale laisserait à désirer.

9) *Un regard* et non *un coup d'œil* qui serait trop rapide, superficiel et en contradiction avec l'adjectif *scrutateur.*

10) *frisch*

Ne pas dire *frais.* Une chose comestible est *fraîche;* le temps est *frais,* mais dans un sens figuré, on emploie *froid.* Dans la langue parlée, on dit, à la rigueur, un accueil très *frais,* mais celui qui emploie cette expression est conscient qu'il s'agit là d'une métaphore.

11) *prüfend*

Il faut, d'une manière générale, se garder de traduire le participe présent épithète allemand par un participe présent épithète français pour exprimer une idée verbale. Ainsi, ‹ein brennendes Haus› se traduira par *une maison qui brûle* ou *une maison en flammes,* mais on dira: *un thé brûlant. Brûlant* a ici une valeur adjectivale descriptive et signifie ‚sehr heiß'.

De même, il faut distinguer entre *un oiseau qui parle* et *un film parlant* (= Tonfilm) ou *des regards parlants* (vielsagende Blicke), *des troupes en fuite* mais *un front fuyant, un enfant qui dort* (ou un enfant endormi) et *des eaux dormantes.* Dans tous ces exemples, le participe présent a une valeur figurée.

Prüfend ne se traduira donc pas par le participe présent du verbe *examiner.*

D'autre part, *un regard qui m'examinait* ferait lourd et gauche.

Ne pas dire *examinateur* qui est un substantif désignant la personne qui examine.

D'où le choix de l'adjectif *scrutateur* qui se dit à propos de choses difficiles à percevoir, qu'on veut connaître en détail en les examinant.

12) Var.: *venez voir,* expression qui est plus du langage parlé.

Pour la traduction de *mal, einmal,* cf. p. 30, rem. 42.

Une fois, dans un tel contexte, signifierait ‹une seule fois›.

Mal est ici une simple particule de renforcement. Ou bien il ne se traduit pas, ou bien il se rend par *donc.*

13) Il est indispensable de mettre en français un complément après la préposition *avec* désignant une personne. Des tournures du genre *aller avec, venir avec* non suivies d'un complément et appliquées à des personnes sont familières et d'un emploi dialectal.

Pour des choses toutefois, l'emploi d'*avec* sans complément est possible.

Ex.: La cliente a acheté un sapin de Noël et tout ce qui va *avec:* bougies, cheveux d'ange, boules etc.

Var.: *Suivez-moi*

14) Mieux que *nonchalamment* qui désigne uniquement une attitude molle et paresseuse, sans vivacité, *négligemment* ajoute au sens de laisser-aller dans les manières une nuance de mépris.

15) Var.: *à l'uniforme*

On passe ici de la simple description *en uniforme* à la désignation d'un individu au moyen d'une de ses qualités marquantes ou spécifiques.

16) Après l'inversion du sujet du verbe *dire,* nécessitée par la citation, il faut rétablir l'ordre normal des mots. D'où la répétition de *il* devant le verbe *conduisit.*

17) Var.: *mena*
Par rapport à *conduire* qui signifie *diriger quelqu'un* en se mettant à la tête de la marche, *mener* insiste davantage sur l'autorité, la force de celui qui dirige.
Guider est un terme impropre ici, car c'est surtout montrer le chemin à quelqu'un qui ne sait pas. *Guider* implique non seulement une idée d'ignorance chez celui que l'on guide, mais une nuance d'attention de la part de celui qui dirige, nuance qui n'est pas dans le texte.

18) *dans* et non *à* un bureau
à un bureau = zu einem Schreibtisch
Il s'agit ici de la pièce de travail d'un employé. Toutefois on dit: aller travailler *au* bureau = aller travailler dans un bureau. Il n'existe pas de traduction mot à mot de *Bürostube* en français. *L'office* dans ce sens demande en français un adjectif ou un complément désignant ce qu'on y fait.
Ex.: un *office* commercial, un *office* de publicité, un *office* de tourisme

19) Ne pas traduire par le verbe *être,* ce qui serait un germanisme. De même, on demandera: Y a-t-il quelqu'un? = Ist jemand da?

20) Var.: *cependant*
Pourtant, cependant expriment l'étonnement du prisonnier devant le bureau vide. *Mais* provoquerait ici une rupture de construction et fausserait le sens de manière à indiquer une volonté délibérée de la part du policier, la recherche d'un bureau libre. Pour *cependant, pourtant* et leurs synonymes, cf. p. 21, rem. 76.

21) Var.: *posez*
Déposer s'emploie pour quelque chose que l'on porte: *déposer* un fardeau, une gerbe (sur une tombe); ce terme implique d'autre part une nuance de précaution ou encore l'importance, la valeur que l'on attache à une chose.
Ex.: *déposer* ses économies à la banque, ses bijoux dans un coffre-fort
Placer signifie poser à une certaine place, suppose donc un rangement, ce qui n'est pas le cas ici. *Placer* s'emploie également pour de l'argent que l'on investit et que l'on veut faire fructifier.
Ex.: *placer sa fortune* dans la construction

22) Cf. ci-dessus rem. 12.

23) *tout ce que:* nécessité absolue en français de placer l'antécédent directement devant le relatif.

24) Mot à mot: *c'est ce que je fis,* traduction qu'il vaut mieux éviter cependant en raison de la reprise du verbe *être* plus loin.
Var.: *Je m'exécutai.*

25) L'accent est mis sur la qualité et on emploie donc le verbe être.
Il y avait assez peu de choses désignerait la quantité.

L'imparfait traduit l'état, décrit ce que le prisonnier a dans les poches au moment où il les vide.

26) Quelques traductions de *Bund:*
    ein Bund Radieschen = une *botte* de radis
    ein Bund Stroh = une *botte* de paille
    ein Bund Holz = un *fagot* de bois
    ein Bund Garn = un *écheveau* de fil
    Au sens politique:
    der Bund = l'*Etat fédéral,* par opposition aux Laender (sing. le Land)
    Bund au sens d'association, d'union se traduit par *ligue.*
    Ex.: der Bund der Hansa = la *ligue* hanséatique

27) Var.: *un canif* qui est un petit couteau de poche

28) Choix délibéré de la tournure populaire.
    Traduction plus littéraire: *est-ce tout ce que*

29) Il s'agit de la fin du résultat d'une opération; *eh bien* en désignerait le début, serait une injonction à agir.

30) *alors* et non *ensuite;* il n'y a pas succession mais passage à un autre ordre d'idées.

31) *In die Höhe halten* se traduit par *lever.*
    Lever en l'air est une expression pléonastique.
    Garder en l'air, tenir en l'air sont des contresens, car cela signifie que le prisonnier a déjà les bras levés.
    Hände hoch = *haut les mains*
    faire quelque chose *haut la main:* sans peine
    Ex.: passer un examen *haut la main*

32) Le français préfère la traduction par la voix active moins lourde que le passif.
    Ne pas dire *tâter* qui signifierait que l'agent de police touche attentivement la peau du prisonnier pour voir par exemple s'il est musclé.
    Ex.: Les ménagères françaises ont l'habitude de *tâter* le camembert avant de l'acheter pour voir s'il est «bien fait».

33) Se servir de préférence d'une expression idiomatique plutôt que de la traduction mot à mot moins courante et moins précise: *de haut en bas.*
    De pied en cap s'emploie dans des tournures consacrées par l'usage.
    Ex.: être armé de pied en cap
    De fond en comble, c.-à-d. de la cave au grenier, se dit pour un bâtiment.
    Ex.: fouiller la maison *de fond en comble*

34) Var.: *en cherchant des*
    Il faut expliciter en français: *après*, ayant un sens temporel, ne convient pas.

35) Var.: *probablement*
    On pourrait insister davantage, dire *je suppose* en plaçant l'expression à la fin de la phrase pour la mettre en relief.

Ainsi: à la recherche d'objets cachés dans mes poches, *je suppose*
(Ne pas oublier, dans ce cas, la virgule!)
Vermutlich se traduit souvent par *présumé*, surtout dans la langue juridique.
Ex.: der vermutliche Täter = l'auteur *présumé* (d'un crime)
der vermutliche Vater = le père *présumé*

36) On ne dira pas en français: les *contenus cachés*, contenu ne s'employant guère au pluriel. Le *contenu caché* serait également trop abstrait et peu clair. On précisera donc en employant une périphrase.

37) Var.: *bon* (cf. ci-dessus rem. 29.)

38) Var.: *je vais commencer par vous mettre*
Certains adverbes allemands se rendent en français par des verbes.
Quelques exemples:
Er ist gerade gekommen. = Il *vient* d'arriver.
Er ist fast gefallen. = Il a *failli* tomber.

39) Var.: *au numéro onze*, c.-à-d. dans la cellule portant le numéro onze
Dans le onze, ou *dans le numéro onze* désignerait uniquement le chiffre et serait une absurdité.
Remarquer qu'on dit *le onze*.

40) Var.: *pour le moment*, expression plus précise qui désigne, ainsi que *pour l'instant*, un espace de temps moins étendu que *maintenant*.
Pour la différence entre *instant* et *moment*, cf. p. 31, rem. 48.

41) Var.: *la pause de midi*, expression moins employée cependant
Par contre, on dit très couramment *la pause café*, c.-à-d. la pause pour prendre le café.

42) *Courtoisement* ne convient pas dans ce contexte. *Courtois* désigne une politesse exquise, raffinée et même souvent exagérée.
Un homme *poli* peut soulever son chapeau pour saluer une dame, un homme *courtois* lui baisera la main.
La littérature *courtoise* des XIème et XIIème siècles célébrait l'amour et les exploits chevaleresques.

43) Var.: *si je ne pourrais*
Le conditionnel insiste sur la politesse de la demande.
A l'imparfait *pouvais* correspondra au style direct la demande suivante: «Puis-je avoir un déjeuner?» Au conditionnel du style indirect correspondra également un conditionnel dans le style direct: «Pourrais-je avoir un déjeuner?» Il faut donc bien voir que la forme conditionnelle ne dépend pas du style indirect.

44) Var.: *si je ne pouvais avoir à déjeuner*

45) Il est d'usage de désigner ainsi les trois principaux repas de la journée: *le petit déjeuner, le déjeuner, le dîner*.
Cependant dans certaines provinces, le déjeuner prend la place du petit déjeuner, le dîner remplace le déjeuner et le repas du soir prend le nom de *souper*. Pour le

Parisien, le souper désigne le repas ou la collation qu'on prend à une heure avancée de la soirée après le spectacle.

Ex.: Au début du siècle, il était de bon ton après le spectacle d'aller *souper* aux Halles.

Le *manger* est un terme plus populaire qui peut désigner l'un des repas. Il n'est toutefois pas ressenti comme tel dans l'expression *le boire et le manger*.

Ex.: perdre *le boire et le manger,* parce qu'on est accablé par une occupation, un souci ou un chagrin

46) Le français éprouve de la difficulté à traduire le style indirect que l'imparfait de concordance des temps ne rend pas assez clairement. D'où la subordination de sens explicatif *étant donné que.*

Var.: *puisque*

vu que (réservé toutefois au langage administratif)

47) Ne pas dire: *je n'en avais pas encore eu un,* car on est tenté d'ajouter en français: *mais deux, trois ou quatre. Un* signifie donc ici ‹*un parmi d'autres*›, alors que le sens est ‹*je* n'ai pas encore eu de déjeuner›.

48) Ne pas dire: *l'heure du déjeuner est passée* qui ferait contradiction avec l'affirmation précédente: *c'est* l'heure du déjeuner.

49) Var.: *pris*

Bekommen se traduit en français rarement par *recevoir. Recevoir* traduit une attitude passive: on *reçoit* une lettre par la poste, on *reçoit* un cadeau. La plupart du temps, il faudra varier la traduction de ‚bekommen' selon la situation.

Quelques exemples types:

Nach der Suppe bekamen wir Hühnchen. = Après la soupe, *on nous servit (on nous donna)* du poulet.

Wo bekommt man dieses Buch? = Où *trouve-t-on* (où *peut-on acheter*) ce livre?

Er hat eine Stelle als Übersetzer bekommen. = Il *a obtenu une place* de traducteur (on obtient un poste, une place).

Ich habe einen Schnupfen bekommen. = J'ai *attrapé un rhume* (on attrape une maladie).

Ich bekomme Hunger. = *Je commence à avoir* faim, la faim *me prend.*

Er bekommt einen Bauch. = Il *prend du ventre.*

Das Kind bekommt Zähne. = L'enfant *fait* des dents.

50) *Auch* au sens négatif ne se traduira pas par *aussi* mais par *non plus.*

Ex.: Sie wissen es nicht und *ich auch nicht.* = Vous ne le savez pas *ni moi non plus.*

Quand on omet le verbe devant *non plus,* on préfère traduire *und* par *ni* plutôt que par *et.*

51) Plus que la simple agitation nerveuse, *erregt* implique ici l'irritation. D'où *agacé.*

Var.: *irrité*

ému = gerührt

Etre en émoi est une expression littéraire pour ‹être agité›.

Excité, agité, énervé traduisent plutôt ‹aufgeregt›.

52) Var.: *jusqu'à présent*
    jusqu'à maintenant
    Jusqu'alors, plus littéraire, renvoie à un moment plus éloigné dans le passé.

53) Var.: *mon désir d'obtenir quelque chose à manger,* traduction plus précise mais
    gauche

54) Il serait lourd de traduire ici *gerade* par *justement* ou *précisément* alors qu'il ne fait
    qu'intensifier l'adverbe *sehr.*
    Quelques traductions de *gerade:*
    Ich wollte gerade gehen = j'*allais* sortir.
    Ich war gerade eingeschlafen = je *venais de* m'endormir.
    Wie es gerade kommt = au petit bonheur.

55) Var.: *Ma faim ne s'était pas tellement fait sentir.*
    Remarquer à ce propos l'invariabilité des verbes *faire* ou *se faire* lorsqu'ils précèdent
    un infinitif.
    Ex.: *Ils se sont fait entendre* de leur public malgré le tumulte qui régnait dans la
        salle.
    Le mot à mot *ma faim n'avait pas été tellement grande* ferait gauche.
    avoir une faim de loup = einen Bärenhunger haben
    En français familier on parle de *fringale* (f.) pour désigner une faim violente et
    pressante.

56) Il n'est pas possible d'employer *faim* comme complément de *s'apercevoir* ou de
    remarquer.
    S'apercevoir de qc., c'est découvrir par une vue de l'esprit, tandis que *remarquer qc.*
    est plus concret, c'est voir ce qui attire l'attention. *On s'aperçoit,* c.-à-d. on découvre
    par une prise de conscience qc. que l'on a d'abord *remarqué.*
    A la rigueur, on remarque, on s'aperçoit qu'on a faim; mieux: *on sent sa faim.*
    Remarquer ici que *sentir* s'emploie pour une impression physique. Les synonymes
    de *sentir* tels qu'*éprouver, ressentir* s'appliquent à des sentiments et ne se diront pas
    dans ce cas.

57) Var.: *sentir dans toute sa force*
    Var. plus forte: *cruellement sentir* ou *sentir dans toute sa violence*

58) *j'avais l'impression* pour éviter la répétition de *sentir*
    Imparfait ou passé simple? Les deux temps sont possibles ici. L'imparfait insistera
    sur la valeur explicative et descriptive de cette phrase, tandis que le passé simple
    traduit la vivacité de la réaction du prisonnier devant le manque de compréhension
    de son geôlier.

59) Var.: *frustré dans mes droits*
    Par définition *lésé* signifie ‹atteint, blessé dans ses droits›, dans ses intérêts. *Léser*
    est un terme juridique; *frustré* relève surtout du vocabulaire de la psychologie.
    léser = schädigen
    der Schädiger = l'auteur du dommage
    der Geschädigte = la personne lésée, la victime du dommage

Au sens de ‹léser quelqu'un dans ses droits›, on dit aussi: *entreprendre quelqu'un sur ses droits.*

Kränken, au sens moral de ‹manquer d'égards ou de respect›, se traduit par *blesser, froisser, vexer.*

Sont plus forts: *humilier, mortifier* = demütigen.

offenser = tief kränken, beleidigen

60) Eviter de mettre *aussi* en début de phrase; aussi, en ce cas, traduit un rapport de conséquence et rend l'allemand *daher, deshalb;* il est en général suivi de l'inversion du sujet.

Ex.: C'est un homme très autoritaire; *aussi* le fuit-on.

Dans la langue parlée, on dirait, en élevant la voix sur *aussi:* Un prisonnier *aussi* doit manger.

61) Pour *souper,* cf. rem. 45.

62) *En* est ici pronom adverbial indiquant la cause. Sa présence n'est pas nécessaire. Cet emploi de *en* est fréquent dans des gallicismes tels que:

s'*en* donner à cœur joie

en être réduit à

n'*en* faire qu'à sa tête

en venir aux mains

si le cœur vous *en* dit

je n'*en* reviens pas, etc.

63) Var.: *Le dîner vous plaira d'autant mieux.*

Vous aurez d'autant plus d'appétit pour le dîner.

Schmecken se traduit différemment selon les exemples:

Es schmeckt. = *C'est bon.*

Wie schmeckt Ihnen dieses Fleisch? = *Comment trouvez-vous* cette viande? ou: *Que dites-vous* de cette viande? ou encore: Cette viande *est-elle de votre goût?*

Es schmeckt mir ausgezeichnet. = Je la *trouve* excellente.

Noter la différence entre *sembler* et *paraître:*

Sembler indique un jugement subjectif tiré de la personne même, *paraître* désigne plutôt ce qui se tire de la chose elle-même et répond davantage à un fait réel. En fait, l'usage ne distingue guère *sembler* et *paraître.*

D'où l'autre variante possible: *le dîner vous (en) paraîtra d'autant meilleur.*

64) *imperturbable:* qui ne se laisse troubler par rien

Impassible dit plus; il désigne celui qui ne se laisse pas influencer et qui dompte ses émotions, garde le calme quoi qu'il arrive. *Impassible* est l'adjectif qui convient ici, ainsi que les périphrases telles que *sans se laisser troubler, sans se laisser émouvoir.*

Sans émotion est vague et ambigu. L'expression signifie autant l'indifférence que la neutralité du ton sur lequel on parle.

Insensible est ici une condamnation morale = herzlos.

65) moins courant et insistant sur l'aspect temporel: *au long de*

Ex.: tout au long de l'année

Var.: *Il me fit longer.* La préposition ou la particule indiquant le mouvement se traduit par un verbe comme c'est souvent le cas en français où l'expression du mouvement a la priorité tandis que la manière dont s'exécute le mouvement reste secondaire.

Ex.: Er schwimmt *über* den Fluß. = Il *traverse* le fleuve à la nage.

66) Un *corridor* est plus long et plus étroit qu'un *couloir.*

67) Les particules allemandes indiquant la direction se traduisent en français par des verbes. Cf. ci-dessus rem. 65.

68) Il s'agit d'indiquer le passage d'un lieu à un autre. D'où l'emploi de la préposition *par. Passer* peut s'employer transitivement, sans préposition, au sens de *franchir;* le verbe a alors une portée plus solennelle.
Traverser est un terme impropre en parlant d'une porte.

68) Le passé simple met cette action sur le même plan que celle de la phrase précédente. L'imparfait en ferait l'un des événements se déroulant à l'intérieur du cadre de la traversée. Or il s'agit en fait d'une succession d'étapes dans la traversée.

70) dunkel = *sombre*
finster = *obscur*
Obscur s'emploie au figuré pour marquer l'absence de clarté d'une chose difficile à comprendre, alors que *sombre* au sens figuré évoque une atmosphère de mélancolie et de tristesse. *Sombre* rendra donc *düster.*

71) Var.: *garnies de fer*
On parle des *ferrures* d'une porte, c.-à-d. de ses garnitures en fer.
Ferré se dit plutôt pour un cheval, pour des souliers (Nagelschuhe), pour un bâton (Bergstock). Le *réseau ferré* (ou ferroviaire) = das Eisenbahnnetz; la *voie ferrée* = die Eisenbahn. *Bardé de fer* se dit à l'origine pour un cheval dont le poitrail ou la croupe sont recouverts de *la barde,* c.-à-d. d'une armure de lames de fer; par extension on emploie cette expression pour un objet recouvert de lames de fer.

72) Les verrous et les serrures faisant partie intégrante de la porte, on étoffera la préposition en la traduisant par un participe passé.
Var.: *pourvues*
Par rapport à *muni* qui implique une idée de défense, *pourvu* insiste sur la nécessité. Avec *nanti,* on souligne la précaution préalable, avec *doté* la générosité. Ces deux derniers participes conviennent donc moins bien.
Ex.: *Nantie* de tels diplômes, elle fera carrière.
La nature l'a *dotée* de charmes incontestables.
Equiper est plus technique que *pourvoir* et se dit pour un armement par exemple. Ainsi, une forteresse est *équipée* de canons. Pour une porte, *équipé* serait trop fort.

73) *Verrou* est le terme général pour ‹Riegel›. On distingue les verrous à barre, à ressort, à bouton etc.
La *targette* est un petit verrou que l'on manœuvre en poussant on en tournant un bouton.

74) le *cadenas* = das Hängeschloß

75) Pour plus de clarté, le français préfère la tournure personnelle.

76) Var.: *encore un*
Plus lourd: *de nouveau* = ‹une nouvelle fois›.
A nouveau = une nouvelle fois, mais de façon différente de la première. En fait, en français contemporain, cette distinction se perd de plus en plus.
Cf. p. 16, rem. 33.

77) pour éviter la répétition des verbes *passer, traverser* employés plus haut

78) Var.: *l'homme devait toujours*

79) imparfait de répétition

80) Il faut préciser en français.
Var. un peu plus marquée: *se servir de ses clés pour ouvrir et pour fermer*

81) Plus long et plus lourd: *d'une façon qui semblait tellement aller de soi*
Das ist selbstverständlich. = *Cela va de soi, cela va sans dire, cela s'entend.*
Das ist das Selbstverständlichste von der Welt. = *C'est la chose la plus naturelle du monde.*
selbstverständlich = *bien entendu*
Noter que *façon* insiste sur le résultat tandis que dans *manière,* on considère l'action elle-même pendant qu'elle a lieu. Ainsi: Dans la façon de cette robe, on retrouve la manière du célèbre couturier X. Façon est d'autre part plus familier que *manière.* Ici *manière* et *façon* sont interchangeables.

82) Si l'allemand admet le sujet neutre vague *es,* le français préfère dans ce cas un sujet personnel.
Var.: *J'eus (j'avais) le cœur serré.* On dit: mon cœur se serre, ou: j'ai le cœur serré.
Mais on n'emploiera pas le verbe *se serrer* dans ce sens avec ‹la poitrine›; à condition d'élucider davantage, il est possible de dire: *une angoisse oppressa ma poitrine,* ce qui, certes, rend moins bien le doute poétique contenu dans l'expression allemande.
Opprimer s'emploie au figuré seulement pour impliquer la persécution à laquelle est soumise une innocente victime.
Oppresser, celui des deux verbes, qui conviendrait ici insiste sur l'aspect physique de l'action. Au moral, il rend le poids de l'angoisse, de la peur, de l'anxiété.
Avoir le cœur gros se dit de quelqu'un qui a du chagrin et ne convient donc pas. (*J'ai le cœur gros* = Mir ist das Herz schwer).
Le passé simple traduit le résultat de cette longue marche dans la prison. Il est cependant tout à fait permis d'employer l'imparfait qui traduirait la lente progression de l'angoisse, présente depuis le début de la traversée de la prison. Il ne s'agit plus alors d'un résultat, mais d'une durée.

83) Var. plus terne: *se trouvaient entre moi*
S'interposer, se placer entre, s'intercaler conviennent moins, car ces verbes supposent une activité consciente, ce qui serait alors personnaliser en quelque sorte les portes.

84) Var.: *maintenant*
En soulignant le point de départ, on dira *désormais* ou *dorénavant.*

85) Var.: *si clairement*
Si distinctement s'emploiera pour un phénomène visuel ou acoustique mais non pour une vue de l'esprit. On voit les montagnes très *distinctement,* on parle *distinctement;* mais on comprend **clairement.**

86) *Zum Bewußtsein bringen = faire prendre conscience,* traduction mot à mot qui entraînerait une construction trop lourde. D'où la traduction retenue *faire comprendre, sentir.*
Quelques traductions de *Bewußtsein:*
das Bewußtsein verlieren = *perdre connaissance, perdre conscience.*
wieder zum Bewußtsein kommen = *reprendre conscience.*
Allmählich kommt ihm zum Bewußtsein, daß er übertrieben hat. = Peu à peu, *il se rend compte* qu'il a exagéré.
L'imparfait a été choisi pour traduire la lente prise de conscience du prisonnier. Le passé simple, également possible, insisterait sur le moment précis et brusque de cette prise de conscience.

87) Interprétation nécessaire pour éviter le pléonasme, car *recouvrer* implique déjà en lui-même l'idée de *à nouveau.* Il est possible également de ne pas traduire *wieder.*

88) Expression consacrée. On peut dire également: regagner, retrouver *la liberté.*
Etre mis en liberté ajoute au fait d'être libre l'idée d'une mesure administrative et ne traduit donc pas exactement l'expression allemande.
Reprendre sa liberté s'emploie dans un autre contexte: quelqu'un qui se délie de ses engagements *reprend sa liberté. Reprendre sa liberté* est donc une action qui ne dépend que de la volonté du sujet et non d'une influence extérieure.

89) Var.: *instant*
L'instant est plus court que le *moment.*
Cf. p. 31, rem. 48.

90) Cf. p. 27, rem. 29.

91) L'article défini allemand se rend par le démonstratif, car il est indispensable en français d'annnoncer la citation.
Une autre possibilité d'introduire la citation serait de dire *la phrase suivante,* expression peu élégante dans le contexte du fait de la présence de la relative.

92) Var.: *je devais entendre*
      j'allais entendre
      j'entendis
Il ne faut en aucun cas traduire par l'imparfait du verbe *entendre.* Ici l'idée de répétition contenue dans *so oft* est trompeuse. L'imparfait *j'entendais* évoquerait le fait dans son développement inachevé. Or *plus tard* («später») indique quelle est la perspective du narrateur qui considère l'événement comme intégré définitivement dans le passé.
Trois possibilités donc:
— le passé simple qui met l'accent sur l'action momentanée dans le passé indépendamment du présent;

— le passé composé qui considère l'action comme achevée par rapport au moment actuel;

— les auxiliaires *aller* et *devoir* à l'imparfait pour marquer la transposition du futur dans le passé.

Ici, l'interprétation est la suivante: à partir d'une situation passée, le fait de sentir, le narrateur évoque une perspective de futur. Dans ce cas, *hörte* équivaut à l'allemand *hören sollte* ou *hören würde*.

93) Moins bien: *tu y entres si facilement.*
   Le français suit ici sa tendance à la caractérisation en traduisant par une tournure verbale l'adverbe sur lequel porte l'accent de la phrase.

94) Il faut en français insister davantage sur l'opposition.

95) Moins bien: *tu en sors.* Cf. ci-dessus rem. 93.

Ich trat in eines der Nebenzimmer. Der Arzt und die jungen Leute saßen um einen Tisch und sahen mich an, man gab mir einen Stuhl. Und nun sollte ich erzählen, wie das eigentlich mit mir wäre. Möglichst kurz, s'il vous plaît. Denn viel Zeit hätten die Herren nicht. Mir war seltsam zumut. Die jungen Leute saßen und sahen mich an mit jener überlegenen, fachlichen Neugier, die sie gelernt hatten. Der Arzt, den ich kannte, strich seinen schwarzen Spitzbart und lächelte zerstreut. Ich dachte, daß ich in Weinen ausbrechen würde, aber ich hörte mich französisch sagen: „Ich hatte bereits die Ehre, Ihnen, mein Herr, alle Auskünfte zu geben, die ich geben kann. Halten Sie es für nötig, daß diese Herren eingeweiht werden, so sind Sie nach unserer Unterredung gewiß imstande, dies mit einigen Worten zu tun, während es mir sehr schwer fällt." Der Arzt erhob sich mit höflichem Lächeln, trat mit den Assistenten ans Fenster und sagte ein paar Worte, die er mit einer waagerechten-schwankenden Handbewegung begleitete." Nach drei Minuten kam einer von den jungen Leuten, kurzsichtig und fahrig, an den Tisch zurück und sagte, indem er versuchte, mich strenge anzusehen: „Sie schlafen gut, mein Herr?" „Nein, schlecht." Worauf er wieder zu der Gruppe zurücksprang. Dort verhandelte man noch eine Weile, dann wandte sich der Arzt an mich und teilte mir mit, daß man mich rufen lassen würde. Ich erinnerte ihn, daß ich auf ein Uhr bestellt worden sei. Er lächelte und machte ein paar schnelle, sprunghafte Bewegungen mit seinen kleinen weißen Händen, die bedeuten wollten, daß er ungemein beschäftigt sei. Ich kehrte also in meinen Gang zurück, in dem die Luft viel lastender geworden war, und fing wieder an, hin und her zu gehen, obwohl ich mich todmüde fühlte. Schließlich machte der feuchte, angehäufte Geruch mich schwindlig; ich blieb an der Eingangstür stehen und öffnete sie ein wenig. Ich sah, daß draußen noch Nachmittag und etwas Sonne war, und das tat mir unsagbar wohl.

Rainer Maria Rilke, aus: *Die Aufzeichnungen des Malte Laurids Brigge*

J'entrai dans une[1] des pièces[2] d'à côté[3]. Le médecin[4] et les jeunes gens[5] étaient assis autour[6] d'une table et me regardaient[7]; on me donna[8] une chaise. Bon[9]. Et maintenant, on voulait que je raconte[10] ce que j'avais[11] en fait[12]. Le plus brièvement possible[13], s'il vous plaît. Car ces[14] messieurs, à ce qu'ils disaient[15], n'avaient pas beaucoup de[16] temps. Je me sentais mal à l'aise[17]. Les jeunes gens restaient là[18] à me regarder[19] avec cette curiosité supérieure de spécialistes[20], comme ils avaient appris à le faire[21]. Le médecin que je connaissais lissait[22] sa barbiche[23] noire, en souriant[24] d'un air distrait[25]. Je pensai[26] que j'allais[27] fondre en larmes[28], mais je m'entendis[29] dire en français: «J'ai déjà eu[30] l'honneur de vous donner, Monsieur, tous les renseignements[31] que je peux[32] vous fournir[33]. Si vous jugez[34] nécessaire de mettre ces messieurs au courant[35], vous êtes certainement[36] en mesure[37], après notre entretien[38], de le[39] faire en quelques mots[40], tandis que[41] cela m'est très pénible»[42]. Le médecin se leva[43] avec[44] un sourire poli[45], s'approcha[46] de la fenêtre avec ses assistants[47] et dit quelques mots[48] qu'il accompagna[49] d'un[50] geste[51] horizontal et mal assuré[52]. Au bout de[53] trois minutes, un[54] des jeunes gens, myope[55] et nerveux[56], revint à[57] la table et dit en essayant de me regarder avec sévérité[58]: «Vous dormez bien, Monsieur?» «Non, mal[59].» Sur ce[60], d'un bond[61], il rejoignit[62] le groupe. Là-bas, on parlementa[63] encore un moment[64], puis le médecin se tourna[65] vers moi pour[66] m'annoncer qu'on me ferait[67] appeler. Je lui rappelai[68] qu'on m'avait convoqué[69] à une heure. Il sourit, fit encore quelques gestes[70] rapides et saccadés[71] de[72] ses petites mains blanches en voulant dire[73] qu'il était extrêmement occupé[74]. Je retournai[75] donc dans[76] mon couloir[77] où[78] l'air était devenu beaucoup plus pesant[79] et je me remis[80] à faire les cent pas[81], tout en me sentant[82] mort de fatigue[83]. L'odeur[84] humide[85] et viciée[86] finit[87] par me donner le vertige[88]; je m'arrêtai[89] à la porte d'entrée et l'entrouvris[90]. Je vis que dehors[91] c'était encore l'après-midi, qu'il y avait[92] encore un peu de soleil et cela me fit[93] un bien indicible[94].

1) *Une des* ou *l'une des?*
   L'un de ou *un de* s'emploient indifféremment. On préfère cependant *un* à *l'un* devant *de* pour des raisons d'euphonie. Avec les pronoms personnels, on trouve plus souvent *l'un* que *un*. Il existe certes une règle disant que, en parlant de deux personnes, on utilise *un* et *l'un* en parlant de plusieurs personnes, mais cette règle n'est pratiquement pas suivie.

2) *Pièce* et non *chambre*. Par rapport à *pièce,* terme générique, *chambre* indique l'endroit où l'on couche.
   On dira: louer un appartement de quatre *pièces,* c.-à-d. un appartement comprenant salle de séjour (salon), salle à manger et deux *chambres.* Mais un étudiant cherchera une *chambre à louer,* c.-à-d. une pièce où il travaille et dort.
   Le cabinet demanderait une précision: cabinet de consultation (das Sprechzimmer).

3) Var.: *qui était à côté* ou, à la rigueur, en juxtaposant simplement *à côté*
   Autres variantes possibles: *voisines*
                              attenantes
   Voisin désigne la proximité d'une manière générale.
   Attenant s'emploie pour deux espaces qui se touchent.
   Contigu précise la dépendance contenue dans *attenant:* deux pièces *contiguës* ont une cloison commune.
   Adjacent est un terme de géométrie et suppose une représentation du tracé géométrique des espaces en question. On parle de terres, de rues *adjacentes*. Des angles *adjacents* = anliegende Winkel
   Avoisinant indiquerait une proximité assez imprécise.
   Limitrophe désigne ce qui est situé aux frontières d'un pays ou d'une région: des populations *limitrophes*.
   Ne pas dire non plus *de côté* = schief, schräg. Venant *de côté* = von der Seite her.
   mettre de l'argent *de côté* = Geld beiseite legen
   Mitoyen se rencontre seulement dans des locutions telles que *mur mitoyen* ou *puits mitoyen* pour désigner ce qui appartient à deux propriétés contiguës.
   Noter que dans une auberge ou un café on parle d'*arrière-salle* pour désigner la pièce située derrière la salle principale.

4) *Le docteur* est une abréviation de *docteur-médecin* ou *docteur en médecine. Ce* terme désigne donc un titre et ne s'emploie comme synonyme de *médecin* que dans la langue parlée populaire. Par contre, le client s'adressera à son médecin en l'appelant *Docteur* (et non *Monsieur*). Il s'agit d'un des rares cas où en français on appelle une personne par son titre. Autres cas: l'avocat, le notaire ou l'artiste à qui on s'adresse en disant: *Maître*.

5) *Jeunes gens* désigne un groupe de jeunes, filles et garçons; plus spécialement, c'est le pluriel courant de *jeune homme.*

6) *A une table* n'est pas assez précis.
   Ne pas dire en tout cas *à table,* ce qui signifierait que les personnes assises sont en train de manger.

7) Il est impossible de traduire par le passé simple. L'interprétation est alors différente. Il n'y a plus, dans ce cas, de lien de dépendance directe entre les deux actions, celle d'être assis et celle de regarder; le fait de regarder se détache alors de la description (être assis). Tout se passe comme si, au moment où l'auteur entre dans la pièce, les personnes assises levaient les yeux pour le regarder. Le passé simple traduit un moment précis dans l'action tandis que l'imparfait indique un arrêt dans le temps.

Ne pas dire: *étaient assis à me regarder,* ce qui serait absurde, car cela signifierait que l'action était déjà en cours au moment où le malade est entré.

8) Ici le passé simple est obligatoire, car il s'agit d'un *nouveau* moment précis de l'action et bien déterminé dans le temps.

9) Var.: *bien*

10) Var.: *je devais raconter*
    il fallait que je raconte
    il me fallait raconter, traduction de style plus relevé
    Cf. p. 14, rem. 21.

11) Var.: *ce qu'il en était de moi*
    Le mot à mot est incorrect et ne donne aucun sens précis.
    Comment j'allais est un contresens: wie es mir eigentlich ginge.

12) Var.: *en somme*
    au fond
    A vrai dire, à proprement parler s'emploient pour introduire une restriction et ne conviennent pas dans ce contexte.
    Une autre possibilité serait de ne pas traduire *eigentlich;* l'allemand affectionne particulièrement les termes de soutien comme *eigentlich, doch* tandis que le français se passe aisément de soutien, quand le sens est clair, pour éviter d'alourdir inutilement la phrase.

13) Var.: *aussi brièvement que possible*
    Kurz
    Court, adjectif de sens général, qui s'applique à la fois au langage écrit et parlé, tandis que *bref* indique uniquement le peu de durée et ne convient qu'au discours parlé.
    Ex.: Une lettre est *courte,* on fait un *court* récit.
    Cependant *court* ne peut s'appliquer à une personne (sauf dans le style familier, quand le sens est clair).
    Court, adverbe, ne s'emploie que dans certaines expressions avec un autre sens que celui mentionné ci-dessus.
    Ex.: être *court* vêtue
    couper les cheveux *court*
    couper *court* à un entretien: l'interrompre
    demeurer (ou rester) *court:* manquer d'idées
    Bref s'emploie comme adverbe uniquement au sens de ‹en résumé›, ‹pour résumer les choses en peu de mots›.

En bref est une locution adverbiale du style littéraire et signifie ‹en peu de mots›.

Dans les autres cas, *bref* sera adjectif. On dira donc: *soyez aussi bref que possible* ou: *soyez le plus bref possible.*

De la même manière, *concis* ne peut s'employer que comme adjectif.

Etre concis, c'est dire les choses en peu de mots = *knapp.*

Succinctement (de l'adjectif *succinct*) serait une variante possible et soulignerait l'absence de détails du récit réduit à l'essentiel.

Sommairement renchérit sur *succinctement* en soulignant le caractère d'esquisse. Ce terme convient moins bien, car il peut prendre un sens péjoratif.

14) Ici le français précise en employant le démonstratif, forme ironique pour parler des messieurs en question.

De la même manière, on dit en parlant à des personnes:

Que désirent *ces* Messieurs? = Was wünschen die Herren?

Où sont *ces* Messieurs? = Wo sind die Herren?

Dans ces deux exemples, la forme *ces* n'est plus ironique, mais polie et obligeante.

15) Attention à l'imparfait du style indirect. Il s'agit ici du style indirect libre. La forme complète serait: *Ces messieurs disaient qu'ils n'avaient pas beaucoup de temps.*

Cependant pour éviter l'ambiguïté, la confusion entre le style indirect libre et le simple fait de ne pas avoir beaucoup de temps, il vaut mieux ajouter *à ce qu'il disaient.*

En aucun cas, le conditionnel ne rendra ici le style indirect. Il faut prendre garde de ne pas confondre le style indirect avec la forme du conditionnel, telle qu'on la trouve dans les journaux pour faire état d'une information officieuse non confirmée, pour laquelle on ne veut pas prendre de responsabilité.

Ex: *Aux dernières nouvelles,* le président *aurait eu* un entretien de plus de deux heures avec le ministre des Affaires étrangères.

16) On dit *avoir* ou *ne pas avoir le temps,* mais *ne pas avoir beaucoup de temps.* En ce cas, *temps* se construit avec *beaucoup.*

17) Var.: *J'avais un sentiment étrange.*

Je me sentais étrange serait un contresens. L'étrangeté se rapporte alors au personnage lui-même et non à ses sensations ou à ses sentiments.

Quelques traductions d'expressions avec *zumute:*

Mir ist traurig zumute. = *Je me sens* triste. (Ici il n'y a pas d'ambiguïté possible.)

Wie ist dir zumute? = *Comment te sens-tu?*

Ihm ist gut zumute. = *Il a un* bon *moral* (moral = état d'esprit).

18) Mot à mot: *étaient assis,* mais le français insistera moins sur la position que sur la durée.

19) Var.: *et me regardaient,* traduction mot à mot moins élégante

L'infinitif précédé de la préposition *à* équivaut à une proposition circonstancielle: *tandis qu'ils me regardaient;* cette construction plus élégante traduit mieux la durée que la coordination comme en allemand où les faits sont vus de manière ponctuelle; le français juge et explique ces faits en les reliant logiquement.

20) *Spécialiste* est en français un substantif. D'où la présence de la préposition *de*.
    Var.: *curiosité supérieure professionnelle,* traduction moins bonne en raison de la juxtaposition des deux adjectifs. D'autre part, il est courant de parler de *spécialistes* pour des médecins.
    Ne pas dire *d'experts* qui s'applique à des objets. *L'expert* est celui qui est chargé de faire des examens, des constatations ou appréciations de fait en vue d'un procès ou pour prouver l'authenticité, la valeur d'un objet (Sachverständiger).
    Ex.: un *expert* en écritures, en art etc.
    Remarquer que l'adjectif *expert* est synonyme d'adroit, d'expérimenté.

21) Var.: *qu'ils avaient apprise.* Cf. la variante précédente.
    L'antécédent du relatif *curiosité* se trouvant assez éloigné, la périphrase *comme ils avaient appris à le faire* est préférable, dans la traduction choisie, au mot à mot.

22) Ici *lisser* n'a pas le sens de *glätten,* mais indique le fait machinal de passer et repasser la main sur sa barbiche.
    Var.: *caressait*
    Passé simple et imparfait sont également possibles selon que l'on insiste sur l'aspect ponctuel (passé simple) ou descriptif (imparfait) de l'action.

23) Var.: *barbe noire en pointe*
    Noire, pour plus de précision, doit être placé immédiatement après le mot auquel il se rapporte.
    Barbe en pointe: barbiche, c.-à-d. une petite barbe au menton. On dit également un *bouc* par analogie avec la barbe de l'animal du même nom.
    un collier = ein Vollbart

24) Mot à mot: *et souriait,* traduction également possible mais plus lourde que le gérondif. On retrouve à nouveau cette tendance particulière au français qui consiste à relier logiquement les faits tandis que l'allemand garde une vue linéaire des choses. Cf. rem. 19 ci-dessus.

25) Var.: *distraitement*
          avec distraction
    L'adjectif, possible à la rigueur, introduit une rupture plus grande dans la proposition et prend une valeur absolue. On écrira alors: *en souriant, distrait.* (Attention à la virgule!)

26) Var.: *Je crus*
    Le passé simple marque l'opposition, le passage à une autre perspective que celle de la description précédente. L'imparfait serait également possible et désignerait un état d'âme existant sur le même plan que les autres éléments descriptifs, une explication du sentiment de malaise mentionné précédemment. Le passé simple indique le développement de cet état de malaise.

27) L'auxiliaire *aller* à l'imparfait est préférable au conditionnel (traduisant le futur dans le passé) *je fondrais,* admissible, mais rendant un futur plus lointain. La construction *aller* (imparfait) + *infinitif* est l'équivalent, dans le passé, du tour périphrastique appelé souvent futur proche: *aller* (présent) + *infinitif.*

28) Var.: *éclater en sanglots,* traduction plus forte que *fondre en larmes,* tandis que *se mettre à pleurer* est une expression plus faible.

29) Ici, seul le passé simple convient pour marquer l'action: il y a rupture avec la description précédente.

30) Le passé composé marque une action achevée et convient mieux que l'imparfait qui insisterait sur le déroulement de l'action.

31) *Renseignements* et non *informations. Renseignements* est le terme général tandis qu'*information* est un mot du domaine journalistique s'appliquant à des événements d'intérêt public.
   Ex.: des *informations* politiques, sportives (informations ici = nouvelles).

32) Var.: *que je puis,* forme plus recherchée
   Cependant, sous la forme interrogative, on emploiera *puis* et non *peux.*
   Ex.: *Puis-je vous être utile?*
   Le mode exigé ici est l'indicatif et non le subjonctif. Le subjonctif, après un antécédent déterminé par *tout,* prend une valeur générale, indéfinie.
   Ex.: Il aimait tout ce qui *pût* faire plaisir à son amie.
   La relative a dans ce cas une valeur finale. Or, dans le contexte, il s'agit d'un fait réel et l'emploi du subjonctif ne convient donc pas.
   Fournir pour éviter la répétition de *donner.*
   Procurer est inexact ici; *procurer* suppose en général l'entremise d'une autre personne et non le simple fait de donner soi-même.

34) Var.: *croyez*
   estimez
   considérez comme – cette dernière construction doit être cependant évitée en raison de sa lourdeur.
   Se garder de calquer la construction française sur la construction allemande et de traduire la proposition conditionnelle par une proposition interrogative, tournure très rare en français qui ne s'emploie que comme effet de style particulier marquant la rapidité et souvent le caractère surprenant et comique de l'action. Ainsi cet exemple d'Alphonse Daudet: *Restait-on dehors,* on fondait au soleil.
   A retenir que l'accusatif *es,* qui ne sert qu'à annoncer un objet qui suit, ne se traduit pas en français. Il en est de même pour le démonstratif adverbial *daran, darauf* etc.
   Ex.: Ich verzichte *darauf,* ihn zu besuchen. = Je renonce à lui rendre visite.

35) Var.: *que ces messieurs soient mis au courant*
   L'adjectif *nécessaire* demande le subjonctif.
   Einweihen ne se traduit pas ici par *initier. Initier* une personne, c'est d'abord l'admettre à la connaissance d'un certain culte ou d'un certain rite; ainsi: le prêtre *initie* le fidèle. Puis, par extension, on emploie *initier* dans le sens d'admettre une personne à la connaissance d'une science ou de choses difficiles. Ainsi, on dit: *initier* quelqu'un aux mathématiques modernes.
   Le deuxième sens de *einweihen, inaugurer,* s'emploie pour la consécration solennelle d'un monument ou d'un édifice: on *inaugure* une école, ou une église.

36) Var.: *sûrement*

37) Var.: *être à même de*
Etre en état de ne va pas, car l'expression a un sens purement physique. Quand on dit qu'on n'est pas en état de recevoir une personne, cela signifie qu'on ne se sent pas bien pour la recevoir ou qu'on n'est pas habillé de manière à pouvoir la recevoir. *Etre capable de* contiendrait une légère insolence, car *capable* joue à la fois sur les connaissances (ce qu'on a appris) et sur les aptitudes intellectuelles. *Vous êtes certainement capable* sous-entend: à condition que vous soyez intelligent pour m'avoir compris ou pour le faire.

38) Var.: *conversation* qui a un sens plus large qu'*entretien*
Entretien désigne une conversation suivie sur un sujet déterminé, tandis qu'une *conversation* peut porter sur des sujets quelconques se présentant au hasard.

39) La traduction de *dies* par *cela* est inutile et par surcroît lourde et insistante.

40) On a coutume de distinguer entre: die Wörter *(les mots)* et die Worte *(les paroles)*. Cependant dans certaines expressions ‚Worte' se traduit par *mots: à ces mots, en quelques mots, en peu de mots.*
Dans le langage biblique, *Wort* se traduit souvent par *verbe*.
Ex.: Au commencement était *le verbe.* = Am Anfang war das Wort.

41) *Pendant que* et *tandis que* sont synonymes et indiquent que deux actions quelconques ont lieu simultanément. Toutefois *tandis que* marque mieux l'opposition ou le contraste. *Alors que,* troisième traduction possible de ‹während› rend l'opposition pure et simple.
Ex.: Il lisait la rubrique sportive *pendant que* sa femme épluchait les petites annonces.
Il jetait l'argent par les fenêtres *tandis que* son père s'évertuait à en gagner.
Combien de gens souffrent la faim *alors que* d'autres vivent dans l'abondance.

42) Il ne s'agit pas de la difficulté de parler au sens d'un effort intellectuel à fournir mais du caractère désagréable de ces explications pour le malade. D'où la traduction par *pénible* et non par *difficile.*

43) *S'éleva* signifierait que le médecin quitte non seulement son siège mais le sol. *S'élever* signifie donc *monter:* un avion *s'élève.*
Cependant dans un sens figuré on emploie *s'élever* pour *se dresser de toute sa hauteur.*
Ex.: Un rocher *s'élève* au-dessus des flots.
Mais on ne dira pas *s'élever* dans ce sens pour une personne.

44) *Avec un* et non *d'un.* Mais pour préciser la manière dont il se lève, on dira: il se leva *d'*un bond. La préposition *de* fait donc intimement partie du verbe, elle développe la façon dont s'exécute l'action traduite par le verbe.

45) *Poli* est plus extérieur que *courtois* qui désigne une politesse plus exquise. Cf. p. 42, rem. 42.

46) *S'approcher* et non *approcher* qui désigne une activité involontaire et subie. Ainsi, une personne voyageant en train *approche* d'une ville, c.-à-d. que le train la mène près de cette ville. Mais elle *s'approche* de la fenêtre pour regarder le paysage. *S'approcher* désigne donc un acte voulu, exécuté consciemment dans un but déterminé.

47) Prendre garde à l'orthographe du mot en français, qui au lieu de la désinence latine *-ent* emploie souvent pour les noms d'agent le participe présent du verbe correspondant.
Ainsi on a: prétendant, délinquant, correspondant.
Il en est de même pour certains substantifs où la forme *-ance* s'est substituée à la forme *-ence:* correspondance, tendance, subsistance.

48) Cf. ci-dessus, rem. 40.

49) Le passé simple est préférable à l'imparfait qui insisterait trop lourdement et inutilement sur la durée. Il est plus justifié de souligner l'aspect ponctuel de l'action.

50) *accompagner de*

51) Var.: *un mouvement de la main*
Mouvement, plus général que *geste,* indique uniquement le déplacement physique alors que le *geste* vise à exprimer quelque chose. On dit: faire un *geste* de la main. Se souvenir que *geste* est en français du masculin.

52) Selon l'interprétation au sens propre, physique, ou au sens figuré, moral, on dira *vacillant, tremblotant,* ou *mal assuré, indécis.*
Vaciller désigne des mouvements répétés en équilibre instable.
Trembloter est un diminutif de *trembler.*
Ne pas dire *osciller* qui traduit un mouvement allant de droite à gauche (= *pendeln*). *Ondoyer* s'emploie au sens de *schwankend* pour un caractère, une personne. Dans les autres sens, *ondoyer* se traduira par *wallen, hin- und herwogen.* Des cheveux *ondoyants* = wallende Haare.

53) *Nach* suivi d'un substantif et exprimant la durée, c.-à-d. la fin d'un moment écoulé, se rend par la préposition *au bout de.* Toutefois, si ce complément de durée est lui-même déterminé par un substantif complément, on emploiera la préposition *après.*
Ex.: *après* trois minutes d'attente
Var.: *trois minutes après (après* est alors possible postposé.)
trois minutes plus tard

54) Pour la différence entre *un* et *l'un* cf. ci-dessus, rem. 1.

55) *kurzsichtig: myope,* au sens propre en opposition à *presbyte*
qui a la vue courte, au sens figuré
kurzsichtig sein = *ne pas voir plus loin que le bout de son nez* (sens figuré)

56) Var.: *agité*
distrait

57) *A* et non *vers* qui marquerait seulement la direction: auf den Tisch zu.
Var.: *retourna*

En général, on distingue entre *revenir* et *retourner*. Il s'agit de deux directions différentes.

Ex.: Je *reviens* de Paris, mais j'espère y *retourner* bientôt.

Reviens, j'ai besoin de toi. Tu peux *retourner* à ton travail, je n'ai plus besoin de toi.

Cependant cette différence ne joue pas ici.

Ne pas confondre non plus *retourner* et *repartir,* qui signifie *partir une deuxième fois.*

Ex.: Après avoir été trois semaines au Japon, il est *reparti* il y a deux jours au Mexique.

Après avoir été l'année dernière au Japon, il y est *retourné* cette semaine.

58) Var.: *sévèrement*
    d'un air sévère

59) Ne pas confondre *mal* qui est l'adverbe opposé à *bien,* et *mauvais* qui est l'adjectif opposé à *bon.*

60) Var.: *après quoi*
    là-dessus

61) Les traductions calquées sur l'allemand *ressauta* ou *rebondit* seraient ridicules et fausses en français. *Ressauta* signifierait *sauta une deuxième fois, rebondit* évoquerait l'image d'une balle qui s'élève après avoir quitté le sol (en allemand: zurückprallen). Le français ici procédera selon la manière habituelle lorsqu'il s'agit de traduire un verbe composé de mouvement allemand (cf. p. 46, rem. 67): il rendra la direction contenue dans la particule allemande *zurück* par un verbe (cf. la remarque suivante) et précisera la manière dont l'action se fait par un complément circonstanciel.

Saut ou *bond? Saut* désigne de manière générale la performance physique, l'action de s'élever verticalement ou de franchir un obstacle, soit en avant, soit en arrière. *Bond* traduit davantage une brusque réaction devant un obstacle et convient donc mieux ici.

62) Var.: *Il retourna vers le groupe.*
    Il retourna auprès du groupe.
    Pour *repartir,* cf. rem. 57 ci-dessus.

63) Var.: *discuta*
    conféra
    Conférer implique une discussion sur un sujet sérieux et important.
    Négocier est du vocabulaire diplomatique et s'emploie en parlant des entretiens et des démarches qui sont le fait de deux puissances souhaitant parvenir à un accord ou conclure une affaire. Ce terme serait donc déplacé dans ce contexte.
    Débattre demande un complément d'objet direct: on *débat* une question, les conditions d'un accord.
    Disputer de ou *sur quelque chose,* terme vieilli pour *discuter,* demande également un complément d'objet direct.
    Ici le passé simple est de rigueur. La notion de durée contenue dans *un moment* est

trompeuse; il faut voir l'action dans le contexte, où le moment de la discussion s'insère de manière ponctuelle sur le même plan que les autres actions.

64) Var.: *encore quelque temps*

65) Var.: *s'adressa à moi*
L'expression *s'adresser à* concerne uniquement la parole, tandis que *se tourner vers* traduit exclusivement le mouvement. Ici la différence entre les deux traductions importe peu.

66) Var.: *et m'annonça*
Le français remplacera ici la simple coordination allemande par une préposition marquant le but.
mitteilen = faire savoir, communiquer, faire part
Faire savoir ne va pas dans ce cas pour des raisons de style, étant donné la répétition de *faire* dans la subordonnée suivante.
Communiquer, au sens de *faire savoir,* appartient au langage journalistique: on *communique* une nouvelle. D'autre part, la construction *communiquer que* est à éviter pour des raisons d'euphonie.
Faire part ne s'emploiera pas ici pour les mêmes raisons que *faire savoir* d'autant plus que le verbe est toujours suivi d'un substantif précédé de *de:* on *fait part* d'une nouvelle à quelqu'un.

67) *Faire* et non *laisser. Faire* a un sens actif, *laisser* un sens passif.
Il s'agit ici d'un ordre, on demandera au malade de venir. *Laisser* signifierait qu'on accepte sans résistance que le malade vienne, ce qui serait un contresens.
Ainsi, *on se fait faire un manteau,* c.-à-d. qu'on commande un manteau au tailleur, mais *on se laisse pousser les cheveux. Le héros se fait tuer,* parce qu'il va au devant des coups, mais *le bœuf se laisse tuer,* en s'abandonnant au couteau du boucher.
On dira pourtant d'un général qu'*il s'est fait battre* ou d'un piéton qu'*il s'est fait écraser.* Ici le français attribue inconsciemment l'échec à la maladresse, l'accident à un manque de prudence. De même, *on se fait piquer par une abeille* (comme si on l'avait fait exprès).
Var.: *qu'on me convoquerait.*
Cf. cependant la rem. 68.

68) Prendre garde à la construction: *on rappelle quelque chose à quelqu'un.*
On dit *faire souvenir quelqu'un d'une chose,* expression qu'on évitera ici pour des raisons de style.

69) Var.: *qu'on m'avait prié (dit) de venir à une heure*
      que mon rendez-vous était (était fixé) à une heure
bestellen = *commander* un objet, un repas
commander une personne = befehlen
‹Jemanden bestellen› se traduira donc par *convoquer, faire venir quelqu'un* ou *donner rendez-vous à quelqu'un.*

70) Pour la différence entre *mouvement* et *geste,* cf. ci-dessus, rem. 51.

71) Var.: *brusques*
Saccadé ajoute à *brusque* l'idée d'un mouvement irrégulier.
Sautillant ne convient pas; *sautillant* s'emploie au sens propre pour un oiseau ou un pas, au sens figuré, un style *sautillant* désigne un style haché, décousu.
Primesautier se dit d'une personne ou de qualités au sens de spontané en ajoutant au sens de spontané une notion de grâce.

72) Var.: *avec*

73) Var.: *ce qui voulait dire*
Ne pas éloigner en français l'antécédent de son relatif. On dira donc, si on veut absolument traduire par le relatif: *fit encore de ses petites mains blanches des gestes rapides qui voulaient dire.*
Ou, à la rigueur, en gardant l'ordre de la traduction choisie, on pourra répéter l'antécédent et écrire: *gestes qui voulaient dire,* traduction cependant peu élégante.

74) Var.: *qu'il avait énormément de travail*

75) *zurückkehren*
Pour *revenir, retourner,* cf. rem. 57 ci-dessus.
rentrer = heimkehren
Rentrer supposerait que le malade était sorti au dehors ou qu'il revient chez lui.
Ex.: L'interne du lycée *rentre* à la maison le week-end et il *retourne* au lycée le lundi matin.

76) Le lieu en question est un espace étroit et fermé. C'est donc la préposition *dans* qui convient.
On emploie *à* pour un espace découvert et étendu (être *au* jardin ou *dans le* jardin) ou pour opposer une pièce à une autre sans insister sur l'intériorité.
Ex.: être *à* la cuisine, manger *à* la salle à manger etc.

77) Pour la différence entre *couloir* et *corridor* cf. p. 46, rem. 66.

78) Var.: *dans lequel*

79) Var.: *étouffant,* plus fort en intensité que *pesant*
lourd = schwül
Oppressant se dit plutôt pour la chaleur ou pour un sentiment.
Opprimant ne s'emploie qu'au sens figuré. Cf. p. 47, rem. 82.

80) Var.: *je recommençai*
Se mettre à traduit simplement le début d'une action sans insister sur l'idée de durée implicitement contenue dans *commencer à.*

81) Var.: *aller et venir*
      marcher de long en large
arpenter la pièce = la pourcourir à grands pas, à grandes enjambées

82) Var.: *bien que je me sentisse,* traduction plus lourde en raison du subjonctif imparfait.

83) *Fatigué à mourir serait* une expression trop forte. On dit cependant s'ennuyer *à mourir* dans un style emphatique. De même, *une fatigue mortelle* serait d'un style trop déclamatoire. Mais on parlera bien sûr d'une maladie ou d'une blessure *mortelle*, par exagération, d'un froid *mortel*, c.-à-d. d'une intensité dangereuse, d'un silence ou d'un ennui *mortel*, c.-à-d. extrêmement pénible.

84) *Geruch* se traduit de manière générale par *odeur*.
der Geruchssinn = l'odorat
La senteur se dit d'une odeur agréable. Le contraire de la *senteur* sera le *relent*. On parle de *relents* d'alcool, de pourriture.

85) feucht = *humide*
mouillé = naß
moite = légèrement humide, se dit spécifiquement d'un corps ou d'une partie du corps: avoir le front *moite*, les mains *moites*

86) Var.: *le mélange d'odeurs*
Ne pas juxtaposer un participe passé (*amassé* par exemple) à l'adjectif *humide*, car le participe garde en français sa valeur verbale. A la rigueur, une périphrase avec une relative serait possible mais alourdirait la phrase.
Var.: *l'odeur humide qui s'était amassée*
Accumulation (ou *accumulé*) ne convient pas, car ce terme ne s'emploie que pour des objets susceptibles d'être comptés. Cf. p. 15, rem. 29.

87) Le français rend souvent l'adverbe allemand par une tournure verbale. Cf. p. 42, rem. 38.
Schließlich se traduit par *finir par*.
Var.: *me donna finalement*
me donna à la fin
Ne pas traduire *schließlich* par *enfin* dont l'emploi aboutirait à un contresens. Cf. p. 32, rem. 54.
L'emploi du passé simple trouve sa justification dans l'aboutissement de l'action.

88) jemanden schwindlig machen = *donner le vertige à quelqu'un*
L'adjectif *vertigineux* s'applique à des objets susceptibles de donner le vertige. Ainsi, on parle de sommets *vertigineux*, de vitesse *vertigineuse* ou même, dans un sens figuré, de la hausse *vertigineuse* des prix.

89) Stehenbleiben = *s'arrêter* et non *rester debout* qui serait un non-sens. *Rester debout* s'oppose à *s'asseoir* ou à *se coucher*.

90) Var.: *l'ouvris un peu*
Entrouvrir s'écrit aujourd'hui en un mot.
Entre, en composition avec un verbe, s'élide dans cinq cas: *s'entr'aimer, s'entr'apercevoir, s'entr'appeler, s'entr'avertir, s'entr'égorger*.
Nombreux sont les verbes composés avec *entre* et qui s'écrivent avec un trait d'union. L'orthographe de tous ces composés avec le préfixe *entre* est si anarchique qu'il est conseillé de se reporter au dictionnaire pour chaque cas particulier.

91) Var.: *au-dehors*

Distinguer *au-dehors* (= à l'extérieur) et *en dehors* (qui traduit un mouvement ou la direction vers l'extérieur).

Ex.: Ne pas se pencher *en dehors.*

Il marche comme un canard, les pieds *en dehors.*

92) Il faut employer un autre verbe que le verbe *être,* car il n'est pas possible de construire *soleil* de la même manière qu'après-midi. Noter l'expression figée: *il fait soleil.* D'où la variante possible *qu'il faisait encore un peu soleil,* construction plus proche de la langue parlée. L'imparfait d'état est ici obligatoire.

93) Le passé simple indique le résultat, l'effet que la vue produit sur le malade. L'imparfait indiquerait que l'action n'est pas terminée, le texte manquerait alors de conclusion satisfaisante ou, comme on dit, finirait «en queue de poisson».

94) Var.: *inexprimable*

indicible: terme général qui s'emploie en bonne ou en mauvaise part

Inexprimable renchérit sur le sens d'*indicible.*

Ineffable contient une idée de respect, de caractère sacré et est donc trop emphatique.

Inénarable s'emploie aujourd'hui pour des faits si extravagants et si absurdes qu'on ne saurait les raconter (du verbe *narer*).

Irracontable est rare et ne se dit que pour des choses inconvenantes.

Autre traduction plus lourde en raison de l'adverbe en -*ment: Cela me fit indiciblement du bien.*

TEXT 5

Früher hatte er nie gewußt, wie man reist. Er stieg in die Züge mit Herzklopfen und wenig Geld. In den Städten kam er immer nachts an, wenn Ströme von umsichtigen Fremden längst alle Hotelzimmer an sich gerissen hatten und seine Freunde schon schliefen. Einmal ging er die ganze Nacht spazieren, weil er kein Bett fand. Auf den Schiffen fuhr er mit noch größerem Herzklopfen, und in den Flugzeugen hielt er vor Entzücken den Atem an. Diesmal aber hatte er den Fahrplan gelesen, sein neues Gepäck gezählt, einen Träger genommen. Er hatte einen reservierten Platz und Reiselektüre. Er wußte, wo er umsteigen wollte, und das Geld ging ihm nicht schon auf dem Bahnsteig aus, nachdem er einen Kaffee getrunken hatte. Er reiste wie ein Mensch von Distinktion und so ruhig, daß keiner ihm sein Vorhaben ansah. Er hatte vor, das Wanderleben zu beenden. Er wollte umkehren. Er fuhr in die Stadt zurück, die er am meisten geliebt hatte (. . .). Er fuhr nach Wien — mit dem Wort „heim" hielt er trotzdem an sich.

Er legte sich im Abteil nieder, den Kopf auf seinem zusammengerollten Mantel und dachte nach. Auf diesem Lager würde er durch Europa rollen, aufschrecken aus Träumen, frieren, wenn er den vertrauten Gebirgen nah kam, dösen, sich peinlich erinnern. Er wollte an den Ausgangspunkt zurückkehren, denn er hatte von dem, was man die Welt nennt, genug gesehen.

Er quartierte sich in einem kleinen Hotel in der Inneren Stadt ein, in der Nähe der Post. Nie hatte er in Wien in einem Hotel gewohnt. Er war hier Untermieter gewesen, ohne und mit Badbenützung, ohne und mit Telefonbenützung. Bei Verwandten, bei einer alleinstehenden Krankenschwester, die seinen Tabakgeruch schlecht vertrug, bei einer Generalswitwe, für deren Katzen und Kakteen er, wenn sie zur Kur fuhr, hatte sorgen müssen.

Ingeborg Bachmann, aus: *Das dreißigste Jahr*

Auparavant[1], il n'avait jamais su[2] comment on voyage[3]. Il montait[4] dans[5] les trains, le cœur battant[6] et les poches presque vides[7]. Il arrivait toujours la nuit[8] dans les villes[9], quand des flots[10] de touristes[11] prudents[12] avaient accaparé[13] depuis longtemps toutes les chambres d'hôtels[14] et que[15] ses amis dormaient déjà. Une fois[16], il se promena[17] toute la nuit parce qu'il ne trouvait[18] pas de lit[19]. Il voyageait[20] en bateau[21] avec des battements de cœur[22] encore plus forts[23], et en avion[24], il avait le souffle[25] coupé sous l'effet du ravissement[26]. Mais cette fois-ci, il avait lu[27] l'horaire[28], compté ses nouveaux[29] bagages[30] et[31] pris un porteur. Il avait une place réservée[32] et de quoi lire[33] pendant le voyage[34]. Il savait où il voulait[35] changer de train[36] et l'argent ne vint pas à lui manquer[37] alors qu'il[38] se trouvait encore sur le quai après avoir bu un café[39]. Il voyageait comme un homme fort distingué[40] et avec tant de calme[41] que personne, à le voir[42], ne devinait[43] ses projets[44]. Il avait l'intention[45] d'en finir avec[46] cette[47] vie errante[48]. Il voulait rentrer[49]. Il retournait[50] dans la ville qu'il avait le plus aimée . . . Il allait[51] à Vienne — il évitait[52] pourtant[53] de dire[54] «chez lui».

Il s'allongea[55] dans le compartiment[56], la tête posée[57] sur son manteau roulé en boule[58] et se mit[59] à réfléchir. Sur cette couche[60], il allait[61] traverser[62] l'Europe, se réveiller de ses rêves en sursaut[63], il aurait froid[64] en approchant[65] des montagnes familières, ferait un somme[66], se souviendrait[67] avec gêne[68]. Il voulait revenir au point de départ, car il avait assez vu[69] de ce qu'on appelle[70] le monde.

Il s'installa[71] dans un[72] petit hôtel du quartier de[73] la Ville Intérieure[74], près de la poste. Jamais il n'avait logé[75] dans[76] un hôtel à Vienne. Dans cette ville[77], il avait été sous-locataire[78], avec ou sans [79] salle de bains, avec ou sans[80] téléphone. C'était[81] chez des parents[82], chez une infirmière célibataire[83] qui supportait[84] mal son odeur de tabac[85], chez la veuve d'un général[86] dont il avait dû soigner[87] les chats et les cactus quand elle allait en cure[88].

1) *Früher*

Ne pas traduire par *plus tôt* qui garde sa valeur propre de comparatif et demande un complément. Ainsi: nous l'attendions à cinq heures mais il est venu *plus tôt* (= plus tôt que cinq heures). Dans le texte de Bachmann, le second terme de la comparaison n'est pas assez explicite et on traduira donc *früher* par un adverbe comme *avant, auparavant, autrefois,* ou *jadis.*

Avant indique le simple rapport d'antériorité dans le temps.

Auparavant enchérit sur *avant* en insistant sur l'appartenance d'un fait ou d'un événement à une époque située avant un temps donné. Il est uniquement adverbe, alors qu'*avant* est d'abord une préposition. D'où la traduction choisie.

Autrefois marque une époque plus éloignée dans le temps qu'*auparavant.*

Jadis synonyme d'*autrefois* est réservé au style soutenu de la légende ou de la poésie.

Naguère désignait autrefois un passé très récent (= il n'y a guère), puis cet adverbe est devenu synonyme de *jadis;* il est aujourd'hui d'un emploi vieilli.

Autres traductions de *früher:*

früher oder später = *tôt ou tard*

je früher, desto besser = *le plus tôt sera le mieux*

2) Ne pas confondre *savoir* et *connaître.*

En gros, on peut dire que *savoir* équivaut à *wissen* et que *connaître* correspond à *kennen.*

On *connaît* qc. plus ou moins parfaitement, de nom, par ouï-dire, sans effort particulier; *savoir* implique une connaissance plus complète, pratique, acquise par l'expérience.

De ces deux verbes, seul *savoir* se construit avec une subordonnée complétive.

Ex.: Il *sait* comment on voyage; mais: il *connaît* l'art de voyager.

3) Var.: *la manière dont on voyage*
       de quelle manière on voyage

Comment voyager ou *la manière de voyager* sont des traductions ambiguës, car on aurait une idée de futur, sens qui correspondrait à l'allemand: wie man (wie er) reisen soll.

Noter le présent de valeur générale.

4) Le pluriel *Züge,* l'adverbe *immer* contenu dans la phrase suivante montrent clairement qu'il s'agit d'une répétition. L'imparfait est donc de rigueur.

5) On dit *voyager en train* (ou *par le train*) mais *monter dans le train.* Ne pas confondre avec la phrase rituelle prononcée au haut-parleur avant le départ du train: «Tout le monde *en voiture* s'il vous plaît; fermez les portières!»

Remarquer que *voyager par train* s'emploie pour des marchandises (de même que *par chemin de fer, par bateau, par avion*), alors que ces mêmes expressions, précédées de la préposition *en,* sont d'usage plus courant pour des personnes.

6) Var.: *avec des battements de cœur et peu d'argent*

Noter l'absence de préposition dans la traduction proposée, le complément de manière étant précédé de l'article défini. Il est important de garder le parallélisme; d'où la nécessité de construire les deux compléments de la même manière.

Ne pas traduire *Herzklopfen* par *des palpitations au cœur,* ce qui ferait supposer un état pathologique. Un cardiaque a souvent des *palpitations* mais quelqu'un de simplement ému a *le cœur battant* ou *des battements de cœur.*

7) Var.: *avec peu d'argent,* traduction parallèle à la variante précédente.
    sans beaucoup d'argent
Ne pas confondre *monnaie* (Kleingeld, Währung) et *argent* (Geld).

8) *Dans la nuit* se dira avec un complément: *dans la nuit* noire de l'hiver ou *dans la nuit* de Noël. On parle d'un voyage *de nuit,* d'un travail *de nuit* pour des actions qui ont lieu pendant la nuit. D'où la variante possible: *il voyageait de nuit.*
Noter l'adverbe plus rare *nuitamment* (= pendant la nuit, à la faveur de la nuit) qui est utilisé dans la langue juridique surtout pour exprimer qu'une action s'est passée pendant la nuit, dans le but de profiter des ténèbres et du secret qu'elle offre.
Ex.: Le voleur a commis son méfait *nuitamment.*
    Elle s'est enfuie *nuitamment* avec son amoureux.

9) Avec *ville* il faut distinguer trois prépositions différentes selon le sens:
A la ville s'oppose à *à la campagne.*
En ville est le contraire de *chez soi:* dîner *en ville,* faire des achats *en ville.* Il faut remarquer qu'aujourd'hui *en ville* s'emploie très souvent au sens de *à la ville.*
Dans la ville: à l'intérieur de la ville et s'oppose aux environs: se promener *dans la ville.*
Au pluriel, c'est la préposition *dans* qui convient.

10) Ne pas dire *fleuve* dans ce cas.
Fleuve s'emploie uniquement pour un cours d'eau (la Seine est un fleuve) ou, au sens figuré, pour un liquide: un *fleuve* de sang, un *fleuve* de larmes.
Flots se dit comme en allemand au sens figuré de *foule,* de *multitude,* avec souvent une nuance péjorative. Le verbe *strömen* se traduira alors par *affluer.*
Affluence indique un mouvement en train de s'effectuer, durable et continu. En allemand = Ansturm, Andrang.
Au sens figué de *Strömung,* c.-à-d. pour parler d'un mouvement idéologique, littéraire, scientifique ou politique, on emploiera en français *le courant.*

11) Var.: *d'inconnus*
La traduction par *touristes* est ici préférable, car il ne s'agit pas de gens qui sont inconnus au personnage, mais de gens de passage, de voyageurs au sens général. C'est une des traductions de *fremd* en français.
Ainsi, die Fremdenindustrie = l'industrie *touristique.*
De même, der Fremdenverkehr = *le tourisme.*
Etranger serait un faux-sens et signifierait quelqu'un d'une autre nationalité ou n'appartenant pas au groupe du héros. Ainsi cet exemple de Stendhal: «Malgré les liens du sang, on peut appeler étrangère une personne qui ne sait rien de nos intérêts les plus chers.»

12) *Circonspect,* traduction mot à mot, ne convient pas. On emploie ce mot pour marquer une précaution faite de méfiance; on tient un discours *circonspect* (= en prenant bien garde à ce qu'on dit).

67

Précautionneux est plus familier et s'emploie pour parler de quelqu'un qui a l'habitude d'être prudent.

Prévoyant est une traduction possible. Est *prévoyant* celui qui est prudent à l'avance, qui prend des précautions pour l'avenir.

13) Var.: *s'étaient emparés*

Remarquer l'orthographe. Le pronom réfléchi n'ayant pas de fonction syntaxique propre (seul le verbe *s'emparer* existe), l'accord du participe se fera avec le sujet.

S'étaient arraché est une expression trop forte qui supposerait qu'il y a eu une lutte entre les touristes.

Il en est de même pour le verbe *usurper* qui signifie s'approprier qc. sans droit, par la violence ou par la fraude.

Ex.: Le nouveau dictateur *a usurpé* le pouvoir.

14) D'*hôtels* et non *des hôtels* qui exigerait une précision telle que: dans les chambres *des hôtels situés dans la vieille ville.*

15) Il est obligatoire de rappeler la conjonction de subordination.

Que évite alors la répétition de *quand.*

16) *Un jour* serait gênant en raison de la proximité de *toute la nuit.*

17) *Il se promena* et non *il alla se promener* qui marquerait l'intention.

Ex.: Il met son manteau et *va se promener.*

Mais: J'aime *me promener* sur les quais, je *me suis promenée* toute la journée.

L'allemand ne distingue pas et traduit dans tous les cas par *spazierengehen.*

Var.: *Il fit une promenade qui dura toute la nuit.*

Var. plus explicite: *Il dut se promener.*

Le passé simple est obligatoire. Il ne s'agit pas de marquer la durée, mais d'indiquer une action unique dont le temps est nettement défini dans le contexte du récit.

18) Il est possible de transformer la subordonnée introduite par *parce que* par une proposition participiale. Il faudra, dans ce cas, inverser la construction et dire: *Une fois, n'ayant pas trouvé de lit, il se promena toute la nuit.*

Ne pas oublier de mettre l'imparfait d'explication dans la proposition introduite par *parce que.*

19) *De lit* et non *un lit* qui serait insister sur le nombre: un lit, mais deux ou trois etc. Il s'agit de la négation absolue.

20) Var.: *il allait*

21) Maintenir l'expression française.

Cf. ci-dessus, rem. 5.

Bateau est le terme générique.

Navire, vaisseau s'appliquent à des bateaux particuliers.

Navire se dit d'un bateau de fort tonnage, de commerce ou de guerre.

Le vaisseau est généralement un grand bateau de guerre, le terme n'est plus que vieilli ou poétique. Cependant il est d'usage dans certaines expressions telles que *vaisseau spatial* (Raumschiff).

le paquebot = der Passagierdampfer
le cargo = der Frachtdampfer

22) En faisant de *cœur* le sujet de la phrase, on peut dire: *En bateau, son cœur battait encore plus fort.*

23) La traduction mot à mot par *grand* n'est pas possible.
Var.: *En bateau, ses battements de cœur redoublaient d'intensité.*

24) *L'aéroplane* est un terme vieilli. Aujourd'hui on n'emploie plus que le mot *avion.*

25) Les expressions *retenir son souffle, retenir sa respiration* conviennent moins bien, car elles impliquent un acte volontaire, ce qui n'est pas le cas.
Retenir son haleine, accepté par Robert, est cependant moins courant que les deux expressions précédentes.
L'haleine (f.) désigne l'air rejeté naturellement par expiration.
Le souffle implique une expiration plus forte, parfois volontaire.
La respiration est la fonction d'aspirer et d'expirer.
Selon le cas, on préfère employer l'un ou l'autre terme.
Ex.: Un homme qui a couru est *hors d'haleine;* il est *à bout de souffle,* s'il est particulièrement fatigué après cette course et sa *respiration* est alors saccadée.
Var. possible: *L'avion (le voyage en avion) lui coupait le souffle,* traduction parallèle à celle de la variante de la remarque 23 ci-dessus.

26) Mot à mot: *le souffle coupé de ravissement,* traduction moins bonne, car le sens de la préposition *de* n'est pas clair.
L'enchantement (m.) évoque un pouvoir magique; ce terme est trop fort ici.

27) Var.: *consulté*
consulter: regarder pour trouver des éclaircissements, des renseignements
Ex.: *consulter* un dictionnaire

28) Il s'agit du relevé des heures de départ et d'arrivée sans préciser sous quelle forme ce relevé se présente, si c'est un tableau ou un livret. Pour un livre ou un journal, on dira également *l'indicateur.*

29) Sur la place et le sens de nouveau, cf. p. 12, rem. 1.

30) *Bagage* est en français du masculin. Au pluriel, ce terme s'emploie au sens d'un ensemble de sacs, de paquets, de valises. Au singulier, il désigne soit les connaissances acquises, soit un équipement.
Ex.: Il n'a aucun *bagage scientifique.*
Il n'a qu'un chapeau et un parapluie pour tout *bagage.*

31) Dans une énumération, le français préfère relier le dernier terme par la conjonction de coordination *et.* Sinon la phrase se termine de manière trop abrupte.

32) Var.: *retenue*
louée

33) Var.: *de la lecture pour le voyage*
quelque chose à lire

Une lecture désignerait soit l'acte de lire soit un texte et serait alors ambigu. Il faut ici employer le partitif.

34) Var.: *pour le voyage*
Cf. la variante précédente.
Avec le verbe lire, on préférera dire *pendant le voyage;* avec le substantif *lecture, pour le voyage* convient mieux.

35) Var.: *où il changerait de train*
Il s'agit dans cette variante d'une interprétation différente. L'accent n'est pas mis sur la volonté de l'individu mais sur l'acte lui-même. Le conditionnel exprime le futur du passé. Une autre possibilité est d'employer l'auxiliaire avec l'imparfait marquant le futur proche dans un contexte passé. On dira alors: *où il allait changer de train.*

36) *Changer* sans complément n'est pas assez précis. Il faut prendre garde que *changer* en ce sens est intransitif. *Changer le train* signifierait le transformer. On *change sa voiture* en la peignant d'une autre couleur, mais si on la vend et si on en achète une autre, on *change de voiture.*

37) *Vint* sert pour ainsi dire d'auxiliaire et traduit la progression de l'action.
Noter également que, dans la traduction choisie, le pronom personnel *lui* entraîne la suppression de l'adjectif possessif devant *argent.* Remarquer d'autre part que la traduction par *l'argent ne lui manqua pas* équivaudrait à un contresens et signifierait qu'il avait beaucoup d'argent.
Var.: *son argent ne s'épuisa pas*
L'expression *être à court d'argent* convient davantage pour une situation plus étendue dans le temps. En allemand: knapp bei Kasse sein.

38) Le français demande un développement plus explicite que *dès le quai,* traduction trop concentrée et pas assez claire. Il faut donc avoir recours à une tournure verbale, *alors que, pendant que, tandis que* traduiront la durée et *schon* se rendra par *encore.* Les conjonctions temporelles *dès que, quand, lorsque* ne conviennent en aucun cas, car, dans cette situation précise, leur valeur serait trop ponctuelle; les expressions retenues marquent mieux la progression.

39) L'infinitive est préférable à la subordonnée introduite par *après que,* surtout après la subordonnée précédente. *Après que,* en règle générale, est suivi de l'indicatif (ici du passé antérieur). Cependant, par analogie avec la construction d'*avant que,* on rencontre de plus en plus *après que* suivi du subjonctif.

40) Var.: *comme une personne de distinction*
En ce cas, on dira *personne* et non *homme* qui serait trop particulariser. *En homme distingué* signifierait *parce que c'est un homme distingué* et traduirait l'allemand *als.* Noter l'adjonction de l'adverbe *fort* qui souligne le sens ironique de l'expression.
une personne de marque = eine prominente Person

41) Var.: *calmement*
Tranquillement est équivoque. *Voyager tranquillement,* cela peut signifier soit que la personne ne fait pas de bruit, soit qu'elle n'est pas dérangée pendant son voyage.

70

42) Var.: *en le voyant*

A, introduisant une proposition infinitive, traduit une proposition temporelle ou conditionnelle.

Ex.: *A l'entendre*, on dirait qu'il est millionnaire.

   A l'en croire, il n'est pas coupable.

43) Var.: *soupçonnait*, traduction qui enchérit sur l'idée de mystère, de même que *se doutait de*

Remarquer, s'apercevoir ont un sens trop visuel (*remarquer* surtout) pour convenir ici.

La conséquence marquée est réelle; ce n'est pas un but poursuivi par l'auteur. On traduira donc par l'indicatif et non par le subjonctif.

D'autre part, l'action est vue pendant le déroulement du voyage et se rendra par l'imparfait. Le passé simple impliquerait un jugement, une fois le voyage passé, ce qui n'est pas le cas.

44) Var.: *ses intentions*

Voir cependant la remarque suivante.

Dessein (m.) appartient à la langue soutenue.

En employant une tournure verbale, on pourrait dire également: *ce qu'il voulait faire.*

45) Var.: *il projetait*, si on a employé *intentions* dans la phrase précédente

Cf. la remarque 44 ci-dessus.

Un verbe dérivé du substantif *intention* n'existe pas en français. On trouve seulement l'adjectif *intentionné* signifiant *qui a de bonnes* ou *de mauvaises intentions*.

Ex.: des paroles *bien* ou *mal intentionnées*

46) Var.: *d'abandonner*

   mettre un terme à

Finir, terminer ne se diront pas dans ce cas.

Cf. p. 17, rem. 44.

De même, *achever* serait non seulement impropre mais équivoque au sens de finir jusqu'au bout, c.-à-d. couronner par une action. On attendrait alors un complément: *en faisant telle ou telle chose.*

47) L'article allemand ayant une valeur déictique plus grande que l'article défini français se rendra ici soit par le possessif, soit par le démonstratif. D'où la variante *sa*.

48) Var.: *cette (sa) vie vagabonde*, c.-à-d. la vie de qn qui se déplace constamment, qui voyage souvent

à la rigueur: *cette vie de voyageur*

Cette vie de nomade serait trop fort, *nomade* s'appliquant aux peuples ou aux tribus n'ayant pas de domicile fixe. L'expression serait alors ironique.

Sa vie agitée manque de précision et peut prendre un sens moral. En allemand: bewegt, unruhig.

De même, *mener une vie de bohème* (attention à l'orthographe de *bohème*) s'emploie pour une personne qui non seulement mène une vie vagabonde, mais vit sans règles et sans se soucier du lendemain.

Pérégrination, de l'ancien français *peregrim* (= pélerin), s'emploie aujourd'hui au pluriel au sens péjoratif de voyages incessants en divers endroits. On pourrait dire: *cette vie de pérégrinations.*

49) Mot à mot: *faire demi-tour,* expression qui ne convient pas dans ce contexte où l'on parle de nombreux voyages.
Retourner demanderait un complément, par exemple *retourner en arrière* (traduction possible).
Revenir chez soi se déduit du contexte.
Faire machine arrière ne s'emploie qu'au figuré au sens de *revenir sur ses dires, se rétracter.*

50) *retourner:* revenir à l'endroit d'où l'on est parti
revenir: venir une deuxième fois à l'endroit où l'on a déjà été
Cf. p. 58, rem. 57.
L'imparfait traduit l'action en train de se faire. Le passé simple indiquerait que l'action est terminée, ce qui est démenti par la suite: *er legte sich.*

51) *Il allait* et non *il voyageait* qui est généralement suivi d'un nom de pays: *voyager au Japon, en Italie,* c'est visiter le pays.
Pour une ville ou au sens de se rendre dans un pays, on traduit par *aller* ou *se rendre: aller ou se rendre (en voyage) à Paris.*

52) Var.: *il s'abstenait pourtant de dire*
Var. plus précise mais plus recherchée: *il éprouvait pourtant quelque réticence à dire qu'il rentrait «chez lui»*

53) Var.: *cependant*
Quand même s'emploie dans la langue parlée.
Cf. p. 21, rem. 76.
Malgré tout est trop fort (trotz allem) et suppose des raisons importantes et multiples à cette réticence, ce qui n'apparaît pas dans le contexte.

54) Var.: *d'employer l'expression (rentrer) «chez lui»,* traduction plus lourde

55) Var.: *Il s'étendit*
S'allonger précise l'action de *s'étendre*: s'étendre de tout son long.
Le passé simple est obligatoire pour traduire une nouvelle action après un imparfait exprimant soit l'habitude, soit la description des intentions du héros. Employer dans ce cas l'imparfait serait marquer la répétition, donc un contresens.
Il vaut mieux éviter de traduire ici *se coucher* sans précision (par terre ou sur la banquette) car on pourrait alors penser que le personnage se met au lit.

56) *Abteil* se traduit en français par *compartiment. Le coupé* désigne aujourd'hui une voiture fermée à deux places.

57) Var.: *appuyée*
L'étoffement de la préposition est nécessaire pour des raisons de clarté.

58) *Enroulé* demanderait un complément: *On enroule un objet sur* ou *autour de qc.*
Ne pas traduire *zusammen* par *ensemble* qui ne s'emploie que pour plusieurs choses ou plusieurs personnes.

59) Var.: *réfléchit*
Le français aime à marquer l'aspect inchoatif de l'action, plus logique après ce qui précède que le simple fait brusque de réfléchir.
Penser, terme générique, trop vague ici, ne convient pas.
Songer, c'est fixer son esprit sur un objet avec attention; ce verbe demande alors un complément. *Songer*, employé de manière absolue signifie *rêver, laisser errer sa pensée. Méditer* s'applique à des pensées profondes, abstraites et ne convient en aucun cas.

60) *Camp* (m.), autre traduction de *Lager*, désignerait l'espace où s'installent des campeurs ou des troupes.
Gîte (m.) s'applique à un lieu vaste et abrité, tel qu'une maison, une auberge. On dira alors: *dans* ce gîte.

61) Var.: *il traverserait*
L'auxiliaire *aller* indique un futur plus proche que le conditionnel.

62) Var.: *rouler à travers,* traduction plus lourde cependant
Le français insiste davantage sur le mouvement lui-même, tandis que l'allemand décrit surtout la manière dont il se produit.

63) Var.: *s'éveiller de ses rêves, en sursautant d'effroi,* traduction mot à mot très lourde
et trop longue
Sursauter au milieu de ses rêves est une expression imprécise, car elle ne comporte pas l'idée de se réveiller.

64) Var.: *avoir froid*
Toutefois, pour interrompre la longue et monotone succession d'infinitifs, il est bon de reprendre la phrase à un temps fini.
Ne pas dire *geler* qui garderait ici son sens propre. *Geler* au sens figuré d'*avoir froid* ne s'emploie que dans la langue familière de manière exclamative.
Ex.: Quel pays! On y *gèle!*

65) *En approchant,* car c'est le train qui conduit le héros; *s'approcher* marquerait une action volontaire.
Cf. p. 58, rem. 46.
A la rigueur, on peut dire: *à l'approche des montagnes,* ce qui serait pourtant fausser quelque peu le texte puisque ce ne sont pas les montagnes qui approchent, les montagnes deviennent de plus en plus proches au fur et à mesure que le train avance. Il est préférable de garder *à l'approche* pour des expressions de temps: *à l'approche de l'été* etc.

66) Var.: *faire un somme*
Cf. la remarque 64 ci-dessus.
Dösen étant un verbe familier, des traductions telles que *somnoler, sommeiller, dormir d'un sommeil léger* ne conviennent pas. Par contre *piquer un roupillon, roupiller* sont des termes de la langue vulgaire.
faire la sieste = sein Mittagsschläfchen halten

67) Var.: *se souvenir*
Cf. rem. 64 ci-dessus.

Se rappeler, verbe transitif, demanderait un complément.
Cf. p. 17, rem. 40.

68) Var.: *avec embarras*
   avec peine = mit Mühe
   Ne pas traduire par l'adjectif en disant: *avoir des souvenirs gênants,* ce qui aboutirait à un contresens. Ce ne sont pas les souvenirs qui sont gênants, la gêne porte uniquement sur le fait de se souvenir.

69) Dans *il en avait assez vu de ce qu'on appelle le monde, en* fait redondance avec *de.* Ce tour est tout à fait possible dans un sens exclamatif et il s'emploie couramment dans la langue parlée.
   Ex.: J'*en* ai déjà trop bu *de* ce vin.
   Il *en* a beaucoup *de* ces livres d'art.

70) Pour *nommer, appeler* cf. p. 24, rem. 5.
   Qualifier, c'est appeler en caractérisant par une qualité. Ainsi, on *qualifie* qn de voleur.

71) *Prendre ses quartiers* au sens d'*établir son cantonnement* se dit exclusivement pour des troupes.
   Se loger a un sens péjoratif et signifie ‹se placer, se caser›.
   Prendre logis est une expression vieillie et littéraire.
   Trouver un gîte, c'est trouver un abri; cela suppose une longue recherche, des démarches etc.
   descendre à l'hôtel = absteigen

72) De manière générale, on dit *s'installer à l'hôtel, à l'hôtel de la Poste;* mais, avec un adjectif, ou avec l'article indéfini, on emploiera la préposition *dans.*

73) Var.: *dans la Ville Intérieure*
   Cependant le français n'aime pas accumuler les compléments circonstanciels de lieu avec préposition et préfère la construction avec le complément de nom qui relie davantage les substantifs entre eux.

74) Il s'agit de la traduction consacrée par le guide Michelin du quartier viennois *Innere Stadt.*
   Die Innenstadt = le centre de la ville. Le centre ville est l'expression ramassée que l'on trouve sur les panneaux indicateurs pour guider les touristes.
   La cité s'applique à une grande ville jouant un rôle important dans l'histoire. Plus particulièrement, ce terme désigne pour certaines villes bien précises le noyau le plus ancien, souvent fortifié, de la ville.
   Ainsi: *la Cité* de Londres ou de Carcassonne
   Noter que *cité* prend alors une majuscule.
   Autre sens de *cité:* un groupe de maisons ayant la même destination.
   Ex.: *la cité universitaire, la cité ouvrière* (en allemand: Heim, Siedlung)

75) Var.: *habité*
   demeuré

Loger par rapport à *habiter,* terme générique, marque un séjour temporaire.
Demeurer est un terme plus recherché.
Séjourner, c'est rester assez longtemps à un endroit et ce verbe s'applique surtout à un pays ou à une ville.
Résider, être domicilié ne conviennent pas car ces verbes s'emploient pour le fait d'habiter habituellement, d'avoir sa demeure officielle dans le langage administratif: wohnhaft sein, seinen Wohnsitz haben.

76) Cf. rem. 72 ci-dessus.
Pour le verbe *habiter,* on distingue entre *habiter dans un hôtel* et *habiter un hôtel. Habiter,* construit de façon transitive, signifie occuper de manière durable. Ici, c'est *habiter dans* qui convient.

77) *Dans cette ville* pour traduire *hier* avec plus de précision. L'adverbe *y* serait ambigu, car il pourrait se rapporter soit à Vienne, soit à l'hôtel.

78) Var.: *il avait habité en sous-location*

79) Exactement: *sans possibilité* (sans permission) *d'utiliser la salle de bains,* traduction très lourde. Il est nécessaire en français de simplifier ou d'expliciter le concept allemand de *Benützung,* le mot à mot avec *utilisation* n'étant pas assez précis.
Var. pour *utiliser: se servir de*
Employer implique une fin, une application particulière de l'objet utilisé et ne se dira pas dans ce cas: On *emploie* un crayon pour écrire, mais on *utilise* les transports publics.
User de au sens d'*utiliser, se servir de* est vieilli et ne s'emploie plus qu'avec un complément désignant une chose abstraite: On *use* d'une méthode, d'un stratagème, d'un vocabulaire choisi.
Faire usage de s'emploie également avec un terme abstrait = *Gebrauch machen von.* Cette dernière expression est cependant plus courante qu'*user de.*

80) Cf. la remarque ci-dessus.

81) *C'était* a été rajouté pour éclaircir la construction de la phrase française.

82) *Apparenté* est un adjectif.
Parenté (f.) est le terme abstrait définissant les rapports entre les personnes de même sang. On parle des *liens de parenté* qui unissent deux personnes.
Les proches (= les proches parents) insiste sur l'étroitesse des liens de parenté.

83) Var.: *vivant seule*
Sans famille est un faux-sens.

84) *Souffrir,* au sens de *supporter,* est littéraire et emphatique. Dire d'une personne qu'elle ne peut *souffrir* l'odeur du cigare, c'est employer un euphémisme pour signifier qu'elle déteste cette odeur. *Souffrir* ne s'emploiera pas avec *mal.*
Endurer renchérit sur *supporter* et suppose de la patience pour un mal d'une certaine longueur.
Ex.: Avant d'être guéri, il a dû *endurer* de grandes souffrances.

Subir est également à éliminer; c'est devoir supporter passivement un mal: *subir* la torture.

Tolérer est une traduction fausse, car ce verbe ajoute à l'idée de *supporter* un sens de permission; or il s'agit ici d'une souffrance purement physique.

85) *L'odeur de son tabac* désignerait, non l'odeur qui est attachée à sa personne, mais uniquement l'odeur de la marque du tabac qu'il fume.

86) *Une veuve de général* est le terme générique, un type de personne. Pour particulariser, il est donc nécessaire d'employer l'article défini devant veuve.
Cf. p. 38, rem. 3.

87) Var.: *s'occuper de*
        prendre soin de
Se soucier de = se préoccuper, s'inquiéter de. En allemand: sich Sorgen machen.
Ce verbe est donc trop fort ici.

88) Var.: *allait faire une cure*
Aller suivre un traitement n'est pas assez précis (traitement = Behandlung); il faudrait un complément précisant qu'il s'agit d'un traitement *dans une station balnéaire.*
On dit également, mais de manière moins courante: *aller aux eaux* ou (aller) *prendre les eaux.*
Kurort se traduit par: *station balnéaire* ou *station thermale,* ou encore s'il s'agit d'une ville, *ville d'eaux.*

TEXT 6

Fahrten ins Blaue

In Dresden existierte früher einmal eine halbamtliche Einrichtung, die sich „Fahrten ins Blaue" nannte und, besonders bei den kleinbürgerlichen Hausfrauen, sehr beliebt war. Man fand sich, mittwochs und samstags nach dem Mittagessen, am Stübelplatz ein, wo mehrere leere Omnibusse warteten, zahlte ein paar Mark und erwarb sich damit das Anrecht, an einem Ausfluge teilzunehmen, dessen Ziel „unbekannt" war. An einem von den Schaffnern bis zuletzt geheimgehaltenen Endpunkte, irgendeinem der zahlreichen ländlichen Juwele der Umgebung, wurden Kaffee und Kuchen geboten. Und abends trafen die Frauen, von dem kleinen vorgespiegelten Abenteuer aufs angenehmste unterhalten und ermüdet, wieder bei ihren aufs Abendbrot und den Reisebericht wartenden Familien ein.

So geschah es eines schönen Mittwochs früh, daß Frau Grosche, übrigens die Wirtin eines hübschen Gartenrestaurants, zu ihrem Manne sagte: „Das ganze Jahr komme ich nicht aus dem Haus. Man gönnt sich nichts. Habe ich deshalb geheiratet? Nein, mein Lieber! Weißt du was? Ich werde heute eine ‚Fahrt ins Blaue' mitmachen!" „Meinetwegen!" antwortete der Gatte. „Amüsier dich gut!"

Sie benutzte den Vorortzug nach Dresden, stieg am Neustädter Bahnhof in die Straßenbahnlinie 6 und erklomm, am Stübelplatz angelangt, einen der wartenden Omnibusse. Die Fahrt ins Abenteuer begann pünktlich und nahm für alle den normal überraschenden Verlauf. Nur nicht für Frau Grosche. Ihre Überraschung war anderer Natur.

Haben Sie es schon erraten? Ja? Genau so kam es! Das sorgfältig verschwiegene Reiseziel war an diesem Mittwoch ausgerechnet der ländliche Gasthof, dessen Wirtin Frau Grosche war und den sie am Morgen mit der festen Absicht verlassen hatte, endlich etwas Funkelnagelneues zu erleben!

„Gut, daß du kommst!" rief ihr Mann, der den Quark- und den Streuselkuchen eifrig in Streifen schnitt. „Binde dir schnell 'ne frische Schürze um, und hilf mir beim Servieren!" Sie band sich eine frische Schürze um und belud ein Tablett mit Kaffeegeschirr und selbstgebackenen Kuchen. Als sie es anhob, um es in den Garten zu tragen, wo ihre Reisegefährten in der Sonne saßen, sagte sie, und dies spricht für ihre überdurchschnittliche Fähigkeit, aus Erfahrungen zu lernen: „Das nächste Mal bleib ich *gleich* hier!"

Erich Kästner, aus: *Die kleine Freiheit*

Il[1] existait[2], jadis[3], à Dresde[4] une institution[5] semi-officielle[6] qui s'appelait[7] excursions-surprises[8] et qui était particulièrement appréciée des[9] ménagères[10] de la petite bourgeoisie[11]. On se rencontrait[12] le mercredi et le samedi[13], après le déjeuner[14], Stübelplatz[15] où plusieurs cars[16] vides attendaient, on[17] payait[18] quelques marks et acquérait[19] ainsi le droit de prendre part[20] à une excursion dont la destination[21] était inconnue. A un point d'arrivée[22] tenu secret[23] jusqu'au dernier moment[24] par les conducteurs[25], c'est-à-dire dans[26] un[27] de ces[28] nombreux[29] petits joyaux[30] d'auberges[31] rustiques[32] des environs[33], on offrait[34] café et gâteaux[35]. Et le soir[36], les femmes, fort agréablement diverties[37] et fatiguées par ce semblant[38] d'aventure, rentraient dans[39] leur famille[40] qui attendait le dîner et le récit[41] du voyage. C'est ainsi que[42], par un beau mercredi matin[43], Madame Grosche, du reste[44] patronne[45] d'un joli restaurant avec jardin[46], dit à son mari[47]: «De toute l'année[48], je ne sors pas de la maison. On ne se permet[49] rien. Est-ce pour cela que je me suis mariée? Non, mon cher! Tu sais quoi?[50] Je vais participer aujourd'hui à une excursion-surprise!» «Si tu veux!»[51] répondit l'époux. «Amuse-toi bien!»
Elle prit[52] le train de banlieue[53] pour[54] Dresde, monta à la gare de Neustadt dans le tramway[55] numéro 6 et, arrivée[56] à la Stübelplatz[57], elle grimpa[58] dans un des autocars prêts à partir[59]. L'excursion vers[60] l'aventure commença à l'heure[61] et suivit pour tout le monde le cours[62] inattendu[63] qui était de règle[64], sauf[65] pour Madame Grosche. Sa surprise à elle[66] fut de tout autre nature[67].
Avez-vous deviné? Oui? C'est exactement ainsi que l'histoire[68] se passa. Le but[69] soigneusement tu[70] du voyage était justement[71] ce mercredi-là[72] l'auberge de campagne[73] dont Madame Grosche était la patronne et qu'elle avait quittée le matin même[74] avec la ferme intention[75] de connaître[76] enfin quelque chose de tout nouveau![77]
«Tu tombes bien![78]» s'écria son mari affairé[79] à couper[80] le gâteau[81] en tranches[82]. «Mets[83] vite un tablier propre[84] et aide-moi à servir!» Elle mit un tablier propre, chargea un plateau[85] de vaisselle pour le café[86] et des gâteaux qu'elle avait faits elle-même[87]. Lorsqu'elle le souleva pour le porter au[88] jardin où ses compagnons de voyage étaient assis au soleil, elle dit, et ceci prouve[89] chez elle[90] une faculté[91] exceptionnelle[92] de tirer la leçon[93] d'expériences: «La prochaine fois, autant rester tout de suite[94] ici!»

1) Nous avons affaire ici à une forme de mise en relief avec le pronom *il* qui annonce *institution* et sert pour ainsi dire de sujet d'attente. Son emploi est recommandé même si l'on garde l'ordre allemand.

   Var.: *à Dresde, il existait jadis*

   En plaçant le complément circonstantiel de lieu en début de phrase, le français insiste quelque peu lourdement sur le mot *Dresde,* ce qui n'est pas nécessaire. D'où la traduction choisie.

2) L'imparfait traduit le fait de se replonger dans le passé. L'auteur se reporte par l'imagination à une époque lointaine qu'il décrit dans les phrases suivantes.

   Le passé simple ou le passé composé serait possible si, par une comparaison avec le présent, l'auteur voulait insister sur une époque révolue en disant par exemple: Il exista (a existé) jadis à Dresde une institution dont nous regrettons beaucoup aujourd'hui la disparition.

3) Pour les différentes traductions de *früher* cf. p. 66, rem. 1.

   Avant, auparavant marquent un rapport trop proche dans le temps.

   Var.: *autrefois*

   Jadis donne à la phrase une teinte de conte, de légende.

   Naguère est vieilli et son emploi apporterait une nuance ironique.

   Einmal ne se traduit pas, *une fois* ferait pléonasme avec *jadis.*

   Pour les différentes traductions de *einmal,* cf. p. 30, rem. 42.

4) Les noms de certaines villes importantes d'Allemagne ont été francisés. Quelques exemples:

   Aachen = *Aix-La-Chapelle*
   Frankfurt am Main = *Francfort-sur-le-Main*
   Hamburg = *Hambourg*
   Mainz = *Mayence*
   München = *Munich*
   Regensburg = *Ratisbonne*
   Trier = *Trèves*

5) Var.: *organisation,* en prenant ce terme dans son sens étroit

   On parle d'une *organisation* de tourisme, de voyage, ou, à plus grande échelle, d'une *organisation* internationale, par exemple: l'ONU, l'UNESCO.

   Un organisme suppose un service administratif ramifié important avec un ensemble de bureaux. On parle ainsi de la Sécurité sociale et de ses différents *organismes* (le service des maladies, des allocations familiales, des retraites etc.)

   Un arrangement, une installation, un équipement se diront pour des objets: *l'arrangement* d'une maison, l'*installation* du chauffage central, un *équipement* de camping.

   Une fondation traduira l'allemand *Gründung* ou *Stiftung.*

   Un établissement désigne l'ensemble des installations établies pour le fonctionnement d'une entreprise, puis l'entreprise elle-même: *un établissement* industriel.

6) expression consacrée

   Semi, synonyme de *demi,* s'emploie avec un adjectif dans le langage scientifique ou, dans ce cas particulier, administratif.

Officieux ne peut se dire ici dans le sens de *semi-officiel*. Est *officieux* ce qui est communiqué complaisamment par une personne haut placée ou bien renseignée, mais sans garantie officielle. On dira *une nouvelle officieuse* mais une institution ne peut pas être officieuse.

Quelques remarques sur la traduction de *halb*.

Il faut distinguer en français entre *demi* et *moitié*.

Pour une mesure, une forme, une valeur, on traduira par *demi*. Ainsi: une *demi*-tasse, un *demi*-cercle, un *demi*-dieu.

Pour un partage, on emploiera *moitié*: la *moitié* d'un gâteau, la *moitié* de la journée.

ein halbes Jahr = *six mois*

ein halber Monat = *quinze jours*

eine Halbmonatsschrift = une revue *bimensuelle*

Noter que *demi* et *moitié* peuvent s'employer comme locutions prépositives. Elles sont alors précédées de la préposition *à*.

Ex.: une maison *à demi (moitié)* en ruines

Il serait donc théoriquement possible de dire: *une organisation à demi officielle*.

7) *S'intituler:* avoir pour titre, pour un ouvrage. Pour une personne, ce verbe signifie se donner un titre.

On emploiera ici *appeler* plutôt que *nommer,* plus littéraire et qui se dit surtout pour des personnes que l'on désigne par leur nom propre. Cf. p. 24, rem. 5.

8) *Excursion-surprise* est un de ces mots modernes composés par simple juxtaposition. Au pluriel, chacun des substantifs prend un *s:* des excursions-surprises.

Excursion est mieux que *voyage* qui implique un temps plus long, des préparatifs plus soignés.

Tour s'emploie dans le langage parlé au sens d'une petite promenade. Aller faire un *tour,* c'est aller se promener avec l'idée qu'on rentrera bientôt. *Tour,* d'autre part, conserve l'idée d'un mouvement circulaire; ainsi dans les expressions: faire le *tour* du monde, le *tour* des lacs, le *Tour* de France cycliste.

Tournée (fém.) suppose un itinéraire fixe avec des arrêts déterminés et s'emploie surtout pour un théâtre ou pour la visite d'un député à ses futurs électeurs, ou même pour un voyageur de commerce.

Pour traduire *ins Blaue,* ne pas dire *à l'aventure, au hasard* (= aufs Geratewohl). *Pour une destination inconnue* convient moins bien, car si la destination de l'excursion est inconnue à un groupe de personnes, elle est cependant fixée et sa direction est déterminée à l'avance.

das Blaue vom Himmel lügen = *mentir comme un arracheur de dents*

ins Blaue hineinreden = *parler en l'air*

9) Var.: *recherchée*

Ces participes, qui expriment un état d'âme, se construisent avec *de*.

Estimé (geachtet) est trop faible pour convenir ici. Autre variante: *en faveur, populaire* qui seront suivis de *parmi, auprès de* ou *chez*.

Etre en vogue va moins bien. *Etre en vogue,* c'est être à la mode, dans le vent: telle couleur est *en vogue* cette saison.

10) Il faut distinguer en français entre la *femme de ménage*, la *ménagère* et la *maîtresse de maison*.

la *femme de ménage* = die Putzfrau

La ménagère, c'est dans un sens général la femme qui tient une maison en s'occupant du ménage: une femme est bonne ou mauvaise *ménagère*.

La maîtresse de maison s'emploie dans un contexte solennel, c'est la ménagère lorsqu'elle reçoit ses invités; en allemand = die Herrin des Hauses, ou: die Gastgeberin.

11) Ne pas dire *petites bourgeoises* qui aurait un sens péjoratif. Une *petite bourgeoise* est quelqu'un à l'esprit étroit, conservateur, mesquin, menant une vie conforme à cette étroitesse d'esprit. En allemand: spießig. Il s'agit ici de la classe bourgeoise.

12) Le mot à mot *se trouvait* signifierait que les femmes se sont d'abord cherchées et serait donc absurde. *Se retrouvait* ferait penser à des amies qui se sont quittées.

Se réunir, s'assembler, se rassembler apportent une nuance trop solennelle à l'action, en soulignant la concertation, l'entente.

13) Prendre garde à l'article.

Mercredi et samedi signifierait soit mercredi et samedi derniers, soit mercredi et samedi prochains.

Ex.: Il est venu *mercredi* et m'a promis de revenir *samedi*.

Tous les mercredis et tous les samedis voudrait dire que régulièrement les mêmes personnes participent à l'excursion.

14) Pour *petit déjeuner, déjeuner, dîner, souper* cf. p. 42, rem. 45.

15) Var.: *place Stübel*

La traduction des noms de rues ou de places allemandes est un problème épineux. En général, le français garde le mot allemand en lui donnant l'article que le mot aurait en français. Remarquer l'absence d'article, d'emploi courant mais non obligatoire. On a cependant coutume d'employer le nom de rue ou de place où on habite sans article.

Ex.: Il habite *rue* (place) Poincaré.

Avec un verbe de mouvement, on emploie couramment la préposition suivi de l'article.

Ex.: La voiture a tourné *dans la rue* Gambetta, puis elle est arrivée *à la place* Jaurès (*à* marque ici le point d'aboutissement).

Noter qu'en parlant de gens qui occupent une place, on parlera de la foule amassée *sur la place* Stübel. De même la préposition *sur* pourra s'employer en parlant d'un espace très large tel qu'une avenue mais non dans ce sens pour une rue. Distinguer entre: telle et telle fenêtre donne *sur la rue* et se promener *dans la rue*.

16) Dans le cadre d'une excursion ou pour le trafic interurbain, on emploiera le terme *autocar* ou *car*: un *car* de tourisme.

On dira un *autobus* ou un *bus* pour la circulation à l'intérieur de la ville.

L'omnibus était autrefois une voiture de transport tirée par des chevaux; aujourd'hui, il ne s'agit plus que d'une abréviation pour *le train omnibus*, c.-à-d. un train qui

s'arrête à toutes les stations = der Bummelzug. (Eilzug = *l'express;* D-Zug = *le rapide* ou *le direct*)

17) Les propositions précédentes étant très longues, il vaut mieux reprendre le sujet *on* pour éviter la confusion.

18) *Payer* est le terme général pour donner l'argent du prix fixé.
    Régler a un sens plus définitif; c'est payer ce qu'on doit de façon à être quitte: On *règle* un compte, une facture.
    Verser est un terme particulier au domaine bancaire; c'est apporter de l'argent à une caisse ou à une personne en paiement ou en dépôt (= überweisen).

19) *Gagner* s'emploie en parlant d'une richesse, d'un profit ou d'une chance.
    Obtenir, c'est parvenir avec quelque peine à se faire accorder ce qu'on veut avoir.
    Ni l'un, ni l'autre de ces verbes ne convient.

20) Var.: *participer*

21) *destination,* c.-à-d. le lieu où l'on doit se rendre
    Le but est un terme de sens moins clair ici et peut signifier l'intention qu'on poursuit, la raison pour laquelle on fait l'excursion (= Zweck).
    Objectif, dont l'emploi est également possible au propre et au figuré, ne convient pas pour les mêmes raisons.
    Dessein, purement subjectif, désigne un ensemble de combinaisons visant à un résultat précis.
    Ex.: Les *desseins* de cet homme politique sont impénétrables (*desseins* = les intentions et les buts poursuivis).

22) *Le point final* désigne soit le signe de ponctuation à la fin d'une phrase ou d'un paragraphe, soit, dans un sens figuré, la conclusion définitive d'une affaire. En aucun cas, il ne peut avoir de sens local.
    Le terminus est la dernière station d'une ligne régulière de transports, ce qui n'est pas le cas ici puisqu'il s'agit chaque fois d'une autre excursion-surprise.
    Relais (m.) désigne, du temps des diligences, les chevaux frais destinés à remplacer les chevaux fatigués puis le lieu où les chevaux sont préparés.
    Aujourd'hui ce terme s'applique à une auberge située sur une route importante (*un relais* gastronomique = Raststätte) ou il s'emploie en technique pour certains dispositifs transformateurs d'énergie ou radio-électriques.
    Ex.: *un relais radar* = Radarstation

23) Var.: *gardé secret*
    Secret est alors adjectif (gardée secrète). *Secret* s'emploie dans certaines expressions comme substantif: lire *en secret* (faire quelque chose en secret).
    mettre quelqu'un *dans le secret* d'une affaire: au courant d'une affaire
    mettre quelqu'un *au secret:* le mettre en prison (euphémisme)

24) Var.: *jusqu'à la fin*
    jusqu'au bout

25) *Schaffner:* Manifestement, il est ici question des conducteurs de car. Dans un tramway ou dans un autobus, on emploiera le mot *receveur* pour désigner non la personne qui conduit mais celle qui reçoit l'argent des billets. Dans un train, *Schaffner* désignant la personne qui vérifie les billets, se traduira par *contrôleur.*

26) Var.: *à,* préposition qui marque alors simplement le point d'arrivée

27) Ne pas dire *n'importe quel* (= der erste beste).
De même, un endroit *quelconque* ou *quel qu'il soit* est ambigu, car cette expression indique l'indifférence du choix. Il ne faut pas oublier d'autre part que, dans la langue parlée, *quelconque* a le sens péjoratif de médiocre et prend alors la valeur d'un adjectif. On dira: c'est un hôtel tout à fait *quelconque.*
En résumé, *irgendein* insistant ici sur le caractère indéfini de l'endroit se traduira simplement en français par *un.*

28) Var.: *des*
Pour la différence entre *un des* et *l'un des* cf. p. 52, rem. 1.
Le démonstratif souligne le côté ironique de la remarque de l'auteur.

29) *Innombrable* serait trop fort (= unzählig).

30) *Joyau* par rapport au terme générique *bijou* s'emploie de préférence au sens figuré pour rehausser le caractère précieux, l'éclat de l'objet en question.

31) *Auberge* a été rajouté pour plus de clarté mais son emploi n'est pas nécessaire. Une *auberge* désigne une maison très simple, souvent à la campagne, où on trouve à manger et à boire et où parfois même on peut coucher.
Dans un *café,* on consomme surtout des boissons, on peut y prendre des sandwichs mais on peut rarement y manger à moins qu'il n'y ait la précision *café-restaurant.* La traduction de l'allemand *Café* sera en français soit *pâtisserie,* soit *salon de thé,* termes qui désignent cependant, surtout le dernier, des endroits assez élégants. D'où l'emploi dans la traduction du terme le plus simple.
Un *cabaret* était autrefois synonyme de *café* en désignant cependant un débit de boissons assez modeste. Aujourd'hui, un *cabaret* est un établissement où l'on présente un spectacle et où les clients peuvent consommer.
Le *bistrot* est le terme populaire pour *café:* Kneipe.
La *taverne* désignait à l'origine un *cabaret.* A l'heure actuelle, ce terme s'applique à un *café-restaurant* plus ou moins luxueux.

32) Var.: *champêtre*
On emploiera de préférence l'adjectif issu du latin *rustique* dont le sens est très étendu. *Rustique* désigne ce qui appartient à la campagne, à la vie paysanne tant pour ce qui est des mœurs, des coutumes, du mobilier (on parle du style *rustique*) que pour ce qui est du caractère simple sans raffinement. Une maison *rustique* peut donc signifier une maison de campagne, ou une maison de style rustique, ou une maison très simple, de construction grossière, comme on en voit à la campagne.
Champêtre évoque, en plus de son sens propre comme on le trouve dans *garde-champêtre* (Feldhüter), une atmosphère simple de poésie, un endroit riant et agréable.

Campagnard ne convient pas ici; ce terme a surtout un sens péjoratif et désigne un trait analogue à celui qui vit à la campagne.
Ex.: un accent *campagnard*
Eviter de dire *de campagne,* ce qui serait provoquer une suite de cinq compléments commençant par *de.*
Rural est un terme technique réservé à l'économie.
Ex.: l'exploitation *rurale,* l'habitat *rural*
Agreste est un mot littéraire qui s'emploie pour désigner quelque chose de *champêtre* en ajoutant l'idée d'un endroit sauvage et solitaire.

33) *Les environs* indiquent des lieux circonvoisins plus étendus et plus éloignés que *les alentours* qui se limitent à des lieux proches.

34) Var.: *on servait*

35) En employant l'article on dira: *du café et des gâteaux;* ou: *le café* (c.-à-d. le café rituel qu'on s'attendait à prendre à cette heure) *et des gâteaux. Les gâteaux* voudrait dire qu'il s'agit chaque fois des mêmes.

36) *Au soir* est d'un emploi vieilli. Cf. le proverbe: Rouge *au soir,* blanc *au matin,* c'est la journée du pèlerin. Aujourd'hui, on emploiera *au soir* dans quelques expressions indiquant la date.
Ex.: Il est arrivé *la veille au soir;* il est arrivé *le 15 au soir.*

37) Var.: *distraites,* traduction de sens plus atténué que *diverties*
Distrait signifie qu'on a passé son temps à une autre occupation que d'habitude.
Amusées serait un terme trop fort (= belustigt).
Entretenues ne convient pas; *entretenu* se dira en parlant d'une chose maintenue dans le même état ou tenue en bon état (une voiture bien entretenue); une femme *entretenue* est une femme qui vit de l'argent de son (ou de ses) amant(s).

38) Var.: *cette petite aventure simulée,* traduction moins bonne cependant, car l'adjectif français, de par sa nature plus statique que le participe passé allemand, n'indique pas clairement l'origine de la simulation. On peut alors penser que ce sont les ménagères qui simulent l'aventure.
Imaginaire, ou *illusoire,* signifierait que l'action a eu lieu dans l'imagination des ménagères. Or il s'agit d'un fait réel, une excursion, qu'on veut faire passer pour une aventure.
Miroité ne convient pas du tout; *faire miroiter quelque chose,* c'est faire entrevoir, promettre comme avantageux quelque chose à quelqu'un pour le séduire. Ainsi: un patron, désireux d'engager un employé, lui fera *miroiter* un brillant avenir. *Miroiter* au sens propre: réfléchir la lumière.
Ex.: La soie miroite.
On parlera aussi des eaux *miroitantes* d'un lac.

39) Var.: *rejoignaient leur famille*

40) *Leur famille* reste au singulier, car chacune des ménagères rentre dans *sa* famille.

41) Var.: *compte rendu,* terme plus ironique étant donné qu'il appartient au vocabulaire journalistique.
Ne pas dire *rapport* qui impliquerait que ces ménagères ont été officiellement chargées de la mission de faire un compte rendu.
exposé = Referat, Vortrag

42) Mot à mot: *c'est ainsi qu'il arriva que,* traduction qu'il faut éviter pour la lourdeur résultant de la répétition de *que.* Remarquer que le verbe *se passer* n'est pas un verbe impersonnel et qu'il ne peut alors s'employer ici pour *arriver.* Mais on dira: *il se passe* telle chose, *il* est alors un procédé de mise en relief.
Cf. ci-dessus rem. 1.
L'emploi du passé simple est obligatoire pour marquer le passage du fait habituel général (l'institution des excursions-surprises) au fait particulier (l'aventure de Madame Grosche).

43) Var.: *un beau mercredi matin*
Par s'emploie au sens de *durant, pendant* en parlant des conditions atmosphériques et par extension devant un complément de temps.
Ex.: *par* les jours pluvieux, *par* un joli matin, *par* une nuit sans lune
Il est toutefois nécessaire que le complément de temps soit précédé ou suivi d'un adjectif, ou suivi d'un complément.
Beau pouvant être pris au sens indéfini de *irgendein,* la préposition *par* n'est pas nécessaire.

44) Var.: *d'ailleurs*
par ailleurs: d'un autre côté
On a coutume de distinguer entre *au reste* qui confirme ce qui précède et *du reste* qui tranche avec ce qui précède.
Ex.: C'est une jolie maison; *au reste,* elle me plaît.
C'est une personne de compagnie très agréable; *du reste,* elle est trop diplomate pour être franche.
Cependant la distinction entre les deux locutions n'est pas respectée dans la langue courante.

45) *Wirtin*
La patronne dirige une maison de commerce mais elle n'en est pas forcément propriétaire.
La tenancière est celle qui gère un hôtel, une maison de jeu, un bar etc. (= die Pächterin).
La logeuse loue des chambres de l'appartement dont elle est, soit la propriétaire, soit simplement la locataire principale.
On évitera d'employer l'article devant l'apposition en français, à moins qu'on ne veuille insister sur le caractère connu ou emphatique du nom en apposition.

46) *Gartenrestaurant:* Il s'agit sans doute d'un restaurant avec jardin, c.-à-d. d'un restaurant où par beau temps on peut également s'asseoir dehors; *un restaurant en plein air* voudrait dire que les repas ne peuvent être pris qu'à l'extérieur.

47) *Epoux* est d'un style plus relevé que *mari* et traduit l'allemand *Gatte*.
Noter le terme juridique et administratif: le (la) conjoint(e).

48) Var.: *pendant toute l'année*
toute l'année durant, expression plus forte et plus expressive que *pendant toute l'année*

49) Var.: *on ne s'accorde rien*
on ne s'offre rien
Se permettre est dans ce cas d'un emploi très idiomatique. On dit: *se permettre* quelques douceurs. Dans le même sens on emploie le verbe *s'offrir.*
Pour la traduction de *gönnen* cf. p. 29, rem. 37.

50) Var.: *Veux-tu que je te dise!*
Ecoute!
Qu'en penses-tu? est une traduction inexacte. La question suppose que la femme s'en remet à la décision du mari, ce qui n'est pas le cas.

51) Var.: *Soit.*
Entendu.
D'accord.

52) La seule expression possible est *prendre le train.*

53) On dit *un train de banlieue. La banlieue* est le territoire entourant une grande ville, *les faubourgs* désigne les villages situés dans *la banlieue.*

54) *En direction de Dresde* ou *à destination de Dresde* signifierait que la personne ne va pas obligatoirement à Dresde mais qu'elle peut s'arrêter en chemin.

55) *La ligne* désignant le trajet emprunté par le tramway, il serait absurde de traduire mot à mot.

56) Adjonction nécessaire pour plus de clarté en français.

57) Var.: *place Stübel*
à la place Stübel
à la Stübelplatz
Cf. ci-dessus rem. 15.

58) *Gravir:* monter avec effort, demande un complément d'objet direct.
Ex.: *gravir* d'un pas lourd les marches d'un escalier
On saute *d*'un train, mais il est plus difficile de sauter *dans* un train, expression d'autre part ambiguë, car le mouvement de monter dans le train ne se dégage pas assez clairement. Cependant pour souligner la hâte d'une personne, on pourra dire qu'elle a *sauté* dans le train pour Paris. *Bondir dans le train* demande une force et une enjambée extraordinaires; ici, l'expression est carrément ridicule.

59) Var.: *en attente*
qui attendaient les voyageurs

60) *Vers* l'aventure et non *à* l'aventure qui voudrait dire *au hasard* = aufs Geratewohl.
Il s'agit ici de la direction et non plus du nom de l'institution. Cf. rem. 8 ci-dessus.

61) *Ponctuellement* ne peut s'employer que pour une personne.
à temps = rechtzeitig

62) Var.: *se déroula de la manière inattendue qui était de règle*
Verlauf: On dit d'une action qu'elle suit un *cours* normal ou non. Il n'existe pas d'expression courante avec *déroulement,* autre manière de traduire *Verlauf* au sens d'une progression dans le temps. Dans ce cas, le français préférera remplacer le substantif par un verbe; d'où la variante proposée ci-dessus.
Verlauf = *évolution* (d'une maladie, des prix)
Verlauf = *développement* (de la politique internationale, d'une crise)

63) Var.: *imprévu*
Surprenant implique une émotion très forte devant quelque chose qui étonne et convient donc moins ici.
Inattendu ou *imprévu* traduisent plus simplement le caractère inconnu de l'excursion.
Si on emploie le verbe se dérouler, on peut dire: *se déroula dans la surprise qui était de règle.*

64) Var.: *qui était normal*
      qui était habituel
La traduction mot à mot ne va pas: le choc entre les deux termes de sens opposé *normalement* et *inattendu* étant trop grand, on aboutit à un non-sens.
Autre variante: *suivit le cours aussi inattendu qu'à l'ordinaire*

65) Var.: *excepté*
A l'exception de, en dehors de étant déjà des locutions prépositives, on ne peut les associer à la préposition *pour.*

66) *A elle,* rajouté pour rendre l'accent placé sur *ihre.*

67) Expression idiomatique. Prendre garde à l'orthographe de *tout* devant un adjectif du féminin commençant par une voyelle.
Var.: *fut toute différente*

68) Var.: *cela*
Cependant *histoire,* terme plus précis, sera d'un meilleur style.

69) Le sens de *but* ne peut être ambigu ici, comme c'était le cas à la remarque 21.

70) Var.: *caché*
Celé est un terme trop littéraire.
Dissimulé ne convient pas, car on ne peut *dissimuler* qu'une action répréhensible.

71) Var.: *précisément*

72) *Ce mercredi-là,* mieux que *ce mercredi,* pour marquer davantage la surprise.

73) Ici *de campagne* va très bien. Cf. ci-dessus rem. 32.

74) Cf. rem. 36.
Il est possible de dire *le matin,* sans préciser qu'il s'agit du même jour.

75) *avec* ou *dans*
Var.: *fermement décidée à*
bien décidée à
fermement (bien) résolue à
déterminée à
Chacun des participes proposés dans la variante renchérit sur le terme précédent; d'où l'absence d'adverbe dans la dernière proposition.

76) La traduction de *erleben* est très délicate en français. *Vivre* est trop vague. Dans le texte ci-dessus, *erleben* a le sens de *faire l'expérience de, connaître.*
Quelques exemples de traductions de *erleben:*
schlimme Zeiten erleben = *traverser* des moments difficiles
Wir werden es nicht mehr erleben. = Il ne nous sera pas donné de *voir* cela (de le voir).
etwas erleben = *avoir une aventure*
Der Großvater erlebte noch die Geburt seines Enkels. = Le grand-père *a* encore *vu* naître son petit-fils.
Erlebnis se traduira par *expérience vécue, événement vécu, aventure.*
ein Erlebnisbericht = un récit *vécu*
seine Erlebnisse schreiben = faire le *récit de sa vie*
Das war ein Erlebnis! = Quelle *aventure!*

77) L'expression correspondant à *funkelnagelneu, flambant neuf,* ne s'emploie que pour un objet et non pour une expérience.
Sur la différence entre *neuf* et *nouveau,* cf. p. 12, rem. 1.

78) Var.: *Tu arrives au bon moment (à point nommé).*
C'est bien que tu viennes, variante qui correspond au mot à mot allemand, mais qui est moins idiomatique en français.
Tu tombes à pic est une expression familière pour dire *arriver au bon moment, arriver à point nommé.*

79) Var.: *coupant avec ardeur*
Ne pas traduire *eifrig* par *avec application,* ou *avec zèle. L'application* désigne une action suivie soutenue avec persévérance et on verra plutôt ce terme se rapportant à un élève (en allemand = Fleiß).
Le zèle ajoute au sens d'ardeur l'idée de dévouement de quelqu'un qui cherche à se rendre utile, à en faire davantage pour être agréable.
De même *empressement* s'emploie pour un mouvement extérieur rapide dans le but de plaire à quelqu'un.
Ici *ardeur* rend mieux le sens de simple activité et de vivacité.
Par un procédé de style particulier au français, la traduction choisie met l'accent sur l'adverbe allemand *eifrig,* rendu alors par un verbe.

80) *couper:* diviser avec un instrument tranchant
Découper s'applique à une action plus délicate exigeant une certaine adresse, un certain art: on *découpe* une volaille, un article de journal.

81) Les gâteaux allemands en question n'existant pas en France, la traduction mot à mot telle que *gâteau au fromage blanc* et *gâteau aux rognures d'amandes* formerait un

corps étranger dans le contexte français. Il faut d'ailleurs remarquer qu'en France les gâteaux généralement servis avec le thé ou le café, dans les salons de thé ou dans les pâtisseries, sont assez petits et qu'on ne les coupe pas en tranches. Les gros gâteaux tels que les gâteaux allemands sont vendus pour un anniversaire, un mariage, le dimanche pour un repas de famille ou à la rigueur pour une réception.

82) Var.: *en parts*
On parle habituellement des *tranches* d'un gâteau.
Quelques traductions de *Streifen:*
ein Stoff mit weißen Streifen = une étoffe à *rayures* blanches
ein Lichtstreifen = une *traînée* de lumière
ein Tonstreifen = une *bande* sonore

83) Le français reste ici très vague. Si on *noue* sa serviette autour du cou, précision nécessaire, car on pourrait la poser simplement sur ses genoux, on *met* une cravate, un tablier. Mais on dira: votre cravate est mal *nouée,* en voulant préciser que le nœud est mal fait. *Ceindre* est un terme relevé qui désigne une action solennelle: le chevalier *ceint* l'épée, le maire *se ceint de* l'écharpe tricolore avant d'aller à une cérémonie.

84) *Un tablier frais* signifierait que le tablier est mouillé, en tout cas que son contact provoque une sensation de fraîcheur, ce qui serait incongru.

85) *Une tablette* est en français une petite table ou une petite planche horizontale: une *tablette* (un rayon) chargée de livres, ou la *tablette* au-dessus du lavabo. On parle également d'une *tablette* de chocolat pour désigner la plaque de forme rectangulaire sous la forme de laquelle se vend le chocolat.
ein Serviertablett = un *plateau*

86) *Le service à café* est un ensemble composé de quatre à six tasses, d'un sucrier et d'une cafetière. Il s'agit ici de *vaisselle pour le café* en général.

87) Sur les menus des restaurants, on voit souvent inscrits *pâté-maison, tarte-maison* pour désigner le mets cuisiné dans la maison, c.-à-d. dans le restaurant. Cependant ce serait manquer d'ironie que de traduire ici les *gâteaux-maison*. D'où la nécessité de la périphrase.

88) Var.: *dans le jardin.* Cf. p. 61, rem. 76.

89) sprechen für jemanden = *parler, intervenir en faveur de quelqu'un*
Parler pour quelqu'un serait ici ambigu et voudrait surtout dire *parler à la place de quelqu'un*. Ici *sprechen für* se traduira par *montrer, révéler, prouver*.

90) Var.: *de sa part*
Faculté étant suivi d'un adjectif sur lequel porte l'accent de la phrase, il est préférable de ne pas faire précéder ce substantif du possessif en français.

91) Var.: *capacité*
Capacité est plus général que *faculté* qui désigne une *capacité* inhérente au sujet.
Aptitude désigne la disposition naturelle dans le sens d'un penchant ou d'un don: montrer une grande *aptitude* à faire des mathématiques.

92) Mot à mot: *au-dessus de la moyenne,* expression trop longue.
Par rapport à *exceptionnel* qui désigne surtout la chose ou l'événement inhabituel, inattendu parce que sortant de l'ordinaire, *extraordinaire* ajoute l'idée de quelque chose de très grand ou d'excessif, en bien comme en mal, parfois aussi de quelque chose d'anormal, d'étrange ou de fantastique. L'emploi de ce terme se trouve quelque peu frelaté dans la langue courante.

93) *Apprendre* demanderait un complément d'objet direct. D'où le choix de l'expression: *tirer la leçon.*

94) Var. moins idiomatique: *je resterai tout de suite ici*
Ne pas dire *aussitôt* qui marque le rapport direct et brusque de succession entre deux actions (= dans le moment même, au même instant).
Ex.: *Aussitôt* après l'explosion, la police était sur les lieux.

TEXT 7

Der Steppenwolf war ein Mann von annähernd fünfzig Jahren, der vor einigen Jahren eines Tages im Hause meiner Tante vorsprach und nach einem möblierten Zimmer suchte. Er mietete die Mansarde oben im Dachstock und die kleine Schlafkammer daneben, kam nach einigen Tagen mit zwei Koffern und einer großen Bücherkiste wieder und hat neun oder zehn Monate bei uns gewohnt. Er lebte sehr still und für sich, und wenn nicht die nachbarliche Lage unsrer Schlafräume manche zufällige Begegnung auf Treppe und Korridor herbeigeführt hätte, wären wir wohl überhaupt nicht miteinander bekannt geworden, denn gesellig war dieser Mann nicht, er war in einem hohen, von mir bisher bei niemandem beobachteten Grade ungesellig, er war wirklich, wie er sich zuweilen nannte, ein Steppenwolf, ein fremdes, wildes und auch scheues, sogar sehr scheues Wesen aus einer anderen Welt als der meinigen. . .
Zufällig war ich in dem Augenblick zugegen, wo der Steppenwolf zum erstenmal unser Haus betrat und bei meiner Tante sich einmietete. Er kam in der Mittagszeit, die Teller standen noch auf dem Tisch, und ich hatte noch eine halbe Stunde Freizeit, ehe ich in mein Bureau gehen mußte. Ich habe den sonderbaren und sehr zwiespältigen Eindruck nicht vergessen, den er mir beim ersten Begegnen machte. Er kam durch die Glastür, wo er vorher die Glocke gezogen hatte, herein, und die Tante fragte ihn im halbdunklen Flur, was er wünsche. Er aber, der Steppenwolf, hatte seinen scharfen kurzhaarigen Kopf witternd in die Höhe gereckt, schnupperte mit der nervösen Nase um sich her und sagte, noch ehe er Antwort gab oder seinen Namen nannte: „Oh, hier riecht es gut." Er lächelte dazu, und meine Tante lächelte auch, ich aber fand diese Begrüßungsworte eher komisch und hatte etwas gegen ihn.
„Nun ja", sagte er, „ich komme wegen des Zimmers, das Sie zu vermieten haben."
Erst als wir alle drei die Treppe zum Dachboden hinaufstiegen, konnte ich den Mann genauer ansehen.

Hermann Hesse, aus: *Der Steppenwolf*

Le loup des steppes[1] était un homme approchant de la cinquantaine[2], qui[3], il y a quelques années[4], se présenta[5] un jour chez ma tante[6], à la recherche[7] d'une chambre meublée[8]. Après avoir[9] loué[10] la mansarde là-haut[11] sous le toit[12] et la petite chambre d'à côté[13], il revint[14] au bout de quelques jours[15] avec deux valises, une grande caisse de[16] livres, et il a habité[17] neuf ou dix mois chez nous. Il menait[18] une vie très tranquille[19] et retirée[20], et si la proximité[21] de nos chambres à coucher[22] n'avait pas entraîné[23] plus d'une[24] rencontre occasionnelle[25] dans[26] l'escalier et dans le corridor[27], nous n'aurions sans doute jamais[28] fait connaissance[29], car cet homme n'était vraiment[30] pas liant[31], et cela[32] à un point[33] que je n'avais jusqu'alors[34] observé[35] chez personne d'autre[36], il[37] était réellement[38], comme il lui arrivait[39] de dire en parlant de lui-même[40], un loup des steppes, un être étrange[41], sauvage et aussi craintif[42], même très craintif, venant[43] d'un autre monde que du[44] mien . . . J'étais là[45] par hasard[46] au moment[47] où le loup des steppes entra pour la première fois dans notre maison[48] pour[49] prendre location[50] chez ma tante. Il vint[51] à l'heure du déjeuner[52], les assiettes étaient encore sur la table et il me restait[53] une demi-heure[54] de libre[55] avant d'aller[56] au [57] bureau. Je n'ai pas oublié l'impression étrange et très ambiguë[58] qu'il me fit [59] lors[60] de notre[61] première rencontre. Il entra par la porte vitrée[62], après avoir[63] tiré la cloche, et ma tante[64] lui demanda dans la pénombre[65] du vestibule[66] ce qu'il désirait. Mais lui, le loup des steppes, flairant une odeur[67], avait dressé[68] sa tête à[69] la face anguleuse[70] et aux cheveux courts[71], huma l'air[72] autour de lui[73] de[74] ses narines frémissantes[75] et dit, avant même[76] de donner une réponse ou de se nommer[77]: «Oh, ça[78] sent bon ici.» A ces mots[79], il sourit[80] et ma tante sourit[81] également; quant à moi[82], je trouvai[83] ces salutations[84] curieuses[85] et j'eus[86] quelque chose contre lui[87].

«Eh bien voilà»[88], dit-il, «je viens pour[89] la chambre que vous avez à louer».

Ce n'est que[90] lorsque nous montâmes[91] tous les trois[92] l'escalier menant[93] aux combles[94] que je pus[95] regarder l'homme de plus près[96].

1) Le nom composé allemand présente des difficultés de traduction en français. Ici, l'emploi du pluriel *steppes* a une valeur plus générique que celui du singulier et, d'autre part, il s'agit de la traduction consacrée de l'œuvre de Hesse.

2) Var.: *d'environ cinquante ans*
   de près de cinquante ans
   De presque cinquante ans est moins bon du point de vue style en raison de la place de *presque*. Par contre, on entend parfois dans la langue parlée le verbe *approcher* suivi d'un terme indiquant l'âge sans préposition. Cependant il vaut mieux éviter cet emploi abusif calqué sans doute sur une expression imagée très courante avec le verbe *friser*.
   Ex.: friser la cinquantaine
   Pour la différence entre *approcher* et *s'approcher*, cf. p. 58, rem. 46.
   Remarquer: un homme de *cinquante ans*, mais d'*une cinquantaine d'années!*
   On emploie *an* pour une simple mesure de temps avec un nombre cardinal.
   Année marque un espace de temps par rapport à sa durée, à ses parties ou aux événements qu'il renferme.
   Ainsi, on distingue: quatre *ans* de guerre (vier Jahre Krieg) et quatre *années* de guerre (vier Kriegsjahre).
   Cependant cette distinction entre *an* et *année* ne joue pas dans certains cas où *an* est remplacé par *année* pour des raisons d'euphonie.
   Ainsi on dira: *tous les ans,* mais *chaque année;* une jeune fille de vingt *ans,* mais d'une vingtaine d'*années.*

3) Ne pas oublier la virgule qui introduit une coupure nécessaire pour permettre de rattacher le relatif non à *cinquantaine* mais à *homme*. Un deuxième moyen d'éviter l'équivoque serait de traduire par le relatif composé *lequel*. On aurait alors: *un homme approchant de la cinquantaine, lequel se présenta,* traduction très lourde qu'il vaut mieux éviter.

4) En français, il vaut mieux éviter de juxtaposer les compléments de temps. D'où l'obligation de séparer *un jour* de l'expression *il y a quelques années*.

5) La traduction mot à mot par *faire une courte visite,* ou *passer* n'est pas assez précise.

6) Var.: *dans la maison de ma tante*
   Ich bin zu Hause. = Je suis *à la maison,* ou: Je suis *chez moi.*
   Ich gehe nach Hause. = Je rentre *à la maison,* ou: Je rentre *chez moi.*

7) Tandis que l'allemand coordonne, le français insistera davantage sur le lien logique entre les deux propositions. La traduction par le gérondif *en cherchant* marquerait trop la simultanéité; il s'agit ici d'un rapport de causalité. D'où la solution choisie *à la recherche.*
   Ne pas oublier la virgule après *tante* afin de chasser toute ambiguïté possible.

8) Pour la différence entre *chambre* et *pièce,* cf. p. 52, rem. 2.

9) Var.: *ayant loué*
   Il faut prendre garde à la construction. La juxtaposition des deux propositions qui

viennent est gênante en français, les deux actions, celle de louer et celle d'aménager, n'étant pas simultanées. La subordination permet donc de combler le vide provoqué par l'écart de temps qui sépare les deux actions.

Une autre façon de traduire serait de couper les deux propositions par un point-virgule. On aurait alors la phrase suivante: *Il loua la mansarde là-haut sous le toit et la petite chambre d'à côté: il revint au bout de quelques jours.*

Cette dernière traduction a cependant le désavantage d'être d'un style trop haché, ne correspondant pas à l'original allemand.

10) *Louer* signifie à la fois *mieten* et *vermieten*.
Si l'on veut préciser, on peut dire *prendre en location.*
Prendre à bail est une expression juridique.
le bail = Pacht(vertrag)

11) Var.: *en haut*
Une mansarde étant par définition située sous le toit, il n'est pas nécessaire d'étoffer la locution adverbiale en ajoutant un participe comme *située*; ce serait lourdement insister sur l'évidence.

12) Var.: *à l'étage mansardé*
sous les combles, c.-à-d. à la partie supérieure d'un édifice destiné à supporter le toit. On dit: aménager les *combles* en appartement, loger sous les *combles*.
Au singulier, *comble* a un autre sens. Nettoyer la maison *de fond en comble*, c'est la nettoyer de la cave au grenier. Il faut retenir également le sens figuré de *comble* qui indique le haut degré, le summum, le maximum.
être au comble de la joie; c'est un comble ou *c'est le comble* = das ist allerhand.
Ne pas dire *au dernier étage,* expression qui n'est pas assez précise, le dernier étage n'étant pas obligatoirement l'étage situé sous le toit: il peut y avoir encore au-dessus un grenier ou des chambres de bonne.
Dans un *grenier,* on conserve généralement des meubles ou des objets qui ne sont pas d'usage immédiat (= Dachboden). Il est possible de transformer un grenier en chambre, mais dans ce cas, on ne lui donne pas le nom de *grenier.* La traduction de *Dachstock* par *grenier* est donc impropre.

13) Cf. p. 52, rem. 3.

14) *Retourner* exigerait un complément. D'autre part, ce verbe ne convient pas. Pour la différence entre *retourner, revenir* et *rentrer,* cf. p. 58/61, rem. 57 et 75.

15) Var.: *quelques jours après*
quelques jours plus tard
Cf. p. 58, rem. 53.

16) Pour plus de précision, il est possible d'étoffer la préposition et de dire: *une grande caisse pleine de livres.*
la grosse caisse = die Pauke

17) Le passé composé exprime ici le fait accompli, le résultat acquis dans le présent d'une part; par rapport au passé simple, il indique, d'autre part, une rupture affective; l'auteur transforme brusquement le fait ancien en événement vécu, c'est le passé

composé de la langue parlée qui intervient ici. L'emploi du passé simple serait également possible comme indiquant un résultat acquis, mais il ferait plus littéraire, le verbe resterait sur le même plan que les autres actions sans traduire exactement la part de subjectivité soulignée par le passé composé.

En aucun cas, il ne faut employer ici l'imparfait de durée. Le nombre cité *(neuf ou dix)* indique que l'action est vue dans la perspective de son résultat présent.

18) Après l'énoncé des faits, il s'agit maintenant d'une description et l'imparfait est de rigueur.

19) Il faut veiller à choisir en français une construction parallèle pour la traduction de *still* et de *für sich.* D'où le choix des deux adjectifs.
Var.: *une vie très calme*
Une vie silencieuse insisterait trop sur l'absence de bruit caractérisant la vie du héros.

20) La traduction mot à mot n'est pas possible, non seulement pour des raisons de parallélisme (cf. remarque précédente), mais pour des raisons de sens.
Quelqu'un qui ne vit que *pour lui,* c'est un égoïste. *Vivre pour soi* est donc péjoratif en français.
La locution adverbiale *à part* signifie séparément, en particulier et ne convient pas.
mettre qc. à part: la séparer des autres
faire bande à part: ne pas aller avec les autres
dire qc. à part soi: se dire qc. sans parler, dans son for intérieur
A l'écart est synonyme d'*à part* (= abseits).
Ex.: Ne voulant pas participer à la conversation, il s'assit *à l'écart* dans le jardin.

21) *le voisinage* ou *la proximité*
Eviter les expressions trop lourdes telles que: *la situation* ou *la position voisine.*

22) *Le dortoir* est une grande salle où dorment les membres d'une même communauté. On parle du *dortoir* d'un couvent ou d'un internat (= Schlafsaal).

23) Var.: *amené*
       donné lieu à
Occasionner, c'est simplement donner lieu à qc. de fâcheux surtout.
Causer, déterminer, produire, provoquer renforcent encore le sens de déterminisme causal contenu dans *occasionner.*
Susciter est surtout réservé au domaine affectif: *susciter* une réaction, un sentiment; de même, *exciter,* c'est aviver un sentiment.
Amener, entraîner impliquent davantage une conséquence souvent involontaire et conviennent mieux ici.

24) Var.: *maint*
Maint par rapport à *plusieurs* en dit davantage et désigne un assez grand nombre. Cependant ce pronom est aujourd'hui d'un usage littéraire et confiné à certaines expressions.
Ex.: Je l'ai vu *à maintes reprises.* Je l'ai averti *maintes fois.*
Bien des rencontres est trop fort et insiste trop sur la fréquence de ces rencontres.

25) Var.: *dues au hasard,* ou sans participe: *au hasard, par hasard*
    fortuites
    Prendre garde à l'adjectif tiré de *hasard: hasardeux* = aventureux, imprudent.
    Une entreprise *hasardeuse* est une entreprise qui s'expose à des périls (= riskant).
    Aléatoire a le sens de soumis au hasard, c.-à-d. incertain, problématique.
    Ex.: un succès *aléatoire*
    Accidentel insiste trop sur la cause étrangère à la chose elle-même, sur le caractère
    imprévu, à la fois brutal et passager de cette chose.
    Contingent appartient au domaine philosophique.

26) La préposition *auf* se traduit ici par *dans*. De même, *auf* der Straße = *dans* la rue.
    Cependant *sur* s'emploie pour des espaces très étendus tels qu'un boulevard, une
    avenue, une place. Ainsi, on parle d'une foule amassée *sur* une place.
    Cf. p. 82, rem. 15.

27) *Le couloir* est plus étroit que *le corridor.*
    Cf. p. 46, rem. 66.

28) Var.: *nullement*
    pas du tout
    Point est plus archaïque et plus littéraire.

29) Var.: *nous ne nous serions jamais connus*
    On dit *faire la connaissance de quelqu'un* mais deux personnes *font connaissance.*
    Apprendre à connaître existe en français dans un sens menaçant: tu *apprendras à me*
    connaître = du sollst mich kennenlernen (on dit également dans ce sens: *tu ne me*
    connais pas encore).
    Autres expressions avec *connaître:*
    se faire *connaître* = sich zu erkennen geben
    se faire *connaître* comme savant = als Gelehrter bekannt werden
    Expressions avec *connaissance:*
    prendre *connaissance* de qc. = sich vertraut machen mit etwas
    avoir toute sa *connaissance* = bei vollem Bewußtsein sein
    perdre *connaissance* = das Bewußtsein verlieren

30) Var.: *liant, cet homme ne l'était pas,* dont l'effet rhétorique provoqué par la mise en
    relief de l'adjectif est cependant trop fort dans le contexte français. D'où le choix de
    l'adverbe *vraiment* qui rend l'intensité marquée par la mise en relief de l'adjectif
    allemand.

31) Il s'agit ici de quelqu'un qui n'aime pas se montrer en société, qui n'est pas d'un
    abord facile, qui ne se lie pas facilement. D'où le choix de l'adjectif *liant.*
    Insociable est un terme trop négatif ici d'autant plus qu'il désigne souvent une per-
    sonne de mauvais caractère, incapable de relations humaines aimables.
    Asocial est faux; un être *asocial* est un être inadapté à la vie sociale ou qui s'y oppose
    violemment.

32) *Liant* n'ayant pas de forme négative, il n'est pas possible de rendre le parallélisme
    contenu dans *gesellig* et *ungesellig.* Une expression telle que *il détestait la société*
    serait trop forte et pourrait induire en erreur. Cf. la remarque ci-dessus.

33) Var.: *degré*

34) Var.: *jusqu'à ce moment-là*
Etant donné qu'il ne s'agit pas d'un rapport avec le présent, mais uniquement d'un contexte passé *jusqu'ici, jusqu'à maintenant, jusqu'à présent* ne conviennent pas. Cf. p. 44, rem. 52.

35) Var.: *remarqué*

36) Var.: *chez aucune autre personne*
Ne pas oublier d'intercaler la particule *de* devant l'adjectif après *personne, quelque chose, rien.*
Chez nul autre est trop littéraire.

37) L'emploi du pronom personnel est ici préférable à celui du démonstratif neutre *ce,* car le personnage n'est pas vu uniquement dans la perspective de l'auteur (ce qui demanderait alors le démonstratif), mais dans sa propre perspective à lui, comme l'indique la proposition qui suit (comme il lui arrivait...). Il s'agit en quelque sorte d'une forme de discours indirect.

38) Var.: *vraiment,* adverbe de teinte plus subjective que *réellement.* Cf. la remarque 30 ci-dessus.

39) *Zuweilen* = parfois, par moments, de temps en temps, de temps à autre. Cependant, souvent, l'adverbe allemand se remplace avantageusement par un verbe en français.
Ex.: Er wird bald kommen. = Il ne *tardera* pas à venir.
Er hat schließlich zugesagt. = Il *a fini* par accepter.
Cf. p. 42, rem. 38 et p. 62, rem. 87.

40) *Se nommer, se dénommer, s'appeler, se désigner* prendraient dans ce contexte un sens ambigu. Ils équivaudraient à l'allemand *heißen.*
Se qualifier, c'est s'attribuer un titre, une qualité qu'on n'a pas.
Ainsi quelqu'un *se qualifie* de docteur. Ce verbe ne convient donc pas non plus. D'où le recours à la périphrase: *dire en parlant de lui-même.*

41) *Etranger* serait ici un faux-sens. Cet adjectif signifierait soit *qui est d'une autre nation,* soit *qui n'est pas familier.* Il faut ici interpréter *fremd* au sens de *fremdartig.*

42) Var.: *timide*
Farouche est ambigu dans ce contexte, car l'adjectif désigne d'une part quelqu'un qui redoute le contact avec d'autres personnes, d'autre part quelqu'un d'une rudesse sauvage, de violent, de barbare. *Scheu* renchérissant sur *wild,* la traduction par *farouche* prête au malentendu.

43) Il est nécessaire d'étoffer la préposition pour plus de clarté.

44) Var.: *d'un monde différent du mien*
on pourrait écrire également: *venant d'un autre monde que le mien,* ou *d'un monde autre que le mien,* c.-à-d. d'un monde *qui est* autre que le mien. Cette expression serait d'ailleurs plus régulière selon Littré.

45) Var.: *J'étais présent*
Ici l'imparfait d'état s'impose en tant que coulisse par rapport à l'action principale qui est l'arrivée du loup des steppes.

46) *par hasard* et non *au hasard* (= aufs Geratewohl)

47) *A l'instant* serait trop ponctuel. Cf. p. 31, rem. 48.

48) Var.: *chez nous*

49) *Prendre location* est l'explication de l'arrivée du loup des steppes. Une fois de plus, le français évite de coordonner les deux faits pour les relier logiquement.

50) Var.: *louer la chambre*

51) Var.: *arriva*

52) La traduction mot à mot n'est pas possible en français.
vers midi = um die Mittagszeit

53) Eviter la répétition de *encore*.

54) Attention à l'orthographe: *une demi-heure,* mais *une heure et demie.*

55) La particule *de* devant l'adjectif *libre* n'est pas nécessaire, mais elle est d'un emploi courant.
Var.: *de liberté*
Ne pas traduire *frei* par *loisir* qui désigne un temps plus long. Mais on dira: il fait de la peinture à ses heures de *loisir.*
l'organisation des *loisirs* = die Freizeitgestaltung

56) Var.: *avant de devoir aller*
Il n'est cependant pas indispensable d'insister de la sorte en français.

57) Var.: *à mon bureau*
Dans mon bureau signifie que l'auteur travaille chez lui et qu'il veut se rendre dans son cabinet de travail sans quitter la maison. Il ne faut en effet pas oublier en français que *le bureau* désigne non seulement le lieu où on travaille, mais le cabinet de travail et même la table où on travaille.

58) *ambigu* = qui présente deux ou plusieurs sens, dont l'interprétation est incertaine
Var.: *complexe,* c.-à-d. qui contient plusieurs éléments différents; on parle d'un problème *complexe.*
Equivoque ajoute une idée péjorative.
Ex.: avoir un passé *équivoque* = avoir un passé douteux, suspect, louche
Brouillé, désuni, divisé s'emploient pour plusieurs personnes ou plusieurs objets, mais pas pour une impression.
mitigé = adouci, tempéré. Familièrement *mitigé* prend le sens de mêlé, mélangé en s'appliquant à un jugement comportant des aspects à la fois positifs et négatifs.
Ex.: Les critiques ont fait des éloges *mitigés* à l'auteur dramatique X.
Cependant cet emploi de *mitigé* étant abusif, il vaut mieux éviter d'employer cet adjectif dans le sens de *zwiespältig.*

59) On dit *faire* ou *donner une impression.* Le passé simple s'impose ici comme marquant le fait ponctuel de la première rencontre.

60) Var.: *à l'occasion de*
Il vaut mieux ne pas employer *à* tout seul, car la préposition est trop peu précise ici.

61) Le possessif est ici plus clair que l'article.

62) Ne pas dire *porte de verre;* la porte n'est pas entièrement en verre mais elle est garnie d'une ou plusieurs vitres.
Une porte-fenêtre, autre traduction de *Glastür,* est en soi une fenêtre qui descend jusqu'au niveau du sol pour s'ouvrir sur un balcon par exemple. Cette traduction serait impropre ici, le visiteur n'entrant pas par la fenêtre.

63) Var.: *où il avait tiré la cloche auparavant,* traduction mot à mot dont la construction est inhabituelle et très lourde.

64) Pour désigner en français la parenté qui vous lie avec d'autres personnes, on emploie non l'article défini, mais le possessif.

65) Var.: *dans le vestibule à demi-obscur*
L'adjectif *à demi-obscur* étant d'une longueur excessive, il vaut mieux recourir au substantif.
Var.: *dans la demi-obscurité*
    dans le demi-jour, expression qui se dira surtout en parlant d'une lumière extérieure dont la faible clarté est semblable à celle de l'aube ou du crépuscule.
Le clair-obscur est une expression réservée à la peinture et désigne des effets d'ombres et de lumières douces fondues. Un poème de Victor Hugo débute ainsi: «Dans le frais *clair-obscur* du soir charmant qui tombe . . .»

66) *Le vestibule* désigne la pièce d'entrée d'une maison ou d'un appartement.
L'entrée appartient au langage courant et indique une pièce de moindre importance.
L'antichambre ne désigne plus aujourd'hui que la salle où un personnage influent, un ministre par exemple, fait attendre les solliciteurs.
Le palier est la plate-forme située entre les deux parties d'un escalier.

67) Le verbe *flairer* demande un complément d'objet précis: on *flaire* une odeur.
Flairer qc. se dit, au sens figuré, pour *avoir une suspicion, pressentir qc. de pas clair, de louche.*
renifler: aspirer bruyamment par le nez: quelqu'un n'ayant pas de mouchoir *renifle*
Humer: aspirer par le nez pour sentir. Ce verbe demande également un complément.
Cf. plus loin la remarque 72.

68) Ne pas traduire par *étendre* ou *étirer* qui supposent l'action de déployer qc. dans sa longueur, souvent qc. qui était replié. Ainsi, *étendre* un bras, c'est l'écarter du corps.
La traduction de *in die Höhe* est superflue, *dresser* impliquant un mouvement vertical.

69) Il s'agit d'une qualité spécifique du personnage. D'où l'emploi de la préposition *à.*

70) Var.: *aux traits bien marqués, aux traits très prononcés,* expressions qui n'impliquent cependant pas la notion d'angle comme dans la traduction choisie. Il faut en

100

tout cas étoffer en français, car *anguleux* ne se dira pas pour la tête mais pour une face, un visage, des traits.

Ne pas confondre *angulaire* et *anguleux; anguleux* se dit de ce qui présente des angles, des arêtes vives, de ce qui fait saillie; *angulaire* s'emploie pour ce qui forme un angle: la pierre *angulaire* est la pierre fondamentale qui fait l'angle d'un bâtiment, par extension l'élément fondamental, la base de qc. (en allemand = Grundstein).

Effilé ne comporte pas l'idée d'angle, mais signifie uniquement mince et allongé; cet adjectif ne convient pas ici.

71) Var.: *au poil ras,* qui évoque davantage l'image du loup.

72) Cf. rem. 67 ci-dessus.

73) Le sujet étant bien déterminé, il ne faut pas employer le réfléchi. Mais on dira: Avant de traverser la rue, *on regarde autour de soi.*

74) *De* et non *avec* dont l'emploi ferait ridicule, car on ne peut flairer qu'*avec* son nez. *De* fait donc intimement partie du verbe dont il spécifie l'action. Cf. p. 57, rem. 44. Autre exemple: L'enfant toucha la balle *du* doigt ou *avec* le doigt. Dans ce cas, l'emploi de la préposition *avec* est tout à fait possible; l'enfant peut en effet toucher la balle *avec* sa main ou *avec* son pied.

75) *Son nez nerveux* signifierait que le personnage a un tic, par exemple celui de froncer le nez.

76) *Encore avant* est une traduction lourde et gauche.

77) *Dire son nom,* à éviter en raison de la répétition du verbe *dire.* Ne pas traduire mot à mot en raison de l'allitération gênante en français. *Décliner son identité* appartient au vocabulaire administratif.

78) *Cela,* plus littéraire, ferait déplacé dans une remarque si familière. Le verbe *sentir* n'est pas un verbe impersonnel. D'où la traduction de *es* par *ça.*
Autres exemples:
es regnet, es schneit = *il* pleut, *il* neige (pleuvoir et neiger sont des impersonnels)
es riecht gut/schlecht = *ça* sent bon/mauvais
es klopft = *on* frappe

79) Var.: *il accompagna ces mots d'un sourire*
    en disant ces mots
    ayant dit ces mots
Ce disant est littéraire et vieilli.
Sur ces mots a une valeur temporelle plus stricte que *à ces mots.* Le sens n'est pas d'accompagner des paroles par une action, mais de réagir à des paroles.
Ex.: *Sur ces mots* pleins de colère, il prit la porte.
Mais: L'orateur termina ainsi son discours: «Je vous remercie de votre attention». *A ces mots,* l'assistance applaudit.
Sur ces mots traduirait donc une réaction brusque et ne convient pas ici.
Pour la différence entre *mots* et *paroles* cf. p. 57, rem. 40.

80) L'imparfait traduirait la simultanéité et rendrait l'allemand *dabei lachte er.*

81) Le passé simple est ici de rigueur pour marquer la réaction de la tante aux paroles du loup des steppes.

82) *Quant à* est ici particulièrement indiqué pour rendre le passage au troisième personnage, l'auteur, dont les sentiments s'opposent à ceux des deux autres et pour éviter la répétition de *mais.* Le point-virgule est nécessaire pour marquer la rupture.

83) L'imparfait convient également; on insiste alors, non sur la réaction de la personne à l'attitude du visiteur (ce que traduit le passé simple), mais sur la description de ses sentiments vus en arrière-plan par rapport à la scène principale dont la tante et le loup des steppes sont les protagonistes.

84) Var.: *cette manière de saluer*
cette manière de se présenter

85) Il faut choisir entre les différentes interprétations possibles.
Komisch n'a pas ici le sens de *comique,* c.-à-d. *amusant,* mais le sens de *curieux, bizarre, étrange.*
Drôle a en français l'ambiguïté de *komisch.*
Ex.: Une histoire *drôle* est une histoire qui fait rire par sa singularité.
Mais: Avoir une *drôle* d'idée, c'est avoir une idée bizarre.
Dans ce cas, la place et la construction de l'adjectif peuvent servir d'indication pour trouver le sens du mot. Mais ce n'est pas toujours possible; si on traduisait: *je trouvai ces salutations plutôt drôles,* l'ambiguïté serait maintenue.

86) Le passé simple est ici préférable à l'imparfait pour marquer le point d'aboutissement des impressions de l'auteur à l'égard du loup des steppes.

87) Garder l'équivalent et l'imprécision de la tournure allemande.
Des expressions telles que *je le trouvai antipathique, je ne l'aimai pas, j'eus de l'aversion, j'éprouvai du ressentiment* sont trop précises ou trop fortes.

88) *Ah bon* traduit l'étonnement, *alors* l'impatience, *allons* l'encouragement.

89) Var.: *à cause de*

90) *Erst* a une valeur restrictive qui le rapproche de *nur.*
Au sens temporel *erst* se traduit par *ne ... que, pas avant.*
Ex.: Nous *ne* partirons en vacances *qu*'au mois d'août. (1)
Nous *ne* partirons *pas* en vacances *avant* le mois d'août. (2)
Noter dans les cas susmentionnés l'impossibilité de traduire *erst* par *dès.*
Ex.: Nous partirons en vacances *dès* le mois d'août. = Wir werden schon im August in Urlaub fahren.
Autre possibilité de traduction de *erst* au sens temporel: mise en relief par *c'est seulement ... que*
Ex.: *C'est seulement* au mois d'août *que* nous partirons en vacances. (3)
Il convient toutefois de noter que parmi les phrases (1), (2), (3), seule la phrase (3) ne laisse aucune équivoque possible. En effet, on pourrait donner des phrases (1) et (2)

l'interprétation suivante: nous aimerions bien partir en vacances trois mois, mais nous ne pouvons nous permettre de prendre des vacances qu'un mois seulement. Dans ces deux cas, il conviendrait de traduire ces deux phrases par *nur* (sens restrictif quantitatif et non temporel).

Cependant ces distinctions ne jouent pas dans le texte de Hesse.

91) On dit *monter* un escalier, une rue, une pente, mais *monter dans* l'autobus, *dans* le train, *sur* une chaise, *sur* une table.

Dans le premier cas, le verbe s'emploiera avec *avoir* suivi du complément d'objet direct; dans le deuxième cas, avec un complément circonstanciel de lieu, on utilisera l'auxiliaire *être*.

92) Var.: *tous les trois*

93) Var.: *conduisant aux combles*
L'escalier des combles serait ambigu; il faut ici étoffer la préposition.

94) Cf. rem. 12 ci-dessus.

95) Le passé simple marque le point d'aboutissement.

96) Les adverbes *exactement, précisément* ne peuvent s'employer ici, car ils traduisent l'allemand *genau gesagt*.
Regarder plus en détail se dit surtout pour une chose.
De même *détailler* ne convient pas, car ce verbe s'emploie pour une chose au sens de vendre une marchandise au détail, ou, au sens figuré, pour exposer qc. avec tous ses détails, toutes ses particularités: *détailler* une histoire, c'est la raconter dans tous ses détails.

Mit einer Art Eigensinn weigerte sich der Vater, auch zu Hause seine Dieneruniform abzulegen; und während der Schlafrock nutzlos am Kleiderhaken hing, schlummerte der Vater vollständig angezogen auf seinem Platz, als sei er immer zu seinem Dienst bereit und warte auch hier auf die Stimme des Vorgesetzten. Infolgedessen verlor die gleich anfangs nicht neue Uniform trotz aller Sorgfalt von Mutter und Schwester an Reinlichkeit, und Gregor sah oft ganze Abende lang auf dieses über und über fleckige, mit seinen stets geputzten Goldknöpfen leuchtende Kleid, in dem der alte Mann höchst unbequem und doch ruhig schlief.

Sobald die Uhr zehn schlug, suchte die Mutter durch leise Zusprache den Vater zu wecken und dann zu überreden, ins Bett zu gehen, denn hier war es doch kein richtiger Schlaf und diesen hatte der Vater, der um sechs Uhr seinen Dienst antreten mußte, äußerst nötig. Aber in dem Eigensinn, der ihn, seitdem er Diener war, ergriffen hatte, bestand er immer darauf, noch länger bei Tisch zu bleiben, trotzdem er regelmäßig einschlief, und war dann überdies nur mit der größten Mühe zu bewegen, den Sessel mit dem Bett zu vertauschen. Da mochten Mutter und Schwester mit kleinen Ermahnungen noch so sehr auf ihn eindringen, viertelstundenlang schüttelte er langsam den Kopf, hielt die Augen geschlossen und stand nicht auf. Die Mutter zupfte ihn am Ärmel, sagte ihm Schmeichelworte ins Ohr, die Schwester verließ ihre Aufgabe, um der Mutter zu helfen, aber beim Vater verfing das nicht. Er versank nur noch tiefer in seinen Sessel. Erst bis ihn die Frauen unter den Achseln faßten, schlug er die Augen auf, sah abwechselnd die Mutter und die Schwester an und pflegte zu sagen: „Das ist ein Leben. Das ist die Ruhe meiner alten Tage." Und auf die beiden Frauen gestützt, erhob er sich, umständlich, als sei er für sich selbst die größte Last, ließ sich von den Frauen bis zur Türe führen, winkte ihnen dort ab und ging nun selbständig weiter, während die Mutter ihr Nähzeug, die Schwester ihre Feder eiligst hinwarfen, um hinter dem Vater zu laufen und ihm weiter behilflich zu sein.

Franz Kafka, aus: *Die Verwandlung*

C'est[1] avec[2] une sorte[3] d'obstination[4] que le père refusait[5] d'enlever[6], même[7] à la maison[8], sa livrée[9]; et tandis que[10] sa[11] robe de chambre[12] restait[13] accrochée[14] sans utilité aucune [15] au portemanteau[16], le père sommeillait[17] tout habillé[18] à sa place[19], comme s'il était toujours prêt à servir[20] et attendait[21], ici également[22], la voix de son[23] supérieur. Par conséquent[24], la livrée, qui[25], dès le début[26], n'avait pas été neuve[27], perdait[28] de[29] sa propreté[30] malgré[31] tous les soins[32] de[33] la[34] mère et de la sœur et Grégor regardait souvent des soirs[35] entiers cet habit[36] tout couvert[37] de taches dont[38] les boutons dorés[39], toujours astiqués[40], brillaient et[41] dans lequel le vieil homme[42] dormait d'une façon[43] fort inconfortable et pourtant[44] paisible[45].

Dès que dix heures[46] sonnaient à l'horloge[47], la mère cherchait à réveiller[48] le père en lui parlant[49] tout bas[50], pour[51] alors[52] le convaincre[53] d'aller se coucher[54], car ici, disait-elle[55], ce n'était pas le[56] véritable[57] sommeil dont[58] le père, qui devait commencer[59] son service à six heures, avait grand besoin[60]. Mais, dans[61] l'obstination qui s'était emparée[62] de lui depuis qu'il était serviteur, il insistait toujours pour[63] rester à table encore plus longtemps, tout en s'endormant[64] régulièrement et, de plus[65], on avait alors le plus grand mal[66] à l'amener[67] à passer du fauteuil au lit[68]. La mère et la sœur avaient beau[69] le presser[70] tant et plus[71] en l'exhortant gentiment[72], pendant un quart d'heure[73], il secouait[74] lentement la tête, gardant[75] les yeux fermés, sans se lever[76]. La mère le tiraillait[77] par la manche, lui disait des flatteries[78] à[79] l'oreille, la sœur abandonnait[80] sa tâche[81] pour aider la mère, mais le père ne s'y laissait pas prendre[82]. Il ne faisait que[83] s'enfoncer[84] encore davantage[85] dans son fauteuil. Ce n'est que[86] lorsque[87] les deux[88] femmes le prenaient[89] sous les épaules[90] qu'il ouvrait les yeux, regardait tour à tour[91] la mère et la sœur en prononçant les paroles rituelles[92]: «En voilà une vie![93] Voilà[94] le repos de mes vieux[95] jours!» Et, soutenu[96] par les deux femmes, il se levait[97] avec beaucoup de difficultés[98] comme s'il était pour lui-même[99] le plus lourd[100] fardeau[101], il se laissait[102] conduire[103] par les deux femmes jusqu'à la porte;[104] là, il leur faisait signe de s'en aller[105] et continuait[106] alors[107] à marcher tout seul[108], tandis que[109] la mère s'empressait[110] de jeter son ouvrage à couture[111], la sœur sa plume pour courir après[112] le père et continuer[113] à lui venir en aide[114].

1) Var.: *c'était*
   La mise en relief du complément de manière est plus marquée si la phrase commence par *c'est*.
   C'est ou *c'était?* Il faut retenir que *c'est* a tendance à se figer et que normalement dans la séquelle *c'est* + *préposition* + *complément* + *que, c'est* reste au présent. Cependant si le verbe de la proposition est à un temps simple, *c'est* peut se mettre au même temps que ce verbe.

2) Le complément de manière précédé de *de* fait partie intégrante du sens indiqué par le verbe, tandis que le complément de manière précédé de *avec* est une explication secondaire.
   Comparer: Il se leva *d'*un bond; Il marchait *d'*un pas assuré. – Il se leva *avec* un soupir; Il marchait *avec* la pensée qu'il ne reviendrait plus.
   Ici le complément de manière ne fait que préciser accessoirement le verbe *refuser*.
   Cf. p. 57, rem. 44 et p. 101, rem. 74.

3) *Art* ne se traduira pas par *manière*. Il ne s'agit pas de savoir comment une chose se fait, mais de chercher à définir cette chose en l'assimilant à une autre par approximation: la façon dont le père refuse ressemble à de l'obstination.
   Sorte se dit donc d'une chose dont on a peine à définir exactement le caractère.
   Espèce de se dira de même pour essayer de définir une chose en la comparant avec un objet voisin mais, à la différence de *sorte,* avec un objet qui pourrait presque la remplacer.
   Ex.: L'enseignement est une *espèce de* sacerdoce (= presque un sacerdoce).
   Genre (m.) désigne une division précise dans le sens de famille, d'ordre, de classe (= Gattung).
   Ex.: Il y a divers *genres* de plantes.

4) Var.: *entêtement*
   L'entêtement indique le caractère de qn qui tient fortement à une idée, malgré toutes les raisons qu'on peut lui présenter pour soutenir l'idée opposée.
   L'obstination marque un degré d'entêtement plus élevé en insistant sur la persistance dans la manière d'agir contre toute raison.
   L'opiniâtreté renferme, en plus de l'idée de persistance, une détermination réfléchie de la part de celui qui agit ainsi. *Opiniâtreté* ne convient donc pas dans ce contexte.

5) Var.: *se refusait à,* tournure qui marque une négation et une prise de conscience plus fortes que *refusait de.*

6) Var.: *ôter*
   Se débarrasser s'emploie également au sens d'enlever un vêtement avec cependant l'idée que ce vêtement représente une gêne.
   Ex.: Arrivé dans une chambre surchauffée, le voyageur *se débarrassa de* son gros manteau d'hiver.

7) *Auch* n'a pas ici le sens d'*aussi, également,* mais de *de même* (= sogar).

8) *Zu Hause* = à la maison, chez lui. Cf. p. 94, rem. 6. Cependant, ici, étant donné qu'il s'agit d'opposer la sphère du métier à la sphère familiale, *à la maison* est préférable.

9) Var.: *son uniforme de serviteur,* traduction mot à mot
   son habit de serviteur
   Pour *uniforme* cf. p. 38, rem. 5.
   L'uniforme d'une couleur convenue portée par les domestiques d'une même maison s'appelle *la livrée.*

   Diener
   Serviteur est le terme général désignant celui qui est au service de qn.
   Domestique convient à un *serviteur* qui loge chez ses maîtres.
   Valet est un *serviteur* chargé d'un service particulier (un *valet* d'écurie, de ferme); d'autre part ce mot a trait à celui qui fait des bas travaux (= Knecht).
   Laquais se dit d'un *serviteur* employé surtout à suivre son maître.
   Servant ne s'emploie au sens de *serviteur* que dans des locutions: *le chevalier servant* se dit de celui qui rend des soins assidus à une femme. *Le servant de messe* désigne le laïc ou le clerc qui sert le prêtre pendant la célébration de la messe basse.

10) *Tandis que* par rapport à *pendant que,* qui indique uniquement la durée, implique une idée adversative. Cf. p. 57, rem. 41.

11) Le français rendra l'article allemand par un possessif dans ce cas pour plus de précision.

12) Var.: *son peignoir*
    Peignoir: vêtement destiné à la sortie du bain (= Bademantel) et par extension, vêtement d'intérieur.

13) Ce n'est pas la manière dont la robe de chambre est accrochée qui importe ici, mais c'est le fait qu'elle ne quitte pas sa place. D'où la traduction par *rester.*

14) Var.: *pendue*
    Suspendre renchérit sur *pendre* et s'applique à un objet souvent pesant, fixe. Comparer: Un lustre est *suspendu* au plafond; mais: L'araignée est *pendue* à un fil de sa toile.
    Appendre, terme vieilli pour *suspendre,* est à éviter.

15) Mieux que l'adjectif *inutile* ou l'adverbe *inutilement,* la périphrase *sans utilité aucune* (ou: *sans aucune utilité,* expression moins forte) traduit mieux l'accent d'insistance mis en allemand sur *nutzlos.* Il vaut mieux ne pas employer le participe-adjectif *inutilisé* en raison de la présence d'un premier participe dans la proposition.
    sans emploi = ohne Beschäftigung

16) Var.: *à la patère,* qui est une variété de *portemanteau*
    Tandis que la *patère* est exclusivement fixée au mur, le *portemanteau* peut être un support à pied ou mural.

17) *Somnoler* marque un état de demi-sommeil, celui qui somnole est mi-endormi, mi-éveillé.

107

Sommeiller: dormir d'un sommeil léger. Ce dernier verbe convient donc mieux dans ce contexte.

18) expression idiomatique
Complètement, entièrement ne se diront pas dans ce cas.
De pied en cap, de la tête aux pieds suggèrent une idée d'apprêt particulier, solennel et même d'intention belliqueuse, surtout en ce qui concerne la première expression.
Vêtu demanderait un complément: *vêtu de* blanc, *d'*une redingote etc.

19) C'est la préposition *à* qui importe ici. On dit être assis *à* une place. Pour *à la place* et *sur la place* cf. p. 82, rem. 15.
Remarquer l'expression *sur place* qui signifie soit *immobile* (faire du *sur place,* rester *sur place*), soit à l'endroit où un événement à lieu (retrouver qn *sur place* = an Ort und Stelle).

20) Var.: *à travailler*
Mot à mot: *prêt pour son service,* traduction confuse, le mot *service* ayant un sens à la fois vague et abstrait. Le verbe est ici plus précis.
rendre service = aider

21) Var.: *et qu'il attendait*
        et qu'il attendît
Que remplaçant *si* ou *comme si* est normalement suivi du subjonctif quand ces deux conjonctions ont un sens conditionnel; ce n'est pas le cas ici où la nuance d'éventualité est pour ainsi dire nulle. Mais on dira: comme s'il était toujours prêt à servir et que son supérieur *pût* le surprendre.
Noter que l'emploi de *que* n'est pas nécessaire, la construction de la proposition ne laissant pas d'ambiguïté possible; on peut donc admettre la simple coordination du verbe sans subordonnant.

22) Var.: *même ici*
Ici aussi est à éviter en raison de l'assonance.

23) Emploi de l'adjectif possessif pour plus de clarté. Cf. rem. 11 ci-dessus.

24) Var.: *en conséquence*
Par suite est une locution exigeant la préposition *de* et indiquant l'origine, la source d'un état de choses.
Ex.: *Par suite du* mauvais temps nous n'avons pas pu prendre la route.
Cette locution prépositive est donc l'équivalent des expressions: *à cause de, en conséquence de.*
Par la suite est une locution temporelle. Cf. p. 48, rem. 87.

25) L'étoffement par la relative est nécessaire en raison du nombre des termes précisant l'adjectif *neuve.*

26) Var.: *dès le commencement*
Au sens strict du terme, *début* a une valeur plus ponctuelle que *commencement.*

27) *Neuve* et non *nouvelle.* Cf. p. 12, rem. 1.

28) L'imparfait marque la progression tandis que le passé simple traduirait le résultat, ce qui ne convient pas ici.

29) Var. sans le possessif: *en propreté*

30) Var.: *netteté* dont le sens est plus restreint que celui de *propreté*
La netteté fait penser à ce qui est sans souillure, *la propreté* ajoute à l'idée de *netteté* celle d'arrangement; le terme s'emploie aussi bien pour ce qui est lavé, en bon état et en ordre.
Pureté s'applique à ce qui est non seulement sans souillure, mais sans corruption. Pour une eau claire, non polluée, on parlera par exemple de la *pureté* de l'eau. *Pureté* a également un sens moral comme l'allemand *Reinheit*.

31) Var.: *en dépit de*
En dépit de renchérit sur *malgré* en soulignant l'effort apporté à la chose en question.

32) Le pluriel rend mieux que le singulier (possible également) les actes par lesquels on entretient la livrée. Le singulier traduit davantage l'attitude et est plus abstrait.

33) Var.: *apportés par*

34) Il vaut mieux rétablir l'article en français dans ce cas et marquer l'identification précise. On dit bien *il a perdu père et mère,* mais il s'agit d'une expression consacrée concernant deux noms formant un couple. D'autre part le sujet de la phrase étant le père, il est maladroit d'employer ici l'adjectif possessif.

35) Var. plus forte: *pendant des soirées entières*
Soirée insiste sur la durée.

36) Var.: *vêtement,* terme général qui désigne tout ce qui couvre le corps, tandis qu'*habit* évoque la finalité, l'idée que le vêtement est destiné à un certain usage.
Habillement désigne à la fois la manière de s'habiller et l'ensemble des vêtements qu'on porte.
Ex.: *L'habillement* féminin se rapproche de plus en plus de l'*habillement* masculin.
Tenue s'applique soit à la manière d'être habillé du point de vue des convenances (avoir une tenue mal soignée), soit à un vêtement porté dans certaines circonstances; il demande alors un complément: *tenue* de sport, *tenue* militaire.
Accoutrement est péjoratif: un *accoutrement* de polichinelle.
La robe est portée soit par la femme, soit par les membres de certaines professions: les gens de *robe* = die Richter und Anwälte.

37) *Plein de taches* est une expression trop faible.
Taché de part en part ne convient pas; *de part en part* = de tous côtés (von allen Seiten).

38) Mot à mot: brillant avec ses boutons dorés. Il y aurait alors d'un côté *tout couvert de taches* de l'autre *brillant,* deux adjectifs parallèles mais opposés quant au sens. Aussi pour éviter le choc provoqué par cette juxtaposition incongrue, la construction avec la relative est-elle préférable.

39) *Les boutons d'or* désignent une fleur (= Dotterblumen). D'autre part, les boutons d'une livrée ne sont pas habituellement *en or* mais simplement *dorés*.

40) *Nettoyer* signifie rendre propre en enlevant la saleté.
Ex.: *nettoyer* des chaussures = Schuhe putzen
Pour un objet qu'on veut faire briller, on emploiera *astiquer*.
Polir, c'est frotter pour faire reluire et spécialement pour enlever les inégalités d'une surface.
Pour un métal, on dit également *fourbir*: on *fourbit* des armes, des cuivres.

41) *Et* est nécessaire en raison de la présence d'une première relative.

42) *le vieillard* = der Greis
Attention à la forme de l'adjectif *vieux* devant une voyelle ou un *h* aspiré.

43) Il faut essayer de rendre en français le parallélisme marqué par les deux adverbes allemands. Il faut éviter cependant l'assonance gênante que provoquerait la succession de deux adverbes en *-ment*. Telle la parodie de Molière dans les *Femmes savantes:*
«J'aime superbement et magnifiquement
Ces deux adverbes en -ment vont admirablement».
Pour la différence entre *façon* et *manière* cf. p. 47, rem. 81.

44) Var.: *cependant*. Cf. p. 21, rem. 76.

45) Var.: *tranquille*
Calme ne va pas: on aurait alors l'idée d'un malade qui dort sans agitation ou sans bruit.
Pacifique s'applique à qn qui désire vivre en paix avec les autres ou à qc. qui est sans caractère agressif (= friedliebend, friedlich, dem Frieden dienend).
Ex.: Le vingtième siècle a été secoué par des guerres, il n'entrera pas dans l'histoire comme modèle de période *pacifique*.
Pacifiste s'applique à toute personne désireuse de paix, par opposition à la guerre et qui lutte pour cette paix à n'importe quel prix.
Ex.: C'est *un pacifiste*, il est objecteur de conscience (= refuse de faire son service militaire). *Pacifiste* est l'équivalent du terme plus moderne *non-violent*.

46) Var.: *dix coups*
Comparer la tournure française à la tournure allemande: *dix heures sonnent à l'horloge*, expression plus courante que la traduction mot à mot. Il est également possible d'employer la tournure impersonnelle en disant: *il sonnait dix heures*.

47) Var.: *à la pendule*
L'horloge peut se dire de tous les objets marquant l'heure et s'applique particulièrement aux grands appareils qui indiquent l'heure au public.
La pendule est une *horloge* portative réglée par *un pendule* (Pendel) et qu'on place dans les appartements.
Ici le contexte ne permet pas de préciser.

48) *Eveiller* exprime simplement l'action de tirer du sommeil et n'implique aucun effort, aucune brusquerie.

Réveiller, c'est d'abord éveiller une deuxième fois puis, par extension, tirer du sommeil avec peine ou parfois avec violence.

Dans le langage courant, la nuance entre les deux verbes n'est pas maintenue et on emploie indifféremment l'un pour l'autre, avec une préférence cependant pour *réveiller.*

49) Eviter l'assonance quelque peu gênante contenue dans la variante: *en l'en* (= de se réveiller) *priant.*

Il est difficile de rendre exactement *Zusprache* dont le sens annonce déjà *überreden.* D'autre part, la traduction par un substantif ne va pas, le sens étant alors ambigu (par de douces prières) ou inexact (*exhortations* serait un terme trop fort).

50) Var.: *à voix basse*

Cependant certaines expressions avec *voix* demandent l'emploi de la préposition *de.* Ainsi: parler *d'*une voix forte, *d'*une voix faible etc.

51) Var.: *et à le convaincre alors*

La proposition coordonnée allemande étant une explication de la raison du réveil se rendra avantageusement par une infinitive de but en français, d'autant plus que la première proposition est déjà très longue.

52) Var.: *ensuite*

Alors: à partir de ce moment-là. *Alors* traduit un moment précis dans la logique du contexte.

Ensuite: après son réveil. *Ensuite* traduit la simple succession.

53) Var.: *persuader*

Convaincre s'adresse à l'esprit, *persuader* au cœur. Ainsi: on est *convaincu* malgré soi de la vérité de qc., mais on se *persuade* facilement de ce qu'on désire.

D'autre part *persuader qn* suppose une patience et un étalage d'arguments plus grand que *convaincre.*

54) Var.: *d'aller au lit*

55) La proposition incise sert à expliciter la phrase en la présentant comme une remarque de la mère, ce qui est indiqué clairement en allemand par *doch.*

56) *Le* sert à annoncer la relative commençant par *dont. Ce* ferait davantage allusion à quelque chose qui précède ou qui est déjà connu.

Mot à mot: *un véritable sommeil.*

Cf. la rem. 58 ci-dessous.

57) Var.: *le vrai sommeil*

A proprement parler, comme il faut, expressions placées après le substantif, sont trop lourdes pour convenir ici.

58) Mot à mot: *ce n'était pas un véritable sommeil et le père en avait grand besoin. En* se rapportant à *sommeil* employé négativement n'est pas clair dans cette phrase. D'autre part, la traduction de *diesen* par le démonstratif *(et de celui-ci)* est lourde.

La relative permet de relier logiquement les deux propositions et elle allège la phrase.

59) Var.: *prendre son service*

60) Var.: *bien besoin,* de teinte plus affective
On dit *avoir grand besoin de qc.* Le mot à mot *extrêmement besoin,* possible, est cependant moins courant.

61) Var.: *obstiné qu'il était depuis que*

62) *Saisir* s'applique à une émotion brutale. On dit: être *saisi* d'effroi, d'horreur, de terreur.
De même *prendre* marque à la fois la brutalité et le caractère incongru de l'émotion.
Ex.: On ne sait ce qui l'a *pris* = man weiß nicht, was in ihn gefahren ist.

63) Attention à la construction du verbe *insister:*
insister pour + *infinitif*
insister sur qc.: Le professeur *insiste* sur un point important.
insister pour qc. (pour obtenir qc.): Il *a* tellement *insisté pour* ma visite que j'ai fini par aller le voir.

64) Var. plus lourde: *bien qu'il s'endormît régulièrement*
Malgré que suivi du subjonctif et au sens de *bien que, quoique* est d'un emploi très contesté par les grammairiens. Si la conjonction a pénétré dans la langue courante, il vaut mieux l'éviter en traduction en raison de sa lourdeur.
Autre variante possible: *quoiqu'il s'endormît régulièrement*
Remarquer que *bien que* est de style plus relevé que *quoique;* cependant, *bien que* est souvent substitué à *quoique* pour des raisons d'euphonie, en particulier après *qui, que, quoi.*

65) *Überdies* peut se traduire de différentes manières:
De plus a rapport au nombre et sert à ajouter des détails.
En plus renchérit sur *de plus* et peut s'employer d'autre part comme locution prépositive.
Ex.: En plus des personnalités locales, le ministre était venu assister à l'inauguration de la nouvelle école.
Au surplus, de surcroît ou *par surcroît* sont des adverbes à sens très fort qui renchérissent sur un terme ou une proposition.
Ex.: être intelligent et, *au surplus,* travailleur (et travailleur *de surcroît*)
En outre, outre cela ajoutent une autre raison et impliquent une idée d'abondance (= außerdem).
Des locutions telles que *d'ailleurs, du reste* impliquent non seulement une addition, mais une différence. Cf. p. 86, rem. 44.
Par-dessus le marché convient du point de vue du sens, mais cette locution appartient au style familier.
En sus est vieilli.

66) Var.: *on devait alors se donner une peine immense pour*
on avait alors la plus grande peine à

112

Var. plus familières: *on avait toutes les peines du monde à*
on devait se donner un mal fou pour
Cette dernière expression est trop familière pour convenir dans ce contexte.

67) Var.: *à le persuader*
Des verbes tels que *pousser, inciter, entraîner* sont de sens trop fort.

68) Var.: *quitter le fauteuil, pour le lit*
Mot à mot *échanger le fauteuil contre le lit,* traduction qui évoque une transaction commerciale.
Pour la construction du verbe *changer,* cf. p. 70, rem. 35.

69) *Pouvait* est un verbe plus faible qui souligne moins l'idée concessive. La traduction possible de *da* par *alors,* terme déjà employé dans la phrase précédente, n'ajoute rien au sens de la phrase et a été omise volontairement.

70) Var.: *insister auprès de lui,* traduction moins bonne cependant, puisque le verbe *insister* a déjà servi plus haut.
Pénétrer s'emploie métaphoriquement pour l'intelligence, le regard, au sens de *durchschauen,* mais non au sens de *auf jemanden eindringen.*
Ex.: *pénétrer* un mystère, les intentions de quelqu'un

71) *Noch* est ici un adverbe de renforcement de *so sehr.* D'où la traduction par *tant et plus.*

72) Mot à mot: *en lui adressant de petites exhortations;* cependant, *exhortation* ayant un sens fort, *gentiment* atténue mieux que l'adjectif de quantité *petit* ce qu'il peut y avoir d'autoritaire et d'impérieux dans le terme.

73) En insistant davantage sur la durée: *un quart d'heure durant.*

74) Var.: *il hochait la tête*
On *secoue* la tête en signe d'assentiment ou de doute; on *hoche* la tête en signe de dénégation, de refus ou de mépris. *Dodeliner la tête* ou *de la tête* marque le simple balancement.
Ex.: Le vieillard s'était endormi dans son fauteuil et *dodelinait de la tête.*
Remuer la tête traduit le simple mouvement physique de bouger, sans nuance particulière d'expression.

75) Var.: *gardait les yeux fermés*
On peut considérer l'action de garder comme secondaire par rapport à celle de secouer la tête, à laquelle elle ajoute une explication supplémentaire. D'où la traduction proposée avec le participe présent pour éviter l'accumulation des verbes à temps simple qui alourdissent la phrase française.

76) Var.: *et ne se levait pas.* Voir la remarque précédente.

77) *tirailler:* tirer à plusieurs reprises, à petits coups

78) Var.: *des mots flatteurs*
des paroles flatteuses

Pour la différence entre ces deux termes, cf. p. 57, rem. 40. Dans ce cas, précis, *parole* insiste davantage sur l'ensemble cohérent des flatteries.

79) *à l'oreille*
dans l'oreille: à l'intérieur de l'oreille
Ex.: avoir de la cire *dans les oreilles*
De la même manière, on distingue entre: avoir une cigarette *à la bouche* et avoir un bonbon *dans la bouche.*

80) Var.: *quittait*
        lâchait
Quitter, c'est généralement se séparer de qc.
Abandonner ajoute l'idée d'un renoncement plus grand et parfois plus définitif.
Lâcher insiste sur la brusquerie de la séparation.
Délaisser souligne la négligence, le manque de soin et ne convient pas ici.
Ex.: *délaisser* un enfant (le laisser sans secours, ne pas s'en occuper)

81) *Tâche* ou *devoir?* Le contexte ici ne permet pas de préciser.
Dans un sens général, on parlera de *tâche.*
S'il s'agit précisément d'un exercice destiné à l'école (Schulaufgaben), on dira *devoir.*
Dans un autre contexte que celui de l'école, *devoir* a un sens moral.
Ex.: les *devoirs* du citoyen envers l'Etat

82) Mot à mot: *mais avec le père, cela ne prenait pas,* traduction du style parlé, de même que: *mais le père ne marchait pas.*

83) *Nur,* restreignant le sens d'un verbe, se traduit par *ne faire que.*
Nur, portant sur un substantif sujet, se traduira par l'adjectif *seul* ou par *il n'y a que.*
Ex.: Nur ein Arzt kann ihm helfen. = *Seul* un médecin peut l'aider, ou: *Il n'y a qu'*un médecin qui puisse l'aider.

84) *Sombrer* se dira pour un bateau qui s'enfonce dans les flots.
S'affaler, qui est également un terme de marine (employé pour exprimer qu'un navire s'approche trop près de la côte), se dit par extension pour *se laisser tomber.*
Ex.: *s'affaler* sur un lit, dans un fauteuil, sur une chaise

85) Var.: *encore plus*
Profondément insisterait trop sur l'aspect concret de l'action.
Ex.: Le clou *s'enfonce* profondément dans le mur.

86) Pour la traduction de *erst,* cf. p. 102, rem. 90.

87) *Bis* ne marque pas le terme final mais le début d'une action. Il se traduira donc par *quand* ou *lorsque* et non par *jusqu'à.*

88) La traduction mot à mot *les femmes* est une expression trop générale et opposerait inutilement les femmes par rapport aux hommes.

89) Var.: *saisissaient*
Pour *saisir* et *prendre,* cf. la rem. 62 ci-dessus.
Empoigner est familier et implique de la brutalité.
Ex.: Le cabaretier *empoigne* un ivrogne pour le mettre dehors.

90) Comme cela arrive fréquemment, *Achseln* ne se traduit pas par *aisselles,* mais par *épaules.*

die Achseln zucken = hausser *les épaules*

Les aisselles désignent précisément la cavité située au-dessous de la jonction du bras avec l'épaule; *prendre qn sous les aisselles* signifierait ainsi le prendre au niveau de la poitrine, ce qui n'est pas très pratique pour soulever une personne.

91) Var.: *alternativement*

A tour de rôle s'emploie avec un sujet désignant plusieurs personnes.

Ex.: Ils gardent le malade *à tour de rôle.*

92) Var.: *et avait coutume de dire,* traduction mot à mot

Rituel désigne au sens propre ce qui est déterminé par les formes liturgiques traditionnelles. Par extension, de terme s'applique à toute chose que l'on fait habituellement et de manière strictement réglée. Il s'emploie très couramment dans ce sens ironique.

Ex.: Levé à sept heures, il buvait à sept heures et demie son bol de café *rituel.*

Pour l'emploi du gérondif cf. la remarque 75 ci-dessus.

93) Var.: *Quelle vie!*

Cependant la traduction proposée a l'avantage de mieux rendre, par la répétition de *voilà,* la monotonie insistante de la plainte.

94) Var.: *C'est là le repos de mes vieux jours!*

Cf. la remarque précédente.

95) *Agé* ne s'emploie que pour une personne.

Ancien devant le nom équivaut à *ehemalig.* Ainsi un *ancien* ministre désigne une personne qui n'est plus ministre.

Ancien après le nom s'applique à une époque éloignée dans le temps et s'oppose à *récent, moderne.*

Ainsi *une maison ancienne* souligne l'importance historique de la maison (du Moyen Age, de la Renaissance etc.), tandis qu'*une ancienne maison* se dira pour une maison qui n'existe plus ou qui a changé de destination.

Ex.: Il habite l'*ancienne maison* de Balzac.

Sur l'emplacement de l'*ancienne maison* de tel et tel poète, on a aménage un jardin public.

96) *Appuyer sur* est un verbe trop fort car il suppose un support stable. On *s'appuie* sur une canne ou sur le bras de qn.

S'appuyer sur qn se dit aussi au sens figuré.

Ex.: Ce médecin *s'est appuyé sur* Freud dans sa thèse sur les maladies nerveuses.

Etayer appartient au vocabulaire technique et s'emploie pour une construction qu'on soutient, pour l'empêcher de tomber, de pièces de bois ou de fer, appelées *étais.*

Supporter ne se dira pas, dans ce sens, pour une personne non plus; ce verbe signifie soutenir le poids de qc. pour l'empêcher de tomber.

Ex.: Plusieurs poteaux *supportent* l'immense toit de cette bâtisse.

97) Dans le sens de quitter le sol, on dira *s'élever.*

Cf. p. 57, rem. 43.

98) Var.: *péniblement*

En faisant des manières évoquerait une attitude de coquetterie ou de politesse exagérée: une personne qui voudrait bien accepter qc., mais n'ose pas, *fait des manières*. *Circonstancié* s'applique à une chose, par exemple à un récit détaillé, exposé avec toutes les circonstances.

Ici *umständlich* marque le caractère laborieux de l'action de se lever.

99) Le sujet étant déterminé, on aura *pour lui* et non *pour soi*.

100) Var.: *le plus grand,* traduction plus neutre et plus faible

101) *Charge* a un sens beaucoup plus large que *fardeau. La charge* désigne d'une manière générale ce qu'on peut porter, que ce soit lourd ou non; puis par extension, le terme désigne qc. de pénible, d'embarrassant et même parfois de coûteux.

Ex.: Le loyer d'un appartement moderne est une grosse *charge* pour ce petit retraité. *Faix* est du langage littéraire et vieilli.

Poids est ici un terme ambigu. Certes, au figuré, *le poids* désigne une charge pénible (une maison croule sous le *poids* des ans), mais dans le contexte le sens propre de *lourdeur* risque de trop jouer.

102) *Laissait* et non *faisait. Le* père reste passif. *Faisait* supposerait un ordre.

103) Var.: *guider*
 mener
Sur le sens de ces verbes cf. p. 40, rem. 17.

104) Le point-virgule marque un bref point d'arrêt dans une phrase qui, en français, serait trop longue.

105) Remarquer que l'allemand se contente de placer devant le verbe une particule, alors que le français doit développer par une périphrase.

106) L'adverbe allemand se rend souvent par un verbe en français. Cf. p. 42, rem. 38 et p. 62, rem. 87.

107) Var.: *à partir de ce moment-là*

Nun indiquant un point de départ dans le passé ne se traduira pas par *maintenant. Désormais, dorénavant* ne conviennent pas, car ces adverbes insistent sur le caractère durable et définitif de l'action.

Ex.: Après son accident, il déclara qu'il serait *désormais* plus prudent.

108) Var.: *de lui-même*

Indépendant est à rejeter. L'accent n'est pas mis sur l'idée de liberté, mais il s'agit simplement d'un acte accompli sans l'aide de personne.

109) Cf. rem. 10 ci-dessus.

110) Cf. rem. 106 ci-dessus.

111) *Nähzeug* désignant l'ensemble des instruments nécessaires pour coudre se traduit par *nécessaire à coudre* ou par *trousse de couture*.

112) *Après* et non *derrière*. La mère et la sœur cherchent à aider le père, elles veulent donc, non pas rester en arrière, mais le rattraper pour le soutenir.

113) Cf. rem. 106 ci-dessus.

114) Var.: *l'aider*
    Behilflich désignant la qualité d'une personne se traduira par *secourable, serviable.* Kann ich Ihnen behilflich sein? = Puis-je vous *aider?* ou: Puis-je vous *être de quelque secours?*

TEXT 9

Eine größere Anschaffung

Eines Abends saß ich im Dorfwirtshaus vor (genauer gesagt, hinter) einem
Glas Bier, als ein Mann gewöhnlichen Aussehens sich neben mich setzte und
mich mit gedämpft-vertraulicher Stimme fragte, ob ich eine Lokomotive kaufen wolle. Nun ist es zwar ziemlich leicht, mir etwas zu verkaufen, denn ich
kann schlecht nein sagen, aber bei einer größeren Anschaffung dieser Art
schien mir doch Vorsicht am Platze. Obgleich ich wenig von Lokomotiven ver-
stehe, erkundigte ich mich nach Typ, Baujahr und Kolbenweite, um bei dem
Mann den Anschein zu erwecken, als habe er es hier mit einem Experten zu
tun, der nicht gewillt sei, die Katze im Sack zu kaufen. Ob ich ihm wirklich
diesen Eindruck vermittelte, weiß ich nicht; jedenfalls gab er bereitwillig Aus-
kunft und zeigte mir Ansichten, die das Objekt von vorn, von hinten und von
den Seiten darstellten. Sie sah gut aus, diese Lokomotive, und ich bestellte sie,
nachdem wir uns vorher über den Preis geeinigt hatten. Denn sie war bereits
gebraucht, und obgleich Lokomotiven sich bekanntlich nur sehr langsam
abnützen, war ich nicht gewillt, den Katalogpreis zu zahlen.
Schon in derselben Nacht wurde die Lokomotive gebracht. Vielleicht hätte ich
dieser allzu kurzfristigen Lieferung entnehmen sollen, daß dem Handel etwas
Anrüchiges innewohnte, aber arglos wie ich war, kam ich nicht auf die Idee.
Ins Haus konnte ich die Lokomotive nicht nehmen, die Türen gestatteten es
nicht, zudem wäre es wahrscheinlich unter der Last zusammengebrochen, und
so mußte sie in die Garage gebracht werden, ohnehin der angemessene Platz
für Fahrzeuge. Natürlich ging sie der Länge nach nur etwa halb hinein, dafür
war die Höhe ausreichend; denn ich hatte in dieser Garage früher einmal
meinen Fesselballon untergebracht, aber der war geplatzt ...
Als kurz darauf die Meldung durch die Tageszeitungen ging, daß den französischen Staatsbahnen eine Lokomotive abhanden gekommen sei (sie sei eines
Nachts vom Erdboden — genauer gesagt vom Rangierbahnhof — verschwun-
den), wurde mir natürlich klar, daß ich das Opfer einer unlauteren Transaktion
geworden war. Deshalb begegnete ich auch dem Verkäufer, als ich ihn kurz
darauf im Dorfgasthaus sah, mit zurückhaltender Kühle. Bei dieser Gelegenheit wollte er mir einen Kran verkaufen, aber ich wollte mich in ein Geschäft
mit ihm nicht mehr einlassen, und außerdem, was soll ich mit einem Kran?

Wolfgang Hildesheimer, aus: *Lieblose Legenden*

Une acquisition[1] d'importance[2]

Un soir[3], je me trouvais[4] à l'auberge du village[5] devant (ou plus exactement[6] derrière) un verre de bière, quand un homme, dont l'aspect[7] n'avait rien de particulier[8], vint s'asseoir[9] à côté de[10] moi et me demanda à voix basse sur un ton de confidence[11] si je voulais acheter une locomotive. J'admets[12] qu'il est assez facile[13] de me vendre quelque chose, car j'ai du mal[14] à dire non, mais, dans le cas[15] d'une acquisition de cette importance[16], la prudence[17] me sembla[18] être de mise[19]. Bien que je ne connaisse pas grand-chose[20] aux locomotives, je m'informai[21] sur le type[22], l'année de construction et la largeur des pistons[23] pour donner[24] à cet homme l'impression qu'il avait affaire avec[25] un expert qui n'était disposé à[26] acheter les yeux fermés[27], comme on dit si bien. Je ne sais pas[28] si je lui fis vraiment[29] cette impression; en tout cas, il voulut bien[30] me donner des renseignements en me montrant[31] des vues[32] représentant l'objet de face[33], de derrière et de profil[34]. Elle avait belle allure[35], cette locomotive, et je la commandai, après que nous eûmes convenu[36] du prix, car[37] elle avait déjà servi[38] et bien que les locomotives, comme on sait[39], ne s'usent que très lentement, je n'étais pas prêt à[40] payer le prix de catalogue[41].

La nuit même[42], on m'apporta[43] la locomotive. Peut-être[44] aurais-je dû conclure[45] de cette livraison par trop[46] rapide[47] que le marché[48] avait quelque chose de suspect[49], mais naïf[50] que j'étais[51], l'idée ne m'en vint pas[52]. Je ne pouvais pas mettre[53] la locomotive dans la maison[54], les portes ne le permettant pas[55], de plus[56] la bâtisse[57] se serait sans doute effondrée[58] sous la charge[59] et il fallut donc[60] la mettre[61] au garage, après tout[62] l'endroit[63] approprié[64] aux véhicules[65]. Naturellement elle n'y entrait[66] qu'à moitié[67] dans le sens de la longueur[68], mais par contre[69], la hauteur[70] était suffisante[71], car[72], dans le temps[73], j'avais logé[74] mon ballon captif[75] dans ce garage, mais il avait éclaté[76]. Quand peu après[77] les quotidiens[78] répandirent[79] la nouvelle[80] selon laquelle[81] les Chemins de Fer français[82] déploraient la disparition[83] d'une locomotive (une nuit, à ce qu'on disait[84], elle s'était volatilisée[85] ou, plus exactement, elle avait disparu de la gare de triage[86]), je compris bien sûr[87] que j'avais été la victime[88] d'une transaction malhonnête[89]. C'est pourquoi[90] je fus d'une froideur[91] réservée[92] à l'égard du[93] vendeur, lorsque je le vis peu après à l'auberge du village. A cette occasion, il voulut[94] me vendre une grue, mais je ne voulais[95] plus me lancer dans une affaire avec lui[96], et puis aussi[97], qu'irais-je[98] faire[99] d'une grue?

1) *Anschaffung*

   Un *achat* est une acquisition faite à prix d'argent, tandis que le terme *acquisition* ne spécifie pas la façon dont on est devenu propriétaire de la chose. Ce peut être un échange, un achat, ou un héritage, etc. Cependant *achat* est la traduction de *Kauf*.

   Emplette (f.) ne convient pas ici, car ce terme est réservé à de petits objets d'usage courant.

   faire des emplettes = Besorgungen machen, einkaufen

2) Var.: *assez importante*

   Ne pas dire en tout cas *plus important* qui demanderait un deuxième terme de comparaison (par ex. plus important que d'habitude). Il s'agit ici du comparatif relatif et non du comparatif absolu. Pour l'emploi particulier du comparatif cf. p. 20, rem. 69.

3) *Abend*

   Soir désigne l'espace de temps indivisible et abstrait s'étendant du coucher du soleil au début de la nuit.

   Soirée est plus relatif; c'est l'espace de temps s'écoulant du déclin du soleil au moment où l'on se couche. C'est également un terme plus subjectif par rapport à soir, il prend toute sa valeur à la lumière des événements qui ont eu lieu.

   Ex.: passer une agréable *soirée* avec des amis
   aimer sortir le *soir*

   Ici, *soir,* simple indication du moment de la journée, convient mieux que *soirée*.

4) Eviter la traduction théoriquement possible *j'étais assis,* à cause de la répétition qui en résulterait avec *sich setzte (vint s'asseoir).*

5) La traduction par *auberge d'un village* correspondrait à l'allemand *Wirtshaus eines Dorfes.*

   Var.: *café*

   Pour la différence entre *café, auberge* et les synonymes cf. p. 84, rem. 31.

6) Var.: *plus précisément*

   Dans cette expression *gesagt* ne doit pas être rendu en français.

   Quelques expressions avec *gesagt:*

   soit dit en passant, entre parenthèses, par parenthèse = nebenbei gesagt

   comme je l'ai dit, comme il a été dit, comme je viens de le dire, je le répète, enfin, bref = wie gesagt

   Aussitôt dit, aussitôt fait. = Gesagt, getan.

   Ce n'est pas trop dire. = Es ist wohl nicht zuviel gesagt.

   C'est tout dire. = Damit ist alles gesagt. Das sagt alles.

   Inutile de développer, d'en dire davantage, d'insister. = Ich brauche nicht mehr zu sagen.

   Quand je le disais! Ne l'avais-je pas dit! = Habe ich es nicht gesagt!

   Ce que je dis là, c'est entre nous. Ça doit rester entre nous. = Das Gesagte bleibt unter uns.

   en toute confidence = im Vertrauen gesagt

   soit dit entre nous = unter uns gesagt

120

7) *Aussehen:*
L'*aspect* (m.), c'est la façon dont une chose ou une personne se présente à la vue.
L'*apparence* (f). peut s'employer dans le même sens que *l'aspect,* mais bien souvent *apparence* souligne l'extérieur, le côté superficiel et parfois trompeur des choses.
Ici les deux termes conviennent.
Var.: *apparence*

8) *Gewöhnlich*
ordinaire: ce qui se fait, ce qui se dit ou ce qui arrive sans rien d'exceptionnel ou d'anormal
commun: qui n'est pas rare, se dit surtout de quelque chose qui existe à un grand nombre d'exemplaires et peut prendre là une nuance péjorative
vulgaire: à l'origine une chose ou une personne très commune, toutefois dans le langage parlé, cet adjectif a pris un sens très péjoratif et il ne désigne plus que quelque chose ou quelqu'un de médiocre, de peu estimable ou de bas
normal: ne présentant aucune irrégularité de comportement, un enfant normal s'oppose par exemple à un débile
insignifiant: serait déjà un jugement de valeur; il s'emploie pour qualifier des choses sans importance ou sans conséquences.
Le tour négatif retenu est préférable, car aucun des adjectifs susmentionnés ne rend fidèlement l'allemand *gewöhnlich.* A la rigueur toutefois, on pourrait écrire *d'aspect ordinaire.*

9) Préférer *vint s'asseoir* à *s'assit,* afin de mieux marquer le mouvement. Le français, en effet, précise le début d'une action qui va durer quelque temps. C'est cet aspect inchoatif qui fait retenir *vint s'asseoir* plutôt que *s'assit,* correct également du point de vue grammatical.

10) Var.: *près de*
Neben
Près s'emploie, au propre comme au figuré, pour marquer la proximité concrète ou abstraite.
A côté de suppose toujours une proximité dans l'espace, flanc contre flanc, et, au sens figuré, il implique une comparaison entre deux personnes qu'on rapproche.
Ex.: *A côté de* son frère, il paraît plus débile.
Auprès de, tout près, renchérit sur *près* et s'emploie pour les rapports existant entre différentes personnes en faisant allusion à des relations d'attachement ou de bons offices.
Ex.: L'enfant malade a sa mère *auprès de* lui.
Aux côtés de insiste sur les notions d'accompagnement ou d'assistance.
Ex.: Le poète romantique travaillait avec sa muse *à ses côtés.*

11) Il n'est pas possible en français de reprendre le procédé allemand consistant à accoler deux adjectifs. Seules exceptions à cette règle: d'une part certains adjectifs acceptés par l'usage tels que *aigre-doux, ivre-mort,* d'autre part les adjectifs de nationalité, tels que *franco-allemand, germano-russe, sino-soviétique* où seule la fréquence de l'emploi décide de la place occupée par l'adjectif; ainsi *germano-français,* théoriquement

possible, est supplanté par *franco-allemand*. Il est donc nécessaire de dissocier les deux adjectifs en respectant si possible l'égalité des plans grâce au parallélisme de la construction retenue:

à voix basse sur un ton de confidence.

Pour l'emploi de la préposition à cf. p. 111, rem. 50.

D'une voix confidentielle et basse est à rejeter du point de vue du style.

Noter les expressions:

mettre dans la confidence, être dans la confidence, parler en confidence

Var.: *sur le ton de la confidence*

12) *Nun* n'a pas ici la valeur temporelle qui entraînerait sa traduction par *maintenant, à présent, à l'heure qu'il est, alors.*

Dans le cas présent, l'adverbe rend simplement l'intervention de l'auteur, d'où sa traduction par: *j'admets que, je reconnais que, il faut dire que, il est vrai que.*

13) La traduction de *zwar* par *certes* ou *il est vrai* doit être évitée dans ce cas, car elle ferait redondance avec les expressions retenues pour rendre *nun.*

Dans certains cas, lorsque l'opposition *zwar ... aber* porte sur des termes parallèles, il est possible de rendre le complexe en français par une subordonnée avec *si,* et par une principale contenant un adverbe d'opposition.

Ex.: Zwar sind seine Fähigkeiten beschränkt, aber er ist so ehrgeizig, daß er es weit bringen könnte: S'il a peu de moyens, il a *du moins* une ambition effrénée qui peut le mener loin.

14) Var.: *il m'est difficile de*
       j'ai des difficultés à
       je peux difficilement
       j'ai de la peine à, j'ai peine à

Noter l'expression familière: *avoir toutes les peines du monde à ...*

15) Var. appartenant davantage à la langue parlée: *avec une acquisition*
                                      devant une acquisition

Noter la conjonction de subordination *au cas où* suivie du conditionnel.

16) Var.: *d'une importance comme celle-ci*
       d'une importance telle que celle-ci

Cf. rem. 2.

Var.: *de ce genre*
       de cette sorte

Cf. p. 106, rem. 3.

17) *Vorsicht*

La prudence, c'est la façon dont se conduit un esprit raisonnable calculant toutes choses par souci de sécurité ou même par crainte.

La précaution renchérit sur prudence avec l'idée de préparation minutieuse.

La circonspection, c'est la surveillance prudente qu'une personne exerce sur ses paroles, ses actions, en faisant attention aux moindres circonstances.

La prévoyance est une prudence relative à l'avenir; elle permet de voir les dangers et d'y pourvoir à l'avance.

18) Var.: *semblait*
Le passé simple rend le point d'aboutissement de la réflexion à laquelle le héros s'est livré avant de se décider, l'imparfait insiste davantage sur l'aspect descriptif.
Pour la différence entre *sembler* et *paraître*, cf. p. 45, rem. 63.

19) *am Platz sein*
L'expression *de mise* s'emploie pour parler de choses qui ont cours, qui sont reçues, acceptées et convenables.
Var.: *être de rigueur,* c'est-à-dire être exigé, imposé par les usages ou les règlements.
Etre de règle ne convient pas. Cette expression s'emploie pour des choses conformes à l'usage, à l'habitude ou aux convenances, mais avec cette idée de plus, par rapport aux deux expressions susmentionnées, qu'il s'agit de choses qui se produisent toujours ou presque toujours.
Ex.: En affaires, la prudence est *de règle.*

20) *von einer Sache wenig verstehen:*
ne pas connaître grand-chose à
ne pas s'y connaître en
ne rien entendre à
ne pas comprendre grand-chose à
On met un trait d'union dans quelques locutions anciennes, composées de l'adjectif *grand* (au masculin) et d'un nom féminin commençant par une consonne.
Ex.: *grand-chose*
  grand-croix (de la Légion d'honneur)
  grand-mère
  grand-peur
Le problème des temps passés du subjonctif:
La stricte application de la concordance des temps exigerait ici l'emploi de l'imparfait du subjonctif. Toutefois ce temps ne s'emploie que dans la langue écrite très littéraire. Dans la langue parlée, seules les deux formes *eût* et *fût* se maintiennent. Ordinairement la langue écrite conserve l'emploi de l'imparfait du subjonctif dans les verbes *avoir* et *être* ainsi qu'à la *3ème personne du singulier des autres verbes;* d'une manière générale, elle tend à le remplacer par le présent du subjonctif. De même le plus-que-parfait du subjonctif est en régression devant le passé du subjonctif.
L'expression *tout + gérondif* (tout en ne connaissant pas . . .) qui permet, dans beaucoup de cas, d'éviter le subjonctif, ne convient pas ici, car elle rendrait la simultanéité des deux actions plus que leur opposition.

21) Var.: je me *renseignai,* à éviter toutefois à cause de la répétition qui en résulterait quelques lignes plus bas (il ne se fit pas prier pour me donner des *renseignements*)
Var.: *je m'enquis* (du verbe *s'enquérir*)

22) Var.: *modèle,* au sens d'objet servant de prototype à une fabrication industrielle.

23) *Kolbenweite* n'est pas le terme technique exact qui serait *Kolbenweg: course du piston, longueur de course* ou *alésage.*
Le manque d'exactitude est peut-être voulu ici, puisque le narrateur veut se faire passer pour un spécialiste, alors qu'il n'a pas les connaissances suffisantes pour prétendre à ce titre, d'où la traduction, techniquement inexacte, mais acceptable ici: *largeur des pistons* ou *taille des pistons.*

24) Le verbe *erwecken* se traduit de façon différente selon le substantif auquel il se rapporte:
éveiller, faire naître l'espoir, le soupçon, la sympathie, la compassion
inspirer la crainte, la confiance
éveiller, susciter, provoquer tous les sentiments d'une façon générale
éveiller l'intérêt
réveiller le souvenir
donner l'impression
C'est cette dernière traduction de *erwecken* qui convient donc ici.
Var.: *faire croire à*

25) *avoir affaire* ou *à faire*
Ces deux expressions ont le même sens, la forme *avoir affaire* est toutefois plus courante.
Pour ce qui est de l'emploi de la préposition, *avoir affaire à* laisse entendre qu'on se trouve en rapport avec une personne qui vous est supérieure.
Ex.: L'employé a *affaire à* son patron.
Ou bien cette expression s'emploie aussi par menace.
Ex.: Vous aurez *affaire à* moi, si ce travail n'est pas fait.
Avoir affaire avec quelqu'un, c'est traiter une affaire avec cette personne d'égal à égal.
Ex.: L'associé a *affaire avec* son partenaire pour traiter de problèmes présentant un intérêt commun.
D'où la solution retenue: *avoir affaire avec un expert* ou bien, avec une nuance ironique, *avoir affaire à.*

26) Var.: *n'était pas prêt à*
n'avait pas l'intention de

27) Var. familière: *se faire avoir*
Var. utilisant une expression imagée peu courante toutefois, mais qui se trouve couramment chez les auteurs du Moyen Age, de la Renaissance et du 17e siècle: *acheter chat en poche.*
Une expression encore plus rare, mais confirmée par Littré:
acheter le chat pour le lièvre.

28) Nécessité d'expliciter *ob* en français.
D'où la traduction: *je ne sais pas si*
Var.: *est-ce que je lui fis vraiment cette impression, je ne sais pas*

En effet en français une phrase interrogative indirecte ne peut être introduite par *si* que dans le cas où un verbe tel que *savoir, voir, apprendre, demander,* ou tout autre verbe de sens équivalent, précède ou est intercalé.

Ex.: ich bin neugierig ob = *je suis curieux de savoir, de voir, d'apprendre*

Ex.: die Frage ist, ob ... = *la question se pose de savoir si, il se pose la question de savoir si, on se demande si, reste à savoir si, quant à savoir si*

Var.: *je ne sais si*

Dans un style relevé, il est possible de supprimer la seconde partie de la négation avec les verbes *savoir, pouvoir, oser, cesser.*

29) Pour la traduction de *wirklich,* cf. p. 98, rem. 38.

30) Var.: *il me donna volontiers*
Les expressions *il s'empressa de, il ne se fit pas prier pour* seraient trop fortes pour rendre *bereitwillig.*

31) Le français préfère souligner le lien logique plutôt que de juxtaposer, d'où la préférence accordée au gérondif *en me montrant.*

32) *Ansicht* peut également se traduire par *image, représentation,* ces termes d'un emploi trop général ne conviendraient pas ici.
Ansicht au sens figuré: *opinion, avis, vue, manière de voir, idée.*
meiner Ansicht nach = *à mon avis*
auf jemandes Ansichten eingehen = *entrer dans les vues de quelqu'un*

33) Var.: de *devant*

34) Var.: *sur les côtés*
Eviter la locution adverbiale *de côté* qui s'emploie plutôt dans des expressions consacrées au sens de *en biais, de travers.*
Ex.: *marcher de côté*
　　　aller de côté
ou dans le sens de *à l'écart, en réserve*
Ex.: *laisser quelque chose de côté,* c'est négliger cette chose;
　　　mettre de l'argent de côté, c'est faire des économies.

35) Var.: *belle apparence*
L'expression *bonne mine* est réservée à des personnes. Elle s'accompagne souvent, dans la langue parlée, d'une nuance ironique.
Ex.: Il a *bonne mine* à l'attendre avec son bouquet de fleurs (c'est-à-dire: il est un peu ridicule).

36) Le verbe *convenir* s'emploie avec l'auxiliaire *être* et la préposition *de* au sens de *tomber d'accord, avouer.*
Ex.: Ils sont *convenus de* se retrouver le lendemain.
　　　Il est *convenu de* son erreur.
Avec l'auxiliaire *avoir* au sens d'*être approprié, adéquat, agréer.*
Ex.: Ce dictionnaire m'a tout de suite *convenu.*
Toutefois l'usage tend à ne plus employer que l'auxiliaire *avoir* pour tous les sens du verbe.

Var.: *après que nous fûmes tombés d'accord sur le prix*
après que nous nous fûmes mis d'accord sur le prix

37) *Car,* en français, ne peut pas être précédé d'un signe de ponctuation tel qu'un point ou un point-virgule qui constituent une rupture trop importante dans la phrase.
Car introduit souvent une raison explicative. Dans ce cas il est synonyme de *parce que* qui introduit toujours l'énoncé d'une cause.

38) La traduction par *elle était d'occasion* serait impropre, car elle se contenterait de marquer l'état de la chose, de seconde main, alors qu'avec l'expression choisie, on insiste sur le fait que la locomotive n'est plus neuve.
Usagé ne convient pas à une locomotive, mais plutôt à des vêtements.
Usé est trop fort. C'est l'état d'une chose qui a tant servi qu'elle est hors d'usage.
Toutefois pour marquer la progression, le passage de l'état neuf à l'état d'usure, on dira dans la seconde partie de la phrase: bien que les locomotives ... *ne s'usent que très lentement.*

39) Var.: *comme chacun sait*
chose connue de tous = wie allgemein bekannt

40) Cf. rem. 26.

41) Var. plus étoffée: *figurant sur le catalogue*
L'Argus: publication fournissant des renseignements très spécialisés, s'emploie surtout pour désigner les barêmes des prix applicables aux voitures d'occasion.
Ex.: acheter une voiture au prix de *l'Argus*

42) *Dès la même nuit* est à rejeter, car cette expression sous-entendrait l'existence d'un point de départ, ce qui n'est pas le cas.

43) *On apporta,* traduction grammaticalement possible, doit être rejetée en faveur de *on m'apporta.* En effet la première solution pourrait impliquer que le narrateur est associé à l'action d'apporter, car le *on* en français parlé remplace fréquemment le *nous.*

44) Ne pas oublier de faire l'inversion après *peut-être.*
Var. du langage parlé: *peut-être que j'aurais dû*

45) Var.: *tirer de cette livraison ... la conclusion que*
Déduire de convient moins bien, car ce serait trop insister sur le caractère logique du raisonnement.

46) *Par trop* est un renforcement de *trop,* il prend ici un sens ironique.

47) Toutes les expressions traduisant normalement *kurzfristig,* c'est-à-dire:
à court terme,
à brève échéance,
à courte échéance,
à bref délai,
ne conviennent pas ici, car elles s'emploient adverbialement, or c'est d'un adjectif qu'on a besoin.

48) *Handel*

Le *commerce* est un terme économique général désignant l'échange d'objets contre monnaie.

Le *négoce* est un terme vieilli, au sens de commerce désignant un genre moins défini d'affaires ou bien l'ensemble des démarches pour aboutir à un échange; c'est également un commerce important, de gros.

Le *trafic* a pris de nos jours le sens de bas commerce, généralement répréhensible.

Ex.: le *trafic* de la drogue

La traduction *marché* ou la variante *affaire* rendent mieux le caractère particulier, spécifique de l'action.

49) Var.: *louche*

suspect: éveille légitimement les soupçons

louche: anormal, obscur, parfois rendu tel à dessein

L'expression adéquate de par son sens *qu'il y avait anguille sous roche* ne convient pas du fait de la présence de *dem Handel;* elle s'emploie en effet sans autre complément.

50) Var.: *innocent*

Naïf se dit d'une personne qui, par simplicité ou par excès de confiance en autrui, se laisse facilement tromper ou ne comprend pas une situation donnée.

Innocent renchérit sur *naïf* auquel il ajoute souvent une valeur morale (unschuldig).

51) Var.: *comme j'étais*
    comme je l'étais

Il est possible en français de faire la reprise de l'attribut par le pronom neutre *le*.

52) Var.: *Cela ne me vint pas à l'idée.*
    Cela ne me vint pas à l'esprit.
    Je n'en eus pas l'idée.

53) Var.: *prendre*

54) *La place du complément circonstanciel* est un problème délicat. D'une façon générale, il se place après le verbe et le complément d'objet. Mais bien souvent des raisons de style (surtout quand le complément forme à lui seul une unité), telles que la mise en relief, l'harmonie et l'équilibre de la phrase ou la suite logique des idées, peuvent assigner au complément circonstanciel une place qui lui convient mieux par rapport au verbe et aux autres compléments.

Le complément de lieu dépendant ici étroitement du verbe, la phrase ne s'accommoderait pas d'un rejet du complément circonstanciel de lieu à son début.

55) Var.: *ne le permettaient pas*

Pour la préférence donnée au participe présent absolu, cf. rem. 33.

56) Pour la différence entre *de plus* et *en plus*, cf. p. 112, rem. 65.

Var.: *en outre*
    de surcroît, par surcroît
    au surplus
    par-dessus le marché (plus familier)

57) Nécessité d'expliciter *es* en français; en effet la locomotive est elle aussi du féminin et la confusion serait possible avec maison, du féminin également.
Pour éviter une répétition du mot maison, *bâtisse* (terme général désignant une maison, un édifice) a été retenu dans la traduction.

58) Var.: *écroulée*
s'affaisser: ployer sous un poids ou sous son propre poids
crouler: tomber en ruine, avec fracas, brutalement, d'une façon générale
s'écrouler: souligne par rapport au verbe précédent une action plus brutale, plus définitive
La maison *croule* peut signifier seulement que la maison tombe lentement en ruines. L'image prend plus de vigueur et d'accent dramatique si on dit que la maison *s'écroule.*
s'effondrer: crouler en raison du poids supporté
s'abattre: est plus fort que les verbes précédents et insiste surtout sur la brusquerie de l'action. Une grosse pluie *s'abat* sur le jardin.
s'ébouler: se dit des choses mises en tas et dont les parties supérieures ne reposent pas solidement sur les parties inférieures
Un tas de bois *s'éboule,* tandis qu'une maison *croule.*

59) Var.: *sous le poids*

60) Var.: *c'est ainsi qu'il fallut*

61) Le français évite la lourdeur du passif, d'où le choix de l'actif dans cette phrase.
Placer par rapport à *mettre* implique une idée d'ordre, de rangement. Il convient donc d'éviter ici ce premier verbe, il apporte une nuance qui n'est pas voulue par l'auteur.

62) Var.: *d'ailleurs*
　　　du reste
Ohnehin a ici le sens de *übrigens,* d'où l'impossibilité de le traduire par *sans cela* ou *puisque.*
Var. plus lourde utilisant la relative: *qui est après tout*

63) Var.: *la place*
Le lieu est la portion de l'espace pris dans son ensemble et vague.
L'endroit est précis et déterminé, conçu par rapport à d'autres points de repère dans l'espace.
La place est le lieu ou l'endroit envisagé comme occupé ou devant être occupé par une personne ou une chose.

64) Var.: *convenant*
propre à ou *pour:* exprime le fait de convenir à une fin spéciale
approprié à: très adapté à
adéquat à: à l'origine, terme philosophique, s'applique surtout à une conception allant bien avec son objet
convenant à: qui convient (participe présent de convenir), plus ou moins approprié à une fin spéciale

Convenable, qui est l'adjectif tiré de convenir, ne s'emploie au sens de *qui convient* ou *qui est approprié* que de manière littéraire. Le sens courant de cet adjectif est plutôt un sens moral;
est convenable, ce qui est conforme aux règles, aux conventions de la bienséance. Des manières *convenables.* Ici *convenable* pourrait s'employer dans un sens ironique.

65) *Véhicules,* c'est-à-dire le terme général pour tout moyen de transport par terre, par eau et par mer; *voiture* désigne particulièrement le véhicule automobile.

66) Var.: *entra*
Selon qu'on insiste sur l'aspect descriptif ou sur le résultat de l'action, on emploiera l'imparfait ou le passé simple.

67) Cf. p. 80, rem. 6 pour la différence entre *à moitié* et *à demi.*

68) Var.: *sur la longueur*
    en longueur
    en long

69) Var.: *en revanche*

70) *Altitude* ne convient pas, ce terme s'emploie uniquement pour désigner l'élévation au-dessus du niveau de la mer. Ainsi on parle de *l'altitude* d'une montagne ou de *l'altitude* à laquelle vole un avion.

71) Var.: *suffisait*
Suffire peut s'employer absolument au sens d'*être suffisant.*

72) Cf. rem. 37 ci-dessus pour la ponctuation.

73) Eviter de juxtaposer *une fois* et *autrefois.*
Cf. p. 80, rem. 3.
Différentes traductions de *früher:*
auparavant: dans un temps qui est avant un temps donné
Naguère est d'un emploi vieilli et se dit surtout abusivement au sens de *jadis.* Cf. p. 66, rem. 1.
Tantôt a également le sens de *peu auparavant* et s'emploie en parlant du jour où l'on est.
précédemment: marque une priorité proche
tout à l'heure: marque un futur proche
Ex.: Je viendrai vous voir *tout à l'heure.*
ou bien un passé très récent
Ex.: Je l'ai vu *tout à l'heure.*

74) Var.: *mis*
Cf. rem. 61.
Logé est toutefois préférable à *mis,* car il est plus précis. *Loger,* c'est placer une chose dans une autre en l'y faisant pénétrer.
Ex.: *loger* une balle dans la tête de son ennemi

75) *Saucisse,* se dit familièrement d'un ballon captif, d'observation ou de protection aérienne. Ce terme est cependant à éviter ici en raison du manque de clarté du contexte.

76) Var.: *crevé*
Différentes traductions de *platzen* selon l'objet dont il est question:
crever: pour une conduite d'eau, un ballon, un pneu
éclater: s'emploie dans les deux derniers cas susmentionnés avec en plus une idée de bruit
sauter: pour une mine, une maison
détoner, exploser: pour une grenade, un explosif
platzen au sens figuré:
tomber à l'eau, échouer, rater, n'aboutir à rien, quand il s'agit d'un projet par exemple.
exploser: pour une personne qui se met en colère

77) Var.: *peu de temps après*

78) Wochenzeitung = *l'hebdomadaire*
Monatszeitung = *le mensuel*
Le périodique est le journal ou la revue paraissant à intervalles réguliers.

79) Var.: *firent état d'une nouvelle*
La traduction présente sur la variante l'avantage d'être plus dynamique.

80) Var.: *information*
Dans la langue journalistique, *Meldung* se traduit par *nouvelle* ou *information.*
Nouvelle est toutefois d'un emploi plus général (en allemand: Nachricht).
Se garder de traduire par *annonce* (Anzeige).
Avis est d'un usage plus administratif.
Ex.: Le maire a affiché un *avis* à la population.

81) dilution indispensable en français
La conjonction *que* ne peut dépendre d'un substantif que si ce substantif désigne la pensée ou le sentiment, l'idée que..., la pensée que... Dans tous les autres cas, il faudra exprimer ce que l'allemand sous-entend par *daß.*
Ex.: Es gibt ein Vorurteil, *daß* die Franzosen alle schwarzhaarig sind. = Il existe un préjugé *selon lequel* les Français ont tous les cheveux noirs; ou: Un préjugé *veut que* tous les Français aient les cheveux noirs.

82) Noter le sigle de cette institution: *la S.N.C.F.* = Société Nationale des Chemins de fer Français.

83) Nécessité de rester aussi vague qu'en allemand pour garder le comique de la situation, d'où l'impossibilité d'employer des tournures telles que *on avait volé, enlevé.*
La traduction mot à mot serait: *avait disparu.* Toutefois l'emploi de cette tournure est nécessaire par la suite et il faut en éviter la répétition.

84) Pour rendre le *style indirect* exprimé par le subjonctif en allemand, on a le choix entre deux solutions:
– ajouter en incise *paraît-il, à ce qu'on disait;*

- avoir recours au conditionnel dont un des emplois possibles est l'atténuation, l'affirmation prudente d'un fait.

Le plus-que-parfait à lui seul est ambigu puisqu'il ne permet pas de conclure à un style indirect, désignant à la fois un fait réel et un fait rapporté.

Cf. p. 54, rem. 15 et p. 111, rem. 55.

85) Pour des personnes, *verschwinden* se traduit par: *disparaître, se perdre, s'évanouir, s'éclipser, se volatiliser;*
pour des choses par: *disparaître* (sans laisser de traces = spurlos), *se volatiliser*.
La traduction mot à mot ne correspond à aucune tournure consacrée en français.

86) Var. moins courantes: *gare de manœuvre*
gare d'évitement

87) Eviter le mot à mot *il fut, bien sûr, clair pour moi* qui alourdit inutilement la phrase en raison de la construction impersonnelle et de l'accumulation des monosyllabiques.

88) Var.: *victime*
Victime peut s'employer en fonction d'attribut, avec ou sans article, ou en apposition.
Ex.: *Victime* de son dévouement, il a succombé.
   Il a été (la) *victime* de son dévouement, il a succombé.

89) *Déloyal* est réservé à la qualification du caractère ou du comportement, d'où son emploi extensif lorsqu'il s'agit de concurrence par exemple; dans ce dernier sens, on parle aussi de concurrence *illicite*.
Véreux se dit de la malhonnêteté résultant d'une tare ou d'une corruption qui en font une caractéristique permanente.
Ex.: un banquier *véreux*, une affaire *véreuse*
Frauduleux évoque très nettement l'idée de tromperie, d'escroquerie.
Ex.: banqueroute ou faillite *frauduleuse*, par opposition à la faillite simple résultant d'une mauvaise gestion des affaires.

90) Var.: *c'est la raison pour laquelle*
aussi (valeur explicative) qui demande l'inversion: *aussi est-ce avec froideur que . . .*

91) *Froideur* est vieilli au sens de basse température, il a cédé la place à *froid*.
Au sens figuré, il traduit l'insensibilité ou l'indifférence marquée, le manque d'empressement, ce qui est le cas ici.
Froidure, dérivé de froid, s'emploie dans le même sens avec une nuance poétique.

92) Traductions de *zurückhaltend sein:*
être réservé
être retenu
rester sur la réserve
tenir ses distances

93) Var.: *envers le vendeur*
Var. plus familière: *avec le vendeur*
Var. dont l'emploi est critiqué par certains puristes mais qui se dit couramment: *vis-à-vis du vendeur*

94) L'indication précise de la circonstance *bei dieser Gelegenheit* justifie l'emploi du passé simple.
Cependant pour marquer davantage que l'intention du vendeur est restée au niveau du désir et ne s'est pas réalisée dans les faits, l'imparfait est possible; il serait alors meilleur d'employer le passé simple dans la proposition qui suit. Cf. remarque suivante.

95) Var.: *je ne voulus plus*
Le passé simple marque le résultat de la réflexion à laquelle s'est livré le narrateur. L'imparfait insiste davantage sur la perspective intérieure, la résolution dans son développement non terminé.

96) Var.: *me laisser entraîner à conclure une affaire avec lui*
La variante est plus passive que la traduction retenue.

97) La traduction *et puis aussi* correspond bien au style parlé de mise ici.
Var.: *et d'autre part*
et d'ailleurs
et par ailleurs

98) Var.: *qu'est-ce-que je ferais*
La traduction choisie marque mieux la progression que la variante. Cf. rem. 9 sur l'aspect inchoatif de ce genre d'expression.

99) Retenir l'expression idiomatique:
Faire de marque la transformation, le changement possible que pourrait subir la chose. *Faire avec* s'emploie également, mais se réfère exclusivement à l'utilisation que l'on fait de la chose; cette expression marque aussi l'accompagnement.
Dans la langue parlée, l'expression *qu'est-ce qu'il va en faire?* cède souvent la place à *qu'est-ce qu'il va faire avec?*
Cf. p. 20, rem. 67.

TEXT 10

Ungern erinnere ich mich dieser Sammlersonntage. Unternahm ich doch an solch einem Tag den ohnmächtigen Versuch, in den Besitz einer neuen Trommel zu gelangen. Matzerath, der vormittags auf der Hauptstraße vor den Kunstlichtspielen, auch vor dem Kaufhaus Sternfeld gesammelt hatte, kam mittags nach Hause und wärmte für sich und mich die Königsberger Klopse auf. Nach dem, wie ich mich heute noch erinnere, schmackhaften Essen — Matzerath kochte selbst als Witwer leidenschaftlich gerne und vorzüglich — legte sich der müde Sammler auf die Chaiselongue, um ein Nickerchen zu machen. Kaum atmete er schlafgerecht, griff ich mir auch schon die halbvolle Sammelbüchse vom Klavier, verschwand mit dem Ding, das die Form einer Konservendose hatte, im Laden unter dem Ladentisch und verging mich an der lächerlichsten aller Blechbüchsen. Nicht etwa, daß ich mich an den Groschenstücken hätte bereichern wollen! Ein blöder Sinn befahl mir, das Ding als Trommel auszuprobieren. Wie ich auch schlug und die Stöcke mischte, immer gab es nur eine Antwort: Kleine Spende fürs WHW! Keiner soll hungern, keiner soll frieren! Kleine Spende fürs WHW!
Nach einer halben Stunde resignierte ich, langte mir aus der Ladenkasse fünf Guldenpfennig, spendete die fürs Winterhilfswerk und brachte die so bereicherte Sammelbüchse zurück zum Klavier, damit Mazerath sie finden und den restlichen Sonntag fürs WHW klappernd totschlagen konnte.
Dieser mißglückte Versuch heilte mich für immer. Nie mehr habe ich ernsthaft versucht, eine Konservendose, einen umgestülpten Eimer, die Standfläche einer Waschschüssel als Trommel zu benutzen. Wenn ich es dennoch getan habe, bemühe ich mich, diese ruhmlosen Episoden zu vergessen und räume ihnen auf diesem Papier keinen oder so wenig wie möglich Platz ein. Eine Konservendose ist eben keine Blechtrommel, ein Eimer ist ein Eimer, und in einer Waschschüssel wäscht man sich oder seine Strümpfe. So wie es heute keinen Ersatz gibt, gab es schon damals keinen; eine weißrot geflammte Blechtrommel spricht für sich, bedarf also keiner Fürsprache.

Günter Grass, aus: *Die Blechtrommel*

Le tambour en fer blanc[1]

Je n'aime pas[2] me souvenir[3] de ces dimanches de collecte[4]. C'est en effet[5] un de ces jours-là[6] que je fis[7] la vaine[8] tentative[9] d'obtenir[10] un nouveau tambour[11]. Matzerath, qui avait fait la quête[12] le matin[13] dans la grand-rue[14], devant le cinéma et aussi[15] devant le grand magasin[16] Sternfeld, rentra[17] à midi[18] et réchauffa[19] pour lui et pour moi les boulettes à la mode de Königsberg[20]. Après le déjeuner[21] savoureux[22], je m'en souviens encore aujourd'hui[23] (Matzerath, devenu veuf[24], faisait la cuisine[25] avec passion et à merveille[26]), le quêteur[27] fatigué[28] s'allongea[29] sur le divan[30] pour faire un petit somme[31]. A peine[32] sa respiration annonçait-elle qu'il dormait[33] que je m'emparai[34] de la boîte contenant le produit de la collecte[35], elle était[36] à moitié pleine[37], sur le piano, disparus avec la chose[38] de la forme[39] d'une boîte de conserves dans le magasin sous le comptoir et portai[40] la main sur la plus ridicule[41] de toutes les boîtes en fer blanc. Non pas[42] que j'aie voulu m'enrichir avec[43] les quelques sous[44] qui s'y trouvaient! Une idée[45] stupide[46] me poussa[47] à essayer cette chose[48] comme[49] tambour. J'avais beau[50] frapper et battre[51] des baguettes[52] en tous sens, il n'y avait qu'une seule réponse[53]: une petite obole[54] pour le Secours d'hiver[55]! Pour que personne n'ait[56] faim, pour que personne n'ait froid! Une petite obole pour le Secours d'hiver!

Au bout[57] d'une demi-heure[58], j'abandonnai[59], pris[60] cinq sous[61] dans la caisse du magasin, en fis don[62] au Secours d'hiver et rapportai la boîte, ainsi enrichie, sur le piano[63] pour que[64] Matzerath la trouve et tue le reste du dimanche[65] à faire tinter[66] la boîte à sous pour le Secours d'hiver. Cette tentative manquée[67] me guérit pour toujours[68]. Je n'ai plus jamais[69] essayé sérieusement[70] d'utiliser[71] comme tambour une boîte de conserves, un seau retourné[72] ou le fond[73] d'une cuvette[74]. Si pourtant[75] je l'ai fait, je m'efforce[76] d'oublier ces épisodes sans gloire[77] et je ne leur accorde[78] pas de place dans ce récit[79] ou je leur en donne[80] aussi peu que possible[81]. C'est qu'une boîte de conserves n'est pas un tambour, qu'un[82] seau est un seau et que dans une cuvette on se lave ou on[83] lave ses chaussettes. De même qu'aujourd'hui il n'y a pas de succédané[84], à l'époque déjà[85], il n'y en avait pas non plus; un tambour en fer blanc à flammes rouges et blanches[86] parle pour lui[87], il n'a donc pas besoin qu'on intercède en sa faveur[88].

1) Var.: *le tambour de fer blanc*
    le tambour de tôle
    le tambour en tôle
    le tambour de fer battu
    le tambour en fer battu
Le complément déterminatif indiquant la matière dont une chose est faite peut être introduit par *en* ou *de*.
Ex.: une table *en* pierre
    une table *de* pierre
mais, au sens figuré, seule la préposition *en* peut désigner la matière.
Ex.: un cœur *de* granit
    un cœur *de* pierre
    une santé *de* fer
Cf. p. 38, rem. 4.
Cependant la traduction consacrée du titre du livre est «*Le tambour*».

2) Var. plus recherchée: *c'est avec déplaisir*
Différentes traductions possibles de *ungern*:
à regret: souligne le déplaisir, nuancé de mécontentement ou de chagrin, que l'on prend à faire une chose
à contrecœur: avec répugnance, malgré soi, renchérit donc sur *à regret*
de mauvaise grâce: implique la mauvaise humeur, la mauvaise volonté
contre mon gré: action contraire à la volonté d'une personne
à mon corps défendant: notion de danger imminent pour la personne
bon gré, mal gré = wohl oder übel
La traduction *ce n'est pas volontiers que*... est trop lourde pour être retenue.

3) Var.: *me rappeler* + *obj. direct.* Cf. p. 17, rem. 40.
Se remémorer: rappeler volontairement (un souvenir ou un événement), avec précision, en détails, dans sa mémoire. Ce verbe suppose une plus grande exactitude de l'opération que les deux précédents, d'autre part il est d'un emploi plus littéraire que ceux-ci.

4) Var.: *de quête*
die Sammlung = *la collecte*
            la quête, quand l'opération est effectuée dans un but charitable
D'où l'impropriété, dans ce cas, de la traduction de *Sammlung* par *collection*.

5) Var.: *c'est que*
Doch a dans cette phrase une valeur explicative, d'où les traductions retenues.
Très littéraire serait la traduction par l'interrogation rhétorique: *n'entrepris-je pas*.

6) Var. plus relevée: *par un tel jour*
D'autres traductions de *solch*, telles que *semblable*, *même* et *pareil* ne conviennent pas.
Semblable indique un rapport général dans l'apparence résultant d'une impression d'ensemble. *Semblable* demande une comparaison.
Ex.: Ces deux statues sont *semblables* de par la forme.

Même implique une identification. Ce terme se dit de personnes ou de choses tout à fait semblables.

Ex.: Cet enfant est bien le *même* que son père: *mêmes* qualités, *mêmes* défauts.

Pareil évoque l'idée d'une comparaison plus abstraite, qui est plutôt le fait de l'esprit que d'un jugement purement extérieur. D'autre part *pareil* prend souvent un sens exclamatif très accentué.

Ex.: Comment venir à une heure *pareille!*

Cf. p. 18, rem. 54 et p. 33, rem. 66.

7) La traduction littérale de *unternehmen* est *entreprendre,* toutefois avec le genre d'expression qui suit, seul le verbe *faire* convient. L'emploi du passé simple trouve sa justification dans le fait qu'il s'agit d'une action unique vue dans le passé. L'imparfait marquerait la répétition, ce que la troisième partie du texte dément: „Nie mehr habe ich ernsthaft versucht..."

8) Var.: *impuissante*
    infructueuse

L'adjectif *ohnmächtig* s'entend ici au sens figuré, d'où la traduction et les variantes proposées.

Vain est un adjectif court, du point de vue stylistique, il est donc préférable de le faire précéder le substantif qu'il qualifie.

Les deux adjectifs proposés en variantes doivent, quant à eux, suivre le substantif.

Ohnmächtig, au sens propre, médical, du terme, se traduit par *évanoui, sans connaissance, en syncope.*

ohnmächtig werden = *s'évanouir, défaillir, tomber en syncope, perdre connaissance* ou familièrement: *tourner de l'œil, tomber dans les pommes*

Ne pas traduire *ohnmächtig* par *inconscient,* ce qui correspondrait à l'allemand *unbewußt.*

impuissant: exprime l'insuffisance de force par rapport à l'effet recherché

infructueux: souligne l'absence de résultat et qualifie toute action n'atteignant pas son but

Théoriquement possibles de par leur définition, les trois adjectifs suivants ne s'emploient toutefois pas pour qualifier une tentative:

stérile: qualifie toute chose ou tout phénomène ne produisant absolument aucun effet. Au sens médical (une femme *stérile*) et dans certaines expressions abstraites consacrées, telles que des efforts *stériles.*

infécond: marque l'impuissance ou l'insuffisance à produire (un esprit *infécond*)

infertile: exprime, sans en indiquer la raison, l'absence de production (une terre *infertile*)

improductif: ne s'emploie qu'au propre pour des choses ne rapportant absolument aucun bénéfice (une terre ou un capital *improductif*)

9) *La tentative* est l'action grâce à laquelle on désire obtenir un certain résultat, souvent difficile.

L'essai désigne plutôt une action d'agir, sans être sûr du résultat. L'emploi de ce terme est donc moins indiqué dans le cas présent.

L'expérience correspond à l'allemand *Versuch* dans le domaine des sciences expérimentales ou de la médecine par exemple. Ce terme est par ailleurs l'équivalent de l'allemand *Erfahrung.*

Différentes traductions possibles de *versuchen:*

essayer de: mettre une ressource ou un moyen en usage pour réussir une chose, atteindre un but, généralement précis. Il s'agit souvent d'une action momentanée.

tâcher de: marque une action plus appliquée, sans recours à la force, dans la plupart des cas

tenter de: implique un effort en vue d'obtenir quelque chose de difficile, souvent **d'un seul coup**

expérimenter: c'est mettre à l'épreuve une chose, un procédé, une méthode

chercher à: marque le dessein d'arriver au but par n'importe quel moyen, même au prix d'un effort

10) Var.: *entrer en possession*
Faire l'acquisition ne convient pas; cette expression laisse entendre que l'acquisition s'est effectuée contre monnaie; elle correspond plutôt à l'allemand *erwerben.* Cf. p. 120, rem. 1.

11) Pour la différence d'emploi entre *nouveau* et *neuf* cf. p. 12, rem. 1.
Il ne s'agit pas ici d'un véritable *tambour neuf,* mais d'un objet qui, du point de vue purement subjectif, va donner au personnage l'impression qu'il a un jouet qu'il n'avait pas auparavant.

12) Cf. rem. 4.
Sammeln: *faire la collecte*
        faire la quête
Collectionner est à rejeter au même titre que *collection.*

13) Var.: *dans la matinée*
matin: espace de temps abstrait
matinée: durée déterminée et divisible remplie d'événements
Ainsi une *matinée théâtrale* est un spectacle qui a lieu l'après-midi avant le dîner, tandis que la *soirée* a lieu après.
Cf. par analogie p. 120, rem. 3 pour l'opposition *soir/soirée.*

14) Var.: *rue principale*
Hauptstraße en pleine campagne: *grand-route, route nationale.*
Pour les expressions dans lesquelles *grand* entre en composition cf. p. 123, rem. 20.

15) Var.: *ainsi que*

16) *Grand magasin* est l'expression consacrée pour traduire l'allemand *Kaufhaus.*
magasin: établissement commercial assez important où l'on vend des marchandises en gros ou en détail *(magasin de gros/grossiste; magasin de détail/détaillant)*
Boutique s'applique plutôt à un petit local où l'on vend des objets, toujours au détail ou que l'on a parfois fabriqués soi-même (artisans). Comme synonyme de *magasin,* ce terme tendait à prendre une nuance péjorative, dépréciative. *Boutique* se dit sou-

138

vent d'un lieu de travail où l'on est mécontent. Toutefois depuis une dizaine d'années, ce mot désigne, chez les grands couturiers, un magasin sur rue, très élégant, où ils vendent à leur griffe des articles à des prix plus modiques que ceux pratiqués dans les salons de couture.

Notons que c'est également la connotation de distinction que l'allemand a conférée au „Fremdwort" *Boutique.*

17) *Rentrer à la maison,* expression d'un emploi fréquent, est un pléonasme. Pour la différence entre *rentrer, revenir, retourner,* cf. p. 95, rem. 14.

18) Var.: *à l'heure du déjeuner*
    Cf. p. 42, rem. 41 et p. 99, rem. 52.

19) Var.: *fit réchauffer*
    Noter l'expression employée au sens figuré: *du réchauffé,* c'est-à-dire une chose vieille, artificiellement rajeunie, une chose trop connue.
    Ex.: Telle plaisanterie, telle histoire sent le *réchauffé.*
         C'est du *réchauffé.*

20) Var.: *boulettes à la Königsberg*
    Le français adopte toujours le nom slave de préférence au nom germanique.
    Königsberg se traduit en français par *Kaliningrad.* Toutefois, comme il s'agit d'un plat, il est possible ici de conserver *Königsberg.*
    Noter la traduction française directe datant du 18e siècle:
    der Knödel: la quenelle, boulette plus généralement de forme cylindrique de veau, de volailles ou de brochet. Les *quenelles* sont une spécialité lyonnaise.

21) Var. familière: *le manger*
    Pour les repas, cf. p. 42, rem. 45.

22) Var.: *succulent*
    Savoureux insiste sur le plaisir du goût.
    Succulent souligne la bonne qualité de la nourriture qui excite l'appétit.
    Délectable enchérit sur ces deux adjectifs et désigne ce qui provoque la notion de délice.
    Délicieux marque le summum de la qualité et l'abondance de délices.
    Exquis, terme trop fort, de même que les deux adjectifs précédents. Il insiste sur le raffinement et la délicatesse de la nourriture.

23) Var. plus littéraire: *dont le souvenir est resté jusqu'à ce jour gravé dans ma mémoire.*
    La traduction littérale de *wie* par *comme* alourdit inutilement la phrase.

24) *Selbst* est pris dans cette phrase au sens adverbial de *sogar.*
    Il se traduirait donc par: *même, lors même (que), quand (bien) même (que).*
    Afin d'alléger la phrase, il vaut toutefois mieux ne pas le traduire.
    Si *als* était dépourvu de valeur temporelle, il pourrait se traduire par des formules aussi diverses que: *comme, en . . ., en tant que . . ., en sa qualité de . . .* Toutefois c'est l'indication du moment et de ses conséquences qui importe ici, d'où la traduction retenue.
    Ex.: Mozart war schon *als* Kind berühmt. = Mozart enfant était déjà célèbre.

25) *Cuire* ou *faire cuire* s'emploient indifféremment au sens transitif. Au sens intransitif *faire la cuisine* est la seule solution possible.
Cuisiner apporte à *faire la cuisine* une notion supplémentaire de soin, d'attention. C'est plutôt faire un petit plat, mijoter un plat.
L'imparfait, seule possibilité dans cette phrase, traduit une habitude.

26) Var. plus lourde: *avec passion et de façon excellente*
La traduction est plus équilibrée du fait du strict parallélisme existant entre les deux expressions.

27) Cf. rem. 4 et 12.
Collectionneur, impossible ici, s'emploie pour des timbres, des papillons par exemple.
Collecteur, théoriquement possible, s'emploie plutôt dans des acceptions techniques.
Ex.: *collecteur d'égouts* = Hauptkanalisationsrohr
Au sens historique: *collecteur d'impôts* = Steuereinnehmer

28) *Las* enchérit sur *fatigué* en soulignant l'impuissance ou l'aversion pour le travail, le mouvement ou même les plaisirs. Une autre nuance de cet adjectif serait la suivante: qui ne peut plus supporter quelqu'un ou quelque chose par ennui, par fatigue ou par dégoût.
Lassé (participe passé du verbe *lasser*) a le même sens, mais il est d'un emploi moins courant. En outre, il marque le point d'aboutissement.

29) *Se coucher:* se mettre de tout son long, sans forcément déployer ses membres. *Se coucher* s'emploie plutôt pour désigner l'action de prendre du repos à la fin de la journée une fois qu'on s'est dévêtu.
s'étendre: développer ses membres dans le sens de la longueur ou de la largeur sans être obligatoirement couché
s'allonger: développer ses membres dans le sens de la longueur
se mettre n'est pas assez précis quant à la position adoptée.
Cf. p. 72, rem. 55.

30) Var.: *canapé*
divan: large sofa, sans dossier, pouvant servir de siège ou de lit pour plusieurs personnes
canapé: siège à dossier et à accoudoirs où peuvent s'asseoir plusieurs personnes et où une seule peut s'étendre
causeuse: petit canapé à deux places du début du 19e siècle
chaise-longue: autrefois un canapé qui n'a de dossier qu'à une de ses extrémités. Toutefois *chaise-longue* s'emploie aujourd'hui plus généralement pour désigner une chaise pliante recouverte de toile, familièrement: un *transat.*
transat: abréviation de *transatlantique,* cette chaise-longue ayant commencé par être utilisée sur les ponts des paquebots faisant le service entre l'Europe et l'Amérique
De tous ces termes, les plus courants mis à part chaise-longue et transat qui ne conviennent pas, sont divan et canapé, traductions retenues.
sofa (ou plus rare sopha): lit de repos à trois dossiers pouvant également servir de siège
ottomane (fém.): sorte de canapé à dossier arrondi en corbeille

31) Var.: *une petite sieste*

le somme: état d'assoupissement, durée de cet état

la sieste: somme que l'on fait pendant la partie chaude de la journée

le roupillon: petit somme est une expression populaire; on dit familièrement *piquer un roupillon.*

Cf. p. 73, rem. 66.

32) Au sens temporel, *kaum* se traduit par *à peine ... que.*

Au sens restrictif il se traduit par *à peine ... si.*

Ex.: C'est *à peine s*'il a regardé les livres qu'on lui a offerts.

Au sens temporel, il se pose un problème de temps. L'imparfait insiste sur l'idée de situation d'arrière-plan ou d'action interrompue par rapport au passé simple qui traduit l'action principale, le fait vu dans sa succession temporelle, momentanée.

33) Les traductions telles que:

à peine avait-il la respiration de quelqu'un qui dort,

à peine respirait-il comme quelqu'un qui dort,

à peine le voyais-je respirer comme quelqu'un d'endormi,

à peine le voyais-je respirer comme dans le sommeil,

sont théoriquement possibles, elles sont toutefois ambiguës, car on pourrait penser que Matzerath fait seulement semblant de dormir.

34) Var.: *je m'emparais*

       je me saisis (de)

       je me saisissais (de)

       je saisis (objet direct)

       je saisissais (objet direct)

saisir: prendre tout d'un coup, vivement, vigoureusement, ce que l'on tient solidement

se saisir: insiste sur l'avidité de la personne qui agit ou sur le résultat obtenu

s'emparer: s'approprier par force ou par adresse, sans préciser la manière

Le passé simple insiste sur le fait que l'action de *s'emparer* se situe dans la perspective d'arrière-plan du fait de *respirer.*

L'imparfait marquerait ici que les deux actions *respirer/s'emparer* sont vues sur le même plan.

35) Var.: *boîte destinée à la collecte*

Boîte de collecte ne convient pas en raison de l'impossibilité de traduire tout nom composé allemand par un substantif suivi d'un complément de nom en français.

Le tronc est la boîte munie d'une fente servant principalement à recevoir des offrandes et des aumônes dans les églises.

La tirelire est un récipient qui peut prendre des formes diverses et dans lequel on peut introduire par la fente qui y est pratiquée, ses économies. Ce terme ne convient pas ici.

L'escarcelle est la bourse que l'on portait surtout au Moyen Age, attachée à la ceinture.

La sébile est une écuelle de bois ronde et presque plate destinée à recevoir les dons des passants pour un mendiant.

36) Pour éviter l'accumulation de compléments d'information accolés à *boîte,* il est préférable de constituer une sorte de parenthèse à l'intérieur de la phrase: *elle était à moitié pleine.*

37) Var.: *à demi remplie*
Seule la fréquence de l'emploi justifie l'accolement des termes sous les formes proposées.
Pour la différence entre *à moitié* et *à demi,* cf. p. 80, rem. 6.

38) *l'objet* = Gegenstand
L'engin, le truc, le machin, d'un emploi familier, correspondent plutôt à l'allemand *das Zeug.*

39) La relative *qui avait la forme de* a été délibérément supprimée pour éviter l'accumulation de ce genre de propositions dans une même phrase. Ici l'expression plus ramassée qui a été choisie se justifie pleinement du point de vue stylistique.

40) Var.: *portais la main*
    mis à mal
    mettais à mal
    m'en pris à
    m'en prenais à
Des expressions telles que *maltraiter, s'attaquer à* ou *porter la main sur* impliquent le mauvais traitement infligé à une personne. *S'en prendre à* et *mettre à mal* conviennent mieux à des choses, mais peuvent aussi s'employer pour des personnes.
Pour l'emploi de l'imparfait et du passé simple, cf. la remarque 34 ci-dessus.

41) *Risible* est moins péjoratif et moins fort que *ridicule.*
Ce qui est *ridicule* excite le rire par nature, alors que ce qui est risible l'est plutôt par occasion.
Dérisoire s'emploie plutôt pour des choses moins tangibles et prend par extension le sens d'insignifiant.
Ex.: un prix *dérisoire,* une offre *dérisoire*

42) Après les locutions causales négatives *non que, non pas que, non point que, ce n'est pas que* (toutes possibles ici), le verbe de la proposition causale se met au subjonctif; on écarte ainsi une fausse cause.
Sur l'emploi du passé du subjonctif plutôt que de celui du plus-que-parfait du subjonctif, cf. p. 123, rem. 20.

43) Var.: *m'enrichir en prenant*
Noter la préposition *avec* exigée par *s'enrichir.*

44) Au sens particulier, *Groschen* est le terme employé pour désigner la pièce de *dix Pfennigs.*
Au sens général, il équivaut aux expressions: *des sous, quelques sous.*

45) Var.: *une inspiration*
sens: signification ou organe. Les *cinq sens* sont le *goût, l'odorat, l'ouïe, la vue* et le *toucher.*

46) De tous les adjectifs traduisant *blöd, stupide* est celui qui va le mieux avec *idée* ou *inspiration*.
Pour *sot, bête, niais,* cf. p. 24, rem. 7.

47) Var.: *me dit*
　　　　me commanda
Ordonner marquerait trop la contrainte.
Enjoindre est trop impératif.
L'imparfait descriptif est également possible.

48) Pour rendre la valeur déictique de l'article défini allemand, il est préférable de traduire celui-ci par un démonstratif français.

49) Var.: *en guise de*

50) Var.: *j'eus beau frapper et battre des baguettes en tous sens*
　　　　quelle que fût la façon dont je frappais et battais des baguettes
L'imparfait ou le passé simple sont également possibles dans cette phrase, selon que l'on insiste sur l'aspect descriptif ou sur le résultat de l'action.

51) Les traductions littérales de *mischen,* telles que *mêler, mélanger* sont impropres.
A la rigueur on pourrait dire: *croiser, changer les baguettes.*

52) *Stöcke* est le terme spécifique en matière de tambour.
Bâtons serait impropre.
La baguette, d'une façon générale, est plus petite, plus courte que *le bâton.*
Noter quelques acceptions de *baguette:*
la baguette du chef d'orchestre = Dirigentenstab,
la baguette magique = Zauberstab,
la baguette (de pain) = Brotstange.

53) Var.: *il n'y eut qu'une seule réponse*
Cf. rem. 50 pour l'emploi des temps.

54) Var.: *la charité pour*
Aumône désigne l'obole que l'on donne directement à un pauvre ou à un mendiant.

55) La traduction précise de *Winterhilfswerk* serait *Œuvres de bienfaisance d'hiver.* Elle a l'inconvénient d'être lourde et peu courante. Il faut lui préférer la solution retenue. Remarquer la majuscule en français, puisqu'il s'agit d'une institution.

56) Var.: *nul ne doit*
Cependant la traduction retenue est meilleure, car il s'agit d'un but proposé et non d'un ordre impérieux.

57) Cf. p. 58, rem. 52.

58) *Demi* reste invariable lorsqu'il précède le substantif: *une heure et demie* mais *une demi-heure.* Noter l'orthographe de *demi* dans: *midi et demi, minuit et demi;* cependant cette particularité a tendance à disparaître aujourd'hui au profit des formes régulières: *midi et demie, minuit et demie.*
Pour la différence entre *demi(e)* et *moitié* cf. p. 80, rem. 6.

143

59) Var.: *je renonçai*
   je capitulai
   Capituler, c'est se rendre à l'ennemi; au sens figuré, c'est abandonner sa position, céder devant l'obstination d'une personne.
   Résigner, abdiquer s'emploient pour indiquer l'abandon d'une charge, d'une fonction.
   Se résigner signifie s'accommoder de son sort, de son destin.
   Var. plus familière que les deux solutions proposées: *je laissai tomber*

60) Le tour pronominal ne saurait être maintenu en français.
   Avec le verbe *prendre*, c'est toujours la préposition *dans* qui traduit l'allemand *aus:* la ménagère prend le linge *dans* l'armoire. De la même manière on dira qu'on mange *dans* une assiette ou qu'on boit *dans* un verre.

61) Gulden: au sens propre le *florin* ou le *gulden*
   C'est au sens général de *sous* qu'il faut entendre cette expression dans le cas présent.
   Cf. rem. 44.

62) Var.: *les versai en obole*
   Var. légèrement ironique car ici il ne s'agit pas de mendiants: *en fis l'aumône*

63) *Au piano* équivaudrait à une personnification du piano. *Au piano* s'emploie également ment pour exprimer qu'une personne déterminée joue du piano.
   Ex.: Concert public, *au piano* M. X.

64) Var.: *afin que*
   Pour la différence entre *pour* et *afin,* cf. p. 15, rem. 25.

65) *Le dimanche restant* voudrait dire un dimanche qui reste encore à passer au cours d'un mois déterminé.

66) *A faire tinter* insiste sur le but.
   Var.: *en faisant tinter,* insiste sur la manière
   cliqueter: bruit métallique, armes ou clés
   clapoter: bruit léger accompagnant l'agitation de l'eau. L'eau de la fontaine *clapote.*
   sonner: bruit fait de vibrations. Faire sonner les sous insisterait trop sur le caractère violent et prolongé du bruit.
   tinter: terme assez neutre qualifiant des petits bruits espacés semblables à ceux d'une cloche et se prolongeant. C'est donc le seul terme convenant ici.
   Noter:
   die Klapperschlange = *le serpent à sonnettes*
   der Klapperstorch = *la cigogne (craquette,* terme plus rare)

67) Var.: *avortée*
   Var. familière: *ratée*

68) Var.: *à jamais*
   définitivement
   pour le reste de mes jours
   pour le restant de mes jours

69) Var.: *jamais plus*
Il est préférable de rejeter cette expression adverbiale après le verbe pour éviter un sens exclamatif trop prononcé.

70) *sérieusement:* sans plaisanter, réellement, avec réflexion et application
gravement: ajoute à l'idée d'importance la notion de dignité ou de danger
Ex.: On parle *sérieusement* d'un sujet quelconque.
On parle *gravement* de la mort du chef de l'Etat.
Quelqu'un est *gravement* malade.

71) Pour les traductions de *benutzen,* cf. p. 75, rem. 79.

72) *Retourner* et *renverser* sont deux termes généraux indiquant qu'une chose est mise à l'envers, toutefois, dans *retourné,* il y a l'idée d'un action volontaire, tandis que *renversé* fait plutôt penser à quelque chose d'accidentel.

73) Var.: *le fond plat*
Au sens purement technique du terme, *Standfläche* équivaut à *l'assise,* à la *surface portante* d'une chose ou d'un édifice.

74) Une *cuvette* est plus petite et moins profonde qu'une *bassine.* Toutes deux servent à divers usages domestiques.

75) Var.: *quand même*
tout de même
correspondant davantage au français parlé.
Cf. p. 21, rem. 76.

76) Cf. rem. 9.
S'efforcer indique qu'on fait quelque chose en proportion avec ses moyens, énergiquement, parfois avec force.

77) Var.: *peu glorieux*

78) *Laisser* est plus vague que la solution retenue.
Concéder se dit pour une grâce, une faveur.
Octroyer est encore plus administratif, il s'emploie à propos d'une grande faveur. On parle ainsi de la Charte *octroyée* par Louis XVIII en 1814. Cf. p. 29, rem. 37.

79) Var.: *sur ce papier*
Papier, dans le langage journalistique, désigne l'article manuscrit ou dactylographié, envoyé à un journal aux fins de publication.
On peut l'accepter en variante.

80) Var.: *je ne leur ai accordé aucune place dans ce récit*

81) L'allemand peut jouer sur les deux indéfinis *keinen* et *wenig.* En français la traduction mot à mot aboutit à une rupture de construction étant donné que le verbe est d'abord employé négativement. Il est donc nécessaire, dans la seconde partie de la phrase, de reprendre un verbe différent, pour éviter la répétition.

82) *Eben* a ici une valeur explicative.
Les traductions classiques de *eben* par *précisément, justement* sont impropres dans cette phrase.

83) Nécessité de répéter le verbe et le pronom indéfini en français pour plus de clarté.

84) *Succédané:* médicament que l'on peut substituer à un autre, parce qu'il a les mêmes propriétés. Par extension: tout produit qui peut en remplacer un autre.
Ex.: Pendant la guerre le malt était un *succédané* du café.
Produit de remplacement, produit de substitution sont plus rares.
Ersatz, péjoratif, s'emploie le plus souvent pour désigner le succédané d'un produit de consommation devenu rare.
Equivalent contient déjà une notion de valeur égale à une autre.
La plupart du temps *Ersatz* se traduit par une relative périphrastique:
Var.: *il n'y a pas de produit qui puisse remplacer*
 il n'y a pas de produit capable de tenir lieu de

85) Var.: *à cette époque*
 alors
A ce moment-là est à rejeter parce que trop ponctuel.
Autrefois = anciennement, jadis, ne convient pas non plus parce qu'il transpose dans un passé trop lointain.

86) *Flammé* se dit d'une céramique par exemple sur laquelle le feu a produit des colorations variées.
Flambé s'emploie pour un mets qui a été passé par le feu.
Chiné se dit d'une étoffe ou d'un tricot de plusieurs couleurs mélangées. Aucun de ces termes ne convient donc ici.

87) Var.: *se défend tout seul*

88) traduction préférable, pour plus de clarté, à des expressions telles que *d'intercession, d'intervention,* ou *d'intercesseur*
intervenir: entrer dans une affaire pour quelque raison que ce soit, mais le plus souvent pour faire office de médiateur
intercéder: intervenir en faveur de quelqu'un pour lui procurer un avantage

Wenn sie verwirrt war, oder des bis aufs äußerste präzisierten Ablaufs ihrer Arbeit überdrüssig, ging sie nach draußen, das Messingschild zu putzen: ,Dr. Robert Fähmel, Büro für statische Berechnungen, nachmittags geschlossen.' Eisenbahndämpfe, der Schleim der Auspuffgase, Straßenstaub gaben ihr täglich Grund, den Wollappen und das Putzmittel aus der Schublade zu nehmen, und sie liebte es, diese Putzminuten auf eine viertel, eine halbe Stunde auszudehnen. Drüben im Haus Modestgasse 8 konnte sie hinter staubigen Fenstern die stampfenden Druckereimaschinen sehen, die unermüdlich Erbauliches auf weißes Papier druckten; sie spürte das Beben, glaubte sich auf ein fahrendes oder startendes Schiff versetzt. Lastwagen, Lehrjungen, Nonnen: Leben auf der Straße, Kisten vor Gemüseläden: Apfelsinen, Tomaten, Kohl. Und am Nebenhaus, vor Gretzens Laden, hängten zwei Lehrjungen gerade den Keiler auf, dunkles Wildschweinblut tropfte auf den Asphalt. Sie liebte den Lärm und den Schmutz der Straße. Trotz stieg in ihr hoch, und sie dachte an Kündigung; in irgendeinem Dreckladen arbeiten, in einem Hinterhof betrieben, wo Elektrokabel, Gewürze oder Zwiebeln verkauft wurden, wo schmuddelige Chefs mit herunterhängenden Hosenträgern und Wechselsorgen zu Vertraulichkeiten neigten, die man dann wenigstens hätte abweisen können; wo man um die Stunde, die man wartend beim Zahnarzt verbrachte, zu kämpfen hatte; wo für die Verlobung einer Kollegin Geld gesammelt wurde, Geld für einen Haussegen oder ein Buch über die Liebe; wo die schmutzigen Witze der Kollegen einen daran erinnerten. daß man selbst rein geblieben war. Leben. Nicht diese makellose Ordnung, nicht diesen Chef, der makellos gekleidet und makellos höflich war — und ihr unheimlich; sie witterte Verachtung hinter dieser Höflichkeit, die er jedem, mit dem er zu tun hatte, zuteil werden ließ. Doch mit wem, außer ihr, hatte er schon zu tun? Soweit sie zurückdenken konnte, hatte sie ihn nie mit jemandem sprechen sehen — außer mit seinem Vater, seinem Sohn, seiner Tochter. Niemals hatte sie seine Mutter gesehen, die lebte irgendwo in einem Sanatorium für Geistesgestörte, und dieser Herr Schrella, der noch auf der roten Karte stand, hatte niemals nach ihm verlangt. Sprechstunden hielt Fähmel nicht ab, Kunden, die telefonisch anfragten, mußte sie bitten, sich schriftlich an ihn zu wenden.

Heinrich Böll, aus: *Billard um halb zehn*

Quand[1] il lui arrivait[2] d'être déroutée[3] ou lasse[4] de la marche[5] précise[6] jusqu'à l'extrême[7] de son travail, elle sortait[8] astiquer[9] la plaque[10] de cuivre[11] portant l'inscription[12] «R. Fähmel[13], Bureau d'études[14] statiques, fermé l'après-midi». La fumée des locomotives[15], le dépôt visqueux[16] laissé par les gaz d'échappement, la poussière des rues lui donnaient chaque jour l'occasion[17] de sortir du tiroir[18] le chiffon de laine[19] et le produit d'entretien[20], et elle aimait[21] faire durer[22] ces minutes de nettoyage[23] un quart d'heure ou une demi-heure[24]. En face, au numéro 8 de la Modestgasse[25], elle pouvait voir, derrière les fenêtres[26] couvertes de poussière[27], les presses[28] au rythme martelant[29] imprimer inlassablement[30] des lectures édifiantes[31] sur du papier blanc; elle sentait[32] leur trépidation[33], elle avait l'impression de se trouver[34] sur un bateau en mer ou prêt à prendre la mer[35]. Camions, apprentis[36], religieuses[37]: [38] la vie de la rue[39], cageots[40] devant les magasins de primeurs[41]: oranges, tomates, choux[42]. Et à la maison d'à côté[43], devant l'étal[44] de Gretz, deux apprentis étaient en train[45] de suspendre[46] le sanglier[47] dont[48] le sang noir[49] dégouttait[50] sur l'asphalte[51]. Elle aimait le bruit[52], la saleté[53]. Un sentiment de dépit[54] monta en elle[55]. Elle pensa à[56] quitter son emploi[57]; travailler dans un magasin pouilleux[58], exploité[59] dans une arrière-cour, où on vendrait[60] des câbles électriques, des épices ou des oignons, où des patrons[61] crasseux[62], aux bretelles tombantes, tracassés par leurs échéances[63], seraient enclins[64] à des familiarités[65] qu'on aurait pu au moins[66] repousser[67], où il faudrait se battre[68] à cause de[69] l'heure passée à attendre[70] chez le dentiste, où on ferait une collecte[71] pour des fiançailles ou une naissance[72], ou bien[73] pour un livre sur l'amour, où les plaisanteries[74] ordurières[75] des collègues vous rappelleraient que vous étiez restée pure. Vivre![76] Pas[77] cet ordre impeccable, pas ce patron aux vêtements et d'une politesse irréprochables[78] qui la mettaient mal à l'aise[79]. Elle soupçonnait[80] du mépris[81] derrière cette politesse qu'il témoignait[82] à tous ceux avec qui il avait affaire[83]. Mais avec qui d'autre qu'elle[84] avait-il bien[85] affaire? Pour autant qu'elle pouvait s'en souvenir[86], elle ne l'avait jamais vu parler à[87] personne[88], sauf à[89] son père, son fils et à sa fille[90]. Jamais elle n'avait vu sa mère, celle-ci[91] vivait quelque part dans une clinique psychiatrique[92] et ce Monsieur Schrella qui figurait[93] aussi[94] sur la carte rouge ne l'avait jamais demandé[95]. Fähmel n'accordait pas de rendez-vous[96]. Les clients qui le réclamaient au téléphone[97], elle devait les prier[98] de lui écrire[99].

149

1) Var.: *lorsque*
   si
   Pour la différence entre *quand, lorsque, si* cf. p. 14, rem. 20.

2) Var.: *elle était*
   Plutôt que d'employer le seul auxiliaire *être,* le français préfère l'accompagner d'un verbe marquant mieux l'éventualité.

3) Var.: *perdue*
   Selon le contexte, *dérouté* peut caractériser un état d'esprit ou une attitude très différente.
   Il semble ici que la jeune femme perde un peu le fil de la tâche qu'elle doit accomplir; d'où la traduction retenue qui exprime l'embarras et l'hésitation sur les moyens d'arriver à la vérité ou d'une façon plus générale à un résultat.
   Perdu, un peu plus fort, pourrait se justifier pour les mêmes raisons.
   Embarrassé, c'est, d'une façon très générale, être mis dans le doute, l'hésitation.
   Confus indique surtout l'embarras, la gêne qui peut s'emparer de l'esprit dans une situation fort désagréable pour l'individu.
   Déconcerté traduit la surprise qui peut survenir lorsque l'on voit ses plans dérangés.
   Troublé renchérit sur *déconcerté* en soulignant un état d'activité psychique anormal ou pénible qui gêne la pensée et le contrôle de soi.

4) Var.: *lassée*
   Pour la différence entre *las* et *lassé* cf. p. 140, rem. 28.
   Dégoûté ou *écœuré* sont des termes indiquant la répulsion, trop forts ici. Noter les expressions pour *einer Sache überdrüssig sein:*
   en avoir assez (de),
   en avoir par-dessus la tête (de),
   en avoir ras-le-bol (de), expression particulièrement en honneur dans les milieux étudiants de 1968. Ces trois expressions sont classées dans un ordre croissant de familiarité.

5) Var.: *travail à l'exécution*
   Déroulement est un terme trop précis, trop opérationnel, pour que son emploi puisse être conseillé ici.

6) Var.: *réglée*
   Minutieux caractérise un esprit ou un travail s'attachant aux petits détails, mais cet adjectif convient moins bien pour définir la marche de ce travail. Il y a également dans *minutieux* une idée d'excès, parfois louable, mais souvent condamnable.

7) Var.: *jusque dans les moindres détails*

8) Mot à mot: *elle allait au dehors (à l'extérieur),* traduction maladroite
   Cf. p. 63, rem. 91.

9) Var.: *nettoyer*
   astiquer: rendre brillant en frottant
   Le terme le plus précis a été retenu comme traduction.

10) *Un écriteau* désigne le support de mots tracés ou imprimés pour attirer l'attention du public.
Ex.: «Attention, peinture fraîche», dit *l'écriteau* accroché à la porte.
Plaque a un caractère plus permanent et convient mieux au métal.

11) A proprement parler, *Messing* s'emploie pour désigner du *cuivre jaune* ou du *laiton*. Toutefois *plaque de cuivre* est dans ce cas une expression consacrée, se passant de toute précision.

12) Nécessité d'étoffement en français.

13) Le titre de *docteur* ne se place en français que devant les noms de médecins. Dans les autres cas, il suit le nom en précisant la spécialité.
Ex.: M. X., docteur-ès-lettres
   docteur en droit
Il est donc préférable de ne pas traduire **Dr.** ici. Cf. p. 52, rem. 4.

14) Var.: *calculs*
L'expression *études statiques* convient mieux en français, le mot *études* ayant de plus nombreuses acceptions que *calculs*.

15) Var.: *la fumée des trains*
Ce sont en fait les locomotives qui dégagent de la fumée. D'où la traduction retenue. On parle de *la vapeur* (singulier) des locomotives. Mais pour designer la substance polluante, on emploie le terme *fumée*.

16) Var.: *pellicule visqueuse laissée par les gaz d'échappement*
Au sens propre *Schleim* désigne en médecine différentes sortes de sécrétions: *mucosité(s), glaire, graillon, bave* etc.
Il est donc nécessaire en français de trouver un substantif assez neutre auquel on pourra accoler un adjectif rendant l'allemand *schleimig*.
Visqueux marque une qualité naturelle, essentielle, constante et annonce quelque chose de plus tenace.
Gluant est plus temporaire, plus accidentel, qualifiant quelque chose qui colle effectivement comme de la glu.
Poisseux ajoute l'idée de saleté, de crasse.
Ex.: Le goudron (Teer) est une matière *visqueuse;* l'enfant qui y joue aura des mains *gluantes* ou *poisseuses*.

17) Var.: *lui étaient chaque jour autant de prétextes*
donner raison à quelqu'un = recht geben

18) Var.: *prendre dans le tiroir*
Noter l'emploi de la préposition *dans* après le verbe *prendre*.

19) Noter que *le torchon* est généralement en tissu ou en toile (= das Geschirrtuch, der Putzlappen).
La serpillière est un grand torchon de grosse toile (= der Scheuerlappen).

151

20) Var.: *décapant*
Produit de nettoyage s'emploie uniquement pour désigner la substance servant à enlever des tâches, sur des vêtements par exemple.
décapant: produit utilisé pour débarrasser une surface métallique des impuretés qui la recouvrent

21) *Es,* qui sert seulement en allemand à introduire la proposition infinitive, ne se traduit pas en français.

22) Se garder de traduire par *prolonger ... d'un quart d'heure* ou *d'une demi-heure,* ce qui voudrait dire que ce quart d'heure ou cette demi-heure viennent s'ajouter à une durée déterminée qui aurait pu être précédemment mentionnée. *Prolonger jusqu'à* ne serait possible qu'avec l'indication précise d'une heure.

23) *Nettoiement* est un terme administratif. On dira ainsi le *nettoiement des rues, d'un port.* On parle du *service du nettoiement.*

24) Cf. p. 143, rem. 58.

25) L'indication du numéro suffit à faire comprendre qu'il s'agit d'une maison.

26) Var.: *vitres*
vitre: tout panneau de verre apposé à une fenêtre ou à une porte pour empêcher l'air de venir de l'extérieur. Une fenêtre est faite de plusieurs *vitres.*
carreau: petite *vitre*

27) Var.: *poussiéreuses*
Empoussiéré, synonyme de *poussiéreux,* est déconseillé ici parce que trop recherché.

28) Les variantes théoriquement possibles:
presses à imprimer,
presses typographiques,
imprimeuses,
doivent être évitées en raison de la proximité immédiate du verbe *imprimer* qui écarte toute équivoque sur la question de savoir de quel genre de presses il s'agit.

29) De toutes les traductions variées de *stampfen,* la seule autre possibilité, quoiqu'un peu trop poétique serait *piaffantes,* c'est-à-dire une image comparant le mouvement des presses à l'agitation d'un cheval fougueux.
Marteler signifie, au sens figuré, faire entendre des sons à la façon d'un marteau, c'est cette image acoustique qui est la plus adéquate pour définir des imprimeuses.

30) Var.: *infatigablement*
Les traductions plus lointaines *sans cesse, sans relâche* sont à déconseiller parce que plus plates et moins expressives que les solutions proposées.
Pour la différence entre *fatigué, las lassé,* cf. rem. 4 ainsi que p. 140, rem. 28.

31) Par souci de précision, l'adjectif substantivé allemand se traduit généralement par un substantif accompagné d'un adjectif qualificatif. Eviter tous les substantifs qui sont trop imprécis et se prêtent à toutes circonstances: *chose,* par exemple.

Edifiant enchérit sur *instructif* qui ne serait pas assez fort dans cette phrase.

Est *édifiant* ce qui porte à la vertu exemplaire, ce qui peut ou veut servir d'exemple.

32) Var.: *elle ressentait*

Sentir c'est, d'une façon générale, recevoir une impression physique ou prendre conscience de quelque chose par intuition.

Ressentir renchérit sur *sentir*, c'est éprouver vivement une sensation agréable ou pénible; d'autre part, c'est *sentir* par contrecoup ce qui est l'effet d'une cause étrangère.

On *ressent* de la haine ou les effets d'un accident.

Les deux termes peuvent trouver leur justification ici.

Eprouver ne convient pas dans ce contexte; *éprouver,* c'est avoir un sentiment. Cf. p. 44, rem. 56.

33) *Tremblement* implique des petites secousses fréquentes dont on peut distinguer les mouvements alternatifs.

Trépidation désigne, au sens large, le *tremblement* rapide saccadé, plus ou moins intense, des parties d'un véhicule ou d'une machine dans leur marche. C'est le terme approprié dans ce cas.

Vibration met l'accent sur la rapidité des processus susmentionnés.

Trépidation est donc ici la meilleure traduction, puisqu'il s'agit des mouvements réguliers d'une machine.

Il est nécessaire d'employer le possessif pour plus de précision.

autre variante possible: *elle en ressentait la trépidation*

34) *Transporter,* dans ce contexte concret, indiquerait plutôt le fait réel d'être véhiculé à un autre endroit. *Etre transporté* s'emploie également en concurrence avec *se reporter* pour exprimer que l'on se réfère à un moment donné du passé ou du futur mais, dans ce dernier cas, seul *être transporté* convient.

Ex.: On a l'impression d'être *transporté* dans le futur ou dans le passé.

Mais: On se *reporte* au temps où les femmes portaient encore des crinolines.

35) Les traductions littérales de ces deux adjectifs verbaux allemands seraient maladroites en français.

36) Var.: *des camions, des apprentis*

Il se pose la question de savoir s'il est possible d'employer l'article indéfini. Dans cette énumération qui doit éveiller l'impression d'un assemblage hétéroclite d'éléments, il est préférable de se borner aux seuls substantifs. Il n'est toutefois pas exclu d'employer l'article indéfini qui aurait pour effet d'insister sur chacun des termes de l'énumération.

37) Var. plus courante dans la langue parlée: *bonnes sœurs*

Var. plus rare: *nonnes*

car, depuis le XVIIe siècle, ce mot ne s'emploie plus dans le langage courant que par archaïsme, mépris ou dans le style burlesque.

38) Pour rendre le caractère décousu des impressions, le français reprend exceptionnellement les deux points allemands, alors qu'il a normalement tendance à relier. Cf. p. 13, rem. 15.

39) Var.: *l'animation de la rue*
Par l'emploi de la préposition *de,* de préférence à *dans,* on insiste sur la caractéri-sation plutôt que sur la localisation, ce qui est un procédé plus particulier à la langue française.

40) Var.: *caisses*
La caisse est le terme générique désignant une grande boîte pour l'emballage ou le transport des marchandises: une *caisse* de livres, une *caisse* à fleurs, à outils.
Le cageot est une *caisse* particulière à claire-voie pour transporter des denrées ali-mentaires telles que légumes et fruits. En allemand: Lattenkiste.
Le caisson ne convient pas. *Le caisson* appartient soit au domaine militaire (= Mu-nitionswagen), soit au domaine scientifique (= Senkkasten).
Ne pas parler non plus de *coffre; le coffre* a certes la forme d'une *caisse,* mais c'est un meuble qu'on ouvre en levant un couvercle et qui peut servir à la fois d'armoire et de banc. En allemand: die Truhe.
A remarquer:
le coffre-fort = der **Geldschrank**
le coffre d'un navire = der Laderaum (ou Schiffsrumpf)
le coffre d'une voiture = der Kofferraum.

41) Pour la différence entre *boutique* et *magasin,* cf. p. 138, rem. 16.
Noter les expressions suivantes:
les primeurs: premiers légumes ou premiers fruits de la saison (= Frühgemüse; Frühobst)
Mais on dit généralement pour un marchand qui ne vend que des légumes: magasin de *primeurs.*
le marchand de(s) quatre saisons ou *de(s) quatre-saisons:* marchand ambulant de légumes et de fruits poussant une voiturette ou établissant cette dernière à un point fixe de vente (= der Händler der vier Jahreszeiten).
Autre variante possible: *magasin d'alimentation,* ce qui suppose d'autres marchan-dises en plus des légumes.

42) Noter:
le chou-fleur = Blumenkohl
le chou-rave = Kohlrabi
le chou de Bruxelles = Rosenkohl
le chou rouge = Rotkohl

43) Var. moins familière: *voisine.* Cf. p. 52, rem. 3.
La préposition *à* indique la proximité immédiate, le fait que le magasin se trouve dans la maison même dont il est question.
Près de, par contre, signifie qu'il s'agit d'une autre maison.

44) Var.: *devant l'étalage*
     à la devanture
Eviter la répétition de *magasin.*
L'étal est la sorte de table sur laquelle les bouchers disposent la viande, par extension, ce terme désigne aussi la boutique du boucher.

154

L'étalage désigne les marchandises exposées à l'intérieur ou à l'extérieur d'un magasin. Par opposition à *l'éventaire, l'étalage* évoque l'idée que ces objets sont exposés artistiquement.

La devanture est *l'étalage* extérieur garnissant le devant d'une boutique.

La vitrine ne convient pas dans ce contexte car, comme son nom le fait penser, ce terme indique que les marchandises sont exposées derrière une vitre.

45) Var.: *étaient (tout juste) occupés à*
      s'affairaient à
Ce qui importe dans la traduction française, c'est d'insister sur l'aspect descriptif voulu par l'emploi de *gerade* et non pas tant sur la notion de proximité dans le passé.

46) Var.: *accrocher*
Pendre serait également possible, mais ce dernier verbe serait ambigu, car il pourrait évoquer l'idée de pendaison en tant que châtiment.

Appendre a le même sens que les verbes susmentionnés, cependant il est d'un usage vieilli et s'emploie plus particulièrement en parlant de choses que l'on offre, consacre ou dédie:
Ex.: *appendre* des trophées, des ex-voto, des plaques commémoratives
Cf. p. 107, rem. 14.

47) *Keiler* désigne en fait *le sanglier mâle,* toutefois cette précision serait ridicule dans le contexte présent.

La laie est la femelle du sanglier,

le marcassin le petit.

Le solitaire désigne le vieux sanglier mâle.

48) La virgule allemande est rendue en français par une proposition relative dans le but d'éviter la répétition du mot *sanglier;* inconvénient qui n'existe pas en allemand du fait de l'emploi de deux termes différents: *Keiler* et *Wildschwein.*

49) Seule traduction possible de *dunkel* lorsqu'il s'agit de sang.

50) Var.: *tombait goutte à goutte*
Var.: *gouttait*
Var. très familière: *dégoulinait*
S'égoutter ne peut s'employer dans ce cas. S'égoutter, c'est perdre son eau goutte à goutte.
Ex.: Le linge mouillé s'égoutte (avant de sécher).

51) Noter à propos du revêtement de voies publiques:
le macadam = Schotterdecke.
Le bitume, désignant également le revêtement minéral d'un trottoir ou d'une chaussée, est d'un emploi plus rare dans ce sens.

52) C'est, tout comme en allemand, le terme le plus général qui convient le mieux ici. Des termes tels que *fracas, vacarme, tintamarre* sont trop précis et trop intensifs.

53) De même que dans le cas précédent, le terme au sens le plus vaste est préférable ici. *La malpropreté* indique plutôt une qualité constante et caractéristique d'un lieu ou d'une personne par exemple.

La boue désigne la terre détrempée d'eau; sous une forme presque liquide, elle prend le nom de *fange*.

54) Var.: *un sursaut de défi*

Le dépit désigne la petite colère d'une personne piquée d'un manque d'égards ou d'un obstacle à ses volontés. Il est donc nécessaire de préciser ici qu'il s'agit d'un sentiment, d'un accès passager.

Le défi est la provocation à un combat singulier aux sens propre et figuré.

La bravade souligne l'outrance ou l'insolence du *défi*.

La révolte serait trop fort.

55) Var.: *s'empara d'elle*
       l'envahit

56) Le passé simple trouve sa justification dans le caractère brutal de la situation. La représentation qui suit est trop détaillée pour justifier un imparfait d'habitude.

Penser à + infinitif rend également mieux le caractère subit de l'action à laquelle on fait allusion que *penser* suivi d'un simple infinitif.

quelqu'un pense à: l'idée vient à quelqu'un que ou *de*

57) Var.: *à quitter sa place*
       à demander son congé

La traduction de *Kündigung* par un substantif serait ambiguë, car elle n'éclairerait pas sur la question de savoir si c'est elle qui donne son congé ou si c'est son patron qui lui donne son congé.

Kündigung en parlant d'un contrat, c'est la *dénonciation, la résiliation*.

Démissionner ne se dit que pour un haut fonctionnaire, un ministre ou un souverain qui résigne ses fonctions. Dans un sens familier, il signifie *renoncer, abandonner*.

Ex.: Si j'échoue à l'examen, je *démissionne*.

58) Var.: *magasin crasseux*

Noter le degré plus élevé d'intensité de la variante.

Pouilleux désigne ce qui est d'une saleté repoussante. Par extension, il peut prendre le sens de *pauvre, misérable*.

Sale placé après le substantif est trop faible pour rendre *dreckig*.

Placé avant le substantif, il donne à l'ensemble une nuance dépréciative.

Ex.: une *sale* boutique,

ou plus familièrement: une sale *boîte,* désigne un lieu de travail où l'on est mécontent. Dans ce dernier cas, *sale* équivaut à l'allemand *verflucht*.

Ex.: Un bureau *sale,* c'est un bureau dont la propreté laisse à désirer.

sale = schmutzig

59) ein Gewerbe betreiben = *exercer une profession*

60) Var.: *où on vendait*

Le conditionnel de la traduction insiste sur le côté spéculatif des réflexions de la personne, sur leur aspect encore purement théorique.

61) Au sens de *Arbeitgeber*, l'allemand *Chef* se traduit par *patron*. Toutefois on trouve

156

chef dans certaines expressions telles que *chef d'entreprise, chef de bureau, chef d'équipe*. D'autre part *chef* a une nuance plus autoritaire que *patron*.

62) *Sale, malpropre* caractérisent plutôt des choses ou l'aspect d'une personne. *Débraillé* se dit d'une personne dont les vêtements sont négligés.

63) Var.: *tracassés par leurs traites*
    ne sachant comment faire face à leurs traites, à leurs échéances
    Wechsel = la traite, le billet à ordre, la lettre de change
    La traduction littérale *aux soucis de traites* serait maladroite parce que peu claire.

64) Var.: *seraient portés*
    auraient tendance à faire
    Se laisser aller à + substantif serait trop fort.

65) Var.: *privautés*
    Ce terme enchérit et donne à penser qu'il s'agit de quelque chose d'illicite.
    Noter qu'*intimité* ne s'emploie pas au pluriel dans le sens correspondant à l'allemand *Intimitäten*. *L'intimité,* c'est ce qui a rapport à la sphère personnelle et cachée de quelqu'un.
    Ex.: vivre dans l'intimité d'une personne (vivre en contact permanent avec cette personne, connaître ses secrets, etc.)

66) L'usage moderne fait une distinction entre *au moins* et *du moins. Du moins* a une valeur restrictive souvent proche de *néanmoins, pourtant, en tout cas* que n'a pas *au moins.*

67) Var. possible, mais correspondant moins à l'expression consacrée: *refuser*

68) Var. plus familière: *où ce serait toute une histoire*
    Les verbes *lutter, combattre,* traductions également possibles de *kämpfen,* s'emploient moins couramment dans le sens figuré qui nous importe ici.

69) Var.: *pour*
    pour obtenir l'heure qu'elle passerait à attendre
    La traduction retenue présente sur la variante l'avantage d'expliciter davantage.

70) C'est la finalité et non la concomitance ou l'action secondaire qui importe ici, d'où l'impossibilité d'utiliser le gérondif.
    D'autre part des expressions du genre *passer une heure, passer son temps* s'emploient généralement avec la préposition *à* suivie de l'infinitif.

71) Cf. Grass pour *Sammlung,* rem. 4. *sammeln,* rem. 12. *Sammler,* rem. 27.

72) Var.: *tableau appelant sur le foyer la bénédiction du ciel*
    Pour éviter la périphrase, on peut rendre l'expression par *fiançailles* ou *naissance* ou encore par un heureux événement. Etant donné qu'il n'existe pas d'expression équivalente en français, il est nécessaire de traduire le terme allemand par ces deux mots expliquant ce dont il s'agit.

73) Pour la nécessité de rajouter *bien* cf. p. 19, rem. 55.

74) Var.: *blagues*
Des traductions telles que *bons mots* ou *traits d'esprit* doivent être rejetées, parce que trop positives.
Blague est plus familier que *plaisanterie;* d'autre part ce terme ne convient pas ici, car il désigne tantôt une histoire imaginée qu'on veut faire croire à quelqu'un (raconter des *blagues*) tantôt une farce, un tour joué à quelqu'un (faire une *blague* à quelqu'un).

75) Var.: *obscènes*
     grossières
     sales
Sale, lorsqu'il précède le substantif, a un sens péjoratif, dépréciatif général. Cf. rem. 58.
Osé s'emploie souvent pour qualifier ce qui serait de nature à blesser quelque peu la pudeur. Ce terme est trop faible ici.
Obscène se dit d'images, de paroles ou de personnes faisant effrontément étalage de choses concrètes ou évoquant des réprésentations mentales qui font outrage à la décence, à la pudeur.
Grossier qualifie des paroles ou des comportements caractérisés par le manque de délicatesse de la forme, ce qui accentue l'indécence du fond.
Ordurier enchérit sur *grossier.*
Notons également la possibilité de traduire le substantif et l'adjectif allemands par un seul substantif en français: *gauloiseries* (liberté de propos accompagnée de rudesse) ou *grivoiseries* (liberté d'expression nuancée de finesse).

76) Cette exclamation, qui doit chez la jeune femme venir du fond du cœur, ne peut pas avec la même intensité se rendre en français par un substantif. D'où le choix d'un infinitif suivi d'un point d'exclamation.

77) Var.: *non*
Pas comme traduction du *nicht* allemand précédant un substantif est d'un emploi correspondant davantage à la langue parlée que *non,* d'un usage plus littéraire.

78) Au sens propre, *makellos* se traduit par *immaculé, sans tache.*
Au sens figuré *impeccable, irréprochable, parfait* sont de meilleurs équivalents. Il est toutefois difficile de trouver comme en allemand le terme convenant aux trois situations; *impeccable* convient bien à l'ordre, et aussi aux vêtements, toutefois dans le cas de la politesse il faut lui préférer *irréprochable.*
Noter le changement de préposition selon le substantif employé. En effet on dit *avoir des vêtements irréprochables,* mais *être d'une politesse irréprochable.*

79) Var.: *qui l'inquiétait*
Var. plus forte: *lui faisait peur*
Il n'existe pas de traduction fixe pour cette expression allemande. Selon la situation, on peut lui prêter différentes nuances.

80) Var.: *elle flairait*
Pour les sens de *wittern* cf. p. 100, rem. 67.

Ici le verbe a un sens figuré; d'où sa traduction par *soupçonner,* ou, terme encore plus imagé, *flairer.*

81) Il est nécessaire de faire précéder le substantif d'un partitif car le sens est ici: *un sentiment de mépris* et non pas *le mépris* en tant qu'émotion spécifique.

82) Var.: *dont il usait envers*
Var. plus lointaines et plus fortes: *qu'il affichait envers*
dont il ne se départait jamais envers
Zuteil werden lassen ne saurait se traduire ici par certaines de ses acceptions courantes du genre: *décerner, attribuer.* Ces termes sont réservés à des choses très concrètes.

83) Pour les expressions *avoir affaire* ou *à faire à / avec* cf. p. 124, rem. 25.
Var.: *ses interlocuteurs*

84) Var.: *avec qui . . . sinon avec elle* (plus lourde à cause de la répétition de la préposition *avec*)

85) Le *schon* allemand a exactement le même sens emphatique que son équivalent français dans ce contexte, *bien.*

86) Var.: *si loin qu'elle pouvait s'en souvenir*
Noter que l'expression *pour autant que* se construit avec le subjonctif dans l'expression *pour autant que je le sache,* dans les autres cas, ce sont l'indicatif et le conditionnel qui prévalent.
Ex.: *pour autant que je peux* en juger
pour autant que je pourrais en juger
Cependant le verbe *pouvoir* contenant une idée d'éventualité, on emploie souvent le subjonctif avec ce genre d'expressions dans la langue parlée, d'où les autres variantes possibles:
pour autant qu'elle pût s'en souvenir
autant qu'elle pût s'en souvenir
si loin qu'elle pût s'en souvenir
Sur l'emploi des temps du passé du subjonctif cf. p. 123, rem. 20.

87) Var.: *parler avec*
Parler s'emploie avec l'une ou l'autre de ces deux prépositions.
parler à: adresser la parole à quelqu'un
parler avec quelqu'un: converser, s'entretenir avec quelqu'un
Causer exige toujours la préposition *avec.*

88) Var.: *quelqu'un*
quiconque
qui que ce soit
Dans une phrase impliquant une idée négative, il est possible de remplacer *personne* par *quelqu'un,* si l'on veut particulariser l'indication. *Quiconque, qui que ce soit* remplissent le même rôle.
Ne pas dire *n'importe qui = der erste beste.*
Var. plus absolue et plus recherchée: *à âme qui vive*

159

89) Var.: *sinon à*
    excepté à
    en dehors de
    Exception faite de / pour alourdit inutilement la phrase.

90) *Et* se place devant le dernier terme de l'énumération en français et il vaut mieux, pour plus de clarté, répéter la préposition.

91) L'article défini allemand prend dans ce contexte un sens emphatique, d'où sa traduction par le pronom démonstratif composé.

92) Var.: *maison de repos pour malades mentaux*
    maison de santé pour malades mentaux
    En français *sanatorium* est réservé à la maison de repos pour tuberculeux.
    Irrenanstalt = *asile de fous, asile d'aliénés*
    Noter le terme familier: *le dingue (le fou)*

93) Var.: *dont le nom se trouvait*

94) Les traductions de *noch* par *encore* ou *toujours* seraient des contresens, car on veut seulement exprimer ici que la carte rouge comporte également le nom de Schrella outre ceux des membres de sa famille.
    Encore ou *toujours* indiquerait la permanence, la persistance d'un état.

95) Var.: *n'avait jamais demandé à le voir*
    n'avait jamais demandé à lui parler

96) Var.: *Fähmel ne recevait pas les clients.*
    L'allemand *Sprechstunde* se traduit de façon très différente selon la profession exercée:
    Un médecin a des *heures de consultation,*
    un ministre, des *heures d'audience.*
    Un professeur *reçoit* les étudiants de . . . à . . .

97) Ne pas dire: *lui téléphonaient,* car *lui* se rapporte à la secrétaire.
    Mot à mot: *le demandaient au téléphone,* à éviter en raison de la répétition, d'où la traduction par *réclamer* dont le sens est demander avec insistance.

98) Var.: *elle devait leur demander*

99) Var. plus proche du texte, mais plus compliquée: *de s'adresser à lui par écrit*

TEXT 12

Am Band

Es fällt auf, daß die meisten am Band sehr jung sind. In der Regel zwischen 20 und 30. Keiner ist über 50. Ich habe herumgefragt und keinen gefunden, der länger als 15 Jahre am Band ist.

Einige sind vom Band gezeichnet. Die Hände eines Türeinpassers fangen regelmäßig an zu zittern, wenn er nicht fertig wird und hinter den Wagen herlaufen muß.

Ein anderer unterhält sich nur brüllend, auch wenn man dicht neben ihm steht. Er war mehrere Jahre an einem Bandabschnitt eingesetzt, wo ein solcher Lärm herrschte, daß man brüllen mußte, um sich zu verständigen. Er hat dieses Brüllen beibehalten.

Einer erzählt mir, daß ihm „das Band sogar nachts keine Ruhe läßt". Er richte sich oft im Schlaf auf und vollführe mechanisch die Bewegungen der Handgriffe, die er tagsüber stereotyp verrichten muß.

Viele haben bei der Arbeit einen nervösen, gereizten Ausdruck im Gesicht. Oder einen starren Blick. Das sind diejenigen, die meist schon jahrelang dabei und inzwischen abgestumpft sind, die nicht mehr wahrnehmen, was um sie herum vorgeht. Auch in der halbstündigen Pause ist Thema Nr. 1 die Unzufriedenheit mit der Arbeit. Und daß sich die Arbeiter betrogen fühlen. „Wir sind doch nur Handlanger der Maschine. Hauptsache, die Produktionszahlen stimmen!"

„Wer bedeutet hier schon mehr als seine siebenstellige Nummer?" (Je niedriger die Kontrollnummer ist, um so höher ist ihr Besitzer eingestuft.) . . .

Vor den Stempeluhren stauen sich die Massen. Alle warten ungeduldig auf das endgültige Klingelzeichen. Aber die Stempeluhr hält uns noch fest. „Wir stehen hier wie die Bekloppten!" empört sich ein 20jähriger Arbeiter, für den das Stempeln noch ungewohnt ist.

Endlich schrillt die elektrische Klingel. Die Stechkarte wird in den Schlitz gesteckt und der Hebel heruntergedrückt; die von hinten schieben.

Draußen rennen schon die ersten dem Ausgang zu. Sie versuchen, die ersten Busse zu erreichen, die eine halbe Minute nach Schichtende abfahren, oft leer. Im Strom der nach draußen drängenden Arbeiter werde ich durch einen schmalen Gang hinausgeschwemmt.

Günter Wallraff, aus: *Aus der Welt der Arbeit*. Almanach der Gruppe 61

Travail à la chaîne[1]

On est frappé de voir que[2] la plupart[3] de ceux qui travaillent à la chaîne[4] sont encore très jeunes. Ils ont[5], en général[6], entre 20 et 30 ans. Aucun ne dépasse la cinquantaine[7]. J'ai demandé un peu partout[8] et je n'ai trouvé personne[9] qui travaille[10] plus de 15 ans[11] à la chaîne. Quelques-uns[12] sont marqués[13] par la chaîne: les mains d'un monteur de portes[14] se mettent[15] régulièrement à trembler lorsqu'il n'a pas fini à temps[16] et doit[17] courir après[18] la voiture. Un autre ne s'entretient[19] qu'en hurlant[20], même quand on se trouve tout près de lui[21]. Pendant plusieurs années[22], il avait été[23] posté[24] à une partie[25] de la chaîne où il[26] régnait un tel bruit qu'il fallait[27] hurler pour se faire comprendre[28]. Il a gardé[29] cette habitude[30] de hurler. L'un d'eux[31] me raconte que la chaîne, même la nuit[32], ne lui laisse aucun répit[33], qu'il se met[34] sur son séant[35] en plein sommeil[36] pour[37] exécuter[38] machinalement[39] les gestes[40] qu'il doit faire[41], dans la journée[42], de façon stéréotypée[43]. Beaucoup d'entre eux[44] ont au travail[45] une expression de nervosité et d'agacement[46] sur le visage[47]. Ou encore[48] un regard fixe[49]. Ce sont ceux qui souvent[50] sont déjà là[51] depuis des années[52] et qui, entre-temps[53], sont devenus insensibles[54], ne perçoivent[55] plus ce qui[56] se passe autour d'eux. Même[57] pendant la pause[58] d'une demi-heure[59], le thème n° 1[60] est l'insatisfaction[61] que le travail cause aux ouvriers[62]. Et le sentiment chez eux d'être dupés[63]. Nous ne sommes en fin de compte[64] que des hommes de peine[65] de la machine. Le principal[66], c'est que les chiffres[67] de production soient atteints[68]. «Qui donc[69] a plus d'importance que[70] son numéro à sept chiffres?» (Plus[71] le numéro de contrôle est bas, plus son possesseur[72] est classé[73] haut[74]). Devant les horloges de pointage[75], les gens[76] s'amassent[77]. Tous[78] attendent impatiemment[79] que la sonnerie donne le signal[80] de la fin[81]. «On[82] est là comme des cons[83], s'écrie, indigné[84], un ouvrier de 20 ans pour qui pointer[85] est encore inhabituel[86]. Enfin retentit le son strident[87] de la sonnerie électrique. On introduit[88] la carte de pointage dans la fente[89] et on abaisse[90] le levier[91]; ceux de derrière poussent[92]. Dehors[93], les premiers s'élancent[94] déjà vers la sortie. Ils essaient[95] d'attraper[96] les premiers bus[97] qui partent trente secondes[98] après la fin du travail[99], souvent vides.

Dans le flot[100] des ouvriers qui se pressent[101] vers la sortie[102], je me sens entraîné[103] au dehors dans un étroit couloir[104].

1) Var.: *à la chaîne*
La traduction est plus explicite que la variante, les sens du mot *chaîne* étant fort nombreux. Toutefois le lecteur averti comprend tout de suite qu'on va le faire entrer dans le monde du travail.

2) Var.: *ce qui frappe, c'est que*
   ce qu'il y a de frappant, c'est que
Se frapper ou *être frappé* sont des expressions qui, dans leur usage familier ou populaire, construisent leur subordonnée avec *de ce que* et *l'indicatif* de préférence, alors que la construction avec *que* exige le *subjonctif.* Cependant, il vaut mieux éviter ces tournures souvent lourdes. D'où le choix de la traduction ainsi que les deux variantes proposées.
Les tournures *ce qu'on remarque, c'est que, ce dont on s'aperçoit, c'est que* manquent d'intensité.
Le français *il est évident que* correspondrait à l'allemand *es ist klar, es liegt auf der Hand.*
Il est remarquable introduirait dans la phrase une nuance d'admiration qui est loin d'être contenue.

3) Le verbe ayant pour sujet *la plupart* accompagné d'un complément de la 3e personne, s'accorde par syllepse (c'est-à-dire selon le sens et non les règles de la grammaire) avec ce complément.
Il peut arriver que ce complément soit sous-entendu. Dans ce cas, il est censé être au pluriel.
Lorsque *la plupart* a pour complément les pronoms personnels *nous* ou *vous,* le verbe se met presque toujours à la 3e personne et généralement au pluriel.

4) Un raccourci du genre *la plupart à la chaîne* est à rejeter pour des raisons de clarté. L'expression *travailleur à la chaîne,* théoriquement possible, est toutefois d'un emploi peu courant.

5) Il est nécessaire d'introduire un verbe dans la phrase française, car il ne pourrait être sous-entendu que s'il était le même que dans la phrase précédente, or c'est l'auxiliaire *être* que l'on trouve plus haut et ici l'auxiliaire *avoir* s'impose.

6) Var.: *généralement*
Le français *en règle générale* correspond plutôt à l'allemand *grundsätzlich, régulièrement* à *regelmäßig.*

7) Var.: *aucun n'a dépassé la cinquantaine*
   aucun n'a plus de 50 ans
L'indication du seul nombre ne suffit pas à exprimer l'âge d'une personne. Il est nécessaire d'ajouter *ans.* Pour la différence entre *an* et *année,* cf. p. 94, rem. 2.
Noter que dans les expressions *plus* ou *moins* précédant un nom de nombre on emploie généralement *de.* On emploie *plus que, moins que* devant un nom de nombre pour donner au second terme d'une comparaison un relief plus accusé ou pour lui faire prendre une signification mathématique:
Ex.: Cela m'a coûté *plus de* mille francs.

Ex.: Il avait dans sa serviette *plus de* vingt dossiers, c'est-à-dire *plus que* vingt dossiers (mise en relief).

Ex.: Il ne nous a pas fallu *moins que* ces quatre années pour mettre au point cet ouvrage (signification mathématique).

8) Var.: *j'ai demandé de tous côtés*
   j'ai demandé à la ronde
   j'ai interrogé à la ronde

   A la ronde s'emploie à l'origine pour désigner la situation dans un espace circulaire, dans un rayon de X m².

   Par extension, cette expression a pris la signification de *tour à tour* (à propos de personnes installées en rond).

   Ex.: Il était connu à dix lieux *à la ronde.*
        servir ses invités *à la ronde*

   Faire des enquêtes est à rejeter, car ce terme évoque plutôt un sondage d'opinions ou des recherches policières.

9) Var.: *et je n'en ai trouvé aucun*

   Ne pas oublier, avec l'indéfini *aucun,* le pronom personnel invariable *en* qui remplace le terme de phrase sous-entendu *des ouvriers.*

   Personne, étant à l'origine un substantif, ne demande pas l'emploi du pronom personnel.

10) Var.: *qui travaillât*

    Pour l'emploi du *présent du subjonctif* par rapport à *l'imparfait du subjonctif* cf. p. 123, rem. 20.

    Travailler à la chaîne constitue en français une expression consacrée.

    Si on veut éviter la répétition de *la chaîne,* on peut traduire: *qui fasse ce travail depuis plus de quinze ans.* Toutefois *la chaîne* revient comme une sorte de leitmotiv.

11) Var.: *depuis plus de 15 ans*

    Pour l'emploi de la préposition *de,* cf. rem. 7.

12) Variante correspondant davantage au français courant, non littéraire: *il y en a qui*

13) *Marqué* s'emploie au sens figuré en parlant des traces laissées par le travail, le destin, les soucis sur une personne.

    Signé ne s'emploie qu'au sens propre à propos de lettres, de documents, etc.

    Par contre, dans un autre contexte, on pourra dire en parlant d'un visage par exemple, qu'il *porte les signes* d'une grande fatigue ou d'une grande souffrance.

14) Les différentes traductions plus précises de *einpassen:*
    adapter,
    emboîter,
    encastrer
    ne conviennent pas ici.

    Le français reste plus vague quant aux détails techniques de l'opération. Il se contente d'indiquer qu'il s'agit d'une opération de montage.

On dira ainsi:
monteur en coutellerie,
en bijouterie,
d'équipements,
de lignes électriques.

15) Var.: *commencent*
Se mettre marque simplement le point de départ d'une action sans idée de durée, alors que *commencer* peut signifier aussi, à côté du point de départ, faire la première partie d'une chose qui a une certaine durée.
Ex.: *se mettre* au travail
commencer un travail de longue haleine

16) Var.: *lorsqu'il n'a pas terminé à temps*
Finir est un verbe d'un usage général, indiquant qu'un ouvrage est arrivé à son terme naturel (= zu Ende bringen; Schluß machen).
Terminer précise qu'on impose, parfois de plein gré, un terme à un ouvrage ou à une action, qu'on arrête le cours de quelque chose (= abschließen, beenden).
On finit ou *on termine* un ouvrage, mais *on termine* un débat.
Cf. p. 17, rem. 44.
La traduction française a apporté une précision *à temps*. En effet, ce qui importe ici, ce n'est pas le point d'aboutissement de l'ouvrage, mais le respect des temps, de la cadence.
Achever comporte une idée de perfection.

17) Var.: *et qu'il doit courir*
Si on reprend le pronom personnel, il est nécessaire de rappeler la conjonction *lorsque* par *que*.

18) Au figuré comme au propre, la seule préposition possible avec *courir* est *après*.
Quelques expressions: *courir après les femmes, après l'argent, après son ombre.*
Courir derrière indiquerait seulement la position, sans préciser l'intention de rattraper la voiture. Cf. p. 117, rem. 112.

19) *Faire la conversation* est toujours suivi de l'indication d'une personne à laquelle on s'adresse. Cette expression s'emploie avec la préposition *à.*

20) *Brüllen* a des traductions très différentes selon l'animal ou la personne dont il s'agit.
A propos d'un bovin, ce verbe se traduit en français par: *mugir, beugler, meugler.*
Pour un lion on dit: *rugir.*
Pour un tigre: *rauquer.*
Pour un enfant qui crie ou qui pleure: *brailler.*
Pour des personnes, *brüllen* se rend par
hurler: pousser des cris aigus et prolongés, comme les loups et les chiens sous l'effet de la colère, de la douleur ou de la fureur, ou tout simplement, pour se faire mieux entendre;
vociférer: pousser des clameurs désordonnées, le plus souvent sous l'impulsion de la colère;

gueuler: très familier, parler en criant fort, généralement avec trivialité.
De ces trois termes, seul le premier convient dans ce contexte.

21) L'expression *près de* peut être renforcée par *tout,* ce qui n'est pas possible pour une expression telle que *à côté de lui.*
L'expression *à proximité immédiate* s'emploie uniquement pour un endroit, jamais pour une personne, alors que *tout près de* peut également être utilisé pour un endroit.
Ex.: Rambouillet est situé *tout près de* Paris. (ou: *à proximité immédiate de* Paris).

22) Var.: *plusieurs années de suite*
En français l'expression *plusieurs années* ne se suffit pas à elle-même. Ici on emploiera *années* pour marquer la durée. Cf. p. 94, rem. 2.

23) Var.: *il a été*
L'imparfait est à rejeter, car il demanderait une explication complémentaire du genre: *il était à la chaîne,* mais on l'a changé de poste.
Avec le plus-que-parfait, on sous-entend un verbe tel que *on m'a raconté que,* ce qui équivaut à un plus-que-parfait de discours indirect libre.

24) Var.: *employé*
poster: placer quelqu'un à un endroit – une sentinelle, par exemple – afin qu'il observe quelque chose ou exécute un travail déterminé
Le deuxième sens du verbe convient bien dans ce contexte.
Employer est plus général; ici il signifie faire servir, utiliser, occuper.
Placer serait trop vague.

25) Var.: *à une section de la chaîne*
Des termes tels que *morceau, tranche, portion* sont impropres ici; ils s'emploient à propos d'aliments, par exemple, constituant des quantités divisibles.
Secteur ne convient pas non plus, c'est un synonyme du mot *domaine.*
Ex.: Les réformes du nouveau gouvernement trouveront application dans le *secteur* (ou: dans le *domaine*) social.

26) Var.: *où régnait un tel bruit*
Noter qu'avec l'adverbe relatif *où,* on a le choix entre ces deux constructions.

27) Var.: *qu'on devait hurler*

28) Var.: *pour se faire entendre*
S'entendre, se mettre d'accord ne conviennent pas, car ces expressions marquent la convergence de vues ou la bonne entente, ce qui n'est pas contenu dans le texte.

29) Var.: *il a conservé*
Pour la différence existant entre *garder* et *conserver,* cf. p. 15, rem. 27.

30) Var.: *cette manie de hurler* (plus péjoratif)
Hurlement ne convient ici en aucun cas; en français le *hurlement* indique le cri qui est poussé une seule fois et non pas la suite de cris ou bien l'habitude de parler très

167

fort qu'évoque *Brüllen*. Il s'agit en fait d'une habitude qu'a prise cet ouvrier travaillant dans le bruit infernal de la chaîne: *l'habitude de hurler.*

31) Var.: *un d'eux*

Certains grammairiens font la différence entre *l'un de* (en parlant de deux personnes) et *un de* (en parlant de plusieurs personnes).

Cependant *l'un* et *un* se confondent dans l'usage. On préférera employer *l'un* devant un pronom; mais après *en* ou devant *seul,* on dira toujours *un.*

Ex.: Il *en* est venu *un.*

   Un seul a téléphoné.

Cf. p. 52, rem. 1.

32) Pour *nuit,* cf. p. 67, rem. 8.

33) Var.: *ne le laisse pas en repos*

Le répit désigne le court moment de relâche accordé comme un bref délai par ce qui presse, accable, tourmente.

Le repos a un sens plus général; c'est la cessation de tout mouvement, de l'activité qui procure une sensation de calme après la fatigue.

Laisser quelqu'un en *repos,* c'est cesser de le chicaner, de l'importuner.

Laisser tranquille ou *laisser en paix* est trop faible dans ce contexte: ne pas déranger.

Ficher la paix, foutre la paix sont des expressions vulgaires.

34) Le français ne dispose pas de cette possibilité qu'offre la langue allemande de rendre le style indirect par un mode. Il est donc nécessaire de mettre une virgule et non un point à cet endroit, en reprenant la conjonction *que,* afin que les actions décrites continuent à dépendre directement du verbe *raconter.*

Le conditionnel ne convient pas non plus ici pour rendre le style indirect allemand. On rencontre surtout ce mode dans le langage journalistique où il sert à atténuer une affirmation, à communiquer prudemment une nouvelle qui n'a pas encore reçu de confirmation.

Ex.: Des négociations *seraient* en cours entre les deux pays belligérants afin d'aboutir à un désengagement des troupes.

35) Var.: *il se dresse sur son séant*

S'asseoir dans son lit ne convient pas, il s'agit d'une expression indiquant un acte réfléchi, traduisant une prise de conscience plus nette que ce n'est le cas ici.

se lever = aufstehen

S'ériger, forme pronominale du verbe *ériger* (= élever, dresser, construire) a un sens très particulier; il signifie: s'attribuer un droit, se poser en.

Ex.: Il est très autoritaire, il *s'érige* toujours *en* censeur de l'humanité.

36) Var.: *pendant son sommeil*

   en dormant

La préposition *dans* ne précède *sommeil* que dans certaines expressions où ce terme dépend directement d'un verbe:

Ex.: se réfugier *dans le sommeil*

   troubler quelqu'un *dans son sommeil*

   tomber *dans un profond sommeil*

37) Le français a tendance à relier logiquement en subordonnant alors que l'allemand juxtapose, d'où l'introduction ici de l'action secondaire par *pour*.
Pour la différence entre *pour* et *afin*, cf. par analogie p. 15, rem. 25.

38) *Vollführen* a en allemand le sens général de *faire*. Il se traduit donc différemment selon l'opération à laquelle on fait allusion.
Pour des gestes, des mouvements, *exécuter* convient le mieux.
Quelques traductions possibles de *vollführen* selon les situations:
accomplir un travail, une tâche, son devoir
achever une grande œuvre
effectuer un travail, un remplacement

39) Var.: *mécaniquement*
Machinal se dit surtout des gestes, des réactions involontaires qui ne s'accompagnent pas d'une prise de conscience et de réflexion.
Mécanique désigne ce qui est rendu machinal par l'habitude. On dira ainsi qu'un ouvrier finit par avoir des gestes mécaniques, à force de travailler à la chaîne.

40) Var.: *les gestes des opérations*
Pour la différence entre *geste* et *mouvement*, cf. p. 58, rem. 51.
Handgriff peut se traduire par:
manœuvre: agissements remarquables par leur adresse; dans certains contextes le terme *manœuvres* peut désigner un procédé plus ou moins louable, il est alors synonyme d'intrigues.
Ex.: être victime de *manœuvres* frauduleuses
maniement: action de tâter avec la main, d'utiliser avec les mains
manipulation: à l'origine un terme de chimie; c'est opérer sur des substances en les maniant; par extension c'est opérer quelque chose avec la main ou manœuvrer à plusieurs reprises. Au sens figuré, ce terme prend un sens péjoratif.
Opérations serait le seul des termes correspondant à *Handgriffe* qui pourrait entrer dans le contexte du travail à la chaîne. Toutefois, placé après *gestes,* ce terme fait redondance.

41) *Verrichten* se traduit, selon les cas, par *faire, exécuter, accomplir.* Cf. pour ces verbes rem. 38.
Etant donné la précision de la traduction du verbe *vollführen,* on peut se contenter ici d'une acception plus générale.

42) Var.: *le jour*
        de jour
Cf. par analogie *nuit* p. 67, rem. 8.

43) Var.: *de manière stéréotypée*
Noter que *façon* est légèrement plus familier que *manière.*
Stéréotype est en français moderne un substantif auquel correspond l'adjectif *stéréotypé.*

44) Var.: *beaucoup*
Beaucoup peut également s'employer absolument pour indiquer la présence d'un

grand nombre de personnes. Pourtant il est plus couramment employé suivi d'un substantif ou d'un pronom personnel.

Noter la préposition *entre* après un indéfini suivi du pronom personnel employé comme complément avec *de*.

Ex.: certains d'*entre* nous
plusieurs d'*entre* nous
quelques-uns d'*entre* nous

Seuls peuvent faire exception *l'un* et *chacun*.

45) Var.: *pendant le travail*

46) C'est la tendance du français à la caractérisation qui explique la transformation des adjectifs allemands en substantifs.

Var.: *d'irritation*

agacer: exciter à la colère, à l'irritation en énervant, en impatientant

irriter: exciter la nervosité jusqu'à la colère, ou mettre dans un état de colère durable, mais contenue qui peut même éclater en violents accès

courroucer: mettre dans une forte colère est un terme d'emploi plus noble que les autres (substantif: *le courroux*)

47) *Au* visage se rencontre dans certaines expressions consacrées telles que:

avoir la honte au visage
cracher au visage
jeter un objet au visage

En règle générale *visage* n'est pas précédé de la préposition *dans*. Toutefois, dans certaines expressions, on rencontre une telle construction, sans doute par analogie à *dans la physionomie* (= l'ensemble des traits, l'aspect du visage).

Ex.: Il avait *dans le visage* quelque chose de bon (c'est-à-dire: il avait dans la physionomie).

Pour la différence entre *visage* et *figure,* cf. p. 29, rem. 40.

Ausdruck im Gesicht peut parfois se traduire par la *mine,* c'est-à-dire l'aspect du visage considéré comme l'expression de la santé:

Ex.: avoir *bonne mine*
avoir *mauvaise mine,*

ou considéré comme l'expression du caractère ou de l'humeur:

Ex.: *faire une mine allongée*
avoir la mine réjouie.

Toutefois cette expression ne convient pas bien aux adjectifs *nerveux* et *agacé.*

48) Pour donner plus de poids à ce membre de phrase très court, il est préférable de rajouter *encore* en français.

49) *Figé* ne convient pas pour qualifier le regard. Cet adjectif s'emploie en parlant d'une attitude ou d'une personne, immobile, immuable, comme sans vie.

50) Var.: *pour la plupart*

51) *Dabei sein* comporte plusieurs possibilités de traduction qui ne conviennent toutefois pas ici.

170

Y être, c'est être à un endroit précédemment mentionné.

Etre présent, c'est assister à quelque chose.

En être, être de la partie, c'est se trouver dans un groupe et partager avec celui-ci une activité quelconque.

52) Ce qui importe ici, c'est le point de départ, le recul et non la durée qui serait rendue par les trois expressions suivantes: *pendant des années, durant des années, des années durant.*

53) Var.: *dans l'intervalle*

54) Var.: *indifférents*

Noter que pour des objets dont une section a été enlevée *abgestumpft* se traduit en français par *tronqué.*

Pour des sentiments, c'est le terme *émoussé* qui convient le mieux.

On parle également d'une intelligence *émoussée,* c'est-à-dire d'une intelligence ayant perdu de son activité.

Abruti est trop fort dans ce contexte. Cet adjectif traduit l'état de l'homme dont les facultés intellectuelles ont subi une grave dégénérescence. L'homme se trouve ramené à la condition d'une bête.

Perdre toute sensibilité est une expression trop forte pour convenir ici.

55) *Percevoir* est un terme de philosophie s'appliquant à tous les sens, alors que *distinguer* évoque plus généralement une image visuelle.

56) Var.: *ce qu'il se passe autour d'eux*

Avec certains verbes tantôt personnels, tantôt impersonnels, il est possible de dire ou d'écrire indifféremment: *ce qui* ou *ce qu'il.*

Ex.: Vous faites toujours *ce qui* vous plaît (*qui* est dans ce cas le sujet du verbe personnel).

Vous faites toujours *ce qu'il* vous plaît (il s'agit ici d'un verbe impersonnel, l'infinitif est sous-entendu; en fait cela veut dire: *ce qu'il* vous plaît de faire).

Toutefois, dans certains cas, la distinction est indispensable pour éviter une absurdité.

Ex.: Détruis *ce qu'il* te plaît (sous-entendu: de détruire).

Détruis *ce qui* te plaît (serait absurde parce qu'on n'a pas, en général, l'habitude de détruire ce qu'on aime).

A remarquer qu'avec le verbe *falloir,* on dira toujours *ce qu'il:*

Faites tout *ce qu*'il faut.

57) *Auch* a ici le sens de *sogar* ce qui justifie sa traduction par *même.*

58) Il est impossible d'employer la préposition *dans* pour cette expression.

A l'école, la pause accordée aux enfants pour leur permettre de se détendre prend le nom de *récréation,* dérivé du verbe *récréer* (délasser) qu'il ne faut pas confondre avec *recréer* (créer de nouveau) qui donne le substantif *recréation* (nouvelle création).

Pour *pause,* cf. p. 42, rem. 41.

59) *Une demi-heure,* mais *une heure et demie.* Cf. p. 143, rem. 58.

60) Var.: *le thème dominant*
    le sujet dominant

61) Var.: *le mécontentement*
    Les deux termes sont des synonymes, le premier est d'un usage beaucoup plus moderne que le second, surtout lorsqu'il s'agit des conditions de travail.

62) Une préposition ne suffit pas à traduire *mit. L'insatisfaction du travail* serait une traduction absurde, car c'est alors le travail qui serait insatisfait. Il est nécessaire de développer l'expression en français.

63) *duper:* abuser de la crédulité de quelqu'un pour causer un préjudice, un dommage
    berner: tromper quelqu'un d'une façon grossière en lui faisant croire des balivernes, en se moquant de lui (= zum Narren halten)
    tromper: terme le plus général; il s'applique plutôt à l'intelligence égarée par le mensonge ou de faux indices.
    Il existe d'autre part une légère différence de sens entre *dupe* et *dupé. Dupe,* substantif ou adjectif, désigne la personne dont la naïveté, la crédulité fait une victime facile.
    Ex.: être la *dupe* de quelqu'un
    Dupé est un participe passé pris comme adjectif s'appliquant à la personne trompée.
    Ex.: *être dupé par* quelqu'un
    Rouler, synonyme de *duper,* est du vocabulaire familier.
    Tricher, c'est ne pas respecter les règles de jeu, ou tromper en parlant de petites choses.
    Ex.: Elle *triche* aux examens. Elle *triche sur* son âge.
    Tricher, étant intransitif, ne peut s'employer au passif.

64) *Doch* se rend de façon très différente selon le contexte dans lequel il est placé. Il a ici pour but d'exprimer la finalité, le point d'aboutissement, la conséquence logique, toutes choses justifiant la traduction choisie.

65) Ne pas confondre *homme de peine,* c'est-à-dire celui qui doit accomplir les besognes de bas étage, et *homme de main,* celui qui participe à un mauvais coup, à un attentat, par exemple.
    Le manœuvre est le terme réservé à la langue du travail. C'est déjà un terme de classification professionnelle plus précis que la traduction par *homme de peine.* En effet *le manœuvre* est le salarié affecté à des travaux ne nécessitant pas de connaissances professionnelles spéciales.
    Le serviteur ne convient pas non plus, il y a dans ce terme une nuance de respect pour le maître, ce qui n'est pas le cas ici.
    Esclave exprime un trop grand degré de sujétion pour trouver emploi dans cette phrase.

66) Var.: *l'essentiel*
    Ces expressions exigent le subjonctif.

172

67) *nombre:* rapport de grandeur, concept de base des mathématiques, ne convient pas lorsqu'il s'agit d'estimations numériques

chiffre: caractère dont on se sert pour représenter un nombre, ensemble des données qui vont apporter des éclaircissements sur une situation précise

Ex.: La situation se passe de commentaire. Les *chiffres* parlent d'eux-mêmes.

68) *Stimmen* se traduirait normalement en français par *concorder, être en accord* ou plus familièrement par *coller.* Toutefois ces verbes exigent un complément d'où l'impossibilité de les utiliser ici.

Etre justes ou *en ordre, en règle* sont des expressions inexactes dans ce contexte.

En fait il s'agit d'exprimer ici que des chiffres de production sont fixés à l'avance et que ceux-ci doivent être *atteints.*

69) *Schon* a ici une valeur intensive et ne saurait se traduire par ses acceptions courantes, telles que *déjà,* par exemple.

70) Var.: *signifie plus que*

Bedeuten se traduit par *valoir* dans certaines expressions consacrées seulement.

Ex.: ne pas *valoir* cher (au sens figuré: ne pas mériter beaucoup d'estime); ne pas *valoir* grand-chose (même signification au sens figuré)

71) Var.: *Le numéro de contrôle est d'autant plus bas que son possesseur est mieux classé.*

Noter ces deux façons de rendre en français *je . . . um so . . .:*

– *plus . . . plus*

– ou: *d'autant plus . . . que*

72) *Propriétaire* insiste sur le droit de la personne sur la chose ou l'animal en question. *Possesseur* marque le fait, l'état de choses. Il convient donc mieux ici.

Détenteur désigne celui qui détient quelque chose ou qui a quelque chose à sa disposition matérielle. Plus spécialement, ce terme s'applique à la personne qui a une chose à sa disposition, sans en être ni prétendre en être le *possesseur.*

Ex.: un *détenteur* d'armes

le *détenteur* du prix Nobel

Porteur peut avoir le même sens que *détenteur* dans certaines expressions consacrées.

Ex.: un chèque au *porteur* = un chèque barré (= Verrechnungsscheck)

73) Var.: *plus l'échelon de son possesseur est élevé*

Les deux traductions proposées font nettement ressortir qu'il s'agit ici de la classification professionnelle des ouvriers.

On parle de *l'échelon d'avancement* d'un employé ou d'un fonctionnaire.

74) Noter le sens particulier de l'adverbe *hautement* par rapport à cet autre adverbe qu'est *haut.* A l'origine il signifie *tout haut et sans craindre de se faire entendre.*

Ex.: dire *hautement* ce qu'on pense

Par extension il souligne la hardiesse, la détermination.

Ex.: attaquer *hautement* la politique du nouveau gouvernement

A l'heure actuelle *hautement* vient souvent renforcer un adjectif.

Ex.: quelqu'un de *hautement* considéré

75) Var.: *devant les pendules de pointage*
    devant les horloges de contrôle
Cf. pour *pendule* et *horloge*, p. 110, rem. 47.
Le mouchard désigne familièrement le dénonciateur ou la personne qui épie les gens dans le but de révéler ses découvertes et de les exploiter. C'est également, par analogie, le nom que l'on donne à un appareil de contrôle ou de surveillance. Toutefois à cause de l'ambiguïté possible, il vaut mieux ne pas l'employer ici.

76) Il est préférable d'éviter de traduire *les masses,* car au 19e siècle cette expression a commencé à désigner plus particulièrement les couches populaires.
Ex.: Un démagogue est un homme qui flatte les désirs et les passions des *masses.*
     La psychologie des *masses* est un facteur qui ne doit pas être méconnu par un gouvernement.

77) Grâce au verbe choisi, on peut rendre l'idée qui était précédemment contenue dans l'allemand *die Massen.*
Pour les synonymes du verbe *s'amasser/amasser,* cf. p. 15, rem. 29.

78) Var.: *tout le monde (attend)*

79) Var.: *avec impatience*

80) *la cloche:* instrument de métal en forme de coupe renversée et produisant des sons retentissants à l'aide d'un battant (à l'intérieur de la *cloche*) ou d'un marteau (à l'extérieur de celle-ci) (= Glocke)
la sonnette: clochette, c'est-à-dire une petite cloche. Plus spécialement *sonnette* s'applique à l'appareil qui permet au visiteur d'annoncer sa venue dans un appartement ou une maison.
la sonnerie: ensemble des *cloches* d'une église ou ensemble des pièces servant à faire sonner au théâtre, dans un grand magasin ou dans une usine
Le fait que l'on n'a pas traduit *le signal de la sonnerie* (formule théoriquement possible) trouve son explication dans la remarque 81.
Le signe traduit en général un rapport naturel entre la chose que l'on perçoit et ce qu'elle nous révèle.
Ex.: Un ciel couvert peut être *le signe* d'une averse imminente.
Le signal est généralement convenu, il est une création artificielle, servant souvent d'avertissement.
Ex.: L'arbitre a donné le *signal* de la fin du match en sifflant.
Cf. p. 19, rem. 56.

81) *Endgültig* se traduit normalement par:
final: pour une chose qui est la dernière d'une série ou pour une action constituant un complément ou un achèvement;
définitif: pour une chose réglée et fixée de sorte qu'on n'aura plus besoin d'y revenir.
En fait il s'agit ici de la sonnerie marquant la fin du travail et il est d'un usage plus courant dans ce cas de parler *du signal de la fin.*

82) *On,* de préférence à *nous,* correspond davantage au style familier, au langage parlé.

Il n'est d'ailleurs pas rare de rencontrer le pronom indéfini et le pronom personnel juxtaposés.

Ex.: *Nous, on* a préféré aller au cinéma tandis qu'eux, ils allaient au théâtre.

83) Var. moins vulgaire: *des andouilles*
Noter qu'il existe en français quantité d'adjectifs exprimant familièrement l'absence de bon sens: *dingue, tapé, abruti.* Il faut garder ici toute la verdeur du langage ouvrier.

84) Le français a besoin, pour rendre ce genre de verbe allemand, d'un verbe d'affirmation qu'il fait suivre d'un adjectif précisant l'humeur ou l'état d'esprit de la personne qui parle.

85) Selon la chose ou l'action à laquelle il s'applique, le verbe *stempeln* peut avoir des sens très différents.
timbrer, apposer un timbre, un cachet (sur): un document ou un papier officiel
oblitérer des timbres, un ticket de métro
estampiller, marquer des marchandises
Pour un chômeur, *stempeln gehen* se traduit par: *aller (se faire) pointer, vivre d'allocations de chômage.*

86) Var.: *encore pas habitué au pointage*
Certains adjectifs, tels que *habitué*, n'ont pas d'antonymes, d'où la nécessité de les garder sous leur forme positive en les faisant précéder de *pas* ou de *non* (dans un style plus relevé).

87) Var.: *La sonnerie électrique émet enfin un son strident.*
Le français dispose de moins de verbes que l'allemand pour exprimer les différents bruits, *schrillen* se traduit donc par *faire* ou *rendre un bruit aigu, strident, perçant.*
Pour une sonnerie, c'est l'adjectif *strident* qui convient le mieux.

88) Le français donne la préférence au tour actif sur le tour passif lorsque c'est possible.
Stecken, dans ce contexte, peut être rendu par *mettre, faire entrer.*
Introduire est toutefois préférable, parce que plus précis.
Fourrer est un terme familier synonyme de ces verbes.

89) Une *fissure* est une petite fente ou une petite crevasse (= Riss).

90) Var.: *on baisse*
Abaisser et *baisser* ont une grande majorité d'acceptions communes. Souvent c'est l'usage qui décide de l'emploi de l'un ou de l'autre terme.
Baisser est plus absolu.
abaisser est plus relatif; il a souvent le sens de *baisser vers.*
drücken = presser, pousser. On ne peut toutefois pas construire ces verbes avec un adverbe tel qu'*en bas,* comme en allemand.

91) Var.: *la manette*
Le levier est la barre rigide basculant autour d'un point fixe et servant à actionner un mécanisme.
La manette est la clé, le levier ou la poignée commandant un mécanisme.

92) Noter l'expression *schieben mit* qui se traduit en français par *trafiquer, faire du marché noir.*

93) Pour la traduction de *draußen,* cf. p. 63, rem. 91.

94) Var.: *se précipitent*
     courent

95) Pour les différentes traductions de *versuchen,* cf. p. 137, rem. 9.
    Le sens le plus général convient le mieux ici.

96) Var.: *atteindre*

97) Pour la différence *autobus / autocar,* cf. p. 82, rem. 16.

98) *Trente secondes* est la seule traduction possible.
    De même *ein halbes Jahr* se traduit par *six mois.*

99) Dans le monde du travail, *die Schicht,* c'est *l'équipe* (d'hommes) affectée à un poste, mais une traduction littérale est impossible ici. Noter l'expression *faire les trois huit* (trois cycles de huit heures répartis entre trois équipes d'ouvriers).

100) Var. moins imagée: *dans la cohue, dans la foule,* cf. p. 67, rem. 10.

101) Eviter *qui se poussent* à cause de la répétition qui en résulterait. Au sens figuré, *drängen* a le sens *d'insister sur, pour que.*
     Ex.: Er drängte zur Entscheidung. = Il a *insisté pour* qu'une décision soit prise (il a *poussé à* prendre une décision).

102) Var.: *au dehors* conviendrait également, mais on en a besoin pour la suite du texte.

103) Var.: *porté*
          poussé (mais cf. rem. 101)
     Une traduction littérale est impossible, toutefois *entraîné, porté* sont en accord avec l'image du courant contenue dans l'expression *dans le flot.*
     Au dehors rend le préfixe *hinaus.*

104) Pour la différence existant entre *couloir* et *corridor,* cf. p. 46, rem. 66.

Ein Mann, der mit einer Frau Kinder zeugt, gibt ihr Geiseln in die Hand und hofft, daß sie ihn damit bis in alle Ewigkeit erpressen wird. Nur so hat er in seinem absurden Dasein einen Halt und die sinnlose Sklaverei, auf die er dressiert wurde, eine Rechtfertigung. Wenn er für Frau und Kind arbeitet, arbeitet er nicht nur für zwei Menschen, von denen der eine nichts tun will, weil er weiblich ist, und der andere nichts tun kann, weil er noch zu klein ist. Er arbeitet für etwas, das mehr ist als diese Frau und dieses Kind: für ein *System,* das alles umschließt, was arm, hilflos und schutzbedürftig ist auf dieser Welt (das Arme und das Hilflose und das Schutzbedürftige *an sich)* und das — wie er glaubt — seiner bedarf. Durch Frau und Kind schafft er sich ein Alibi für seine Sklaverei, eine künstliche Rechtfertigung für seine trostlose Existenz, und er nennt dieses System, diese heilige Gruppe, die er sich *willkürlich* geschaffen hat, seine „Familie". Die Frau nimmt seine Dienste im Namen der „Familie" freudig entgegen: Sie akzeptiert die Geiseln, die er ihr anvertraut, und macht damit, was er sich wünscht (kettet ihn immer fester an sich und erpreßt ihn bis an sein Lebensende) — und zieht daraus den Nutzen.
Beide, Mann und Frau, haben also nur Vorteile von ihren Kindern (sonst würden sie ja keine zeugen). Der Mann hat den Vorteil, dadurch seinem Leben rückwirkend einen höheren Sinn zu geben und sich auf ewig versklaven zu dürfen, und die Frau hat alle übrigen Vorteile. Diese Vorteile müssen für sie enorm sein, denn so gut wie jede von ihnen kann wählen zwischen Berufsleben und Kindern, und so gut wie jede wählt die Kinder.
Man könnte hier einwenden, daß die Frauen sich nur deshalb für Kinder entscheiden und nicht für den Beruf, weil sie Kinder lieben. Dagegen ist zu sagen, daß eine Frau so großer Gefühle, wie sie eine reine Liebe zu Kindern erfordern würde, gar nicht fähig ist. Der Beweis ist dadurch gegeben, daß so gut wie alle Frauen sich immer nur um ihre eigenen Kinder kümmern und nie um fremde. Sie nehmen sich nur dann eines fremden Kindes an, wenn sie aus medizinischen Gründen keine eigenen bekommen können (und auch dann erst, wenn alle Versuche gescheitert sind, inklusive künstlicher Befruchtung durch den Samen eines fremden Mannes.) Obwohl die Waisenhäuser der ganzen Welt voll sind von reizenden, hilfbedürftigen Kindern, und obwohl Fernsehen und Zeitungen fast täglich die Zahlen der kleinen Afrikaner, Inder und Südameri-

L'homme subjugué[1]

Un homme qui engendre[2] des enfants avec une femme lui met entre les mains[3] des otages[4] et espère qu'elle exercera[5] ainsi[6] un chantage sur lui ad vitam aeternam[7]. C'est pour lui la seule façon[8] de donner[9] un soutien[10] à son existence absurde[11] et une justification à l'esclavage stupide en vue duquel[12] on l'a dressé[13]. Quand[14] il travaille pour sa femme et son enfant[15], il travaille non seulement[16] pour deux êtres[17] dont l'un ne veut rien faire parce qu'il est[18] du sexe féminin[19] et l'autre ne peut rien faire parce qu'il est encore trop petit. Il travaille pour quelque chose représentant[20] plus que cette femme et cet enfant: pour un *système,* qui englobe[21] tout ce qui est pauvre[22], sans défense[23], sans protection[24] en ce monde[25] (ce qui est pauvre, sans défense, sans protection *en soi*) et qui, à ce qu'il croit[26], a besoin de lui. Du fait[27] qu'il a femme et enfant, il se crée un alibi pour son esclavage, une justification artificielle pour sa triste[28] existence et il appelle ce système, ce groupe sacré[29] qu'il a fondé[30] de son plein gré[31], sa «famille». La femme accepte avec joie[32] les services qu'il lui rend[33] au nom de la «famille». Elle prend[34] les otages qu'il lui confie et fait ainsi ce qu'il désire[35] (en l'enchaînant[36] de plus en plus solidement[37], en le faisant chanter[38] jusqu'à la fin de ses jours)[39], et c'est elle qui en tire profit[40]. Tous deux[41], l'homme et la femme[42], n'ont donc que des avantages de leurs enfants (sinon[43], ils n'en[44] engendreraient pas). L'homme a l'avantage de donner[45] par là[46], après coup[47], un sens plus noble[48] à sa vie et d'avoir le droit de s'asservir[49] pour l'éternité, la femme, elle[50], a tous les autres avantages[51]. Ces avantages doivent être énormes pour elle, car presque chacune d'elles[52] peut choisir entre la vie professionnelle et les enfants[53] et presque chacune choisit les enfants. On pourrait objecter ici[54] que les femmes ne se décident pour[55] les enfants, et non pour la profession, que parce qu'elles aiment les enfants. A cela, il faut répondre qu'une femme est tout à fait incapable d'aussi grands sentiments que ceux[56] que réclamerait[57] un véritable[58] amour des[59] enfants. La preuve en est que[60] la presque totalité[61] des femmes ne s'occupent[62] toujours que de leurs propres[63] enfants et jamais de ceux des autres[64]. Elles ne se chargent de l'enfant d'autrui[65] que si[66] pour des raisons médicales[67] elles ne peuvent pas en avoir à elles[68] (et alors[69] seulement[70] lorsque toutes les tentatives [71] ont échoué, y compris[72] l'insémination[73] articifielle grâce au[74] sperme[75] d'un autre homme que le leur)[76]. Bien que[77] les orphelinats du monde entier[78]

kaner veröffentlichen, die den Hungertod gestorben sind, nehmen die Frauen
— die doch vorgeben, Kinder zu *lieben* — eher noch einen streunenden Hund
oder Kater in ihr Heim auf als ein verlassenes Kind.

Esther Vilar, aus: *Der dressierte Mann*

soient pleins[79] d'enfants charmants[80] ayant besoin d'être secourus[81] et que la[82] télévision et les journaux[83] publient[84], presque tous les jours[85], le nombre[86] des petits Africains, Indiens[87] et Sud-américains morts de faim[88], les femmes, tout en prétendant[89] *aimer* les enfants, préfèrent[90] encore recueillir[91] dans leur foyer[92] un chien ou un chat[93] perdus[94] qu'un enfant[95] abandonné[96].

1) Var.: *l'homme dressé*
   L'homme subjugué est le titre de la traduction française de l'ouvrage d'Esther Vilar.
   subjuguer: exercer un puissant ascendant sur une personne, la dominer
   Ex.: Un orateur *subjugue* son auditoire.
   On peut également employer ce verbe avec des termes plus abstraits.
   Ex.: Un dictateur peut devenir dangereux quand il a pour faculté de *subjuguer* les
   esprits.

2) Var.: *procrée*
   Il s'agit de choisir un terme d'un style assez élevé pour rendre la nuance d'ironie
   contenue dans *zeugen.*
   Engendrer est un terme général convenant aux êtres humains et rarement aux ani-
   maux; il insiste à la fois sur le fait matériel et sur les qualités de l'être à naître.
   Procréer est réservé à l'espèce humaine; ce terme insiste sur le fait matériel de la mise
   au monde.
   Faire des enfants est synonyme *d'engendrer.* C'est l'expression familière employée en
   parlant d'un homme. Dans ce cas, on dira *faire des enfants à une femme.*
   Noter que pour un animal femelle, on dira *faire des petits,* alors que pour une femme,
   c'est *enfanter* qui convient.
   Produire ne se dit pas pour des êtres humains, mais pour des ouvrages de l'esprit, de
   l'art, comme des travaux de l'industrie et de l'agriculture. Un poète a *produit*
   (= composé) plus de 200.000 vers; un arbre *produit* des fruits; une région *produit*
   du pétrole.
   Créer ne convient pas non plus; cela signifierait donner l'existence à un être entièrement nouveau, encore inconnu ou faire naître à partir de rien; ainsi, dans la Bible,
   Dieu a *créé* le ciel et la terre (on parle alors d'une *création* ex nihilo).
   Autre variante plus libre: *avoir des enfants avec une femme, c'est pour un homme
   lui mettre* . . .

3) Var.: *lui dépose entre les mains*
          lui livre
   Noter l'emploi obligatoire de la préposition *entre.*
   Le verbe *donner* ne s'emploie dans une expression de ce genre que lorsque *mains* est
   suivi de l'adjectif *propres.*
   Ex.: Donner (ou: remettre) un document important à quelqu'un *en main(s) propre(s).*

4) Noter les expressions suivantes:
   la prise d'otages = die Geiselnahme
   donner, livrer des otages = Geiseln übergeben
   donner en otage = als Geisel geben
   servir d'otage = als Geisel dienen
   s'offrir en otage = sich als Geisel anbieten

5) Pour traduire l'allemand *erpressen,* le français dispose de deux possibilités:
   faire chanter quelqu'un, ou:
   exercer un chantage sur quelqu'un
   En raison de l'ambiguïté de la première expression, c'est la seconde qui a été retenue.

Extorquer, c'est obtenir quelque chose de quelqu'un par la ruse ou par la force.
Ex.: *extorquer* de l'argent à quelqu'un; ce terme ne convient pas ici.

6) Var.: *que cela lui permettra*

Bien que cette variante corresponde à la tendance d'étoffement du français, la traduction retenue est toutefois préférable parce qu'elle évite une accumulation de *lui.* *Avec eux* est non seulement une impropriété, mais un contresens puisque *avec* peut avoir le sens de *en même temps que, ainsi que,* ce qui signifierait que femme et enfants exercent un chantage sur l'homme.

7) Var.: *pour toujours*
   à (tout) jamais
   jusqu'à la fin des temps

L'emploi de la locution latine souligne l'ironie du passage.

A perpétuité ne convient pas dans ce contexte. Cette expression est réservée, entre autres,
– à une concession dans un cimetière: acheter une concession à perpétuité
– à une peine pénale, par exemple de travaux forcés: être condamné à perpétuité
Jusqu'à la fin de ses jours pourrait également rendre l'expression allemande, toutefois on en a besoin plus loin pour traduire *bis an sein Lebensende.*
Remarquer que l'expression *de toute éternité* ne s'applique qu'à un contexte passé.
Ex.: *De toute éternité,* un conflit latent a opposé les générations.
Noter enfin que la locution *in alle Ewigkeit* se traduit dans le langage religieux par: *dans (tous) les siècles des siècles.*

8) Var.: *ce n'est que de cette manière qu'il donne*
   ce n'est que de cette façon qu'il donne
   ce n'est qu'ainsi qu'il donne

Pour la différence entre *manière* et *façon* cf. p. 47, rem. 81.

9) Var.: *d'avoir un soutien dans son existence*
   de trouver un soutien dans son existence

10) Var.: *appui*

Au sens figuré, l'allemand *Halt* peut se traduire par
l'appui: a pour caractéristique de rendre inébranlable, ferme et résolu
le soutien: donne la force, l'endurance d'aller jusqu'au bout
le support: permet de supporter ses maux, ses malheurs sans en être accablé
Ex.: Grâce à *l'appui* d'un personnage puissant, cette famille a pu retrouver son fils, son seul *soutien* puisqu'il peut assurer sa subsistance, son seul *support,* puisque sans lui la famille ignorait toute joie.
La tournure verbale *quelque chose à quoi se tenir* a un sens trop concret pour pouvoir être employée dans ce cas. D'autre part l'expression *savoir à quoi s'en tenir* correspond en allemand à *wissen, woran man ist.*

11) Var.: *dénuée de sens*
    dépourvue de sens
    absurde

Pour éviter la répétition *existence absurde / esclavage absurde,* il vaut mieux ne considérer la dernière variante que comme une possibilité purement théorique. Dans ce texte l'auteur prend souvent le „Fremdwort", pour le mot allemand pour exprimer une même idée, tour qui ne peut pas être repris en français.

Eviter *sans sens* en raison de l'allitération gênante.

12) Var.: *pour lequel*

Du point de vue du style, la traduction est bien meilleure que la variante. Eviter d'employer la préposition *à* devant un substantif suivant le verbe *dresser.*

Ex.: un chien *dressé pour* la chasse

On emploie par contre la préposition *à* devant un infinitif.

Ex.: une mémoire *dressée à* retenir des dates historiques

13) Var.: *il a été dressé*

Rappel: le français préfère, quand c'est possible, utiliser la forme active plutôt que le passif.

Dressé et non *éduqué* (= erzogen) ou *formé* (= gebildet), expressions trop faibles.

14) *Quand* et non *si* qui serait un contresens car on mettrait alors en doute le travail de l'homme.

Pour la traduction de *wenn* cf. p. 14, rem. 20.

15) Il est plus naturel en français d'employer dans ce cas l'adjectif possessif, car il ne s'agit pas d'une expression consacrée.

Par contre la locution *avoir femme et enfant(s),* qui serait, elle, une expression consacrée, se passe d'adjectif possessif.

16) Var.: *il ne travaille pas seulement*

17) Var.: *personnes*

Au sens le plus large du terme, *individu* est synonyme d'*être humain, d'homme.*

Toutefois dans le langage courant, familier, ce terme prend une signification péjorative en désignant la personne que l'on ne peut ou ne veut pas nommer. Cette connotation se trouve même parfois renforcée par l'adjonction d'adjectifs qualificatifs dépréciatifs.

Ex.: un sale, un triste *individu*

un *individu* sans foi ni loi

18) Var.: *il est de sexe féminin*

il appartient au sexe féminin

il est femme

Pour marquer l'appartenance exprimée en allemand par *sein,* on a le choix entre plusieurs expressions consacrées françaises:

être de

appartenir à

ou, pour une association, un parti politique,

être membre de

être affilié à etc.

19) Il serait maladroit de traduire littéralement *est féminin*.
Il est nécessaire de rajouter *sexe*. *Féminin* après le verbe *être* pourrait signifier: de caractère féminin.
Ex.: Faire des remarques sur la beauté ou l'habillement d'un homme politique qui prononce un discours, c'est très *féminin* (c'est une attitude très féminine).
La femelle, substantif, se dit en parlant de l'animal du sexe féminin.

20) La traduction retenue a pour but d'éviter la répétition du verbe *être* contenu dans la phrase précédente.
Ne pas dire *valant mieux* (ou *qui vaut mieux*) *que*. *Valoir mieux* introduit alors dans la phrase un jugement de qualité, ce qui serait fausser le texte. A la rigueur, on peut employer *valoir plus,* bien que cette taxation commerciale soit un peu gênante.

21) Var.: *comprend*
    embrasse
englober: rassembler ou réunir des personnes et des choses pour en former un tout
comprendre: réunir plusieurs choses ou personnes en un tout dont elles font partie
embrasser: comprendre des choses nombreuses et de tous genres
Renfermer, contenir (enthalten) sont trop faibles.
Enfermer est un terme vieilli pour *renfermer.*
Inclure convient moins bien que *comprendre* et *englober,* car le verbe ne renferme pas tant l'idée d'un tout que le fait d'ajouter un nouvel élément au contenu.
D'autre part *inclure* appartient au vocabulaire administratif.

22) Var.: *tout ce qu'il y a de*

23) D'une façon générale, *hilflos* se traduit en français par *désarmé, incapable de se tirer d'affaire* ou plus familièrement *incapable de se débrouiller.*
Toutefois en vue d'établir un parallélisme avec *schutzbedürftig, sans protection, sans défense* est ici la formule qui s'impose.

24) Traductions courantes de *schutzbedürftig:*
qui a besoin de protection
nécessitant une protection
mais cf. rem. 22.

25) Pour la différence entre *en ce monde, dans ce monde* cf. p. 28, rem. 34.

26) Var.: *croit-il*
    c'est du moins ce qu'il croit
Pour la différence entre *au moins* et *du moins* cf. p. 157, rem. 66.
La traduction mot à mot est à éviter en raison du manque de clarté de *comme.*
à son avis = seiner Meinung nach

27) Var.: *femme et enfant lui permettent de se créer*
Eviter la lourdeur de la traduction mot à mot correcte en soi: *grâce à sa femme et à son enfant, il se crée*

28) Var.: *existence désolante*
    existence désespérante

De ces trois expressions, c'est toutefois la première qui est d'emploi le plus courant.
Insipide serait un peu plus éloigné du texte. Une *existence insipide* est une existence manquant de saveur.
Désolante et non *désolée*, ce qui serait personnifier l'existence en lui donnant un sentiment d'affliction. Une mère est *désolée* de la maladie de son enfant.

29) *heilig*
Il faut faire en français la distinction entre *saint* et *sacré*.
Saint correspond d'abord à l'allemand *von der Kirche heilig gesprochen.*
Saint s'emploie pour une personne reconnue après sa mort par l'Eglise comme digne du culte public ou pour une fête, un lieu, une église; puis cet adjectif désigne une personne qui mène une vie pieuse, conforme aux dogmes religieux; il correspond alors à l'allemand *fromm, gottesfürchtig.*
Ainsi: C'est un *saint* homme, il mène une vie *sainte.*
Enfin *saint* s'applique à quelque chose qui est consacré à Dieu, comme un reflet de Dieu *(Gott geweiht, heilig in seinem Wesen).*
le Saint Sépulcre = das Heilige Grab
le Saint Siège = der Heilige Stuhl
Sacré s'oppose d'abord à *profane* et désigne ce qui appartient à la religion et fait penser au respect dû aux choses du culte.
Ainsi: le bœuf *sacré* des Egyptiens
les oies *sacrées* du Capitole
Ensuite, et c'est le sens qui importe ici, *sacré* s'emploie pour ce qui est inviolable et digne d'un respect absolu.
Ex.: le caractère *sacré* de la personne humaine
A remarquer que *saint* peut se placer avant ou après le substantif, tandis que *sacré* se placera après. Il existe, certes, un emploi familier de *sacré* placé avant le substantif. *Sacré* prend alors le sens injurieux de *verflucht, gottverdammt.*
Ex.: Il est impossible de faire un voyage avec cette *sacrée* voiture qui tombe toujours en panne.

30) Var.: *créé*
La variante est théoriquement possible, mais il vaut mieux l'éviter à cause de la répétition qui en résulte.
Autre variante plus imagée, insistant sur l'effort: qu'il s'est forgé.

31) Var.: *de bon gré*
    délibérément
    volontairement
Volontairement, de son plein gré, de bon gré ont trait à la liberté de celui qui suit ses décisions. La première expression exclut tout recours à la contrainte, les deux autres l'emploi de la force.
Délibérément (ou: *de propos délibéré*) enchérit sur les expressions susmentionnées avec une nuance de résolution.
Arbitrairement désigne à l'origine la manière dont s'effectue une action dépendant de la seule volonté, ne procédant pas d'un ordre préétabli ou naturel.

Par extension, l'adjectif arbitraire en est venu à désigner ce qui est laissé à la libre appréciation d'un juge.

Ex.: une peine, une amende *arbitraire*

Puis, au sens péjoratif du terme, *arbitraire/ment* s'est appliqué à toute chose ou toute action ne tenant pas compte de la réalité, dépendant du bon plaisir ou du caprice de quelqu'un et dépassant les limites de la raison ou de la légalité.

Toutefois, ce dernier sens correspond à l'usage moderne; il vaut mieux éviter de traduire ici par *arbitrairement*.

32) Var.: *joyeusement*

Le français emploie de préférence des substantifs ou des adjectifs plutôt que des adverbes de manière en -*ment* alourdissant la phrase. *Avec plaisir* est trop fort. *Avec plaisir* se dira de manière emphatique entre deux personnes qui rivalisent de politesse.

Ex.: J'accepte votre invitation *avec plaisir.*

sinon, *avec plaisir* = mit Genuß

33) plus clair ici que *ses services* qui pourrait grammaticalement se rapporter à *sa famille*

34) Pour éviter la répétition, il vaut mieux ne pas dire ici *elle accepte.* Pour *nimmt entgegen / akzeptiert,* cf. par analogie rem. 10.

En donnant un sens fort à *akzeptieren,* on peut dire:
elle prend en charge
elle se charge de.

35) Var.: *répond ainsi à ses désirs à lui*

Nécessité dans la variante de préciser *à lui,* afin d'éviter tout doute sur la personne à qui ces désirs sont attribués.

36) Le français a tendance à marquer l'action secondaire grâce à l'emploi du gérondif. *Attacher* et *lier (festbinden)* sont trop faibles ici.

37) Var.: *toujours plus solidement*

38) Cf. rem. 4. Mais il n'y a pas d'équivoque possible ici.

39) Var.: *jusqu'à son dernier jour*
     jusqu'à la fin de sa vie (moins idiomatique)
Plus crûment, *jusqu'à sa mort*
Variante plus imagée: *jusqu'à son dernier soupir*

40) Var.: *avantage*
          parti
profit: ce qu'on peut tirer sur le plan matériel ou personnel. C'est en ce sens le terme le plus général.

Ex.: ne penser qu'à son profit

avantage: suppose une comparaison avec les autres personnes ou choses avant qui l'on passe

Ex.: Cette solution présente (offre) de grands *avantages.*

parti: synonyme de *profit* et *d'avantage* dans l'expression consacrée *tirer parti de*
Ex.: Il a tiré *parti* de ses relations d'affaires pour trouver une place à son fils.
utilité: service immédiat que l'on peut tirer des choses dont on dispose
Ex.: De quelle *utilité* peut vous être une voiture dans une grande ville?
bénéfice: surtout employé pour tout ce qui se rapporte à des intérêts, mais parfois aussi dans certains sens abstraits
Ex.: le *bénéfice* du doute
fruit: suppose un résultat concret tiré d'une chose
Ex.: Cet ouvrage est le *fruit* de son travail.
Remarquer l'absence d'article dans l'expression *tirer profit, tirer avantage.* Cependant, avec un autre verbe, il est vrai, on emploiera l'article, si l'expression a un complément.
Ex.: La femme a soi-disant l'*avantage* de ne pas travailler.
Var.: *Elle y trouve son profit, elle y trouve son avantage.*
Ne pas employer *profiter* en disant: *elle en profite,* ou *elle profite de cette situation.* Le sens est alors différent, beaucoup plus fort. *En profiter* signifie que la femme met pleinement la situation à profit pour mener une vie agréable.
Ex.: Elle a vingt ans, elle est belle et elle en *profite.*
Cf. p. 21, rem. 74.

41) Var.: *tous les deux*
Noter la présence indispensable de l'adjectif indéfini devant l'adjectif numéral. Cf. p. 103, rem. 92.

42) Par analogie avec la rem. 15, la présence de l'article défini s'impose ici devant chacun des substantifs pris dans son sens générique.

43) Var.: autrement
Autrement correspond davantage au français parlé.

44) Le pronom personnel *les* correspondrait à la phrase allemande: würden sie *sie* ja nicht zeugen.
Ja, particule de soutien, ne se traduit pas en français.

45) Var.: *conférer un sens*

46) Var.: *ainsi*

47) Dans un contexte administratif ou juridique *rückwirkend* se traduit par: *à titre rétroactif, avec effet rétroactif.*
Rétroactivement existe, mais son emploi est rare.
rétrospectivement = rückschauend, rückblickend
Rétrospectivement voudrait dire qu'en revoyant son passé, l'homme donne un sens à son existence, ce qui n'est pas le cas.

48) Var.: *plus élevé,* moins employé que la traduction retenue
Plus sublime est forcer le sens. *Sublime* = erhaben.
Haut ne convient pas à propos de sentiments, cependant dans le sens contraire, on parle couramment de sentiments *bas.*

49) Var.: *se rendre esclave*
     vivre dans l'esclavage
   se faire esclave: choisir le métier d'esclave, de même qu'on se fait boulanger ou professeur. Ce sens ne convient pas ici.
   versklaven = asservir, réduire en esclavage
   Seul le verbe *asservir* peut s'employer sous forme pronominale.

50) Var. plus insistante: *quant à la femme, elle*
   Pour éviter l'accumulation des conjonctions de coordination *(et)*, il est préférable de mettre l'accent sur *die Frau* en lui adjoignant le pronom personnel tonique *elle*.

51) Var.: *tous les avantages restants*
   Restant s'emploie en concurrence avec *les autres* pour des choses matérielles surtout. A propos de personnes c'est la formule utilisant *les autres* qui l'emporte par la fréquence d'emploi.
   La femme a tous les autres profits ne convient pas. Cf. rem. 39.
   Profits prend alors un sens matériel et pécuniaire, de même que *bénéfices*.

52) Var.: *chacune d'entre elles*
     pratiquement chacune d'elles
   Noter les deux possibilités d'expression:
   chacun d'eux, ou *chacun d'entre eux.* Cf. p. 169, rem. 44.

53) Var.: *exercer une profession et avoir des enfants*
   Exercer une profession, avoir des enfants sont des expressions consacrées. La présence de l'article déterminé dans la traduction retenue s'explique par analogie avec la remarque 15.

54) Var.: *à cela il faut répondre que*
     on pourrait réfuter cette thèse en disant (en avançant) que
   Réfuter: repousser un raisonnement en prouvant sa fausseté. Noter que *réfuter* demande un substantif complément, d'où la construction proposée.
   Contredire est de sens et d'emploi différents. On *contredit* quelqu'un, c'est-à-dire qu'on s'oppose à lui en disant le contraire de ce qu'il dit; on *contredit* une déclaration en affirmant le contraire de ce qui a été dit. Dans ces deux emplois *contredire* équivaut à l'allemand ‹widersprechen›.
   faire valoir = geltend machen

55) Var.: *en faveur des enfants*
     en faveur de la profession

56) Ne pas confondre: *so + adj. + daß* et *so + adj. + wie.*
   Ex.: Cet enfant est *si grand qu*'il va bientôt rattraper son aîné.
   Il s'agit d'une subordonnée consécutive.
        Cet enfant est *aussi grand que* son frère l'était à son âge.
   La subordonnée est alors ici une comparative.
   Ne pas dire: *de si grands sentiments, tels que.*
   La coupure entre les deux propositions est alors trop importante et le premier membre de la phrase prend une valeur exclamative.

La présence de *ceux que* est indispensable pour maintenir le parallélisme entre les deux termes de la comparaison.

Var.: *d'atteindre les grands sentiments qu'exigerait un véritable amour des enfants.*

Atteindre à ne s'emploie que pour souligner la notion d'effort.

Ex.: essayer d'atteindre à la perfection

57) Var.: *exigerait*

Var. plus faible: *demanderait*

réclamer: demander avec instance ou demander ce qu'on estime être son dû

exiger: réclamer avec autorité, de façon impérative, en vertu d'un droit légitime ou prétendu tel

nécessiter: rendre indispensable, nécessaire

Ex.: Ce travail *nécessite* de longues recherches. (Le sujet est alors un nom de chose).

revendiquer: réclamer un droit (en justice ou dans la vie de tous les jours) dont on se sent injustement privé, frustré (= beanspruchen)

Requérir a d'abord un sens juridique: réclamer au nom de la loi.

Ex.: *requérir la force publique* (= die Polizei anfordern)

requérir la peine de mort (= die Todesstrafe beantragen)

Puis ce verbe a pris dans un contexte littéraire le sens d'*exiger* comme nécessaire (avec comme sujet un nom de chose).

Ex.: L'exposé de cette affaire complexe *requiert* l'attention de tous.

Tous ces termes *(revendiquer, nécessiter, requérir)* sont trop forts pour convenir ici.

58) Var.: *pur*

    sans mélange

Noter que l'adjectif *pur,* quand il est placé devant un substantif, a la valeur d'un renforcement et il signifie: qui est seulement et complètement.

L'expression *sans mélange* sert à indiquer la pureté d'un sentiment.

Ex.: un amour *sans mélange*

    une joie *sans mélange*

59) Var.: *pour les enfants*

Pour se dit à propos d'un sentiment.

Envers s'applique à la direction dans laquelle peut aller un sentiment ou une obligation.

Ex.: devoirs *envers* la patrie

A l'égard de ou *à l'endroit de* (cette dernière expression étant plus rare) se disent pour une chose ou une personne concernées par un sentiment parfois négatif.

Ex.: désaffection des citoyens *à l'égard de* la politique

Vis-à-vis de est employé dans les acceptions susmentionnées dans la langue parlée. Cf. p. 131, rem. 93.

60) der Beweis ist dadurch gegeben = *la preuve en est que*

Il s'agit en français d'une expression consacrée.

Var. moins élégante: *ceci est prouvé par le fait que*

61) Var.: *presque toutes les femmes*
    pratiquement toutes les femmes
    toutes – ou presque –

62) Var.: *se soucient de*
    Pour la différence entre *s'occuper de* et *s'occuper à,* cf. p. 21, rem. 75.

63) Var.: *leurs enfants à elles*
    Noter cette traduction de *eigen* en français: *adjectif possessif + propre + substantif.*

64) Var.: *d'autrui*
    Etrangers qui peut également traduire l'allemand *fremd,* au sens de chose qui ne vous appartient pas, est à rejeter dans cette phrase à cause de l'ambiguïté qui pourrait en résulter, car *étranger* est également la traduction de l'allemand *ausländisch.*

65) Var.: *qui n'est pas d'elles*

66) Var.: *quand*
    Pour la différence entre *si* et *quand,* cf. p. 14, rem. 20.

67) Var.: *pour raisons médicales*
    Cette expression peut s'employer avec ou sans article. Toutefois l'absence d'article correspond davantage au langage administratif.
    Ex.: L'avortement est permis par la loi *pour raisons médicales.*

68) Var.: *elles-mêmes*
    L'expression *en propre* désigne ce que quelqu'un, quelque chose a ou possède à l'exclusion de tout autre. Elle traduit souvent l'allemand *eigen,* mais ne convient pas ici. On parlera, par exemple, des particularités que possède certaine région de France *en propre* ou de ce qui appartient *en propre* à l'enfant (sa mentalité, sa psychologie etc.).

69) *Auch,* particule de soutien, ne se traduit pas ici.

70) Pour les différentes traductions possibles de *erst,* cf. p. 102, rem. 90. Noter que la traduction par *ne ... que* n'est possible ici qu'en répétant le verbe.

71) Pour la différence existant entre *tentative, essai* et *expérience,* cf. p. 137, rem. 9.

72) *Inclusif(ive)* est un adjectif d'emploi réservé à la linguistique où il désigne, dans certaines langues, le pronom personnel de la première personne du pluriel.
    Inclus(e) qualifie ce qui est enfermé, contenu dans quelque chose.
    On trouve surtout cet adjectif dans l'expression *ci-inclus: ci-joint* (courant), *ci-annexé* (administratif), variable ou invariable, selon qu'elle est employée adjectivement ou adverbialement, après ou avant le substantif.
    Ex.: Vous trouverez *ci-inclus (ci-joint)* une copie de la lettre.
       La copie *ci-incluse (ci-jointe)* vous fournira tous les renseignements utiles.
    Y inclus est un synonyme plus rare, plus administratif, de *y compris.*
    Ex.: le dossier complet, *y inclus* l'acte de mise en accusation (Noter la place de l'expression avant le substantif.)

73) Var.: *la fécondation*
    Remarquer ici la présence de l'article en français.

La fécondation désigne l'union de deux cellules sexuelles, mâle et femelle, dont résulte l'embryon.

L'insémination est en soi un procédé de fécondation artificielle chez les animaux ou les humains. Toutefois ce terme est généralement suivi du qualificatif *artificielle*.

74) Var.: *par le*

75) Var.: *la semence*

76) Var.: *autre que leur mari;* cf. p. par analogie rem. 64.

77) Var.: *quoique*
    Pour la différence entre *bien que* et *quoique,* cf. p. 112, rem. 64.

78) N'employer en aucun cas ici l'expression *tout le monde* (= alle Leute).

79) Var.: *remplis*
    Au sens propre, il existe une légère différence entre ces deux adjectifs.
    Plein marque uniquement la qualité de la chose considérée en elle-même.
    Rempli insiste sur le résultat d'une action subie ou accidentelle.
    Ex.: un ouvrage *plein* de bon sens
         un dictionnaire *rempli* d'erreurs
    Toutefois dans ces acceptions, les deux adjectifs sont bien souvent interchangeables.
    Plein est en outre d'un usage plus familier que *rempli*.

80) Var.: *ravissants*
    Mignon implique une idée de tendresse, d'affection qui n'est pas contenue dans *charmant* ou *ravissant*.

81) Attention à la signification de l'adjectif *secourable* en français: qui apporte du secours, qui aime secourir.

82) Nécessité d'ajouter l'article en français. Il s'agit là d'un des cas où l'emploi de l'article en français et en allemand diverge; la télévision, les journaux sont considérés comme des institutions.
    Ex.: Funk und Fernsehen waren dabei. = *La radio* et *la télévision* étaient là.

83) Var.: *la presse*
    Cf. p. 130, rem. 78 pour la traduction de *Zeitung*.

84) *publier* = veröffentlichen
    éditer = herausgeben

85) Var.: *presque chaque jour*
         presque quotidiennement

86) Le français préfère employer cette expression au singulier.
    Chiffre ne convient pas, parce qu'il s'agit ici de l'importance mathématique et non de la représentation graphique.
    Cf. p. 173, rem. 67 à propos de la différence entre *nombre* et *chiffre*.

87) A l'origine *Indiens* était réservé à la désignation des indigènes de l'Amérique du Nord, les Peaux-Rouges. Ce terme s'emploie toujours dans ce sens en concurrence avec *Amérindiens*.

L'usage voulait que l'on désigne les habitants *des Indes* par les *Indous.*
Depuis 1947, les Indes sont devenues *l'Inde,* ses habitants les *Indiens.*

88) Var.: *qui ont succombé à la famine*
L'usage codifie l'emploi de ces deux expressions:
mourir de faim
succomber à la famine
La famine est une grande *disette* considérée sous le rapport des souffrances qu'elle entraîne et auxquelles la mort met souvent un terme.

89) Var.: *qui prétendent (pourtant)*
La traduction de *doch* n'est pas nécessaire ici, la virgule remplaçant l'adverbe allemand.
Pour mieux marquer le caractère secondaire de l'action, il est préférable d'employer le gérondif.
Noter l'importance de la virgule dans l'emploi de la proposition relative.
On emploie la virgule pour séparer une *proposition relative explicative* de son antécédent, alors que la *proposition relative déterminative* n'est pas séparée de son antécédent par une virgule. D'où la différence de sens existant entre les deux phrases suivantes:
Ex. 1: Les enfants *qui* ont fini de déjeuner peuvent aller jouer.
C'est-à-dire: ceux seulement des enfants qui ont déjà déjeuné peuvent aller jouer, les autres restent à table.
Proposition relative *déterminative: absence de virgule.*

Ex. 2: Les enfants, *qui* ont fini de déjeuner, peuvent aller jouer.
C'est-à-dire: tous les enfants ont fini de déjeuner, maintenant ils peuvent aller jouer.
Proposition relative *explicative: virgule.*

Vorgeben: Remarquer que les verbes *prétexter, alléguer* ne s'emploient qu'avec un substantif ou une proposition conjonctive.
prétexter une maladie, *alléguer* qu'on est malade

90) Var.: *recueillent plutôt*
aiment mieux recueillir

91) Var.: *prendre*
accueillir = empfangen
Ex.: *accueillir* quelqu'un chez soi
admettre = zulassen
Ex.: Le malade a été *admis* d'urgence à l'hôpital.
recueillir = offrir chez soi un refuge à quelqu'un dans le besoin et dans le malheur; c'est donc le terme qui convient dans ce contexte.

92) Var.: *chez elles*
Au sens de *maison à soi, Heim* se traduit par *foyer.*
Foyer désigne également un centre regroupant certains individus ayant une situation ou des intérêts communs.
Ex.: *foyer* de jeunes, d'étudiants

Heim est rendu par *asile* lorsqu'il s'agit de cas de nécessité sociale.
Ex.: *asile* d'indigents
    asile d'aliénés

93) Var.: *un matou*
matou: nom usuel du chat mâle

94) streunend = *errant,* toutefois cette image qui s'emploie couramment pour un chien, convient moins bien au chat.

95) Var. plus familière: *gosse*

96) *Délaissé* s'emploie plutôt pour désigner un travail, une occupation à laquelle on ne veut plus se livrer.
Délaisser, c'est également laisser seul quelqu'un avec qui on avait d'assez bonnes relations et dont on s'écarte progressivement. Délaisser un enfant serait plutôt une manifestation d'abandon moral que réel.

Potemkin

Es wird erzählt: Potemkin litt an schweren mehr oder weniger regelmäßig
wiederkehrenden Depressionen, während deren sich niemand ihm nähern
durfte und der Zugang zu seinem Zimmer aufs strengste verboten war. Am
Hofe wurde dieses Leiden nicht erwähnt, insbesondere wußte man, daß jede
Anspielung darauf die Ungnade der Kaiserin Katharina nach sich zog. Eine
dieser Depressionen des Kanzlers nun dauerte außergewöhnlich lange. Ernste
Mißstände waren die Folgen; in den Registraturen häuften sich Akten, deren
Erledigung, die ohne Unterschrift Potemkins unmöglich war, von der Zarin
gefordert wurde. Die hohen Beamten wußten sich keinen Rat. In dieser Zeit
geriet durch einen Zufall der unbedeutende kleine Kanzlist Schuwalkin in die
Vorzimmer des Kanzlerpalais, wo die Staatsräte wie gewöhnlich jammernd
und klagend beisammen standen. „Was gibt es, Exzellenzen? Womit kann ich
den Exzellenzen dienen?" bemerkte der eilfertige Schuwalkin. Man erklärte
ihm den Fall und bedauerte, von seinen Diensten keinen Gebrauch machen zu
können. „Wenn es weiter nichts ist, meine Herren", antwortete Schuwalkin,
„überlassen Sie mir die Akten. Ich bitte darum." Die Staatsräte, die nichts zu
verlieren hatten, ließen sich dazu bewegen, und Schuwalkin schlug, das Akten-
bündel unterm Arm, durch Galerien und Korridore den Weg zum Schlafzim-
mer Potemkins ein. Ohne anzuklopfen, ja ohne haltzumachen, drückte er die
Türklinke nieder. Das Zimmer war nicht verschlossen. Im Halbdunkel saß
Potemkin auf seinem Bett, nägelkauend, in einem verschlissenen Schlafrock.
Schuwalkin trat zum Schreibtisch, tauchte die Feder ein und, ohne ein Wort zu
verlieren, schob er sie Potemkin in die Hand, den erstbesten Akt auf seine
Knie. Nach einem abwesenden Blick auf den Eindringling, wie im Schlaf, voll-
zog Potemkin die Unterschrift; dann eine zweite; weiter die sämtlichen. Als
die letzte geborgen war, verließ Schuwalkin ohne Umstände, wie er gekommen
war, sein Dossier unterm Arm, das Gemach. Triumphierend die Akten schwen-
kend, trat er in das Vorzimmer. Ihm entgegen stürzten die Staatsräte, rissen
die Papiere aus seinen Händen. Atemlos beugten sie sich darüber. Niemand
sagte ein Wort; die Gruppe erstarrte. Wieder trat Schuwalkin näher, wieder

Potemkine[1]

On raconte que[2] Potemkine était sujet à[3] de graves dépressions revenant plus ou moins régulièrement[4], pendant lesquelles[5] personne n'avait le droit de l'approcher[6], de même que[7] l'accès de[8] sa chambre était strictement[9] interdit[10]. A la cour, il n'était jamais question de[11] ce mal[12], d'autant plus[13] qu'on savait que toute[14] allusion à ce sujet entraînait[15] la disgrâce[16] de l'impératrice Catherine. Or[17] une[18] de ces dépressions du chancelier fut[19] d'une durée exceptionnelle[20]. De sérieux[21] inconvénients[22] en résultèrent[23]; dans les archives[24] s'entassaient[25] des dossiers[26] que la tsarine exigeait[27] voir classer[28], chose impossible sans la signature de Potemkine. Les hauts fonctionnaires ne savaient que faire[20]. C'est alors que[30] Chouvalkine[31], un[32] petit[33] clerc[34] insignifiant[35], arriva[36] par hasard[37] dans les antichambres de la chancellerie où les conseillers d'Etat étaient réunis[38] à[39] gémir et à se lamenter comme d'ordinaire[40]. «Qu'y a-t-il, Excellences? Que puis-je faire pour[41] vos[42] Excellences?» s'enquit[43] l'empressé[44] Chouvalkine. On lui expliqua l'affaire[45], regrettant[46] de ne pouvoir faire usage de[47] ses services. «Si ce n'est que cela[48], Messieurs», répondit Chouvalkine, «confiez-moi[49] les dossiers, je vous en prie.» Les conseillers d'Etat qui n'avaient rien à perdre se laissèrent convaincre[50] et Chouvalkine, le paquet[51] de dossiers sous le bras, prit le chemin de[52] la chambre à coucher de Potemkine, en traversant[53] galeries et corridors[54]. Sans frapper, sans même[55] s'arrêter, il appuya sur[56] la poignée[57] de la porte. La chambre n'était pas fermée à clé[58]. Dans la pénombre[59], Potemkine était assis sur son lit, se rongeant[60] les ongles, vêtu[61] d'une robe de chambre élimée[62]. Chouvalkine s'avança[63] vers le bureau, trempa[64] la plume dans l'encrier[65] et, sans dire un mot[66], il la glissa[67] dans la main de Potemkine en lui posant[68] le premier dossier venu[69] sur les genoux. Après avoir jeté[70] un regard[71] absent[72] sur l'intrus[73], Potemkine, comme s'il dormait[74], apposa sa signature[75] puis une deuxième[76]; ensuite toutes les autres. Une fois la dernière bien en place[77], Chouvalkine quitta la chambre du chancelier[78] sans cérémonies[79], comme il était venu, son paquet sous le bras. Brandissant[80] les dossiers d'un air triomphant[81], il entra dans l'antichambre. Les conseillers d'Etat se précipitèrent à sa rencontre[82], lui[83] arrachèrent les papiers des mains. Le souffle coupé[84], ils se penchèrent[85] dessus[86]. Personne ne dit[87] mot; le groupe se figea[88]. Une fois de plus[89], Chouvalkine s'approcha[90], une fois de plus il s'informa[91] avec em-

erkundigte er sich eilfertig nach dem Grund der Bestürzung der Herren. Da fiel auch sein Blick auf die Unterschrift. Ein Akt wie der andere war unterfertigt: Schuwalkin, Schuwalkin, Schuwalkin.

Walter Benjamin, aus: *Angelus Novus*

pressement de la raison de la stupeur[92] de ces[93] messieurs. C'est alors que son regard à lui aussi tomba sur la signature. Tous les dossiers, sans exception[94], étaient signés[95] Chouvalkine, Chouvalkine, Chouvalkine.

199

1) Var.: *Potiomkine*
   En général, les noms propres ne se traduisent pas, mais certains noms de personnages historiques ont été francisés; il faut donc en chercher la transcription dans le dictionnaire.

2) La traduction mot à mot *on raconte* serait impropre, le rythme paraissant trop haché en français. Là où l'allemand progresse en juxtaposant, le français préfère marquer la continuité logique en reliant les propositions par un terme de subordination. Ainsi, la juxtaposition suivante propre à l'allemand: ‹Ich glaube, er ist krank› se rendra par une subordination en français: *Je crois qu'il est malade.*
   Var.: *voici ce qu'on raconte*
         on raconte l'histoire suivante
   Dans ces deux variantes, le lien avec la phrase suivante est rétabli par la locution complément du verbe *raconter* qui introduit la suite de manière explicite.

3) Var.: *souffrait de*
   Etre atteint désigne une affection brutale et doit être ici rejeté.
   Ex.: *être atteint* d'une crise cardiaque.
   Employé absolument, *être atteint* signifie être malade.
   Ex.: Il est très *atteint.*
   Souffrir de s'emploie plutôt pour une maladie généralement pas trop grave.
   Ex.: *souffrir d'*un rhume, *souffrir des* reins
   Etre sujet à traduit mieux le caractère chronique de ces dépressions.
   Quelques remarques à propos du verbe *souffrir:*
   souffrir de: être malade de qc., être tourmenté par qc.
   souffrir, sans préposition: endurer, supporter
   Ex.: Il souffre la faim (pour insister sur la résignation de celui qui souffre).
   Avec un infinitif, *souffrir* s'emploiera avec la préposition *à* pour une douleur physique (il *souffre à* marcher), *de* pour une souffrance morale (je *souffre de* le voir ainsi).

4) Var.: *aux accès plus ou moins réguliers*
         qui revenaient avec plus ou moins de régularité, traduction plus lourde cependant

5) Var.: *durant lesquelles*
         lors desquelles

6) *approcher qn,* c.-à-d. avoir accès auprès de lui. On dit: *approcher une personnalité, un ministre;* par extension, *approcher* est synonyme de côtoyer, fréquenter. *C'est un homme qu'on ne peut approcher* signifiera donc: c'est un homme dont l'accès ou la fréquentation est difficile.
   S'approcher de indique purement le fait physique de s'avancer vers qn.
   Approcher de marque une activité moins volontaire que celle qui est contenue dans *s'approcher de.*
   Cf. p. 58, rem. 46.

7) Par souci de rigueur logique, il vaut mieux marquer la subordination en français.

La répétition de *pendant lesquelles* serait lourde et sans élégance, d'où le choix de *de même que, ainsi que*. A la rigueur le pronom relatif *où* pourrait s'employer dans son extension temporelle.

8) On dit: *l'accès de* ce parc est interdit, mais: il est difficile *d'avoir accès à* ce parc.

9) Var.: *rigoureusement*
      absolument

L'adverbe étant plus insistant que l'adjectif, il vaut mieux ne pas employer la forme superlative en français.

Sévère ne convient pas ici. *Sévère* désigne un jugement subjectif vis-à-vis d'une personne sans indulgence pour les défauts d'autrui.

Ex.: un professeur sévère

Rigoureux renchérit sur le sens de *sévère*, implique une sévérité inflexible et difficile à supporter. Par extension, il prend le sens de *strict*: Il est *rigoureusement* interdit de fumer. *Strict* laisse très peu de liberté d'action et d'interprétation.

Ex.: donner une interprétation *stricte* de la loi; une affaire *strictement* personnelle.

10) *Verbieten*

Défendre est le terme général.

Interdire renchérit sur défendre en y ajoutant la distinction entre le bien et le mal

Prohiber est un terme juridique.

Ex.: Le médecin lui *a défendu* de fumer.

      Il *est interdit* de faire de la publicité pour les cigarettes à la télévision, mais l'Etat n'ira pas jusqu'à *prohiber* l'usage du tabac.

11) *erwähnen* = *mentionner* (mot à mot)

Le verbe français a pourtant un sens plus restreint que le verbe allemand: *mentionner:* citer, signaler.

Ex.: Dans son discours, cet homme politique n'a même pas *mentionné* le nom de son adversaire.

Mentionner un fait dans un discours, dans un entretien, c'est attirer rapidement l'attention de l'interlocuteur sur ce fait et l'inviter à le prendre en considération.

Ici, la portée de l'expression est générale et non relative au cas particulier d'une conversation.

Noter le sens de *il n'est pas question de* = es kommt nicht in Frage. D'où la traduction par *jamais*.

On ne faisait pas allusion, traduction possible, est à éviter en raison de la répétition du terme *allusion* plus loin.

12) Plus que la simple idée de *douleur,* c'est le sens de *maladie* qui l'emporte ici. D'où la traduction de *Leiden* non par *souffrance* mais par *affection* ou *mal,* termes qui réunissent le sens de *maladie* et celui de *souffrance*.

Une affection, c'est ce qu'éprouve le corps en fait de *maladie:* souffrir d'une *affection* de la peau.

Le mal est plus localisé, il s'applique à une partie précise du corps: un *mal* de dents.

La maladie désigne une altération profonde de la santé: se relever d'une longue *maladie*.

13) Var.: *on savait en particulier*
L'ordre des mots allemands ferait une trop grande coupure dans la phrase. D'où la traduction choisie qui donne davantage de cohésion à l'ensemble. Cf. ci-dessus rem. 2.

14) *Jeder* se traduit par *chaque* ou *chacun* pour insister sur la particularité, l'unicité d'une chose ou d'une personne.
Pour généraliser, il convient de le rendre par *tout*. Il ne s'agit pas de chaque allusion en particulier, mais de toute allusion possible. *Jede* a le sens ici de *jede beliebige, jede ohne Ausnahme*.

15) Var.: *provoquait*
Entraîner insiste sur la conséquence inéluctable et généralement fâcheuse.
Provoquer marque la réaction à une cause.
Amener, donner lieu, occasionner se diront davantage en parlant d'événements précis.
Pour les synonymes d'*entraîner*, cf. p. 96, rem. 23.
Attirer serait possible à condition d'être suivi d'un deuxième complément indiquant la personne concernée.
Ex.: *attirait sur soi* la disgrâce de l'impératrice Catherine

16) in Ungnade fallen = tomber *en disgrâce*
Pour une personne autre qu'un roi ou une autorité, *in Ungnade fallen* se traduira par *perdre les bonnes grâces de qn.*

17) Après les deux phrases d'entrée en matière qui ont décrit la situation générale habituelle lors des dépressions répétées de Potemkine, nous arrivons à l'histoire proprement dite, au fait particulier. C'est pourquoi *nun* se traduit par *or.*

18) *Une* ou *l'une,* cf. p. 52, rem. 1.

19) Le passé simple marque la coupure par rapport à l'imparfait de description et d'habitude. Cependant l'imparfait serait possible. On aurait alors: *était d'une durée exceptionnelle* ou: *durait depuis un temps exceptionnellement long.*

20) Var.: *extraordinaire*
Pour la différence entre les deux adjectifs, cf. p. 91, rem. 92.

21) Var.: *de graves*
Grave renchérit sur *sérieux* en ajoutant l'idée de suite importante, fâcheuse et même dangereuse.

22) Ne pas dire *abus* qui s'emploie lorsqu'on détourne dans le mauvais sens, à force d'en user, une chose qui pouvait être bonne à l'origine.
Ex.: les *abus* du pouvoir
Incommodité suppose un état de malaise.
Ex.: les *incommodités* d'un voyage sur une route déformée; ou: l'*incommodité* d'habiter loin de la ville.
Anomalie implique une chose s'écartant de la règle ou du fait habituel, normal.
Ex.: les *anomalies* que présentent les langues dérivées du latin
le désavantage = der Nachteil
Ici *Mißstände* désigne le résultat fâcheux de la maladie du chancelier, d'où le choix d'*inconvénient.*

23) Var.: *en furent la conséquence*
L'emploi du singulier dans cette expression est dû au tour idiomatique.
L'imparfait est également possible. Si le passé simple insiste sur l'aspect ponctuel du résultat objectif, l'imparfait présente le fait de l'intérieur, d'un point de vue descriptif, sur le même plan que les actions suivantes.

24) Les *archives* (f.) désignent une collection de pièces, titres, documents et dossiers anciens. Ainsi, les *Archives nationales* centralisent les documents relatifs à l'histoire de France. Cf. p. 20, rem. 65.
Les *greffes* (m.) sont les bureaux où l'on garde les actes de procédure.
Les *bureaux d'enregistrement* ou *l'Enregistrement* désignent l'administration chargée de transcrire les actes et les jugements dans les registres publics en vue d'en constater l'existence ou de leur conférer date. On dira alors: *à l'Enregistrement* ou *dans les bureaux d'enregistrement.*

25) Var.: *s'accumulaient*
        s'amoncelaient
Pour le sens de ces verbes et leurs synonymes, cf. p. 15, rem. 29.
L'inversion du sujet est nécessaire en raison du relatif qu'il vaut mieux placer directement après son antécédent.
Le temps employé ici est l'imparfait d'état.

26) *Akt* dans la langue juridique peut se traduire par *acte* (pièce unique) ou *dossier* (ensemble de pièces concernant une affaire). On dit: *dresser, établir un acte.*
Attention aux acceptions dans lesquelles *Akt* est un faux ami. A l'Académie des Beaux-Arts, *le nu* = männlicher (weiblicher) Akt.

27) Pour les différentes traductions de *fordern,* cf. p. 190, rem. 57.

28) Var.: *régler*
Le substantif *classement* est ambigu, car il désigne le simple rangement du dossier, selon un certain ordre, et non le fait de considérer l'affaire comme terminée, ce qu'indique le tour verbal *classer un dossier.*
De la même manière, *le règlement* = die Vorschrift. On dit *régler* une affaire.
Liquider, dans ce sens, est de la langue familière et signifie *en finir avec qc., s'en débarrasser.* On parle de *liquider* un problème, *liquider* un stock de marchandises.

29) L'expression *ne savaient pas quoi faire* (remarquer *quoi* après *pas*) exprimerait ici l'ennui des fonctionnaires qui ne savent pas comment employer leur temps.
Var.: *ne savaient quel parti prendre*
Plus familières seraient les traductions suivantes:
ne savaient où donner de la tête
ne savaient comment s'en sortir
ne savaient à quel saint se vouer

30) La traduction mot à mot *en ce temps-là* est une expression biblique et serait impropre dans ce contexte. *A cette époque* marque une durée trop étendue, *à ce moment* est trop ponctuel.

31) En français, le titre est généralement postposé au nom de la personne.
Ex.: der Erziehungsminister X = M. X, *ministre de l'Education nationale*
Cependant pour les chefs d'Etat, le titre précède le nom: *le président* Giscard d'Estaing.
Quant à la nécessité d'ajouter *Monsieur* au nom de famille, l'usage est le suivant: les noms de personnalités des lettres et des arts, de sportifs, de prisonniers et de personnes défuntes ne sont généralement pas précédés de *Monsieur*.

32) Var.: *petit clerc insignifiant*
Ne pas employer l'article défini qui exigerait en français un complément d'explication tel que: le petit clerc insignifiant que tout le monde connaît.
Normalement, l'apposition ne prend pas l'article à moins qu'on veuille mettre l'accent sur le caractère unique de la chose ou de la personne.
Ici, cependant, *un* signifie: un parmi tant d'autres (= irgendein).

33) Var.: *insignifiant petit clerc*
Prendre garde à la place de *petit* devant le substantif et non derrière, car le sens serait alors ‹de petite taille› et non ‹sans importance›, comme c'est ici le cas. Il ne faut pas non plus coordonner les deux adjectifs en les plaçant tous deux devant le substantif, ce qui serait non seulement d'un mauvais style, étant donné la disproportion avec le substantif monosyllabique, mais rendrait à *petit* sa valeur propre de ‹petite taille›. A propos de la variante, il faut retenir en français qu'on place l'adjectif exprimant un jugement de fait le plus près du substantif, tandis que l'adjectif exprimant un jugement de valeur est le plus éloigné, d'où le premier des deux. Ainsi: ein *hübsches kleines* Bild = un *joli petit* tableau.

34) Var.: *greffier*, c.-à-d. un commis aux écritures dans une institution judiciaire
Clerc est plus général, il désigne un employé des études d'officiers publics et ministériels. On parle ainsi d'un *clerc* de notaire, d'huissier etc.
Secrétaire va également, à condition de ne pas ajouter *de chancellerie*, ce qui désignerait alors un poste de fonctionnaire haut placé. De même un *secrétaire* d'ambassade est un agent diplomatique d'un grade inférieur à celui d'ambassadeur.
Un copiste est une personne chargée de copier des manuscrits ou de la musique; ce mot ne convient pas ici.
Scribe est un mot vieilli de l'Antiquité, qui ne s'emploie plus que dans un sens péjoratif, de même que *gratte-papier*.

35) Var.: *un petit clerc sans importance*
un petit clerc quelconque
quelconque a ici un sens péjoratif. Cf. p. 84, rem. 27.

36) Ne pas traduire *geraten* ici par *tomber* dont le sens serait ambigu. Quelques expressions avec *geraten*:
in Armut geraten = tomber dans la pauvreté
in Zorn geraten = se mettre en colère
außer sich geraten = sortir de ses gonds
vor Freude außer sich geraten = ne plus se sentir de joie

37) *Par hasard* sans article; mais avec un adjectif, l'article est rétabli: *par un* heureux *hasard.*
au hasard = aufs Geratewohl

38) Var.: *rassemblés,* c.-à-d. réunis après avoir été séparés
assemblés, qui insiste sur le fait d'être placés ensemble dans un but déterminé: *assembler* des troupes pour la bataille.

39) Var.: *en train de gémir et de se lamenter*
gémissant et se lamentant, traduction moins élégante que les deux autres, mais plus expressive par son effet de monotonie.
Pour la structure *à + infinitif,* cf. p. 54, rem. 19.

40) Var.: *comme d'habitude*
comme de coutume

41) Var.: *en quoi puis-je servir vos Excellences?*
en quoi puis-je être utile à vos Excellences?

42) Remarquer l'emploi du possessif quand le titre est employé comme complément.

43) Var.: *demanda*
Il faut prendre garde ici au germanisme et ne pas traduire *bemerken* par *remarquer.* D'ordinaire, *bemerken* au sens d'*exprimer par une remarque, émettre un avis* se traduit par *faire remarquer, faire observer.* Dans le texte de Benjamin, il faut un verbe correspondant à la question posée précédemment. L'allemand est ici moins rigoureux que le français pour l'emploi du verbe qui introduit la citation.

44) *empressé,* c.-à.-d. prompt à servir, qui est plein de zèle à servir qn, à lui plaire.
Prompt désigne uniquement la rapidité et ne rend donc pas le sens contenu dans *eilfertig.*
Diligent se dit de celui qui agit avec promptitude dans l'exercice de ses fonctions: un serviteur *diligent.*
Hâtif se dit pour des personnes pressées ou des choses faites rapidement et sans soin: un travail *hâtif.*

45) Var.: *le cas*
Dans un texte juridique, on préfère cependant traduire *Fall* par *affaire.*
ainsi, der Fall Dreyfus = l'*affaire* Dreyfus
Dans le texte de Benjamin, la différence ne joue pas.
autre var.: *la situation* (die Lage)

46) Var.: *en regrettant,* traduction qui insiste plus sur la simultanéité des deux actions. Remarquer une fois de plus que le français subordonne la proposition secondaire, tandis que l'allemand coordonne. Cf. p. 54/55, rem. 19 et 24.

47) Var.: *employer*
utiliser
Ces deux derniers verbes sont cependant d'un langage trop courant pour rendre ici *Gebrauch machen.* Cf. p. 75, rem. 79.

User de, se dira avec un complément désignant une chose abstraite ou pour parler d'une langue, d'un vocabulaire dans un style très soutenu: *user de* son pouvoir, *user d'*une permission, *user d'*un vocabulaire très recherché.

48) *S'il n'y a rien d'autre* s'appliquerait à la quantité et non à la qualité.

49) Var.: *remettez-moi*
      laissez-moi

50) Var.: *persuader*, dont le sens est plus fort que celui de *convaincre. Persuader* suppose une adhésion aussi sentimentale qu'intellectuelle et un recours à de nombreux arguments. Cf. p. 111, rem. 53.

51) *Une liasse* se dit pour des papiers, des lettres, des billets.
    Un tas (Haufen) insiste trop sur l'idée d'accumulation: un *tas* de cailloux, un *tas* de paquets.
    Une pile désigne un tas symétrique beaucoup plus haut que large et ne convient donc pas non plus: une *pile* d'assiettes, de livres.
    Quelques traductions de *Bündel:*
    ein Bündel Reisig = un *fagot*
    ein Bündel Stroh = une *botte* de paille
    ein Bündel Wäsche = un *paquet* de linge
    sein Bündel schnüren = faire son *paquet*

52) Mot à mot: *le chemin menant à la chambre.* Cependant dans les cas où il n'y a pas d'ambiguïté, la particule *de* suffit.
    Ex.: le chemin de l'église, de l'école, etc.

53) La préposition allemande traduisant un mouvement se rend en français par un verbe. Cf. p. 46, rem. 67.
    Il est possible de placer la proposition avec le gérondif après *prit: prit, en traversant galeries et corridors, le chemin* etc.

54) Var.: *couloir.* Cf. p. 46, rem. 66.

55) Var. plus littéraires: *qui plus est sans*
                           voire sans

56) Var.: *tourna la poignée*
          baissa la poignée
          abaissa la poignée
    Pour l'emploi de ces deux derniers verbes, cf. p. 175, rem. 90.

57) Var.: *le bec-de-cane,* ainsi nommé en raison de l'ancienne forme des poignées.
    S'il s'agit d'un *bouton de porte* (Türgriff), on dira uniquement: il tourna le *bouton* de la porte.
    Le loquet est une fermeture de porte composée d'une tige mobile servant de bras de levier qu'on lève et qu'on abaisse pour ouvrir ou fermer sur un appui fixé au chambranle de la porte. Cette forme de fermeture ancienne, sans serrure, se rencontre surtout dans les fermes. On dit alors: soulever le *loquet.*
    le verrou = der Riegel. On dit: tirer ou pousser le *verrou* pour ouvrir, ou: fermer un *verrou* à tige. Cf. p. 46, rem. 73.

58) Précision nécessaire en français, la porte étant déjà fermée, puisque Chouvalkine est obligé de baisser la poignée.

59) Pour la traduction de *Halbdunkel,* cf. p. 100, rem. 65.

60) Prendre garde à l'expression française: *ronger ses ongles* ou *se ronger les ongles.*
Kauen au sens de *mâcher* s'emploie pour l'action de broyer, d'écraser avec ses dents de la nourriture (*mâcher* de la viande) ou de triturer longuement dans la bouche une substance non comestible avant de la rejeter (*mâcher* du chewing-gum ou du tabac).
Se rogner les ongles, c'est les couper sur les bords à l'aide d'un instrument. Au sens figuré, *rogner les ongles de qn,* c'est diminuer son pouvoir.

61) Il vaut mieux préciser la préposition en français en employant un participe.
Eviter de dire: *portant une robe de chambre* en raison de l'accumulation des participes présents.
Noter l'expression: pommes de terre *en robe de chambre* (ou: en robe des champs) = Pellkartoffeln.

62) Var.: *râpée*
Râpé, élimé se disent d'un tissu usé par le frottement, qui a perdu de son velouté à force d'être utilisé.
Abîmé est plus général et moins précis (= beschädigt).
Effiloché, effrangé désignent des tissus qui se défont fil à fil et correspondent au terme allemand *zerfranst.*

63) Var.: *se dirigea*

64) *Tremper* est le terme idiomatique (imprégner d'un liquide).
Plonger ne va pas, car il signifie enfoncer profondément.
Immerger, c'est plonger complètement, laisser tomber un corps dans un liquide de manière à ce qu'il disparaisse de la surface.
Ex.: On *immerge* le corps d'un marin mort en cours de traversée.

65) Var.: *dans l'encre*
L'adjonction du complément circonstanciel est nécessaire pour le sens en français.

66) Var.: *sans une parole*
        sans souffler mot
L'expression française *sans perdre un mot* s'emploie dans un contexte différent: on ne *perd* pas un mot de ce qui est dit, c.-à-d. qu'on écoute attentivement de toutes ses oreilles.
Autres expressions possibles avec dire: *sans mot dire, sans dire mot,* expressions dont la signification est plutôt de ne pas parler, au sens de ne pas protester.
Ex.: L'employé craintif supporte la colère du patron *sans mot dire.*

67) *Pousser* suppose un effort, une pression ou un choc trop grand pour pouvoir être employé dans ce contexte.

68) La construction elliptique allemande est difficile à rendre en français. A la rigueur on pourrait dire: *il la glissa dans la main de Potemkine, le premier acte venu sur les genoux de celui-ci,* construction cependant ambiguë et lourde.

207

Il vaut donc mieux intercaler un gérondif tel que *en plaçant, en posant,* et rendre l'adjectif possessif ambigu par le pronom personnel *lui* et l'article défini.

69) Il s'agit du premier dossier qu'il trouve, du premier dossier qui lui tombe sous la main. Aussi la traduction par *le premier dossier venu* est-elle meilleure que *n'importe quel dossier* ou *un dossier quelconque* qui insistent davantage sur le peu de valeur, l'insignifiance du dossier en lui-même.

70) Nécessité d'ajouter un verbe en français pour plus de clarté.

71) *Coup d'œil* ne convient pas car il suppose une intention cachée et dissimulée: on jette un *regard* furtif sur quelqu'un, pour ne pas attirer l'attention. L'emploi de *coup d'œil* ici serait une trahison de la part de l'auteur, car on devinerait déjà la fin de l'histoire.

72) *Distrait* (= zerstreut) n'est pas assez fort.

73) *Importun* est restreint à l'idée d'un personnage malvenu et gênant.
Intrus ajoute le sens de s'introduire sans en avoir la permission, ce qui importe ici.
L'envahisseur évoque l'idée d'un pays qui vient envahir (überfallen) un territoire de vive force.
L'occupant se dit d'une armée qui, après avoir attaqué un pays, l'occupe militairement.
Ces deux derniers termes ne conviennent pas.

74) Var.: *comme un somnambule*
Le mot à mot allemand est impropre en français.
l'air de dormir = als ob er schliefe

75) *apposer sa signature,* expression consacrée
Selon les expressions, on traduira *vollziehen* par *exécuter, accomplir, effectuer, réaliser,* verbes en eux-mêmes synonymes. Le traducteur fera bien de connaître quelques expressions usuelles touchant ces verbes.
Exécuter, c'est faire une chose conformément à un plan, à une direction.
Ex.: On *exécute* un travail, des ordres.
Accomplir, c'est faire qu'une chose soit exactement ce qu'on voulait qu'elle fût, c'est aussi faire jusqu'au bout, complètement.
Ex.: On *accomplit* une action, un dessein, une mission, un vœu.
Effectuer et *réaliser* concernent moins la volonté qu'*exécuter* et *accomplir* et davantage l'entendement. On *réalise* ce qui n'était que dans l'esprit, on *effectue,* c.-à-d. qu'on agit pour qu'une chose se fasse.
Ex.: On *réalise* des réformes; on *effectue* une modification.
Cf. p. 169, rem. 38.

76) *Deuxième* par rapport à *second,* qui désigne uniquement l'ordre, évoque l'idée de série, de suite.
Ainsi, lorsqu'on parle du *second* volume d'un ouvrage, on veut dire par là que cet ouvrage n'a que deux tomes, tandis que le *deuxième* volume indique un ouvrage de plus de deux tomes.

77) Var.: *après que la dernière fut en sûreté*
après s'être assuré de la dernière

La traduction habituelle de *geborgen* par *caché* serait un faux-sens; *sauvé* une impropriété, car la signature ne courait aucun danger, c'est le dossier qui risquait de ne pas être signé. D'où la variante *en sûreté* qui indique que la signature ne risque plus rien, est bien apposée sur le dossier.

A l'abri est trop fort et se dira pour des personnes ou des objets concrets.

Noter que *sûreté* renchérit sur *sécurité* qui est plus une croyance subjective qu'un fait réel.

78) Le français a un mot qui correspond à *Gemach: les appartements*; on dit les *appartements* privés d'une personnalité, la reine se retire dans ses *appartements;* ce terme convient cependant moins dans le contexte ci-dessus, étant donné qu'il ne s'agit que d'une pièce. D'autre part, *l'appartement* est le mot français traduisant ‹Wohnung› (ein Apartment = un *studio*).

79) Var.: *sans façon*
    simplement
    Sans s'en faire, mine de rien sont des expressions familières.
    Sans faire cas de demande un complément après la préposition.

80) Var.: *agitant*
    Balançant, traduction mot à mot de *schwenken,* implique une idée d'insouciance, de nonchalance et son emploi serait déplacé dans ce contexte.

81) *En triomphe* = avec les honneurs du triomphe; cette expression est réservée à quelques tournures consacrées.
    Ex.: porter un vainqueur en triomphe

82) Var.: *se précipitèrent au-devant de lui*
    Se précipiter sur traduit l'intention d'importuner et même parfois d'en venir à des coups.
    Dans l'expression *se jeter sur qn* l'idée d'agression ne laisse plus aucun doute.

83) Lorsqu'il s'agit d'une partie du corps, le français remplace l'adjectif possessif allemand par l'article indéfini en indiquant le possesseur par le pronom personnel.

84) Var.: *en retenant leur souffle*
    La nuance porte sur l'angoisse de l'attente, l'impatience de vérifier si les papiers sont signés. Il ne s'agit donc pas d'une fatigue, d'un épuisement après une course, ce que traduiraient des expressions comme *hors d'haleine, le souffle coupé, à bout de souffle.*
    Pour *haleine, souffle* et *respiration,* cf. p. 69, rem. 25.

85) Var.: *se baissèrent*
    Se baisser indique simplement le geste physique de courber le buste.
    Se pencher ajoute une nuance d'attention, de sollicitude.
    S'incliner serait un faux-sens, car ce verbe signifie *se baisser* pour saluer ou pour témoigner des marques de respect à qn.

86) Var.: plus lourdes: *sur ceux-ci*
    sur eux
    Quand il s'agit d'un objet, l'adverbe *dessus* suffit.

87) Var.: *Personne ne disait mot.*
L'imparfait est également possible comme effet de style. Son emploi marque un arrêt dans le temps, une perspective statique, traduit l'attente dramatique, tandis que le passé simple reste intégré dans le déroulement dynamique du récit.

88) Var.: *s'immobilisa*
      resta figé sur place
      resta stupéfié
Le verbe *glacer* est d'un emploi plus délicat. On dira: cette vue horrible me *glace* d'épouvante, en mettant comme sujet du verbe la cause de ce qui *glace*. Sous une forme réfléchie, on emploie *glacer* au sens concret: mon sang *se glace* à cette vue. Cependant pour une personne, on ne dira pas *glacer*.
Engourdir s'emploie pour une partie du corps ou pour le corps tout entier privé de mobilité et de sensibilité: j'ai la jambe *engourdie* (= mir ist das Bein eingeschlafen). *Paralyser, pétrifier* (lähmen, versteinern), de sens très fort, demandent un complément, sinon ces verbes sont pris au sens propre (être *paralysé, pétrifié* de stupeur) ou un terme comparatif qui en atténue le sens: *comme paralysé, comme pétrifié*.
Clouer sur place se dit d'un animal ou d'une personne immobile et refusant d'avancer. Cependant avec un sujet qui indique la cause de l'immobilité, ce verbe s'emploie aussi métaphoriquement: la surprise m'a *cloué* sur place.

89) Var.: *de nouveau*
      une nouvelle fois
Pour la différence entre *de nouveau* et *à nouveau,* cf. p. 16, rem. 33.

90) Cf. ci-dessus rem. 6 et p. 58, rem. 46.

91) Var.: *demanda la raison*
S'informer de, c'est simplement chercher à savoir ce qui est, mais ce qu'on ignore.
Les verbes *se renseigner sur, s'enquérir de* ont un sens plus large, ils supposent une enquête plus détaillée et ne conviennent pas dans ce contexte.
Se renseigner, c'est rechercher toutes les indications, les éclaircissements possibles sur qn ou sur qc.
S'enquérir de qc., c'est rechercher toutes les causes et toutes les circonstances de ce qui touche cette chose.

92) Var.: *stupéfaction*
      consternation
Stupeur et *stupéfaction* désignent l'état d'une personne étonnée au point de ne pouvoir agir.
Consternation ajoute à l'étonnement un abattement profond causé par la déception, la tristesse.
Ex.: A la nouvelle de la défaite, la *consternation* se lisait sur tous les visages.
confusion = Verwirrung, terme trop faible ici
désarroi = Ratlosigkeit, terme qui indique un désordre moral plus grand que Verwirrung, mais qui est encore trop faible pour convenir ici
Hébétement est par contre trop fort, car il signifie un état stupide, presque pathologique, voisin de l'abrutissement.

93) L'article défini allemand étant plus déictique que l'article défini français, le français a recours à l'adjectif démonstratif dans certains cas. Cf. p. 54, rem. 14.

94) Var.: *un dossier après l'autre,* traduction qui rend cependant la succession plutôt que la ressemblance.
Eviter la traduction mot à mot, peu claire en français.

95) Var.: *portaient la signature suivante: Chouvalkine*

Der Lebenslauf des Boxers Samson-Körner

Es kommt mir heute noch vor, als sei er zwei und einen halben Meter groß gewesen und so dick wie ein Ochse.

Er schien einen ganz niederträchtigen Charakter zu haben. Er sah ganz danach aus, als mache es ihm weniger aus als Weihnachtspudding zu essen, einen lebendigen Menschen, der ihm nichts Böses tun wollte, wie einen Sack voll gefühlloser Kleie zu behandeln. Nun, ich hätte *vorher* seine Photographie verlangen müssen. Als der Gong schlug, war es für das Nachdenken zu spät. Die Sache ging an einem Juniabend vor sich. Im Zelt war es sehr heiß, die Leute saßen in Hemdsärmeln um den Ring und rauchten trotz des Verbots so sündhaft, daß man im Ring, um was zu sehen, mit einem Drillbohrer den Rauch hätte durchbohren müssen. Ich erinnere mich, daß dann, während des Kampfes, langsam die paar Ölfunzeln über uns zu schwelen anfingen. Es konnte nicht mit rechten Dingen zugehen, daß sie nicht einfach an der Tabakrauchwolke anstießen, die über dem Ring hing. Außerdem hörte ich dumpf das heisere Brüllen der fünfzig bis siebzig Zuschauer, und all das in dem Höllenlärm von einem Dutzend Drehorgeln umliegender Karusselle.

Ich hatte von Anfang an eine Vorahnung, was kommen würde, es war eine sehr blasse Vorahnung. Denn was nun kam, war kein Boxkampf, sondern ein Schlachtfest. Ich wurde einfach verprügelt. Ich war billig hereingekommen, zugegeben, aber ich war nicht dazu hereingekommen, verhauen zu werden. Der Mann machte keine weiteren Umstände mit mir. Er langte mir einfach in die Visage und stellte dort ungeheure Veränderungen her. Er schlug von links, rechts, oben und unten, er schien gar nicht erst zu zielen, und er traf immer. Er schien es mit der Muttermilch eingesogen zu haben, friedliche Leute, die nichts wollten als schlafen, wie Raubmörder zu traktieren. Meine Boxhandschuhe benutzte ich nur dazu, sie vor das Gesicht zu halten. Durch die schlug er dann durch. Dennoch blieb ich, mit einigen Unterbrechungen, wo ich mich, nur zum Ausruhen, ein wenig auf den Boden legte, die ganze Runde durch irgendwie stehen. Ich hatte keine Zeit, irgend etwas zu merken, sonst hätte ich sicher gemerkt, was ich mir heute denke: daß er mich nämlich durchaus nicht etwa so schnell wie möglich totschlagen wollte, sondern eher so langsam wie möglich. Er konnte sich nicht einfach seiner Mordlust hingeben, sondern er war verpflichtet, auf sein Publikum Rücksicht zu nehmen, das einen Kampf

La vie[1] du boxeur Samson-Körner

Il me semble[2] aujourd'hui encore qu'il mesurait[3] deux mètres cinquante[4] et qu'il était gras comme un bœuf[5].

Il paraissait[6] avoir un caractère des plus[7] vils[8]. A le voir[9], on avait tout à fait l'impression qu'il lui en coûtait[10] moins de traiter comme[11] un sac bourré[12] de son[13] insensible[14] un être vivant[15] qui ne lui voulait aucun mal[16] que de manger du pouding à Noël[17]. Evidemment[18] j'aurais dû demander[19] avant[20] sa photographie. Lorsque le gong retentit[21], il était trop tard pour réfléchir[22]. La chose[23] se passa[24] un soir[25] de juin. Sous[26] la tente, il faisait très chaud, les gens étaient assis en bras de chemise[27] autour du ring[28] et fumaient, malgré[29] l'interdiction[30], avec un tel goût du vice[31] que, pour y voir quelque chose[32] sur[33] le ring, on aurait[34] dû percer[35] la fumée avec une drille[36]. Je me souviens[37] qu'ensuite[38], pendant[39] le combat[40], les loupiotes[41] à pétrole[42] se mirent[43] peu à peu[44] à brûler sans flamme[45]. Il était absolument anormal[46] qu'elles ne se heurtent[47] pas au nuage[48] de fumée planant[49] au-dessus du ring. En outre[50], j'entendais vaguement[51] les hurlements[52] rauques[53] des cinquante à[54] soixante-dix spectateurs et tout cela dans le bruit infernal[55] d'une douzaine d'orgues de Barbarie[56] provenant[57] des manèges[58] voisins[59].

J'avais, dès le début[60], un pressentiment[61] de ce qui allait arriver[62], mais[63] c'était un très vague[64] pressentiment. Car ce qui se passa[65] alors[66] n'était[67] pas un combat[68] de boxe, mais une scène de boucherie[69]. Je fus purement et simplement[70] roué de coups[71]. Il ne m'avait pas coûté[72] grand-chose[73] d'entrer, c'est vrai[74], mais je n'étais pas entré pour me faire rosser[75]. L'homme ne faisait pas de façons[76] avec moi. Il me tapait[77] carrément[78] sur la tronche[79] en y opérant[80] des transformations[81] incroyables[82]. Il frappait[83] de gauche[84], de droite, d'en haut et d'en bas, il ne semblait[85] même pas se donner la peine[86] de viser[87], il touchait[88] à tout coup[89]. Il semblait avoir pris au berceau l'habitude[90] de maltraiter[91] comme des assassins[92] des gens paisibles[93] qui ne demandaient[94] qu'à dormir. Mes gants de boxe, je ne m'en[95] servais[96] que pour me protéger[97] la figure[98]. Il frappait au travers[99]. Cependant[100] à quelques interruptions près[101] où je me couchai[102] par terre[103] rien que[104] pour me reposer, je restai[105] tant bien que mal[106] debout pendant tout le round[107].

Je n'avais[108] pas le temps de m'apercevoir[109] de quoi que ce soit[110], sinon j'aurais certainement remarqué ce que je pense[111] aujourd'hui: à savoir[112] qu'il

sehen wollte. Er gab mir also immer genügend Zeit, wieder ein wenig auf die Beine zu kommen, worauf er dann wieder seine Kunst zeigte.

Er zeigte seine Kunst zwei Runden lang. Und es war eine große Kunst. Nach diesen zwei Runden war ich lebensmüde wie ein Hundertzwanzigjähriger, lag auf meinem Rücken in einer Ecke und wünschte den Tod herbei.

B. Brecht, aus: *Die Hauspostille, Geschichten I*

ne voulait nullement[113] me tuer[114] aussi vite que possible[115], mais plutôt aussi lentement que possible[116]. Il ne pouvait pas tout simplement s'adonner[117] à ses instincts sanguinaires[118], mais il était obligé d'avoir des égards envers[119] son public qui voulait voir un combat[120]. Il me donnait donc toujours assez[121] de temps pour me remettre[122] à peu près[123] sur mes jambes, après quoi[124] il montrait une nouvelle fois[125] son art[126].

Il en fit la démonstration[127] pendant deux rounds. Et c'était du grand art[128]. Au bout de[129] ces deux rounds, j'étais aussi las[130] de vivre qu'un vieillard[131] de cent vingt ans. Couché[132] sur le dos dans un coin, j'appelais la mort de mes vœux[133].

1) *Le curriculum vitae* est le terme réservé à l'histoire concise de la vie d'une personne remise à l'employeur.
La carrière est une expression très positive, c'est la vie vue sous l'aspect des réussites professionnelles.
La biographie est réservée à la description de la vie d'hommes célèbres.

2) Var.: *j'ai l'impression*
Les deux expressions *il me semble* et *j'ai l'impression* sont à peu près équivalentes. La seconde souligne toutefois, davantage que la première, l'aspect sur le vif, sur le moment de la réflexion à laquelle on se livre.
Noter que ces deux expressions demandent l'indicatif.

3) L'imparfait suffit ici à traduire la perspective du passé. Le passé composé ferait supposer que le personnage a aujourd'hui une autre taille. Le passé simple est impossible, car il rendrait le caractère brusque d'un changement et signifierait que le personnage a soudain pris la taille indiquée.
Var.: *devait mesurer,* pour marquer la distance contenue dans l'allemand *als sei*
Autre variante: *faisait*
Pour indiquer la mensuration d'une personne, on peut indifféremment employer les expressions: *il mesure* ou *il fait* un mètre quatre-vingts. Remarquer que *avoir . . . de haut* ne peut se dire que pour un monument.
Ex.: La tour Eiffel *a* trois cent vingt mètres *de haut.*

4) Pour indiquer la taille d'une personne, il est d'usage d'employer *cinquante* de préférence à *demi* pour traduire l'allemand *halb.*
Pour des choses toutefois les deux solutions *cinquante* et *demi* sont possibles. Cependant pour les petites mesures *demi* l'emporte sur *cinquante.*
Ex.: tracer un trait de 3 centimètres *et demi*
La table mesure deux mètres *cinquante* de long sur un mètre *cinquante* de large.

5) Var.: *de la taille d'un bœuf*
Il vaut mieux ne pas traduire par *aussi gros qu'un bœuf,* expression correcte en soi, mais trop forte en français.
Noter quelques comparaisons idiomatiques:
– maigre comme un clou
– rouge comme une tomate
– long comme un jour sans pain
– beau comme un Dieu

6) Var.: *il semblait*
A éviter toutefois, à cause de la répétition qui en résulterait avec la traduction précédente.
Pour la différence entre *sembler* et *paraître,* cf. p. 45, rem. 63.

7) *Ganz* se traduit normalement par *tout, tout à fait, complètement* ou *entièrement* selon les cas.

Ex.: un enfant *tout* nu, un visage *tout* rouge
une idée *tout à fait* stupide, *complètement* folle
une maison *entièrement* remise à neuf

Des plus, traduction plus recherchée, rend la nuance superlative de l'expression allemande.

8) Var.: *ignobles*
abjects

Bas est de tous les adjectifs français correspondant à *niederträchtig* celui qui présente la valeur la plus générale pour marquer le manque d'élévation dans l'ordre social ou moral. Toutefois, s'il est courant de rencontrer l'expression *une âme basse,* il est rare que cet adjectif vienne qualifier le caractère.

Vil qualifie toute chose ou toute personne considérée, de par sa valeur morale, comme la dernière de son espèce.

Ignoble est moins fort que *vil.* Ce terme exprime le manque de noblesse, l'apparence grossière ou l'aspect odieux et repoussant.

Abject enchérit sur *bas,* il qualifie un état de bassesse extrême qui inspire de la répulsion. Dans la langue parlée, cet adjectif renchérit sur dégoûtant.
Ex.: un crime *abject*

Infâme, à l'origine encore plus fort qu'*abject,* a perdu de sa force dans le langage parlé où l'on tend à en faire un emploi abusif de par la fréquence. Du sens d'odieux, haïssable, il prend alors la signification de répugnant.
Ex.: une *infâme* odeur de cuisine

Attention aux sens de l'adjectif *vilain.* A l'origine ce terme était surtout employé comme substantif pour désigner un paysan libre au Moyen Age. Il a pris de nos jours le sens atténué de *méchant;* on dira ainsi à un enfant qu'il a commis une *vilaine* action, qu'il a été *vilain.*

Quelques-uns des autres sens de l'adjectif:
Cette fille n'est pas *vilaine* (litote équivalent à: elle est assez jolie).
Un *vilain* temps (un sale temps, un temps fort désagréable).
C'est une *vilaine* affaire (une affaire qui va entraîner bien des désagréments).

9) Var.: *en le voyant*
La traduction ayant recours à l'infinitif est plus légère que celle qui utilise le gérondif. Cf. p. 71, rem. 42.

Danach aussehen, c'est également *avoir l'air,* mais la construction qui résulterait de l'emploi de cette expression serait trop lourde et trop compliquée. En outre elle ne peut s'employer qu'avec un infinitif, condition difficilement réalisable ici. A la rigueur on pourrait dire ici: *il avait l'air de quelqu'un à qui il en coûtait moins.* Cette traduction assez lourde ne s'impose pas toutefois.

10) L'emploi de *en* est idiomatique. Il s'agit de l'expression consacrée: *il m'en coûte de* + infinitif.
Cette expression traduit aussi bien l'effort physique que l'effort moral que l'adversaire du boxeur doit faire sur lui-même.

Une expression telle que: *il avait moins de difficultés* ne porterait que sur le côté physique de cet effort.

Remarquer les expressions suivantes:

Es macht mir etwas aus. = *Cela me fait quelque chose.*

Es macht mir nichts aus. = *Cela ne me fait rien.*

Cependant avec *moins,* il vaut mieux éviter de traduire mot à mot dans ce contexte pour des raisons de clarté de style.

11) Pour indiquer la façon dont on se comporte vis-à-vis de quelqu'un selon la situation ou le rôle que l'on confère à cette personne, *traiter* peut être suivi de différentes prépositions.

    Ex.: *traiter* quelqu'un *de* lâche

        traiter quelqu'un *en* ami

        traiter quelqu'un *comme* un chien

Dans le premier exemple, *traiter quelqu'un de lâche* = jemanden einen Feigling nennen. Dans le deuxième exemple, *traiter quelqu'un en ami,* il faut sous-entendre que la personne concernée est véritablement un ami, tandis que dans *traiter comme un chien,* l'idée de comparaison reste maintenue. *En* équivaut donc à la préposition *als.*

Lorsqu'il s'agit d'un traitement assimilant une personne à une chose ou à un animal, c'est donc l'expression *traiter comme* qui convient. Cf. p. 70, rem. 40 pour la traduction de *als.*

12) Var.: *plein*

       rempli

Pour la différence entre *plein* et *rempli,* cf. p. 192, rem. 79.

Bourrer: remplir une chose ou une personne d'une grande quantité de matière solide, sans laisser aucun espace vide, comme si l'on se servait, pour ce faire, de *bourre* (amas de poils *ou* partie grossière de la laine).

Ex.: Cet homme grossit parce qu'il se *bourre* de pommes de terre.

13) *Le son* est la traduction la plus courante de *Kleie.*

Le bran est la partie la plus grossière du *son,* mais c'est un terme rare.

14) Noter qu'à part la traduction ci-dessus *gefühllos* peut se traduire par *sec, dur, dépourvu de sensibilité,* quand il s'agit de personnes.

15) Var.: *être humain*

Noter l'impossibilité d'employer ici l'expression, correcte en soi, *homme vivant* qui ne saurait s'employer que par opposition à *homme mort.* Or on veut seulement exprimer que l'adversaire du boxeur s'attaque à un être humain et non à une chose ou un animal.

16) Var.: *qui ne lui voulait pas de mal*

Avec le verbe *vouloir* on emploie *aucun mal; rien de mal* est d'usage courant dans l'expression *ne rien faire de mal.*

ne pas en vouloir à quelqu'un = nicht böse auf jemanden sein

17) Var.: *bûche de Noël*
Littéralement il faut dire ici du *pouding* (var, orthographique: *pudding*) *de Noël*. Mais les Français ne connaissent pas cette spécialité de Noël; par contre, on peut remplacer cette expression par une autre correspondant mieux aux habitudes culinaires françaises: *la bûche de Noël*.
Noter la coexistence des trois expressions suivantes:
la fête de Noël, et elliptiquement *la Noël* ou tout simplement *Noël.*
De même *à Noël* ou *à la Noël.*
Le Noël ou *le petit Noël* désigne le cadeau offert à l'occasion de cette fête.

18) Var.: *certes*
      bien sûr
Il s'agit ici d'un point d'aboutissement logique des réflexions du boxeur. Aucune des acceptions temporelles de *nun* ne peut donc s'employer.

19) Pour les différents sens de *verlangen,* cf. p. 190, rem. 57.
Var.: *j'aurais dû demander à voir avant sa photographie,* traduction plus explicite. Noter que *verlangen, anfordern* se traduisent souvent pour plus de précision par *demander à voir.*
Ex.: eine Akte *anfordern (verlangen) = demander à voir un dossier*

20) Var.: *auparavant*
Pour la différence, cf. p. 66, rem. 1.
Autres variantes possibles: *préalablement* ou *au préalable.*
Ces deux expressions soulignent l'ordre logique mis par la pensée dans le déroulement d'une action, ce qui peut leur faire trouver leur justification ici.

21) Var.: *au coup de gong*
Noter l'expression *le gong retentit =* der Gong schlägt; plus rarement: *le gong sonne.*
Le verbe *résonner* convient moins bien, car il évoque l'idée de l'écho produit, de sons renvoyés au loin.

22) *Das Nachdenken* se traduit normalement par *la réflexion.*
Toutefois, il ne serait possible d'employer ce substantif qu'à condition de le faire précéder d'un infinitif; d'où la variante possible: *pour se livrer à la réflexion.*

23) Ne pas employer *l'affaire* dans ce contexte. On parle *d'affaire* en matière de commerce (traiter *une affaire* avec une société étrangère), ou judiciaire, (*l'affaire* Landru), ou politique (*l'affaire* du Watergate a entraîné la démission du président Nixon).

24) Var.: *se passait*
Le passé simple souligne l'aspect pleinement intégré dans le passé de l'action vue déjà dans son résultat. L'imparfait insiste sur le côté descriptif de l'action, il suscite une impression d'attente (imparfait d'ouverture).
Avoir lieu est un verbe trop précis par rapport à *se passer* qui implique une certaine durée. *Avoir lieu* demande un sujet plus concret que *chose.*

Ex.: La manifestation *a eu lieu* dans le plus grand calme.
Cf. p. 13, rem. 13.
De même *se dérouler* demande un sujet précis.
Se produire, arriver supposent un événement brusque.
Ex.: Un incident *s'est produit* au cours de la manifestation.

25) Var.: *par une soirée de juin*
Pour la différence entre *soir* et soirée, cf. p. 120, rem. 3.
Un soir de juin indique simplement la date.
Par une soirée de juin insiste davantage sur l'aspect descriptif, sur la durée.
Pendant une soirée est une expression trop insistante pour être retenue ici.

26) Noter l'emploi de la préposition *sous* dans ce cas en français.
De même: *im* Regen spazierengehen = se promener *sous* la pluie

27) Var.: *en manches de chemise*
les manches retroussées = mit hochgekrempelten Ärmeln

28) Dans le domaine sportif, le français a souvent recours à l'anglais. Ainsi pour la boxe, on parle de *ring,* de *round* et de *mettre l'adversaire knock-out* ou *k.o.* (= k.o. schlagen).

29) Var.: *en dépit de*
Cf. p. 109, rem. 31.

30) *Défense* a un sens plus moral et ici plus vague qu'*interdiction,* sauf avec un complément dans certaines expressions consacrées telles que:
Défense d'entrer. *Défense* d'afficher. *Défense* de fumer et de cracher.
Cf. p. 201, rem. 10.

31) La traduction retenue reflète le mieux l'idée contenue dans l'allemand *sündhaft.*
Var.: *avec un tel excès*
avec une telle frénésie
avec une telle exagération
En allemand *sündhaft* a souvent une valeur intensive, ce qui justifie les variantes proposées.
Ex.: sündhaft teuer = coûtant un prix *exorbitant; diablement* cher (plus familier)

32) Var.: *pour voir quelque chose*
Noter l'expression idiomatique: *Je n'y vois rien* qui évoque l'idée de peine exigée par la vision.
Voir quelque chose est une simple constatation.

33) Noter l'emploi de la préposition *sur,* dans l'expression *sur le ring.*

34) Var. très littéraire: *on eût dû*
Dans les propositions conditionnelles, le plus-que-parfait du subjonctif peut exprimer le conditionnel passé. On donne à cet imparfait du subjonctif le nom de seconde forme du conditionnel passé. Toutefois à propos de la rareté d'emploi de l'imparfait et du plus-que-parfait du subjonctif, cf. p. 123, rem. 20.

35) Attention aux différentes traductions de *durchbohren.*

percer: terme général indiquant le passage à travers une chose en y faisant un trou

transpercer: percer de part en part, surtout en parlant du corps humain

Ex.: Une lance ennemie lui a *transpercé* le corps.

perforer: faire des trous, terme employé dans les domaines de la médecine et de la technique surtout

Ex.: La guerre lui a valu un poumon *perforé.*

Les ordinateurs ont recours à des fiches *perforées.*

Bien qu'il s'agisse ici de trous pratiqués par une drille, il vaut mieux employer pour la traduction de *durchbohren* un terme général que d'accumuler des expressions techniques.

Noter enfin le verbe *cribler:* percer de nombreux petits coups en faisant des trous également petits.

Ex.: *cribler* un ennemi de balles

   cribler une toile de coups de canif

Enfin, au sens figuré, *durchbohren* se traduit par *transpercer* (du regard, par exemple).

36) mit dem *Drillbohrer* bohren = *percer à la drille* ou *percer avec une drille*

Drillbohrer = la *drille,* la *vrille,* le *foret*

Schlagbohrer = *perceuse* (à percussion) ou *marteau perforateur.*

37) Var.: *je me rappelle*

Pour la différence entre *se souvenir* et *se rappeler,* cf. p. 17, rem. 40.

38) Cf. p. 18, rem. 50.

39) Var.: *durant*

Durant renchérit sur *pendant* en insistant sur le fait que le laps de temps qui s'est écoulé a paru fort long. Toutefois cette distinction entre les deux prépositions tend à ne plus être faite.

40) Var.: *match*

Le combat est le terme général qui convient à la boxe pour rendre l'allemand *Kampf.*

La lutte, c'est le sport consistant à opposer deux hommes corps à corps et sans armes. Ses règles sont toutefois différentes de celles de la boxe.

En matière de sport, *Kampf* a des significations nombreuses selon la discipline considérée:

La compétition est le terme le plus général et le plus abstrait.

L'épreuve est plus limitée dans le temps et dans l'espace.

Le match oppose deux concurrents ou deux équipes. Il est plus spécifique que *le combat,* mais pourrait également convenir à la boxe.

Le championnat est le couronnement d'une série d'*épreuves* de plus en plus difficiles. Dans un sens équivalent il est souvent question de *coupe* (f.).

Ex.: *le championnat (la coupe)* du monde de football = die Fußballweltmeisterschaft

41) Var.: *lampes à huile*

le lumignon: petit bout de chandelle ou mèche de bougie allumée. Par extension, ce terme désigne une petite lumière.

la loupiote (terme familier): petite lampe, petite lumière

le quinquet: lampe à huile à double courant d'air et dont le réservoir est placé plus haut que la mèche. D'une façon générale, elle est trop grosse pour pouvoir être suspendue, comme c'est le cas ici.

le falot: lanterne portative. Ce terme ne convient pas ici pour la même raison que *quinquet.*

42) *Le pétrole* est le terme général.

Ex.: die Ölkrise = la crise *du pétrole*

L'huile (fém.) est un mot réservé aux objets et aux utilisations domestiques.

Ex.: *l'huile* de graissage

l'essence = Benzin

le mazout = Heizöl

le gas-oil = Dieselöl

En principe la *lampe à huile* est plus simple et plus rudimentaire que *la lampe à pétrole.*

43) Pour la différence entre *se mettre à* et *commencer à,* cf. p. 61, rem. 80.

L'emploi du passé simple est justifié, car il s'agit de mettre l'accent sur le début de l'action.

44) *Peu à peu* marque mieux que *lentement* la progression par étapes successives.

Progressivement fait penser à une marche en avant ininterrompue,

graduellement à une augmentation par degrés nettement marqués et souvent prévus.

petit à petit: graduellement et *lentement*

45) *Couver,* traduction également possible de *schwelen,* est impropre. *Couver* s'emploie à propos d'un feu, d'un incendie qui ne s'est pas encore réellement déclaré.

Au sens figuré, ce verbe caractérise une action clandestine dans la plupart des cas, en cours de préparation.

Ex.: Le complot *couvait* bien avant le coup d'Etat.

se consumer: finir de brûler, brûler jusqu'à la fin. Ce terme est impropre ici.

46) Nécessité d'employer le subjonctif après les expressions: *il est normal, il est anormal que.*

Pour rendre l'atmosphère de mystère contenue dans la phrase allemande, il serait également possible de traduire ainsi: *Une force surnaturelle semblait les empêcher de se heurter.*

47) *se heurter:* rencontrer un obstacle

Heurter est plus fort, plus brutal que sa forme pronominale. Il signifie: choquer, toucher rudement, ce qui n'est pas forcément le cas ici.

cogner: frapper avec violence ou heurter par accident

se cogner: se heurter, avec toutefois une nuance supplémentaire de familiarité

Entrer en collision, tamponner, (se) télescoper, emboutir, caramboler sont des

termes réservés à des véhicules ou à des projectiles se rencontrant par inadvertance et avec une violence extrême.

48) *Nuée* est un terme archaïque ou poétique désignant un gros nuage épais, si bien que son emploi évoque plutôt les intempéries qui vont suivre.
Nue s'emploie généralement au pluriel, au sens propre:
Ex.: Le cerf-volant s'est perdu dans les *nues.*
Au sens figuré, dans nombre d'expressions consacrées:
Ex.: porter quelqu'un aux *nues:* louer inconsidérément, avec excès
tomber des *nues:* être très surpris
être toujours *dans les nues* (ou: dans les *nuages*): être rêveur, distrait

49) Var.: *qui planait*
Toutes les expressions du genre *être pendu, être suspendu, être appendu, être accroché* ne conviennent pas ici, parce que trop concrètes. Pour la différence existant entre ces verbes, cf. p. 107, rem. 14 et p. 155, rem. 46.
Flotter ne convient pas non plus. Ce terme est réservé à des choses solides portées par un liquide ou bien il s'emploie dans certaines images, généralement poétiques:
Ex.: Un air de gaieté *flotte* dans les rues.
Noter de plus la suppression de la relative allemande rendue en français par un participe présent.

50) Var.: *de plus*
Pour la différence entre *de plus* et *en plus,* cf. p. 112, rem. 65.
Var. familière: *par-dessus le marché*

51) Var.: *confusément*
Remarquer qu'on parle d'un bruit *sourd* (= ein dumpfes Geräusch), mais l'adverbe *sourdement* s'emploie essentiellement pour caractériser le bruit du tonnerre.
Ex.: On entendait le tonnerre gronder *sourdement* dans le lointain.
Au sens figuré, *sourdement* traduit le manque de franchise dans l'action ou l'absence de prise de conscience.
Ex.: agir *sourdement*
un homme *sourdement* travaillé par son ambition

52) Cf. par analogie les différents verbes rendant l'allemand *brüllen,* p. 166, rem. 20.
s'égosiller: crier fort et longtemps
Ce verbe conviendrait assez bien, mais c'est d'un substantif, inexistant pour ce verbe, que nous avons besoin ici.

53) *Heiser,* conséquence d'une affection momentanée de la gorge, se traduit par *enroué.*

54) Pour traduire l'approximation numérique, c'est la préposition *à* qu'il convient de placer entre deux chiffres.
Jusqu'à est reservé à des emplois temporels ou spatiaux.

55) Var.: *bruit d'enfer*
vacarme
Le *vacarme* désigne tout bruit assourdissant.

Le tapage se dit pour un bruit désordonné, violent concernant en général des cris et des disputes.

Le fracas fait penser à des objets que l'on casse.

Le brouhaha s'applique à un bruit confus provenant d'une foule ou d'une assemblée.

Le chahut s'emploie pour une agitation bruyante et désordonnée: *le chahut* des élèves dans la classe en l'absence du professeur.

Le tintamarre est un grand bruit manquant d'harmonie.

56) De nos jours *orgue* est normalement du masculin. Toutefois au pluriel, dans un sens emphatique, il est du féminin.

Ex.: jouer des grandes *orgues*

Orgue de Barbarie, par altération du nom d'un fabricant d'orgues de Modène, du nom de Barberi. On parle aussi, mais plus rarement, de *l'orgue limonaire* (ou *Limonaire*, du nom de son inventeur) pour désigner *l'orgue de Barbarie* des manèges.

57) La traduction se justifie par la nécessité d'étoffement pour éviter l'accumulation des compléments de nom.

58) Attention à *carrousel* qui est un faux-ami, puisque ce terme s'applique à un tournoi, à une parade où des cavaliers se livrent à une démonstration de leur art. Ainsi le *carrousel* de Saumur est une attraction célèbre. Par extension ce terme en est venu à désigner l'endroit où avaient lieu les carrousels.

Ex.: l'arc de triomphe du *Carrousel* à Paris

59) Var.: *environnants*
avoisinants
alentour

Cf. p. 85, rem. 33, pour *les environs, les alentours.*

Cf. p. 52, rem. 3, pour *voisin, avoisinant, contigu, à côté, d'à côté.*

Cf. p. 165, rem. 8, pour *à la ronde.*

Alentour est un adverbe provenant de l'expression archaïque *à l'entour* qui signifie: tout autour, dans l'espace environnant.

60) Var.: *dès le commencement*

Pour la différence entre *début* et *commencement,* cf. p. 108, rem. 26.

61) Var.: *une intuition*

Le pressentiment est le sentiment vague, confus qui fait craindre ou espérer quelque chose.

L'intuition a la même valeur que le *pressentiment,* avec toutefois une nuance affective moins forte.

La prémonition implique en plus l'existence de signes mystérieux avertissant de l'avenir.

Le présage, la prédiction, la prévision, le pronostic et la *prophétie* correspondent plutôt aux termes allemands Vorhersage, Voraussage etc.

62) Var.: *de ce qui allait se passer*
de ce qui allait se produire

Il serait également possible dans les trois formules retenues d'employer le condition-nel: *de ce qui arriverait, se passerait, se produirait.* Toutefois le verbe *aller* suivi de l'infinitif marque mieux la proximité, le caractère inéluctable de ce qui attend le boxeur.

Pour *ce qui* et *ce qu'il,* cf. p. 171, rem. 56.

Noter l'impossibilité de traduire littéralement l'allemand *kommen* par *venir.*

advenir: arriver par surprise, par accident

survenir: arriver en plus et bien souvent à l'improviste

Ces deux termes ne conviennent pas ici.

63) La phrase allemande se suffit à elle-même pour marquer l'opposition existant entre le pressentiment et la réalité de la suite des événements. C'est donner plus de clarté à la phrase française que d'y ajouter ce *mais.*

64) *Vague* est le terme consacré pour qualifier l'incertitude d'un pressentiment, d'une intuition. Toutes les traductions concrètes de *blass: blême, pâle, livide, blafard* ne conviennent donc pas ici.

65) Var.: *arriva*
     se produisit

Cf. rem. 62.

Toutefois pour éviter une répétition en français, on a choisi un verbe différent de celui qui est retenu pour la traduction de *kommen* dans la phrase précédente.

66) Var. plus recherchée: *dès lors*

Nun marque ici le point de départ d'un nouveau développement, d'où la traduction retenue. Pour la traduction de *nun* dans d'autres cas, cf. p. 202, rem. 17.

67) Var.: *ne fut pas*

On emploiera l'imparfait, selon qu'on se place sur le plan purement descriptif ou le passé simple, selon qu'on veut marquer le résultat.

68) Var.: *match de boxe*

Cf. rem. 40.

69) *Scène de boucherie* est une expression consacrée. Littéralement *Schlachtfest* désigne le *jour où on tue le porc (le cochon).*

Schlachten = tuage, abat(t)age, mais il est impossible de faire entrer un de ces termes en composition avec *fête.*

Tuerie, massacre, carnage sont des termes très forts qui s'emploient surtout lorsqu'il s'agit de plusieurs personnes, en parlant d'un meurtre ou d'une guerre.

70) Var.: *tout simplement*
     tout bonnement

Se garder de traduire *einfach* par *simplement,* ce qui serait un contresens, car cela voudrait dire qu'il n'a été *que* roué de coups (= *nur* verprügelt).

71) Var.: *rossé,* verbe plus familier

Se faire casser la figure est une expression familière.

Se faire casser la gueule est une expression vulgaire.

225

étriller: malmener, battre, toutefois ce verbe s'emploie surtout au sens figuré
Ex.: Cet auteur s'est fait *étriller* par la critique (= il a été violemment critiqué).
Tabasser ou *passer à tabac* est une expression familière pour *rouer de coups* et qui s'emploie surtout pour désigner les méthodes policières.

72) L'allemand *billig* est volontairement ironique. Deux interprétations sont possibles: le boxeur n'a pas eu de difficultés à entrer (1) ou bien il n'a pas payé l'entrée (2). Selon le sens retenu, on aura donc les variantes suivantes:
   (1) *j'étais entré sans trop de difficultés*
       je n'avais pas eu de mal à entrer
       il avait été facile d'entrer
   (2) *j'étais entré à peu de prix*
     - *j'étais entré gratis* (terme latin pour *gratuitement*)
       j'étais entré à bon compte
   La traduction: *il ne m'avait pas coûté grand-chose d'entrer,* ou la variante: *il m'en avait peu coûté d'entrer,* gardent le mieux le sens ironique de la litote allemande.

73) Pour l'invariabilité de *grand* dans certaines expressions composées consacrées par l'usage, cf. p. 123, rem. 20.

74) Var.: *je l'admets*
        je veux bien le reconnaître
        je veux bien l'avouer
        je vous l'accorde
        je suis d'accord avec vous

75) Var.: *recevoir une rossée*
        être rossé

76) Var.: *fit*
   L'imparfait souligne l'aspect descriptif de tout le passage qui va suivre. Le passé simple serait également possible dans cette phrase précise, pour faire en quelque sorte le point de ce qui va suivre, mais dans la suite du texte, il faudrait en tout cas rétablir l'imparfait.
   Var.: *ne faisait pas de manières*
        ne faisait pas de cérémonies
        ne se gênait pas
        n'y allait pas par quatre chemins
        n'y allait pas de main morte, expression plus familière

77) *Langen* n'a pas ici l'un de ses sens courants: *passer, présenter, tendre.* Il est pris dans un sens familier et doit se traduire par *taper.*
   Noter l'expression: jemandem eine langen = *donner une gifle* à qn. ou, plus familièrement, *flanquer une gifle.*

78) *Faire carrément quelque chose,* c'est ne pas y aller par quatre chemins, ne pas avoir d'égards pour quelque chose ou quelqu'un.

79) *Visage* n'a pas en français le sens péjoratif que lui prête l'allemand. Il existe en français quantité d'expressions familières ou argotiques appliquées au *visage.*

226

Parmi celles qui sont péjoratives, par ordre de gravité: *la binette, la bille, la poire, le citron, la bobine, le trombine, la trogne, la gueule.*

Minois et *frimousse* par contre sont des termes assez affectueux. On parlera ainsi du joli *minois* d'une jeune fille ou de la charmante *frimousse* d'un enfant.

L'expression allemande pourrait également se traduire par *en prendre plein la tronche,* il en résulterait cependant des difficultés pour la construction de la suite de la phrase.

80) Var.: *en y produisant*
       en y faisant
   Opérer des transformations est l'expression consacrée préférable aux deux variantes.
   Noter l'emploi du gérondif pour exprimer la manière.

81) Var.: *d'énormes changements*
   Le changement est le terme le plus général.
   La transformation présuppose un changement plus radical.
   La métamorphose est un terme trop fort.
   Ex.: *la métamorphose* de la chenille en papillon (= die Verwandlung)

82) Var.: *énormes, terribles, épouvantables*
   Ungeheuer a généralement une valeur intensive, d'où sa traduction par des adjectifs tels que: *incroyable, énorme.*
   Formidable, prodigieux sont déconseillés, car ces termes ont souvent pour effet de forcer l'admiration.
   Par contre les adjectifs *terrible, épouvantable* s'emploient souvent dans la langue parlée au sens atténué de *très grand, énorme.*
   Monstrueux pourrait dans ce contexte être pris dans son sens purement négatif.
   Ex.: un crime *monstrueux*

83) Var.: *tapait,* déjà employé cependant
   Remarquer que *taper* dans le sens de donner des coups est plus familier que *frapper.* Dans son autre sens, *taper* c'est donner un coup de la main à plat pour attirer l'attention ou pour punir.
   Ex.: *taper* un enfant sur les mains
       taper sur l'épaule de quelqu'un
   Cogner, au sens de donner des coups, est d'un emploi très populaire. Cf. rem. 47 ci-dessus.
   Battre ne se dira pas dans ce contexte, car sans complément ce verbe s'emploie pour marquer des mouvements répétés ou faire entendre des bruits plus ou moins forts de choc.
   Ex.: Le balancier de la pendule *bat* régulièrement.
       Son cœur *bat* trop rapidement.

84) *Par la gauche* ne convient pas ici. Ce serait exprimer l'idée d'un détour et non de la provenance directe.
   Ex.: Ne venez pas tout droit, passez donc *par la gauche,* c'est moins encombré.
   De la gauche est une expression ambiguë qui signifie du côté de la main gauche.
   Ex.: La voiture est venue *de la gauche.*

85) Cf. rem. 6 ci-dessus.

86) Dans ce contexte, *erst* pourrait être rendu par *d'abord*. Toutefois, ce qui importe, ce n'est pas l'antériorité de l'action, le fait que le boxeur ne vise pas avant de porter son coup, mais la facilité avec laquelle il vient à bout de son adversaire; d'où la précision apportée par le français *se donner la peine*.
D'avance, à l'avance, par avance ne conviennent pas. Ces expressions indiqueraient une préparation de longue main avant chaque coup.
Par avance renchérit sur les deux locutions précédentes auxquelles il ajoute une idée d'empressement, de prévoyance.
Ex.: faire des achats *par avance,* par peur d'une crise (c'est-à-dire faire des achats de précaution)

87) Noter la différence de construction suivante:
viser quelqu'un
viser à la tête
viser au cœur
Mettre ou *coucher en joue* sont des termes trop précis, réservés à des armes à feu.

88) Var.: *son coup portait à chaque fois*
Toucher doit s'employer ici sans complément d'objet direct de la personne. Dans le cas contraire, sa signification en allemand ne serait plus *treffen,* mais *berühren.*
faire mouche: atteindre le point central de la cible d'un jeu d'adresse; au sens figuré: atteindre son but
ne pas manquer son coup: atteindre le but fixé; cette expression s'emploie le plus souvent au sens figuré pour qualifier le succès d'une entreprise généralement mal-honnête.
Ex.: Cette fois-ci les gangsters *n'ont pas manqué leur coup,* ils ont réussi à percer le coffre-fort.

89) Explicitation nécessaire en français, *toujours* serait un terme trop plat, manquant de précision. D'autre part *toucher à tout coup* est une expression consacrée.

90) Var.: *avoir appris au berceau l'art de*
avoir sucé avec le lait maternel l'habitude de
Cette expression imagée, correspondant le mieux à l'allemand, est d'un emploi rare en français.

91) Var. plus forte: *brutaliser*
Martyriser est beaucoup trop fort.
Malmener: traiter rudement, est un verbe de sens plus faible qui pourrait convenir également.
Traiter en assassin ne rend pas tout à fait l'intensité de *traktieren.*

92) Au sens strict du terme, l'allemand *Raubmörder* désigne *l'assassin qui a le vol pour mobile.* Cette précision est inutile ici.
On distingue entre le *meurtrier* qui est celui qui tue volontairement un être humain et *l'assassin,* terme qui suppose un meurtre commis avec préméditation, ruse et dont la condamnation morale est plus grande que pour *meurtrier.* Ainsi on emploiera

meurtrier pour quelqu'un qui a délivré par exemple la ville d'un tyran détesté et *assassin* pour qualifier l'auteur d'un crime plus crapuleux.

En termes de droit on distingue entre:

Mörder = *l'assassin*

Totschläger = *le meurtrier*

un escarpe: un assassin de profession; un voleur qui ne recule pas devant l'assassinat. C'est toutefois un terme devenu très rare.

un bandit: individu vivant d'attaques à main armée

le bandit de grand chemin = Straßenräuber. De nos jours, ce terme tend à être supplanté par *gangster.* Tous deux sont trop faibles ici.

Tueur désigne le professionnel qui tue au profit d'une autre personne contre paiement = Dingmörder.

93) *Paisible* traduit une manière d'être empreinte de calme et de résignation.
Ex.: Ce retraité mène une vie *paisible.*
Pour la différence entre *paisible, pacifique* et *pacifiste,* cf. p. 110, rem. 45.

94) Var. plus proche du texte, mais plus compliquée: *qui ne demandaient rien d'autre que de*

95) La mise en relief de *Boxhandschuhe* est rendue en français par le rejet du complément d'objet direct en tête de phrase et sa reprise par le pronom personnel *en,* procédé nécessaire dans pareil cas.

96) Pour la différence entre *utiliser, user, se servir, servir,* cf. p. 75, rem. 79.

97) Le mot à mot de l'allemand *les tenir devant ma figure* serait moins précis en français. Noter l'emploi du pronom personnel objet indirect *me protéger* et de l'article défini *la figure.*

98) Pour la différence entre *visage* et *figure,* cf. p. 29, rem. 40.

99) Contrairement à un procédé stylistique fréquent en français, ici la préposition *durch* ne peut pas se rendre par un verbe pour une question de sens.
Percer, traverser, passer évoquent l'idée d'un objet pointu ou tranchant qui transperce une matière, les gants de boxe dans ce cas. Or le sens est ici de chercher un espace entre ces gants ou d'essayer de les écarter du visage.
Il existe une distinction, pas toujours respectée dans la pratique, entre *à travers* et *au travers.*
A travers suppose un passage vide, une possibilité de traverser.
Au travers implique qu'on se fraie un passage en surmontant ou en traversant des obstacles, c'est donc l'expression convenant ici.
Var.: *au travers de ceux-ci,* plus explicite, mais plus lourde; le contexte est assez clair pour qu'on comprenne qu'il s'agit des gants.

100) Cf. p. 21, rem. 76.

101) *Sauf* est l'expression la plus générale.
Excepté restreint une proposition générale.
A l'exception de insiste sur l'importance de la restriction.

A part est synonyme *d'excepté*. Remarquer qu'il doit toujours être placé en tête de phrase.

En dehors de traduit l'exclusion ou l'addition.

Hors est d'un style relevé, archaïque.

Hormis indique ce qui est exclu d'une totalité. Son emploi est d'un style très soutenu.

Abstraction faite de insiste sur la négligence de certains aspects.

A l'exclusion de insiste sur l'élimination volontaire d'une personne ou d'une chose.

A ... près traduit ce qui manque pour qu'une chose, une action soit complète, achevée, accomplie. C'est l'expression convenant le mieux ici.

102) Var.: *m'étendis*

Pour la différence entre *se coucher, s'étendre, s'allonger, se mettre,* cf. p. 72, rem. 55 et p. 140, rem. 29.

103) Var.: *par terre*
       sur le sol

Terre est plus abstrait que *sol* et s'emploie surtout dans des expressions figées. On dit indifféremment *à terre* ou *par terre*. Cependant lorsqu'il s'agit d'une chute, les grammairiens distinguent entre les choses ou les personnes qui, avant de tomber, touchaient déjà la terre et celles qui n'y touchaient pas. Dans le premier cas, on emploiera *par terre,* dans le second *à terre*.

On dira: La chaise est tombée *par terre*. Les perles du collier sont tombées *à terre*.

104) Var. plus soutenue: *dans le seul but de*

105) L'action est considérée ici sous son aspect final, d'aboutissement, d'une série d'actions, d'où la nécessité d'employer le passé simple.

106) Expression consacrée indiquant que l'on arrive à maîtriser un problème, à venir à bout d'une tâche, au prix de certaines difficultés.

En quelque sorte serait un faux-sens, cette expression s'emploie pour atténuer la portée d'un jugement, d'une assertion.

Ex.: Il avait *en quelque sorte* rompu tous les liens qui l'unissaient à sa famille.

N'importe comment est une expression trop négative.

D'une manière quelconque, de quelque manière que ce soit a un sens concessif et ne convient pas ici.

Ex.: Il a rangé ses affaires *n'importe comment* (sans ordre, sans réflexion, au hasard).

Ex.: Faites en sorte de terminer ce travail *de quelque manière que ce soit* (quelle que soit la manière dont vous vous y prenez).

Plus ou moins serait ridicule avec une expression aussi absolue qu'*être debout*.

107) Terme consacré en matière de boxe. Cf. rem. 28 ci-dessus.

108) Var.: *je n'eus pas*

L'imparfait retenu dans la traduction actualise davantage le contexte que le passé simple de la variante qui accentue le recul.

109) Var.: *remarquer*

Pour la différence, cf. p. 44, rem. 56.

Le français n'aimant pas les répétitions, il est préférable, dans le cas présent, d'employer tantôt l'un, tantôt l'autre de ces deux verbes.

110) Var.: *de quoi que ce fût*
La traduction est préférable à la variante pour deux raisons: dans la langue courante le subjonctif présent remplace le subjonctif imparfait; cette locution est d'autre part plus ou moins consacrée sous la forme utilisant le subjonctif présent.
N'importe quoi est péjoratif.
Ex.: Il dit *n'importe quoi:* il parle sans réfléchir, il dit tout ce qui lui passe par la tête (c'est-à-dire les choses les plus insignifiantes).
   Il remarque *n'importe quoi:* il fait attention à la chose la moins importante.
Cf. p. 84, rem. 27.

111) Var.: *ce que je me dis*
sich etwas denken = *penser quelque chose*
                    se dire quelque chose

112) Var.: *c'est-à-dire que*
Noter qu'ici, la phrase étant très longue, on peut accepter les deux points. Cf. en comparaison p. 200, rem. 2.

113) Var.: *aucunement*
   en aucune façon
   pas le moins du monde
Pas du tout, point sont des expressions trop faibles ici pour rendre *durchaus nicht.*

114) *assommer:* tuer, étourdir avec un corps pesant
Ce terme doit être évité, car il laisse planer une incertitude sur les intentions meurtrières de l'adversaire du boxeur.
abattre = erschießen, niederschlagen, schlachten

115) Var.: *le plus vite possible*
Cf. p. 53, rem. 13.

116) Var.: *le plus lentement possible*
Noter que *possible* est invariable quand il est placé après un nom pluriel précédé d'un superlatif tel que *le plus, le moins,* etc.
Ex.: Je m'efforcerai de faire le moins de fautes *possible* et le plus de progrès *possible.*
Toutefois, quand il se rapporte à un nom, *possible* est variable.
Ex.: Il a fait tous les voyages *possibles.*
A petit feu est une locution réservée à certains emplois concrets,
Ex.: faire cuire *à petit feu*
ou abstraits,
Ex.: mourir *à petit feu*

117) Var.: *se livrer*
   s'abandonner
   se laisser aller

Se vouer, se dévouer, se consacrer (= sich widmen) sont des termes trop positifs pour ce dont il est question ici.

Ex.: *se vouer, se consacrer* à la science; *se dévouer* au service des pauvres

S'adonner: exercer volontairement une activité, orienter cette activité dans un certain sens; c'est un terme assez neutre convenant bien ici. On *s'adonne* à l'étude; ou: on *s'adonne* à la boisson.

Se livrer enchérit sur *s'adonner* en y ajoutant une idée de zèle, d'ardeur.

S'abandonner, se laisser aller soulignent la passivité de l'action ou l'aveuglement de son auteur.

118) Var.: *son appétit sanguinaire*
     sa soif de sang
     Son envie de tuer est une expression trop faible dans ce cas.

119) Var.: *il était obligé de tenir compte de,* traduction plus neutre
     Prendre en considération est une expression réservée à des choses plus abstraites, on l'emploie rarement en parlant de personnes.
     Ex.: Le gouvernement a refusé de *prendre en considération* la mesure proposée par le Parlement.

120) *Match,* dans cette phrase, ne suffirait pas à souligner le côté belliqueux de la compétition.

121) Var.: *suffisamment*
     Assez est plus absolu. Cet adverbe indique qu'on est pleinement satisfait.
     Suffisamment est plus relatif. Il apporte la précision que l'on a fait juste assez pour atteindre tel ou tel but.
     Ex.: J'ai *assez* mangé. Je n'ai absolument plus faim.
          J'ai *suffisamment* mangé, mais un second petit dessert ne serait pas de refus.

122) Var.: *me remettre sur mes pieds*
     Attention aux expressions *remettre quelqu'un sur pied* ou *se remettre sur pied* évoquant une idée de rétablissement, de guérison.
     Ex.: Après sa longue maladie, l'air de la montagne l'a *remis sur pied.*
     Au sens figuré, *mettre une affaire sur pied,* c'est la monter, la mettre en état de fonctionner.
     Retomber sur ses pieds: se retrouver en position verticale et en équilibre après un saut.
     Opérer ou *faire un rétablissement:* faire un mouvement par lequel on se remet dans une position d'équilibre par la force des reins ou des poignets.

123) *Un peu* ne convient pas dans cette phrase, car il est difficile en français de graduer l'expression *se remettre sur ses jambes/pieds.* Il est tout au plus possible de l'atténuer grâce à la locution *à peu près.* Ce n'est pas la quantité qui importe ici, mais la manière.

124) Pour la traduction de *worauf* adverbe, cf. p. 59, rem. 60.
     Dans certains cas, il est également possible de traduire le relatif *worauf* par *pour* +

infinitif, ce qui donnerait ici: *pour pouvoir montrer.* Toutefois, étant donné la longueur du membre de phrase qui précède, cette construction serait trop lourde.

125) Pour la traduction de *wieder,* cf. p. 16, rem. 33.

126) Var.: *ce qu'il savait faire*

127) Var.: *il montra son art*
      il le montra
Il vaut mieux toutefois éviter la double répétition du mot *art.*

128) Var.: *de l'art avec un grand a,* (c'est-à-dire avec un *a* majuscule pour donner plus d'importance au terme en question)
Remarquer l'emploi du partitif *du* ou de *l'.* Il s'agit ici de souligner la valeur qualitative de cet art.
Un grand art, traduction possible également, désignerait seulement l'art particulier, spécifique à la personne dont on parle.

129) Pour la traduction de *nach,* cf. p. 58, rem. 53.

130) Var.: *fatigué de vivre*
Pour la différence entre *fatigué, las* et *lassé,* cf. p. 140, rem. 28 et p. 150, rem. 4.

131) Il est nécessaire d'ajouter *vieillard* en français. Il n'est possible de se dispenser du substantif, dans pareil cas, que pour les âges à chiffres ronds tels que: *quadragénaire, quinquagénaire, sexagénaire, octogénaire, centenaire.*

132) Cf. rem. 102 ci-dessus.
gisant: étendu sans mouvement; toutefois ce terme est surtout employé en archéologie, comme substantif, pour désigner une effigie funéraire couchée, par opposition à *orant* qui s'applique à une figure tombale à genoux.
prostré: accablé, abattu; c'est un terme d'origine médicale (*la prostration:* Kräfteverfall).
Remarquer la construction participiale en français pour insister sur l'aspect secondaire de cette proposition par rapport au fait central, l'appel de la mort. Cette fin dramatique est meilleure en français que la traduction mot à mot par la coordination des deux propositions placées sur le même plan.

133) Var.: *je ne souhaitais que la mort*
L'imparfait permet d'insister sur la durée effective, mais surtout subjectivement amplifiée, par le boxeur qui est allé au tapis.
De mes vœux, expression consacrée, qui traduit l'insistance contenue dans *herbei* et donne à la phrase un rythme plus achevé.

TEXT 16

Die Machtergreifung

Alles geschah wie verabredet. Umsichtiger als Brissac konnte niemand sein. Er sagte den Spaniern, sie möchten ihm nur vertrauen und ganz still bleiben, damit die Verräter nichts merkten. Es gäbe Verräter in der Stadt, müßten sie wissen, und diese könnten leicht merken, daß Brissac vorhabe, sie zu fassen. So ließen die stolzen Spanier aus Nichtachtung dem Schicksal seinen Lauf.

Henri arbeitete seinem Mitspieler vorzüglich in die Hände. Allerdings hätte er ihn versehentlich gefangengenommen.

Um vier Uhr morgens, den zweiundzwanzigsten, wurde Brissac schwach, weil von den Königlichen nichts zu sehen war. Es lag nur an einem dichten Nebel, und sobald Brissac die Umfassung verließ, traf er auf sie. Glücklicherweise befehligte an dieser Stelle sein Schwiegersohn, Herr de Saint-Luc, so kam kein Irrtum vor.

Die beiden verschlossenen Tore waren frei gemacht, und gerade begann das Geläute der Morgenglocken, da drang der König in seine Hauptstadt ein. Seine Edelleute konnten nicht mehr warten: in voller Bewaffnung nahmen sie springend die letzten Hindernisse. Er selbst stützte eine Hand in die Seite, trug den Kopf ein wenig schief und gab sich den Anschein, als käme er nach einigen Stunden von der Jagd zurück. Er war aber achtzehn Jahre fort gewesen.

Der erste, auf den er stieß, war ein Brissac mit Engelsgesicht. Eine solche Reinheit der Züge und der Gesinnung kommt nicht leicht vor, und Menschengesichter tragen sie selten eingeprägt. Das Knie gebeugt bis auf den schmutzigen Boden, die Augen blau hinaufgewendet, bot Brissac dem König eine weiße Schärpe dar. Der König legte ihm sogleich seine eigene über die Brust, umarmte ihn und nannte ihn „Herr Marschall".

Hierfür dankte Brissac ihm mit einem guten Rat: der war, doch lieber die Rüstung anzuziehen. Man kann nicht wissen. Es ist sehr hübsch, im einfachen Wams unter das Volk zu gehen, wie Seine Majestät es wohl zu tun wünschte. Henri erschrak. Das Messer, er hatte es vergessen. Nein, Brissac meinte den Volksauflauf, das künstliche Gedränge und Gemenge, das in einer so großen Stadt leicht veranstaltet wird und gefährlich werden kann, auch ein König geht dabei verloren, er fällt in die Hand seiner Feinde.

Henri antwortete, daß sie ihn gewiß nicht fangen sollten. Das wär auch ihr Begehren nicht. „Vögel wie mich will niemand im Käfig haben." Aber er fügte

La prise du pouvoir[1]

Tout se passa[2] comme convenu[3]. Personne[4] ne pouvait[5] être plus circonspect[6] que Brissac. Il dit[7] aux Espagnols qu'ils n'avaient qu'à[8] se fier[9] à lui et rester bien tranquilles[10] pour ne pas attirer l'attention[11] des traîtres. Ils devaient savoir[12] qu'il y avait des traîtres dans la ville[13] et que ceux-ci[14] pourraient[15] bien s'apercevoir que Brissac avait l'intention[16] de les prendre[17]. Aussi[18] les fiers[19] Espagnols laissèrent-ils par négligence[20] le destin[21] suivre son cours[22]. Henri seconda[23] son partenaire[24] à merveille[25]. Pour un peu[26], il est vrai[27], il l'aurait[28] fait prisonnier par mégarde[29]. A quatre heures du[30] matin, le vingt-deux, Brissac faiblit[31] parce qu'on ne voyait[32] pas trace[33] des troupes royales[34]. Un brouillard[35] épais en était la cause et dès que Brissac eut quitté[36] l'enceinte[37], il se heurta à elles[38]. Heureusement[39], c'était[40] son gendre[41] M. de Saint-Luc qui exerçait le commandement[42] à cet endroit[43], si bien[44] qu'aucune erreur ne fut commise[45].

Les deux portes[46], fermées[47] d'ordinaire[48], étaient ouvertes[49] et les cloches du matin[50] sonnaient[51] à peine[52] que le roi pénétra[53] dans sa capitale. Ses gentils-hommes[54] ne pouvaient plus attendre et[55] c'est armés de pied en cap[56] qu'ils franchirent[57] d'un bond[58] les derniers obstacles. Quant à[59] lui, il avait[60] la[61] main posée[62] sur la hanche[63], la tête un peu penchée[64], se donnant[65] l'air[66] de rentrer[67] après quelques heures passées à la chasse[68]. Et pourtant[69], son absence avait duré[70] dix-huit ans.

Le premier qu'il rencontra[71], ce[72] fut[73] un Brissac à[74] visage d'ange. Une telle[75] pureté de traits et d'âme[76] ne se trouve[77] pas facilement et il est rare[78] qu'un[79] visage[80] humain en soit empreint[81]. Fléchissant le genou[82] jusqu'à terre[83], sans crainte de se salir[84], ses[85] yeux bleus levés vers le roi[86], Brissac lui offrit[87] une écharpe[88] blanche. Le roi lui ceignit aussitôt[89] la poitrine[90] de la sienne[91], lui donna l'accolade[92] en l'appelant[93] Monsieur le maréchal.

Brissac l'en remercia[94] en lui donnant[95] un bon conseil, à savoir[96] qu'il ferait bien[97] de revêtir[98] son armure[99]. On ne sait jamais[100]. C'[101] est bien joli[102] de se mêler en simple pourpoint au peuple[103] comme[104] sa Majesté semblait vouloir[105] le faire. Henri prit peur[106]. Le couteau, il l'avait oublié. Mais non[107], Brissac pensait[108] à l'attroupement populaire[109], à la cohue[110] et à la mêlée[111] artificielles[112] qu'on peut facilement organiser dans une si grande ville et qui peuvent devenir dangereuses[113], même [114] un roi peut se perdre[115] de cette

sich und betrat seine Hauptstadt gepanzert unter dem Mantel. Anstatt des Hutes mit dem schönen weißen Busch, der Frieden versprochen hätte, trug er den eisernen Helm. Dieser Aufzug dämpfte sein Hochgefühl, wenn nicht schon der Regen und die leeren Straßen es taten.

Heinrich Mann, aus: *Die Vollendung des Königs Henri Quatre.*

manière[116], il tombe aux mains de ses ennemis[117]. Henri répondit qu'il ne se laisserait certainement[118] pas prendre[119], que ce n'était pas non plus[120] ce qu'ils désiraient[121]. «Des oiseaux comme moi[122], personne ne veut les avoir en cage[123]». Cependant[124], il céda[125] et entra dans sa capitale en portant une armure sous son manteau. Au lieu du chapeau au beau panache blanc[126] qui aurait[127] promis la paix, il portait le casque en[128] fer. Cette tenue[129] tempérait[130] son exaltation[131], si la pluie et les rues désertes[132] n'avaient pas suffi[133] à le faire[134].

1) *La prise du pouvoir,* et non *de pouvoir,* car d'après le contexte, il s'agit d'une situation bien déterminée, à savoir l'entrée d'Henri IV dans Paris. D'où l'emploi de l'article défini. Cf. p. 38, rem. 3.

Il s'agit d'une expression consacrée; noter toutefois qu'en politique *Macht* peut se traduire de façon différente selon les expressions:

die Macht eines Landes = la *puissance* d'un pays

die Großmacht = la grande *puissance*

die Machtpolitik = la politique de *force*

L'usurpation (f.) est un terme trop fort dans ce contexte.

Un usurpateur est un homme qui s'empare du pouvoir par des moyens déloyaux, injustes.

2) Var.: *se déroula*

Arriver, se produire, avoir lieu, traductions possibles également, mais moins bonnes, car elles insistent plus sur l'aspect momentané, le point d'aboutissement que sur le déroulement, le développement de l'action. Cf. p. 13, rem. 13 et p. 224, rem. 62.

Imparfait ou passé simple? L'imparfait est tout à fait possible, il marquerait le début d'une action vue de l'intérieur dans son déroulement illimité, attirant davantage l'attention du lecteur sur la suite des événements; il s'agirait alors de ce qu'on appelle l'imparfait d'ouverture. Le passé simple ne fait que marquer un des moments du récit, en annonçant le résultat à l'avance, de manière globale, alors que la prise du pouvoir est terminée.

3) traduction consacrée: sich verabreden = *se donner rendez-vous*

4) Var.: *nul*

A remarquer: l'ordre des mots en français.

La traduction mot à mot: *plus circonspect que Brissac, personne ne pouvait l'être,* est du français parlé ou d'une rhétorique un peu trop accentuée.

5) C'est ici l'imparfait qui importe, l'explication de la prudence de Brissac est démontrée par les faits qui suivent.

Le passé simple marquerait trop le caractère limité et achevé de l'action en insistant sur la comparaison.

6) Var.: *prudent,* qui ajoute au fait de peser le pour et le contre, de prévoir la conséquence de ses actes, un sentiment de danger et de crainte.

Cf. p. 67, rem. 12, pour la différence entre *prudent, précautionneux, prévoyant* et *circonspect.*

7) Le récit proprement dit de la prise du pouvoir commence; d'où l'emploi du passé simple pour marquer une des étapes dans le fil de l'action.

8) Mot à mot: *qu'ils ne fassent que se fier à lui,* traduction étrange, puisque le fait de se fier à qn n'est pas une action en soi, d'où la traduction proposée.

Nur portant sur un adverbe se traduit par *ne faire que.*

9) Var.: *lui faire confiance*

      s'en remettre à lui

Se confier ne convient pas ici. *Se confier à qn,* c'est lui raconter ses craintes, ses soucis.

10) *Garder un calme absolu* ajoute à l'idée d'inaction contenue dans *still* une nuance de quiétude, d'absence de soucis. Le contexte ne permet pas de préciser.
Garder le calme se dira en parlant d'un malade qui ne doit pas s'agiter (= sich nicht aufregen).
Ne pas dire *être silencieux* qui marquerait une restriction dans le sens auditif.

11) Var.: *pour que les traîtres ne remarquent rien*
     pour que les traîtres ne s'aperçoivent de rien
Pour la différence entre *remarquer* et *s'apercevoir* cf. p. 44, rem. 56.
L'infinitive est plus élégante que la conjonctive suivie du subjonctif présent et surtout du subjonctif imparfait de concordance. Ce dernier emploi n'est pas indispensable, le fait exprimé dans la subordonnée étant futur par rapport au verbe qui l'introduit.

12) Var.: *il fallait qu'ils sachent*
Le français n'ayant pas de temps particulier pour rendre le discours indirect, l'inversion allemande, impossible dans ce cas en français, *müßten sie wissen,* doit être transformée en proposition principale.

13) *dans la ville* et non *en ville*
Cf. p. 67, rem. 9.

14) Var.: *ces derniers,* expression plus accentuée que *ceux-ci*

15) Var.: *pouvaient*
Mieux que l'imparfait, le conditionnel insiste sur la notion d'éventualité dans le futur.

16) Var.: *projetait*
Cf. p. 71, rem. 45.

17) Var.: *saisir,* qui traduirait la rapidité de l'action
     capturer, qui expliciterait davantage: pour les mettre en prison

18) *aussi* + inversion du sujet
Var.: *c'est ainsi que* (sans inversion)

19) Var.: *farouches*
Prendre garde ici à la place de l'adjectif.
L'adjectif postposé dans l'expression *les Espagnols fiers* garde son sens propre en soulignant le caractère des Espagnols qui est d'avoir un sens juste de leur dignité. Dans *les fiers Espagnols,* l'adjectif prend la nuance d'ironie voulue dans le texte. H. Mann joue sur l'expression allemande *stolz wie ein Spanier* (en français intraduisible mot à mot) = *fier comme Artaban. Fier* placé devant le substantif a le sens intensif de *fameux, rude.*
Ex.: C'est une *fière* canaille.
De la même manière, on distingue entre le sens propre et le sens figuré selon la place de l'adjectif:

un homme *triste* = traurig
un *triste* individu = erbärmlich
un chat *maigre* = mager
un *maigre* repas = karg
un homme *méchant* = böse
un *méchant* roman = wertlos

20) *La négligence* marque la volonté consciente de ne pas se soucier de qc.
L'insouciance traduit davantage l'oubli, l'étourderie, la légèreté et ne convient donc pas (= Leichtsinn).
L'irrévérence, le manque d'égards s'appliquent à des personnes.
Le mépris est trop fort, car le terme indique une condamnation morale (= Verachtung).

21) *le destin* = puissance surnaturelle réglant le cours de la vie de l'individu ou du monde
le sort = destin d'une personne, avec généralement une précision portant sur la qualité ou état d'une chose résultant du hasard
Ex.: abandonner qn à son triste *sort*
la destinée = série d'événements fixés à l'avance et attendant l'homme; ce terme est plus subjectif que *le destin* ou *le sort.*
La fatalité renchérit sur le caractère inéluctable et en général malencontreux (= Verhängnis).
Ici seul *destin* convient, puisque c'est la loi suprême qui régit toute chose.

22) expression consacrée
Mais on dit: *laisser libre cours à un sentiment,* au sens de s'abandonner entièrement à ce sentiment.

23) Ne pas employer l'expression *faire le jeu de,* c'est-à-dire *servir ses intérêts,* ce qui serait contraire aux faits, Brissac étant le subordonné d'Henri IV.

24) Var.: *son complice,* qui est plutôt la traduction de *Mittäter*

25) Var.: *à la perfection*

26) Var.: *il faillit le faire prisonnier*
il s'en fallut de peu qu'il l'ait (l'eût) fait prisonnier
Le conditionnel ne suffit pas, dans ce cas, à rendre la nuance contenue dans le plus-que-parfait du subjonctif allemand. D'où l'explicitation nécessaire.

27) *Allerdings* est ici un adverbe de restriction, d'où sa traduction par *il est vrai. Allerdings* ayant un sens affirmatif se traduit par *en effet, sans doute, assurément, bien sûr, bien entendu.* Si l'on place *il est vrai* en tête de phrase, il vaut mieux en français subordonner alors la locution prépositive. On aurait alors: *il est vrai que pour un peu.*

28) Var. plus littéraire: *il l'eût fait prisonnier*
Faire prisonnier est une expression idiomatique.

Prendre, tout seul, n'est pas assez clair.

capturer = fangen

29) Var.: *par inadvertance*

Mégarde (f.) renchérit sur le caractère fâcheux du résultat.

30) Il est nécessaire de relier en français le nom de l'heure avec le moment de la journée, d'autant plus que le groupe qui suit est également un complément de temps. Mais, pour insister, on peut dire: Il est arrivé *le soir, à neuf heures.*

Pour souligner plus particulièrement la date, il faudrait relier le moment de la journée et la date: *à quatre heures, le matin du 22,* traduction qui n'a pas lieu d'être ici.

31) Pour traduire un état passager, *werden* + *adjectif* se rend généralement en français, non par *devenir,* mais par un verbe dérivé de l'adjectif. Ainsi on dit: quelqu'un *rougit* de honte, *pâlit* de colère.

Quelques exemples particuliers:

krank werden = *tomber malade*

einig werden = *tomber d'accord*

naß werden = *être mouillé*

zornig werden = *se mettre en colère*

32) Var.: *parce que les troupes royales n'étaient pas en vue*

Il faut prendre garde à la traduction de la structure *sein* + *infinitif* qui ne se traduit pas automatiquement en français par *être à* + *infinitif.* Dans l'exemple ci-dessus, la traduction *n'étaient pas à voir* signifierait: waren nicht sehenswert.

La traduction: *parce que les troupes royales restaient invisibles* n'est pas conseillée, car elle donne au texte un arrière-goût fantomatique.

33) Il faut expliciter en français.

Rien de qc. se rapporte à un objet ou à une action.

Ex.: Je ne vois *rien de* ce qui se passe.

Ici le sens est: on ne voyait pas les troupes royales arriver. D'où la traduction retenue.

34) Var.: *des partisans du roi*

L'adjectif allemand doit être explicité en français.

35) Var.: *Cela était dû à un brouillard épais.*

Pour éviter l'imprécision de *cela, brouillard* a été placé comme sujet dans la traduction retenue.

Brume désigne un brouillard léger (la *brume* matinale) ou un brouillard au bord de l'eau.

36) Var.: *dès que Brissac quitta l'enceinte*

Le passé antérieur marque l'antériorité par rapport au passé simple de la principale. Cependant le passé simple est comme en allemand possible et indique alors la simultanéité (= *en quittant l'enceinte*).

Laisser demande un complément, *derrière lui* etc.

Abandonner est trop fort et ferait supposer un résultat fâcheux: Brissac abandonne la forteresse, parce qu'il y est forcé, parce qu'il doit se rendre à l'ennemi etc.

37) *la forteresse* = Festung
la clôture = Umzäunung
l'entourage = Umgebung

38) Var.: *il se trouva face à face avec elles*
Il les rencontra est trop faible.
Il se rencontra avec elles est ambigu, son sens possible serait: pour avoir une entrevue, pour se réunir.
Il tomba sur elles rendrait la brusquerie et le caractère imprévu de la rencontre, mais l'expression est familière.

39) Var.: *par bonheur*
par chance
Heureusement que, possible en principe, doit être évité ici en raison de la mise en relief de *gendre.*

40) Noter le procédé retenu pour la mise en relief.

41) Var.: *son beau-fils*

42) Var.: *commandait*
Ordonner demande un complément d'information.
Ex.: *ordonner* aux troupes d'avancer

43) Var.: *en ce lieu*
Prendre garde à la préposition.
A cette place est trop précis, *place* ajoutant à *lieu* une idée d'occupation, d'immobilité (au sens d'emplacement), or les troupes sont en marche. Cf. p. 128, rem. 63.

44) Var.: *et ainsi aucune erreur,* traduction qui, malgré l'adjonction de la conjonction de coordination *et,* couperait davantage la phrase. D'où le choix de la consécutive.

45) Var.: *aucune erreur ne fut faite*
Il faut recourir en français à une expression avec *erreur,* la traduction mot à mot n'étant pas possible.

46) On parle du *portail* d'un château ou d'une église, mais des *portes* d'une ville.

47) Mot à mot: *fermé à clé*
La précision n'est pas nécessaire dans ce contexte.
Clos est d'un style vieilli; par contre l'expression suivante est d'un emploi courant: *trouver porte close.*

48) Adjonction nécessaire pour éviter l'aspect incongru et quelque peu contradictoire donné par la traduction mot à mot: *les portes fermées étaient ouvertes.*

49) Mot à mot: *dégager,* qui ne se dit que pour quelque chose d'encombré, d'obstrué. Ainsi on *dégage* un passage en enlevant ce qui gêne, en l'élargissant par exemple.

50) Eviter l'adjectif *matinal,* ambigu, car il peut signifier: qui se lève tôt (au sens de *matineux*).

51) Mot à mot: *la sonnerie des cloches du matin commençait,* traduction moins élégante. L'imparfait est de rigueur pour dénoter le cadre de l'action principale: l'entrée du roi.

52) mot à mot: *étaient justement en train de sonner quand,* tournure lourde

53) Pour marquer le caractère solennel de l'entrée, on pourrait dire: *fit son entrée* (= einzog).
A propos d'un ennemi entrant par force dans un pays, *eindringen* se traduit par *envahir.*
Eindringling = *l'intrus, l'envahisseur*
Cf. p. 208, rem. 73.

54) Remarquer le pluriel de *gentilhomme.*

55) Plutôt que les deux points qui feraient une trop grande rupture dans la phrase, le français relie par *et* en mettant le participe en relief.

56) Var.: *armés jusqu'aux dents* = très bien armés, renchérit sur le caractère menaçant des assaillants.
Avec un armement complet est à la fois lourd et trop fort.
L'armement désigne l'ensemble des armes, y compris surtout les armes lourdes, telles que les canons etc.
Avec un équipement complet ne va pas non plus pour les mêmes raisons; d'autre part le terme *équipement* ne permet pas de conclure clairement qu'il s'agit d'armes.
armure = Rüstung, Panzer
armature = assemblage de pièces en bois ou en métal servant à soutenir un ouvrage de charpente ou de maçonnerie (= Gerüst, Armierung)

57) expression consacrée

58) Ne pas dire *en sautant,* expression purement physique et trop concrète.
D'un bond insiste sur la rapidité de l'action.
Cf. p. 59, rem. 61.

59) La locution prépositive *quant à* suivie du pronom tonique permet la mise en relief et marque mieux que *lui-même,* traduction mot à mot, le retour au personnage principal.

60) Lorsqu'il s'agit de traduire une position ou une attitude, le français est beaucoup moins précis que l'allemand. Le verbe *avoir,* mis en dénominateur commun, suffit à rendre les deux verbes allemands.

61) Pour désigner la partie du corps, le français emploie l'article défini quand il n'y a pas d'ambiguïté possible.
Ex.: Il a *les* yeux levés au ciel.

62) *posée* et non *appuyée*
Mais on *s'appuie* sur le bras de qn ou le malade *s'appuie* sur des béquilles.
Appuyé marquerait donc un effort pour se soutenir.

63) Var.: *sur le côté*
Le *flanc* se dit plutôt dans ce sens pour un animal. Cependant on emploie *le flanc* dans certaines expressions telles que *se coucher sur le flanc* (se coucher sur le côté), *mettre sur le flanc* (épuiser).

64) *En biais* ou *de biais* sont trop forts. Ces locutions désignent une ligne oblique, quelque chose de penché dans le sens de la diagonale par rapport à une ligne droite.
De travers est carrément ridicule. *De travers* désigne non seulement la direction oblique, mais qc. d'anormal, qui n'est pas droit et qui est dirigé autrement qu'il ne faut.
Ainsi: qn a le nez *de travers;* on raisonne *de travers*
Regarder qn *de travers,* c'est le regarder avec hostilité ou suspicion.

65) Mot à mot: *et se donnait l'air*
Le participe présent insiste sur le lien logique entre l'attitude et l'intention.
Plus fort, mais possible également: *pour se donner l'air.*

66) Var.: *faisant semblant de*
Prendre garde à l'expression.
den Anschein haben = *sembler, paraître*
dem Anschein nach = *selon les apparences*
allem Anschein nach = *selon toute apparence*

67) Pour l'emploi de *rentrer, revenir* et *retourner,* cf. p. 58/61, rem. 57 et 75.

68) L'accumulation des compléments est très lourde en français et peu claire. D'où la périphrase explicative.

69) Var.: *cependant*
Il est nécessaire de marquer fortement l'opposition. *Mais* serait trop faible.
Pour *cependant, pourtant, néanmoins, toutefois,* cf. p. 21, rem. 76.

70) Var.: *il avait été absent dix-huit ans*

71) Ne pas dire ici: *auquel il se heurta* qui aurait un sens concret (zusammenstoßen), étant donné qu'il ne s'agit que de deux personnes.
Sur lequel il tomba est du style familier. Cf. la rem. 38 ci-dessus.

72) *Ce* s'emploie souvent devant le verbe *être* pour reprendre un sujet exprimé, mais il n'est pas obligatoire ici. Ce pronom est obligatoire devant un attribut au pluriel, un pronom personnel (*c'est vous*), quand la phrase commence par *ce* et une relative ou devant une proposition introduite par *que.*

73) Le passé simple est meilleur que l'imparfait pour marquer la concomitance. Ce n'est pas la description ou l'état du personnage qui importe, mais l'aspect momentané et précis de l'apparition.

74) Var.: *au visage d'ange,* traduction qui insiste moins sur l'aspect singulier et accidentel (à ce moment-là Brissac a un visage d'ange) que sur le côté permanent propre au personnage.
La grammaire distingue entre: *la* chambre *aux* rideaux rouges et *une* chambre *à* (ou, plus rarement: *aux*) rideaux rouges.

La préposition *avec* (*avec* un visage d'ange) insisterait davantage sur l'aspect momentané du visage de Brissac.

Ainsi on dit: un enfant *aux* yeux bleus, *avec* le bras bandé; mais si on veut montrer que le bras bandé distingue particulièrement l'enfant d'autres personnes, et ceci durant tout le récit, on parlera alors de l'enfant *aux* yeux bleus et *au* bras bandé. Cf. p. 39, rem. 15.

75) Var.: *pareille,* qui s'emploiera devant le substantif, sans article
    semblable
    Cf. p. 18, rem. 54 et p. 33, rem. 64.

76) *Gesinnung* = de façon générale *la manière de penser, la disposition d'esprit, le sentiment*
    Appliqué à la politique, *Gesinnung* se traduit par *conviction, principes* (au pluriel).
    Au sens moral: niedrige *Gesinnung* = *petitesse d'esprit, bassesse de cœur.*
    Dans le contexte ci-dessus, le substantif *pureté* entraîne la traduction de *Gesinnung* par *âme,* mais on parle de *noblesse de caractère, de cœur.*

77) Var.: *ne se rencontre pas facilement,* à éviter cependant à cause de la répétition du verbe *rencontrer,* déjà présent dans la phrase précédente.
    Ne pas dire *arriver* ou un verbe synonyme, ces verbes ne s'employant que pour des événements.
    Remarquer l'expression familière: *cela ne se voit pas tous les jours.*

78) Mot à mot: *un visage humain en est rarement empreint*
    Pour éviter la répétition de l'adverbe en *-ment,* la mise en relief de *selten* est plus élégante en français.

79) Le français particularise davantage et préfère employer le singulier. Cependant le pluriel *des visages humains* est également possible.

80) Pour la différence entre *visage* et *figure,* cf. p. 29, rem. 40.

81) La traduction de *einprägen* par *marquer, porter la marque de, porter l'empreinte de* ne s'emploie que dans un sens négatif.
    Ex.: Ce visage *porte la marque des* ans (C'est le visage d'une personne âgée, il est ridé etc.).
    Une confusion a été faite entre *imprégner* et *empreindre* qui sont devenus synonymes.
    Imprégner, c'est pénétrer un corps de liquide.
    Ex.: Une teinture *imprègne* un cuir.
    Puis, au sens figuré, *imprégner* a pris le sens d'influencer profondément.
    Ex.: L'œuvre d'Apollinaire est *imprégnée* de culture allemande.
    Graver ne s'emploie pas pour les traits du visage, sinon au sens propre de *meißeln* ou *stechen.*
    Ex.: L'artiste a *gravé* les traits de ce personnage célèbre.
    Au sens figuré on dit qu'un souvenir est resté *gravé* dans la mémoire de qn.
    imprimer = drucken
    Au sens figuré, l'emploi de ce verbe est le même que celui de *graver.*

82) Var.: *s'agenouillant*
Mot à mot: *le genou fléchi;* cependant à cette description statique, le français préfère la tournure personnelle avec le participe présent se rapportant au sujet de la phrase, créant ainsi une image plus dynamique et plus homogène.
Fléchir: plier progressivement sans effort. *Fléchir le genou* est une expression consacrée pour *s'agenouiller.*
Plier le genou se dit pour le simple mouvement physique, tel qu'on peut le faire en gymnastique.
Ployer le genou signifie le plier légèrement, en étant debout.
Courber ne se dira guère pour les genoux, mais pour la tête, les épaules, en signe de respect ou de crainte.

83) Var.: *jusqu'au sol*
Cf. p. 230, rem. 103.

84) Explicitation nécessaire. Eviter d'employer *sale* avec *terre,* traduction d'autant plus obscure que l'expression figée *jusqu'à terre* est détruite et que le mot *terre* prend un sens ambigu (= Erdkugel ou Scholle).
Pour des raisons d'euphonie, ne pas utiliser *sale* avec *sol.*

85) L'adjectif possessif est ici nécessaire à cause de la précision apportée par l'adjectif *bleu.* Mais sans l'adjectif, on dirait: *les yeux levés vers le roi.*

86) Précision nécessaire de la direction en français.

87) En insistant davantage sur le mouvement et moins sur le cadeau, on peut traduire par *présenter.*

88) *Une écharpe:* bande d'étoffe servant d'insigne, passée obliquement de l'épaule droite à la hanche gauche, ou nouée autour de la taille, dont sont parés encore aujourd'hui les maires et les députés (aujourd'hui l'*écharpe* n'est plus blanche, mais tricolore).
un châle = Schal, c'est-à-dire la grande pièce d'étoffe que les femmes drapent, généralement en pointe, sur leurs épaules
un fichu: sens plus général que *châle;* il désigne une pièce d'étoffe dont on se couvre la tête, la gorge ou les épaules (= Hals-, Kopftuch)
un foulard: dénomination plus élégante et plus moderne du fichu, pièce d'étoffe très légère, en soie ou en coton, qu'on peut nouer autour de la tête ou du cou

89) Pour *aussitôt,* cf. p. 91, rem. 94.
Ne pas employer ici *tout de suite, immédiatement, incontinent* qui insistent trop sur la rapidité.

90) Var.: *le ceignit* (sans traduire *poitrine*)
Ceindre est une expression consacrée.
Aujourd'hui on dit: *ceindre l'écharpe municipale* (= être maire).

91) *De la sienne,* mais *de sa propre écharpe,* la répétition du substantif est alors nécessaire.

92) *Donner l'accolade* est une expression consacrée quand il s'agit d'une cérémonie officielle, telle qu'une remise de décoration.
Var.: *l'embrassa*
étreindre: embrasser en serrant étroitement; ce verbe est ici trop fort.

93) Le gérondif explique davantage que la conjonction de coordination suivie du verbe
à temps personnel l'intention des gestes du roi.
Pour *appeler, nommer,* cf. p. 24, rem. 5.

94) *remercier qn de qc.* ou *pour qc.*
Il faut cependant, pour des raisons de style, éviter d'employer la construction avec
pour et le démonstratif *cela.*

95) La traduction par la simple préposition *avec* ou *par* n'est pas assez claire en français. D'où la nécessité de traduire par un verbe.

96) La traduction mot à mot n'est pas possible en français pour des raisons de clarté de
construction.

97) La traduction mot à mot *celui de revêtir plutôt* ou *de préférence* suppose un deuxième terme de comparaison.
Doch, particule de soutien, ne se traduit pas.

98) expression consacrée
Revêtir signifie alors mettre par-dessus ses vêtements.
Par extension, c'est s'habiller de vêtements conférant une certaine dignité.
Ex.: L'Académicien revêt *l'habit* vert pour être reçu sous la Coupole.
Dans ce sens extensif, on peut employer le verbe *endosser* qui veut dire: prendre le
vêtement inhérent à la fonction exercée.
Ex.: *endosser* l'uniforme militaire

99) *La cuirasse* ne couvre que la poitrine et parfois le dos.

100) expression idiomatique
Var.: *on ne peut pas savoir*

101) Mieux que le pronom personnel *il,* le démonstratif souligne le caractère subjectif de
la remarque.
Il faut retenir que lorsque l'attribut est un adjectif (comme c'est le cas ici), *es* se traduit généralement par *il.* Si toutefois l'adjectif a une valeur affective et que le jugement porte sur un fait particulier, on emploie, non pas *il,* mais *ce.*
Il faut donc distinguer entre les deux cas suivants:
– *Il est bon de* prendre un café après le repas: formule générale, abstraite (bon
pour la santé etc.).
– *C'est bon de* prendre un café après le repas: on fait alors allusion au plaisir particulier que l'on prend à boire un café après le repas.

102) Var.: *c'est bien beau*
L'adverbe *bien* souligne mieux que la traduction mot à mot par *très* le caractère
ironique de la remarque.

103) expression consacrée

A la rigueur, on pourrait dire *aller dans la foule, foule* devant fonctionner comme collectif, tandis que *peuple* forme une unité indivisible.

Population est un terme démographique (= Bevölkerung).

104) Var.: *ainsi que*

105) Var.: *désirait sans doute le faire*

Sembler, dans la traduction choisie, rend *sans doute* de la variante.

106) Var.: *eut peur,* expression plus faible

fut effrayé

S'effraya demanderait un complément, p. ex. *s'effraya de cette perspective.*

107) *Mais* a été ajouté pour marquer le caractère apaisant pour le roi de la réponse de Brissac. *Non,* tout seul, serait trop brusque.

108) Var.: *voulait dire*

109) *Rassemblement* (m.) est trop neutre.

Emeute (f.) est trop fort.

Attroupement (m.) permet de rendre à la fois la nuance de rassemblement et de désordre troublant l'ordre public, tel que c'est expliqué par la suite.

110) *Cohue* (f.) suppose un rassemblement nombreux où règne la bousculade et le désordre.

Encombrement (m.) traduit simplement l'idée d'un rassemblement qui s'accumule en faisant obstacle à la circulation; ce terme convient moins bien ici.

Bagarre (f.) est trop fort, car cela signifie qu'il y a déjà provocation et combat.

111) *La mêlée* renchérit sur l'agitation contenue dans *la cohue,* en insistant sur la confusion et le désordre.

112) *artificiel* = qui est le produit de l'habileté humaine

factice = ce qui n'est pas naturel, ce qui est faux, imité, implique une idée de feinte et de tromperie. On parle d'une barbe *factice* (postiche) ou d'un sentiment *factice* (affecté). Ici *factice* ne convient pas; la mêlée n'est pas factice, elle est réelle, seulement elle n'a pas été provoquée de façon naturelle.

Faux ne convient pas non plus, pour la même raison; d'autre part il faudrait dire: *la fausse cohue* et *la fausse mêlée,* répétition peu élégante.

113) *Périlleux* renchérit sur *dangereux,* se dit uniquement pour des choses et s'emploie dans un style très soutenu.

Ex.: une entreprise *périlleuse*

114) *Auch* ne se rend pas ici par *aussi;* il ne s'agit pas d'une adjonction (un roi, lui aussi), mais d'une gradation. D'où la traduction par *même.* Cf. p. 106, rem. 7.

Se rappeler que *aussi,* en début de phrase (= *deshalb*) demande l'inversion du sujet.

115) Var.: *peut disparaître*
Peut se perdre marque cependant la nuance comique contenue dans *verlorengehen*.
Le verbe *pouvoir* a été ajouté pour souligner davantage l'éventualité.

116) En interprétant *dabei* au sens temporel, on traduira par *à cette occasion*.

117) On dit *tomber aux mains* ou *dans les mains de ses ennemis*.

118) *Certainement* mieux que *sûrement*.
Sûrement implique une croyance plus subjective, fondée sur la confiance ou sur le raisonnement, mais plutôt à la manière d'un pari que d'une certitude.

119) Var.: *qu'ils ne l'auraient certainement pas*
Remarquer qu'il s'agit en français d'un discours indirect, c'est-à-dire du futur dans le passé, rendu par le conditionnel. Ne pas traduire *sollten* par le verbe *devoir*, qui aurait alors un sens d'obligation et serait absurde. Cf. p. 31, rem. 53.

120) En maintenant la ponctuation allemande, on pourrait dire: *ce n'était pas non plus, ajouta-t-il, ce qu'ils désiraient,* phrase cependant un peu lourde.
Il est en effet indispensable de rendre en français le style indirect en reliant les deux phrases. Sinon la phrase isolée, sans repère marquant qu'il s'agit de paroles rapportées, peut signifier qu'on a affaire à une remarque de l'auteur. Cf. p. 54, rem. 15 et p. 111, rem. 55.

121) Var.: *que tel n'était pas non plus leur désir*
Se rappeler que *auch* dans une phrase négative se traduit par *non plus*.

122) Var.: *de ma sorte*
　　　de mon genre
　　　de mon espèce
Cf. p. 106, rem. 3.

123) *la volière* = das Vogelhaus
Remarquer la préposition *en*, lorsqu'il s'agit d'une expression figée telle que *vivre en cage* ou *un oiseau en cage*.
Mais on dit: l'oiseau vit *dans une grande cage*.
Il s'agit alors non pas d'opposer la vie *en cage* à la vie en liberté, mais de la simple localisation.
Dans s'impose d'autre part en raison de la présence de l'adjectif.

124) Var.: *néanmoins*
　　　toutefois

125) Var.: *il obéit*
Il céda suppose qu'on obéit aux arguments ou aux prières, sans toutefois impliquer un renoncement particulièrement douloureux, comme *se résigna*, ou une lutte, comme *capitula*. Ces deux derniers verbes ont donc un sens trop fort.

126) Il s'agit de la fameuse coiffure d'Henri IV. On raconte qu'avant la bataille d'Ivry, il avait dit à ses soldats: «Si vos cornettes vous manquent, ralliez-vous à mon *panache blanc,* vous le trouverez au chemin de la victoire et de l'honneur».

127) Var. plus littéraire: *eût*
Cf. rem. 28.

128) Var.: *de fer*
Au sens propre *aus* désignant la matière se traduit indifféremment par *en* ou par *de*.
Remarquer cependant qu'au sens figuré on emploie seulement la préposition *de*.
Ex.: une santé *de* fer
Cf. p. 38, rem. 4.

129) Var.: *cet habillement*
Pour *tenue* (f.). cf. p. 109, rem. 36.
Tenue désigne ici l'habillement approprié à certaines circonstances.
habillement (m.): manière de s'habiller ou dont on est habillé
costume (m.) = Anzug, Tracht, se rapporte davantage aux habits qu'à la coiffure
Accoutrement (m.) est péjoratif, désigne l'habillement étrange ou ridicule.

130) Var.: *atténuait*
Etouffer ne s'emploie que pour un son.
Ex.: parler d'une voix *étouffée*
De même *amortir* se dit pour un choc, un bruit ou à la rigueur, dans un sens métaphorique, d'une couleur.
Ex.: La neige a *amorti* la chute de l'alpiniste.
Affaiblir, rendre plus faible, ne se dit pas dans ce cas, de même que *réprimer* (unterdrücken) et *éteindre* (löschen).
L'imparfait est nécessaire si on veut rester dans la perspective de la description, au moment où le roi entre à Paris.
Le passé simple (possible également) marquerait un résultat, le point final du texte qui se termine avec l'imparfait en point d'orgue.

131) Var.: *enthousiasme*
Les transports, expression littéraire, demanderaient un complément: *transports* de joie, de reconnaissance etc.

132) à la rigueur: *les rues vides*

133) Le verbe *suffire* rend l'adverbe *schon.*
Var.: *sans parler de la pluie et des rues désertes*
sans compter la pluie et les rues désertes

134) Explicitation nécessaire, la traduction mot à mot par l'imparfait du verbe *faire* n'étant pas assez claire en français.

250

TEXT 17

Es war der Donnerstag vor Ostern, ein warmer, fast ein Sommertag, und dazu einer der ersten. Nach vorangegangenem Regen waren die Bäume plötzlich über und über grün geworden, goldgrüner Schimmer stieg an ihren Kronen aufwärts und goldene Himmelsbläue rann von oben auf die Erde. Ein Strom von Menschen rauschte aus den Häusern auf die freien Plätze und Alleen, Frauenschönheit, froh, sich wieder in bewundernden Augen spiegeln zu können, lächelnde Blumengesichter über fliederblauen und apfelsinengelben und granatroten Kleidern, dazwischen die kleinen Kinder in rosenroten Schärpen und weißen Schuhen, rosenrote Federn auf den weißen Mützen, die dreist in den Sonnenschein hineintrippelten. In die Altstadt war der Frühling noch nicht hineingedrungen: Lachen, Rauschen und Farbenzauber blieb hinter mir zurück und es schauderte mir fast in der sonnenlos lauwarmen, unreinen Luft.
Als ich bei dem Triumphbogen angekommen war, blieb ich stehen; es war mir so zu Mute, als wäre dies das Thor, durch das man aus dem Frühlingsreiche in das Land des Elends einzöge. Ein paar Kinder, in schmutzige Lumpen gehüllt, spielten um die dicken Pfeiler herum, die meisten blaß und hungrig, einige mit spitzbübischen Gesichtern, die mich frech und doch ängstlich aus pfiffigen Augen ansahen. In den Schmutz des Lebens geworfen, geschlagen, verwahrlost, eine Zukunft voll Entbehrung, roher Lust und Verbrechen vor sich; sie waren häßlich und wild, aber doch auch Kinder, die lüstern nach Süßem ausschauten, und ich sah die Bitterkeit, die endlose Mühe und Quälerei, die ihrer wartete. Unwillkürlich blickte ich an dem Triumphbogen in die Höhe, ob da nicht geschrieben stände, daß wer hindurchgeht, die Hoffnung fahren lassen muß.

R. Huch, aus: *Aus der Triumphgasse*

C'était le[1] jeudi avant[2] Pâques[3], un jour chaud[4], presque[5] un jour d'été, et de plus[6] un[7] des premiers. Après la pluie qui était tombée précédemment[8], les arbres avaient tout à coup[9] reverdi[10] jusqu'au moindre rameau[11], une[12] lueur[13] d'un vert doré[14] s'élevait[15] jusqu'à[16] leur cime[17] et les reflets d'or de l'azur[18] irradiaient[19] sur la terre[20]. Une foule [21] de gens[22] affluaient[23] des maisons pour se rendre[24] sur[25] les places et les avenues[26] jusque-là désertes[27], beautés[28] féminines[29] heureuses[30] de pouvoir se contempler[31] à nouveau dans des yeux admiratifs[32], visages épanouis et souriants au-dessus[34] de vêtements[35] lilas et[36] orange et grenat[37], parmi[38] la foule, les petits enfants qui, portant[39] des écharpes[40] roses[41] et des chaussures[42] blanches avec des plumes[43] roses sur leurs[44] bonnets[45] blanc, entraient[46] hardiment[47], à petits pas pressés[48], dans la clarté du soleil[49]. Dans[50] la vieille ville[51], le printemps n'avait pas encore pénétré[52]: je laissai[53] derrière moi les rires[54], les rumeurs[55] et la magie[56] des couleurs, et je frissonnai[57] presque dans cet[58] air qui, sans soleil[59], était tiède et vicié[60]. Arrivée[61] près de l'arc de triomphe[62], je m'arrêtai[63]; il me sembla[64] que c'était[65] le portail[66] par lequel[67] on quittait[68] le royaume[69] du printemps pour entrer dans le pays de la misère. Quelques enfants couverts[70] de haillons[71] sales[72] jouaient autour des gros[73] piliers[74]; [75] la plupart étaient[76] pâles[77] et affamés, quelques-uns avaient des visages[78] de filous[79], et[80] me regardaient d'un air insolent[81] et pourtant apeuré[82] de[83] leurs yeux futés[84]. Livrés à[85] tout ce que la vie peut avoir de sale[86], battus[87], laissés à l'abandon[88], ayant devant eux un avenir[89] plein[90] de privations[91], de plaisirs[92] grossiers[93] et de crimes[94]; ils étaient laids[95] et sauvages[96], pourtant c'[97]étaient[98] aussi des[99] enfants qui cherchaient avidement[100] quelques douceurs[101] et je vis[102] l'amertume[103], la peine et les tourments[104] infinis[105] qui les attendaient. Machinalement[106], je levai les yeux vers le haut[107] de l'arc de triomphe pour voir[108] s'il n'y était pas écrit[109] que celui qui franchit[110] cette porte doit laisser[111] toute espérance[112].

1) *Jeudi, avant Pâques,* sans article devant le nom de semaine, se rapporterait à une date très proche dans le temps, c'est-à-dire à la dernière fête de Pâques. Il est à remarquer que, dans ce cas, l'article aurait été aussi omis en allemand.
der Gründonnerstag = *le jeudi saint*

2) Var.: *précédent*

3) *Pâques* désignant la fête chrétienne est masculin et prend une majuscule. Ce mot est du féminin et pluriel s'il est accompagné d'une épithète. Tel est le début de la première promenade du rêveur solitaire de Rousseau: «Aujourd'hui, jour de *Pâques fleuries*».
Sans *s* final, singulier et féminin, avec ou sans majuscule, le mot *Pâque* signifie la fête juive ou russe. La grande *Pâque russe.*

4) Var.: *un jeudi chaud*
     une journée chaude
Il est nécessaire de reprendre en français soit *jeudi,* soit *jour.*
Une journée chaude ou *une chaude journée,* mais ne pas dire *un chaud jeudi,* pour des raisons de dissonance.
Le français n'a pas d'équivalent pour distinguer *heiß* et *warm.* Tout au plus dira-t-on: es ist warm = *il fait bon.*
Un bon jour signifiera par contre un jour faste, un jour heureux.

5) *Presque* ne s'élide que dans *presqu'île.*

6) Var.: *de surcroît*
Pour le sens de ces adverbes et de leurs synonymes cf. p. 112, rem. 65.

7) Pour *un* et *l'un* cf. p. 52, rem. 1.

8) Var.: *après (une) la pluie précédente*
Remarquer l'emploi de l'article défini à sens général. Mais on dit: après *une* forte pluie (avec l'adjectif, sans relative).
Après la pluie des jours précédents serait une autre variante possible, mais le mot *jour* serait répété une fois de plus.

9) Var.: *brusquement*
     soudainement
     subitement
Ces quatre adverbes sont synonymes.
Subitement ajoute à l'idée d'imprévu et de rapidité contenue dans les autres, une nuance de quelque chose de secret, dont la cause n'est pas visible.
Distinguer: *tout à coup* et *tout d'un coup, soudain* et *soudainement.*
Tout à coup s'emploie pour une action rapide, *tout d'un coup* insiste plus sur l'événement simultané, qui a lieu en une fois et équivaut à l'allemand *auf einmal.*
Ex.: Il a gagné un million *tout d'un coup.*
De même *soudain* traduit ce qui est instantané, arrive d'un seul mouvement, tandis que *soudainement* caractérise la manière dont l'action se déroule.

10) La traduction directe de l'allemand: *étaient devenus tout verts,* rendrait un fait extraordinaire, inhabituel, comme on dit de quelqu'un qui se met en colère qu'il

devient *tout rouge,* on veut marquer ainsi que le rouge n'est pas la couleur normale de la personne.

Il est courant de dire qu'au printemps la nature *reverdit.*

Var.: *s'étaient recouverts de verdure*

Olympia im Grünen = les Jeux olympiques *dans un cadre de verdure*

11) Mot à mot: *entièrement, complètement,* qui se placeront entre l'auxiliaire et le participe passé: *avaient entièrement reverdi.*

Dans la variante de la remarque précédente, la traduction de *über und über* est négligeable, *recouvrir* ayant déjà le sens de couvrir complètement.

Jusqu'au moindre rameau constitue une explicitation du texte allemand. *Le rameau* est la plus petite branche de l'arbre.

12) Nécessité d'employer l'article indéfini en français, puisqu'il s'agit de caractériser une certaine lumière. L'absence d'article transformerait le membre de phrase en une apposition, ce qui est impossible.

Cf. p. 19, rem. 56 et p. 204, rem. 32.

13) *La lueur* désigne une faible lumière au sens propre comme au sens figuré.

Ex.: la pâle *lueur* de la lune

       n'avoir qu'une faible *lueur* d'espoir

La clarté est une lumière trop grande pour convenir ici (en allemand: die Helligkeit) de même que *l'éclat* qui s'applique à une lumière vive et brillante (en allemand: der Glanz).

L'étincellement désigne l'éclat de ce qui étincelle (en allemand: das Glitzern).

l'étincelle = der Funke

Le brillant implique une grande quantité de lumière et s'emploie plutôt pour des petites choses, des pierreries, des diamants par exemple.

14) Var.: *une lueur vert doré*

Noter que les adjectifs composés désignant la couleur sont invariables, *d'un* étant sous-entendu devant le premier adjectif qui est alors pris substantivement.

Par contre on écrira: *une lueur verte et dorée.*

Eviter de dire *vert d'or* ou *d'un vert d'or* en raison de l'assonance. Mais: *une lueur verte et or.*

15) Var.: *montait*

16) En soulignant le mouvement plus que le point d'aboutissement, on peut dire: *le long de.*

17) Var.: *leur couronne*

Krone désignant l'extrémité de l'arbre se rend par *cime.*

Cependant on parle aussi de *la couronne d'un arbre* pour souligner la forme en cercle du feuillage ou des branches. Il s'agit d'une métaphore dont l'emploi peut paraître bizarre dans ce contexte. D'où la traduction par *cime.*

Pour une fleur, *Krone* se traduit par *corolle.*

Noter le singulier: chaque arbre a une cime.

18) Il n'est pas possible de traduire mot à mot *goldene Himmelsbläue* en français où *l'azur* désigne la couleur du ciel, une couleur bleu clair. D'où la difficulté d'associer *doré* (ou *d'or*) à *azur* et, d'autre part, l'impossibilité d'employer l'article indéfini, *l'azur* étant une chose habituelle et connue. Il est donc nécessaire d'étoffer en français.

Var.: *de l'azur, là-haut, une lumière d'or irradiait sur la terre*

19) *Irradier,* c'est-à-dire s'étendre en rayonnant à partir d'un point central.

Eviter les verbes trop concrets, tels que *couler, ruisseler* qui ne s'emploient que pour des liquides.

D'autres verbes qui peuvent s'employer métaphoriquement, tels que *baigner, inonder* ont un sens trop fort pour convenir ici. On dit d'une lumière qu'elle *baigne* un objet, c'est-à-dire qu'elle l'enveloppe complètement.

Le choix *d'irradier* pour la traduction de *rann* a d'autre part l'avantage d'éviter de traduire *von oben* dont l'emploi ferait tautologie avec *azur.*

20) *Terre* est ici préférable à *sol* qui désigne la partie superficielle de la terre, le terrain particulier que l'on cultive. Cf. p. 230, rem. 103.

21) Var.: *un flot d'êtres humains*
Un flot de gens est du vocabulaire familier et péjoratif. L'expression signifie: une foule désordonnée et pêle-mêle.

Pour les différentes traductions de *Strom,* cf. p. 67, rem. 10.

22) Comme il découle de la remarque précédente, *gens* peut se prendre en mauvaise part, tandis qu'*êtres humains* sert uniquement à distinguer l'homme de l'animal.

Personnes demanderaient un adjectif.

On dit *une foule de gens,* mais *une foule de personnes endimanchées.*

Ne pas traduire en tout cas *Menschen* par *hommes* (ici = Männer).

On emploie *hommes* dans une phrase à sens général.

Ex.: Tous les *hommes* sont mortels.

Cf. p. 184, rem. 17.

23) La traduction de *rauschen* est délicate et, dans le cas présent, il serait incongru de rendre ce terme par un bruit. D'où l'emploi d'un verbe rendant la métaphore des flots.

Se déverser, se dégorger sont des termes trop forts pour convenir ici.

Quelques traductions de *rauschen:*

Pour un ruisseau, on parle d'un *murmure.*

Pour une étoffe, telle que la soie, on dit: *froufrouter, craqueter.*

Pour les feuilles d'un arbre, on emploie le *bruissement.*

Du vent, on dit qu'il *mugit* ou qu'il *gronde.*

Singulier ou pluriel?

Si ce dont il s'agit est considéré collectivement, on aura le singulier. C'est le cas lorsque *foule* est précédé de l'article défini.

L'accord se fait avec le complément, si les gens sont considérés, non comme une totalité, mais individuellement. Donc le singulier est également possible dans le texte ci-dessus.

24) Le français cherche à rendre exactement le mouvement; *sur* étant statique, il est nécessaire de développer cette préposition.

25) *Sur* peut se dire à propos d'avenues. Cf. p. 82, rem. 15.

26) *Avenues* et non *allées*.
Une *allée* est en général un chemin bordé d'arbres et de verdure dans un parc par exemple.
On emploie cependant *allée* au sens d'*avenue* pour désigner certaines promenades particulièrement riches en arbres et rappelant les chemins d'un jardin ou d'un parc. Souvent d'ailleurs, ces allées ont appartenu à d'anciens jardins ou d'anciens parcs. Telle à Paris: l'*allée* des Acacias.

27) Pour qu'il n'y ait pas de contraste trop violent entre *affluer* et *désert*, *jusque-là* a été ajouté par souci d'explicitation.
Jusque s'accompagne normalement de la préposition *à*. Toutefois il se construit sans *à* quand il est suivi d'une autre préposition ou de l'un des adverbes suivants: *alors, ici, là, où.*
D'où l'expression: *jusque-là*.
Vides serait moins bon du point de vue du rythme.
Selon l'interprétation donnée à *frei*, on aura la traduction proposée ci-dessus ou la variante: *sur les larges places et avenues.*
En aucun cas, *frei* ne peut se traduire ici par *place libre* qui s'opposerait alors à *place occupée.*
Le mot *esplanade* (f.) désigne une large place aménagée devant un édifice pour en dégager les abords.
Ex.: l'*esplanade* des Invalides
Il désigne aussi une place aménagée sur une hauteur, d'où, grâce à une terrasse, on a une large vue sur les environs.
Quelques traductions de *frei:*
freie Gegend = région *découverte*
freies Feld = *rase* campagne
unter freiem Himmel = *en plein air, à la belle étoile*
eine Freikarte = un billet *gratuit*

28) Il s'agit maintenant d'une apposition à *ein Strom von Menschen,* d'où l'absence de l'article. Cf. remarque 12 ci-dessus.
Le singulier allemand se rend par le pluriel en français qui particularise ici davantage; le singulier serait dans ce cas trop abstrait en français.

29) Le substantif *beautés* étant plus loin déterminé par l'adjectif *froh* suivi d'une proposition infinitive, on traduit le composé allemand par un substantif suivi d'un adjectif.

30) Remarquer qu'on dit plutôt *être joyeux à l'idée de faire qc.* et *être heureux de faire qc. Heureux* se construit directement avec l'infinitive.
Content s'emploie également avec une infinitive dans le même sens que *joyeux* dans un contexte sans ambiguïté.

Ex.: Je suis *contente* que tu sois là.

Dans le texte de R. Huch, son sens est ambigu et peut correspondre à l'allemand *zufrieden*.

31) *Se refléter* est ici d'un emploi trop concret.

Ex.: Les montagnes *se reflètent* dans l'eau du lac.

A la rigueur il serait possible de rendre l'image allemande en employant une tournure passive en français, telle que *se voir reflétées dans des yeux admiratifs*.

L'image allemande du miroir est incongrue ou trop précieuse en français.

Ne pas confondre *mirer* et *miroiter*.

Mirer est un synonyme littéraire et vieilli de refléter.

Se mirer: se contempler ou se refléter, dans un style très littéraire.

Ex.: Le clocher de l'église *se mire* dans l'eau.

Se mirer est à déconseiller comme traduction trop précieuse ici.

Miroiter, c'est réfléchir la lumière en jetant des reflets scintillants.

Ex.: L'eau du lac *miroite* sous les rayons du soleil.

Miroiter ne s'emploie pas comme réfléchi.

Cf. p. 85, rem. 38.

32) **Distinguer entre l'adjectif** *admiratif* et le substantif *admirateur* (= Verehrer).

33) Var.: *frais comme des fleurs*

L'image allemande, l'allusion littéraire au printemps est difficile à rendre en français. Certes Proust parle des *jeunes filles en fleurs,* mais ce terme appliqué à visage est d'un effet cocasse en français. Il en est de même des adjectifs *fleuri, fleurissant* (= blühend), adjectif qu'il ne faut pas confondre avec son synonyme abstrait *florissant*). D'où la comparaison proposée dans la variante et la traduction choisie par *épanouis*.

Epanoui est en soi une image, puisque son sens premier est ouvert, pour une fleur déployant ses pétales (en allemand: aufgeblüht). Au sens abstrait, il souligne la détente, la joie qui peuvent se lire sur un visage.

Noter d'autre part la comparaison quelque peu ironique, tellement elle est devenue un cliché: *être frais comme une rose.* Le choix de ce cliché serait déplacé dans un contexte aussi poétique.

34) Tous les verbes tendant à expliciter en étoffant la préposition (tels que surmonter, émerger de, sortir de) sont à rejeter comme étant d'un effet ridicule.

35) Pour *vêtement* et les synonymes de ce mot, cf. p. 109, rem. 36.

36) Contrairement à une habitude du français qui veut que seul le dernier terme de l'énumération soit précédé de la conjonction de coordination *et,* le procédé allemand de la répétition a été maintenu en français comme effet de style pour insister sur la couleur.

37) Noter les adjectifs invariables *lilas, orange* et *grenat* formés à partir des substantifs correspondants: un lilas, une orange, le grenat (en allemand: der Granatstein).

38) *Entre eux* ne convient pas. Entre signifie, comme *parmi, au milieu de,* mais avec la différence que *parmi* désigne un endroit imprécis, tandis que *entre* signifie au milieu

de l'espace qui sépare les personnes; on aurait donc avec *entre* la représentation d'un groupe d'enfants entourés par deux groupes de grandes personnes. *Entre* suppose par ailleurs une certaine relation entre les personnes.

Ex.: Ils s'aident *entre* eux (= ils s'entraident).

Parmi la foule, traduction explicitée de *dazwischen,* apporte plus de clarté à la phrase.

39) Var.: *avec*

In doit être précisé en français.

En écharpes voudrait dire dans des écharpes.

Mais on dit: *porter un bras en écharpe,* l'écharpe désignant alors le bandage spécial passé par-dessus l'épaule (en allemand: Schlinge).

Vêtus de serait ridicule, car il semblerait alors que les écharpes sont les seuls vêtements des enfants. De la même manière, on ne peut être vêtu de souliers.

Aux écharpes serait une caractérisation, un signe permettant de reconnaître les enfants.

Cf. par analogie p. 39, rem. 15.

40) Var.: *cache-nez*
        cache-col
        foulards

L'écharpe est par définition une longue bande de tissu ou de tricot qu'on porte sur les épaules, ou autour du cou, ce qui est sans doute le cas dans ce texte. *L'écharpe* étant le nom générique, on désigne plus précisément une écharpe dont on s'entoure le cou par *cache-col* ou *cache-nez,* le cache-nez pouvant, comme son nom l'indique, protéger le bas du visage.

Pour la différence entre *écharpe, châle, fichu* et *foulard* cf. p. 246, rem. 88.

41) Var.: *rouge vif*

La traduction de *rosenrot* est une question d'interprétation, selon qu'on assimile *rosenrot* à *rosarot* ou qu'on traduit mot à mot.

Ne pas dire en tout cas: *d'un rouge de rose,* expression trop contradictoire en français.

Vermeil se dit surtout pour les joues ou le teint d'une personne.

Remarquer que l'adjectif de couleur composé reste invariable.

Cf. la remarque 14 ci-dessus.

42) Var.: *souliers* (m.)

Chaussure désigne le terme générique, tandis que *soulier* se dit d'une chaussure couvrant uniquement le pied ou une partie du pied.

43) *Le plumet* se dit pour une grande plume surmontant généralement une coiffure militaire.

44) L'emploi de l'adjectif possessif est nécessaire en français; l'article défini ne permet pas de préciser à qui appartiennent les bonnets.

45) Var.: *béret*

Le bonnet est un terme très général pour désigner une coiffure sans bord.

le béret = Baskenmütze

la casquette = Schirmmütze, c'est-à-dire une coiffure garnie d'une visière. Une casquette n'étant pas d'ordinaire garnie de plumes, il vaut mieux ne pas utiliser ce mot.

La coiffe est une coiffure féminine correspondant en général à un costume régional ou à un habit de religieuse.

Le chaperon était autrefois une sorte de capuchon. Ce terme est resté aujourd'hui dans le conte *Le petit Chaperon rouge* (= Rotkäppchen).

Le singulier est possible également, car chaque enfant a *un* bonnet.

46) Le français traduit d'abord le mouvement et la manière dont ce mouvement s'exécute, soit par un adverbe, soit par un complément circonstanciel.
Cf. p. 46, rem. 67.
Var.: *s'avançaient,* cependant l'image est moins forte que dans la traduction retenue.

47) Var.: *avec assurance*
sans crainte
L'adverbe *effrontément* ou l'expression *avec impertinence* sont des termes péjoratifs.

48) Traduction mot à mot: *en trottinant,* à éviter en raison de l'assonance avec *hardiment.*
Mais on dira très bien: *en trottinant avec assurance.*

49) Var.: *dans les rayons du soleil,* traduction plus osée, ‹rayon› étant un terme plus concret que ‹clarté›.
Dans le soleil signifierait que les enfants marchent sur cette planète; mais on peut dire: *s'avançaient à la rencontre du soleil* (ou: *au-devant du soleil*); dans ce cas toutefois la traduction s'éloigne beaucoup de l'original allemand.

50) Ne pas oublier la préposition *dans.*
pénétrer dans: entrer dans
pénétrer qc. ou *qn:* traverser
Ex.: La balle *pénétra* la chair jusqu'à l'os.
Au sens figuré *pénétrer* signifie deviner.
Ex.: On *pénètre* les pensées de qn.

51) Pour *cité,* cf. p. 74, rem. 74.
Ancien ne s'emploiera pas dans ce cas, cf. p. 115, rem. 95.

52) *Envahir + accusatif* ne convient pas; *envahir* un endroit, c'est déjà l'occuper, s'y étendre; *pénétrer* marque le début d'une action, le fait d'entrer.

53) Mot à mot: *Les rires, les rumeurs et la magie des couleurs restèrent derrière moi.*
Le tour personnel est préférable en français, surtout avec des mots abstraits.
Le passé simple introduit une nouvelle phase dans le récit jusqu'alors à l'imparfait de description. Il y avait auparavant une sorte de cadre et l'action proprement dite débute au moment où l'auteur qui se promène entre dans la vieille ville.

54) Il ne s'agit pas d'une énumération, mais l'auteur ne fait que résumer en trois termes la description précédente. On mettra donc l'article défini, *les rires, les rumeurs et*

la magie étant déterminés: ce sont les rires, les rumeurs et la magie de tout à l'heure, de la ville.

Remarquer l'emploi du pluriel. *Le rire* désignerait un rire bien précis, comme de la moquerie par exemple. Il s'agit ainsi de rires différents, de joie, d'amusement etc.

55) *Rumeur* (f.) = 1) bruit confus de voix, bruit assourdi de nombreux sons, de chocs; 2) bruit, nouvelles qui se répandent dans le public = Gerücht.

De manière générale, *Rauschen* reprenant l'idée précédente de personnes qui affluent peut se traduire simplement par *bruits*.

Murmures (m.), variante également possible, traduirait uniquement le bruit des voix.

56) Var.: *l'enchantement* (m.)

Magie est pris ici dans son sens figuré de beauté fascinante, d'influence inexplicable exercée par un phénomène. On parle de la magie de l'art, des couleurs, du style. Il faut donc laisser de côté toutes les expressions telles que *sort, ensorcellement, sortilège, envoûtement, féerie* qui se rapportent au sens propre de *magie,* art de produire par des opérations occultes des phénomènes inexplicables.

De même *enchantement* est pris dans son sens figuré. On parle ainsi des *enchantements* de l'imagination.

Le mot *charme* en lui-même a perdu de sa force et il a pris de plus en plus le sens d'attrait, d'agrément. Pour qu'il retrouve son sens fort, il faudrait lui adjoindre un adjectif, tel que ‹puissant›, ‹ensorceleur›.

57) Pour marquer un léger tremblement causé par le froid, on emploie *frissonner.*

Frémir se dit surtout au sens figuré; *frémir,* c'est être en proie à une vive agitation intérieure.

Ex.: On *frémit* de peur, de surprise.

58) L'article défini allemand a ici une valeur déictique.

59) Le français ne dispose pas d'adverbe correspondant à *sonnenlos.*

Pour marquer la dépendance de *tiède* et de *vicié* par rapport à *sonnenlos,* il a donc fallu expliciter par la relative et la mise en relief de *sans soleil* en français.

Autre traduction possible, mais trop accentuée: *dans l'air tiède et vicié, parce que sans soleil.*

60) Var.: *impur*

On parle de l'air *vicié* des grandes villes.

Quand les vapeurs d'essence, la fumée des cheminées des usines rendent cet air de plus en plus malsain et dangereux, on parle d'un air *pollué.*

Cette dernière expression serait trop forte ici.

61) Var.: *quand je fus arrivée près de l'arc de triomphe*

62) Var.: *arc triomphal*

De même que l'allemand dispose de *Siegestor* et de *Triumphbogen,* le français possède *arc de triomphe* et *arc triomphal,* le premier mot étant plus courant que le second.

63) *Rester sur place,* c'est ne pas bouger sous l'effet de la surprise ou de la crainte. Il faudrait donc préciser.

64) Var.: *j'eus l'impression*
L'imparfait serait également possible et traduirait la description d'un état d'âme vu dans sa durée; le passé simple rend l'éveil de la sensation.

65) Se rappeler que le verbe *sembler,* accompagné d'un régime indirect, c'est-à-dire ici d'un pronom personnel, est suivi de l'*indicatif* s'il est employé affirmativement (du *subjonctif* ou du *conditionnel* s'il se présente sous forme négative ou interrogative). Cf. p. 216, rem. 2.

66) *Le portail* marque mieux que *porte* le caractère monumental et majestueux de l'édifice.

67) Var.: *qui permettait de*

68) Var.: *on sortait du*
L'allemand se contente de prépositions pour marquer un mouvement. Le français précise à l'aide de verbes.
Cf. p. 46, rem. 65.
Le présent et l'imparfait sont également possibles ici, l'un marquant le caractère permanent de l'action, l'autre replaçant cette action dans le contexte.

69) Mieux que l'*empire* qui comporte surtout l'idée d'un domaine étendu sur lequel s'exerce un pouvoir absolu. *Royaume* a un sens affectif, même magique, car ce terme reste attaché à la sphère du conte; *le royaume du printemps* implique l'idée d'une beauté mystérieuse que le mot *empire* n'a pas.
Reich est le terme historique désignant l'empire allemand.
règne = Regierung, Herrschaft; ce terme peut toutefois prendre le sens de royaume pour désigner les trois grandes divisions de la nature: *le règne* minéral, animal et végétal.

70) *Enveloppés* ferait songer à un paquet. Cependant on dit qu'une personne *s'enveloppe dans* son manteau pour se protéger du froid.
Vêtus de est une expression trop neutre pour convenir ici.

71) Var.: *guenilles*
    loques
La guenille est un vieux morceau d'étoffe déchiré, un lambeau de vêtement qui par extension devient de vieux vêtements en lambeaux.
Les haillons (m.) renchérissent sur *guenilles,* pour désigner de vieux vêtements en lambeaux.
Les loques (f.) s'appliquent surtout à un tissu déchiré.
Les hardes (f.) s'emploient pour des vêtements pauvres et usagés.
Chiffon se dit pour un vieux morceau d'étoffe servant à différents usages: *un chiffon* à poussière, à chaussures. Puis le mot désigne des vêtements froissés. *Plier ses vêtements en chiffon,* c'est les plier sans soin. Enfin, dernièrement, *chiffons* (au pluriel) a également pris le sens de vêtements de femme. Ainsi deux femmes parlent *chiffons*.
der Lumpensammler = *le chiffonnier*

Dépenaillé est un adjectif qui souligne une mise négligée; ce terme ne convient pas ici.

72) *Crasseux* est trop fort (dreckig).
Prendre garde à la place de *sale* après le substantif.
Cf. p. 156, rem. 58.

73) *Gros* est très général.
Epais insiste davantage sur la largeur, *lourd* sur le poids.

74) *La colonne* s'emploie pour des piliers cylindriques.
Le poteau est généralement une pièce de bois ou de métal dressée verticalement. Il peut également servir de soutien, mais il est moins large qu'un pilier et sans décoration. Il ne s'emploie pas pour les parties verticales d'un arc de triomphe.
Le pilastre est de forme carrée et encastré en partie dans un mur, il s'adosse à la façade d'un édifice. On peut faire le tour d'une colonne ou d'un pilier, mais on ne peut pas faire le tour d'un pilastre.
le pilotis = Pfahlwerk
Ex.: Venise est construite sur *pilotis*.

75) Le point-virgule annonce un léger arrêt et une nouvelle phrase; pour plus d'intelligibilité, il est nécessaire de préciser la fonction des adjectifs qui suivent; d'où la présence des verbes *être* et *avoir*.

76) Noter l'emploi du verbe au pluriel avec *la plupart*.
Cf. p. 164, rem. 3.

77) *Blême* s'applique à une pâleur extrême provoquée par une forte émotion ou même par la maladie.
Blafard désigne une blancheur désagréable à la vue.
Ex.: La lumière *blafarde* de la lune.

78) A propos de *visage, figure, mine* et *face,* cf. p. 29, rem. 40, et p. 226, rem. 79.

79) Var.: *coquins*
fripons
Voyou serait trop péjoratif.
Pour le sens de tous ces mots, cf. p. 26/29, rem. 18 et 41.

80) La traduction par la relative n'est pas possible étant donné qu'*un visage qui regarde* fait penser aux films d'horreur ou aux tableaux surréalistes.

81) Var.: *effronté*
Insolent marque un manque de respect insultant.
Effronté désigne l'audace de celui qui ne respecte pas qn ou qc.
Impudent soulignerait trop le manque de respect fondamental; ce serait un terme trop péjoratif de même qu'*impertinent* qui implique une idée d'irrespect désagréable et choquant.
Arrogant renchérit sur l'orgueil et serait trop fort.
Avec défi est trop fort = voller Trotz.

Goguenard, moqueur, railleur renchérissent sur l'idée d'irrespect en ajoutant celle de rire aux dépens de la personne.

82) Var.: *craintif*
Peureux se dit plutôt pour le caractère de celui qui a toujours peur.
Inquiet est trop vague; il s'emploie à la fois pour désigner la crainte, l'incertitude, l'irrésolution.
Anxieux, angoissé sont trop forts.
Timide (= schüchtern) est trop faible et de plus diamétralement opposé à *insolent*.

83) *de* et non *avec*
Cf. p. 57, rem. 44 et p. 101, rem. 74.

84) Var.: *malicieux*
     fripons
      roués
Futé vient du verbe du moyen français *se futer* qui veut dire: échapper au chasseur et éviter les filets; ce terme désigne celui qui, à force de ruse et d'expériences, arrive à sortir d'une situation dangereuse ou embarrassante.
Malicieux: qn de rusé et qui, de ce fait, n'a pas peur de nuire à autrui ni de s'amuser à ses dépens. On parle volontiers d'un œil, d'un sourire malicieux.
Un roué (qui peut également s'employer comme adjectif) désigne qn de rusé, qui ne s'embarrasse pas de scrupules pour arriver à ses fins.
rusé = listig
malin = schlau
finaud: qui cache de la finesse sous un air de simplicité
On parle d'un paysan *finaud*.

85) Var.: *jetés dans,* qui serait la traduction mot à mot dont le caractère concret fait trop inhabituel en français.
Jetés et non *lancés,* expression trop forte. *Lancer,* c'est jeter avec élan et violence dans une direction déterminée. On *lance* des injures à la tête de qn, mais un navire est *jeté* dans la tourmente.

86) Mot à mot: *à la saleté de la vie.* Cet ensemble formé par un terme concret *(saleté)* et abstrait *(vie)* produit en français une impression de confusion. D'où la nécessité d'étoffer par la périphrase.
Schmutz = *saleté, crasse, boue, fange, ordures, détritus, déchets* sont tous des termes à rejeter pour désigner une vie malheureuse et humiliante.
Saleté se rapporte à ce qui est malpropre. Au sens figuré, ce mot s'emploie pour une action immorale (faire une *saleté* à qn) ou pour une obscénité (une plaisanterie *sale*).
La crasse est utilisé de la même manière que saleté en renchérissant sur le sens de ce mot.
La boue désigne une terre détrempée et, au sens figuré, ce terme s'emploie dans quelques expressions marquant ce qui souille moralement. *Traîner qn dans la boue,* c'est le calomnier.

La fange renchérit sur le sens de boue: la *fange* est une *boue* liquide et souillée. On dit également *traîner qn dans la fange*. Pour tous ces termes, cf. p. 155, rem. 53.

La gadoue ou *gadouille* sont d'autres expressions populaires pour boue.

La vase est le dépôt de terre et de particules organiques qui se forme au fond de l'eau. En allemand: Schlamm.

Les bas-fonds désignent, au sens propre, la partie d'une mer ou d'un fleuve où l'eau est peu profonde; au sens figuré, ce terme s'emploie pour les couches misérables de la société.

Ordures, détritus, déchets sont des synonymes traduisant ‹Unrat, Müll, Abfall›.

Les adjectifs suivants sont synonymes: *sale* est le plus neutre; *immonde* est le terme le plus fort; il implique une saleté qui soulève le dégoût et l'horreur. *Souillé* renchérit sur *sale* en soulignant le caractère impur et avili de la chose en question.

87) Pour les synonymes de *battre,* cf. p. 227, rem. 83.

88) Var.: *délaissés*
Abandonné serait trop fort = verlassen.
délaisser = laisser sans secours et sans affection. Cf. p. 194, rem. 96.
Délabré se dit pour une maison en ruines et, par extension, en parlant d'une mauvaise santé.
Ex.: L'alcoolique a le foie *délabré.*
Négliger, c'est ne pas s'occuper de qn. S'emploie aussi pour un enfant. Remarquer cependant que le participe est équivoque: *qn de négligé:* qn dont la mise (l'aspect extérieur) est peu soignée.

89) *Futur* au sens de *Zukunft* est un terme de grammaire ou de philosophie. Le *futur* est alors dans ce dernier cas un *avenir* hypothétique et irréel; on parle ainsi du futur évoqué dans les romans d'anticipation. Cf. 33, rem. 63.

90) Pour *plein* et *rempli,* cf. p. 192, rem. 79.

91) *Le manque* demande un complément.
La carence est un terme médical qui désigne l'absence d'éléments nutritifs indispensables. On parle d'une *carence* en vitamines ou d'une avitaminose.
La pénurie indique le manque de ce qui est nécessaire et demande également un complément. Une *pénurie* de logement, de blé etc.
La frustration marquerait la privation d'une satisfaction; en dehors de ce sens appartenant au domaine de la psychologie, frustration a également un sens juridique. La *frustration* d'un héritier a rapport à un héritier privé de ses droits.

92) *Lust* ne se traduit pas par *envie, désir d'avoir qc.,* mais par son sens psychologique fort de *plaisir.*
Une traduction plus forte serait: *sensualité.*

93) Var.: *brutaux*
        vulgaires

94) *Le crime* est le terme général.
Le forfait renchérit sur crime en en soulignant le caractère odieux.

le *méfait* = die Untat

le *délit* = das Vergehen

95) *Moche* appartient au langage familier.

96) Prendre garde aux différentes traductions de *wild.*

ein wildes Kind = un enfant *turbulent,* c'est-à-dire un enfant qui ne tient pas en place et trouble la paix des autres.

ein wilder Streik = une grève *spontanée* ou une grève *sauvage*

eine wilde Ehe = une union *libre*

ein wilder Wein = une vigne *vierge*

Des enfants farouches voudrait dire que les enfants sont craintifs devant les personnes qu'ils ne connaissent pas, qu'ils s'enfuient quand on s'approche d'eux. Mais une *mine farouche* est une mine qui a une violence et une rudesse sauvage.

Cf. p. 98, rem. 42.

97) La traduction mot à mot serait une faute de construction. Avec l'article devant un substantif désignant l'appartenance à une classe, un groupe ou une profession, on emploiera en français non le pronom personnel, mais le démonstratif.

Ex.: *Il est* avocat; mais *c'est un* avocat.

Elle est enfant; mais *c'est une* enfant.

Cf. la remarque 97.

98) Remarquer le pluriel; l'accord se fait avec l'attribut. Le singulier est également possible. Dans la langue parlée, il est même plus courant que pluriel, surtout avec le présent.

99) *Enfants,* placé sur le même plan que *laids* et *sauvages,* sans article, devient un adjectif épithète et signifie ‹enfantin›.

100) Var.: *avec avidité*

Lascif, concupiscent, lubrique ont trait au domaine des plaisirs sexuels, à la luxure (= Geilheit).

L'avidité désigne le désir ardent et insatiable.

La convoitise donne au désir ardent un caractère illicite et indique que l'objet du désir appartient à autrui; *convoitise* ne convient pas ici.

101) Var.: *quelques sucreries*

quelques friandises

Ces variantes aboutiraient à une interprétation de *etwas Süßem* à sens unique.

Quelques douceurs, par son double sens (plaisir et choses sucrées) convient mieux à l'ambiguïté de l'allemand.

102) Var.: *je voyais,* qui traduirait la simultanéité dans la description. Le passé simple rend davantage le caractère tragique de l'instant en présentant le sentiment de l'auteur comme une vision soudaine.

103) Ne pas employer *aigreur* dans ce sens.

aigreur (f.): au sens propre, sensation d'acidité

Ex.: *aigreurs* d'estomac

Au sens figuré, ce terme est synonyme de mauvaise humeur, s'exprimant par des remarques désobligeantes ou fielleuses.

Ex.: dire des *aigreurs* à quelqu'un

104) *Le supplice* a rapport à la peine corporelle ordonnée par arrêt de justice. Le *supplice* de la roue par exemple.

la torture = Folter

jemanden auf die Folter spannen = mettre qn à la *torture*

Le tourment a perdu son premier sens de *supplice* et de *torture* et marque surtout une très grande souffrance physique ou morale.

105) Var.: *sans fin*

Immense et *incommensurable* s'emploient au sens de qc. de démesuré, d'extrême, c'est-à-dire au sens large d'*infini,* ce qui n'est pas le cas ici.

106) Var.: *involontairement*

Sans le vouloir voudrait dire que la personne a agi soit sans mauvaise intention (= unabsichtlich), soit de mauvais gré (= ungern). On bouscule qn *sans le vouloir.*

Pour la différence entre *machinalement* et *mécaniquement,* cf. p. 169, rem. 39.

107) Var.: *vers le dessus*

  vers le sommet

En l'air ferait pléonasme à côté de *lever les yeux.*

Le fronton est un terme d'architecture qui désigne le couronnement d'un édifice en corniche = Krone, Aufsatz.

Le front, au sens de sommet d'un bâtiment est vieilli.

Aujourd'hui il peut s'employer pour désigner la face antérieure d'un édifice de grande étendue.

Ex.: *Le front de mer* se dit en parlant de l'avenue en bordure de la mer.

108) Var.: *cherchant si*

Etoffement nécessaire en français, l'interrogation indirecte devant être introduite sans qu'il y ait ambiguïté.

109) Var.: *s'il n'y avait pas écrit*

S'il n'était pas écrit est une tournure empruntée à la Bible et elle a une résonance plus solennelle que la tournure avec le verbe avoir.

110) Var.: *passe*

Passer est ici transitif, au sens de *franchir.*

Passer par insisterait moins sur le fait de franchir que sur le moyen par lequel on va d'un lieu à un autre.

Ex.: Aller à Paris *en passant par* Strasbourg ou *par* Belfort.

Traverser ne s'emploie pas en parlant d'une porte.

111) Var.: *abandonner*

Cependant cette fin est sans doute une allusion littéraire au troisième chant de la Divine comédie de Dante où Dante arrivant aux Enfers voit écrit au-dessus d'une porte: «Qui si convien lasciere ogni sospetto», traduit en français par: «Vous qui entrez, laissez toute espérance».

112) *L'espoir* exprime un désir portant sur un objet précis; *l'espérance* est à la fois plus vague dans son objet et plus existentielle; ainsi *l'espoir* peut disparaître, mais *l'espérance* jamais entièrement. La perte de l'espérance est donc plus tragique que la perte de l'espoir, et pour ces raisons, le mot *espérance* s'impose dans le contexte ci-dessus.

TEXT 18

Das goldene Herz

Ein junger Berliner Großkaufmann, tüchtiger Organisator, Ia Betrieb, besucht einen Wiener Geschäftsfreund seines Vaters, dessen Firma an der österreichischen Schlamperei zu Grunde geht. Der Gast möchte mit Grausen sich wenden, wenn nicht die Tochter des Geschäftsfreundes, ein süßes Wiener Mädel, ihn darüber aufklärte, daß es noch etwas anderes gibt als Organisation: Donauwellen und den Heurigen. Beglückt entdeckt der junge Berliner sein unbenutztes Gemüt. Er saniert die Firma, die bald wieder gewinnbringend sein wird, und erwirbt das Mädel zur Verwertung im Heim. — Auch ohne Großaufnahmen wäre der Hergang glaubhaft. Sei es in der Stadt der Walzerträume oder am schönen Neckarstrand: in irgendeiner Gegend, die nicht von heute ist, verlieren und finden die reichen Leute ihr Herz. Es ist nicht wahr, daß sie herzlos sind; der Film widerlegt, was das Leben glauben machen will. Außerhalb des Betriebs, in dem das Herz freilich nicht am rechten Fleck wäre, haben sie es überall am unrechten. Sie quellen über vor Gemüt, wo es wenig darauf ankommt, und können nur deshalb häufig nicht, wie sie möchten, weil sie ihre Empfindungen bei Privataffären so unökonomisch verschwenden, daß der Vorrat immer wieder ausgeht. Man muß die Weichheit und Zärtlichkeit des jungen Berliners im Verkehr mit der Wienerin unter dem Stephansturm erfahren haben, um ein- für allemal zu begreifen, daß sein brutales Benehmen am Telephontisch nicht auf seinen Mangel an Sentimentalität zu schließen erlaubt. Die Kamera bringt es an den Tag. Er liebt wirklich die Operetten, er sehnt sich wirklich nach einem idyllischen Winkel, in dem er ungestört das arme Herz aufschlagen darf, das er aus allen übrigen Etablissements vertreiben muß. Fehlt die Wienerin im Haus, die es an der Einmischung in das Wirtschaftsleben hindert, so ist es auch in einem Grammophon zur Not gut untergebracht. Aus den Filmen läßt sich aktenmäßig belegen, daß mit dem Wachstum der Prosperität die Naturschutzparks für das Gemüt sich stetig vermehren. Die kleinen Ladenmädchen aber gelangen zu der Erkenntnis, daß ihr glänzender Chef auch inwendig aus Gold ist, und harren des Tages, an dem sie einen jungen Berliner mit ihrem dummen Herzchen erquicken dürfen.

Siegfried Kracauer, aus: *Die kleinen Ladenmädchen gehen ins Kino*

Le cœur en[1] or

Un jeune négociant[2] berlinois, excellent[3] organisateur, entreprise[4] de premier ordre[5], rend visite[6] à Vienne[7] à une relation d'affaires[8] de son père dont la firme périclite[9] du fait de[10] la pagaille[11] autrichienne. Horrifié[12], l'hôte[13] voudrait s'en retourner[14], s'il n'y avait[15] pas la fille de cet ami[16], une[17] adorable[18] petite Viennoise[19], pour lui apprendre[20] qu'il existe encore autre chose que l'organisation, à savoir[21] les flots[22] du Danube et le vin nouveau. Ravi[23], le jeune Berlinois découvre les ressources encore inexploitées[24] de sa sensibilité[25]. Il remet sur pied[26] la firme qui ne tarde[27] pas à être de nouveau[28] rentable[29] et acquiert[30] la petite Viennoise pour la mettre à profit[31] dans son foyer[32]. Même[33] sans gros plans, le déroulement de l'histoire[34] serait vraisemblable[35]. Que ce soit[36] dans la ville des rêves de valse ou sur les belles rives du Neckar[37]: dans quelque[38] contrée[39] qui n'est pas d'aujourd'hui, les gens riches donnent et montrent leur cœur[40]. Il[41] n'est pas vrai qu'ils soient[42] sans cœur; le film réfute[43] ce que la vie veut faire croire. En dehors de l'entreprise où il serait certes déplacé[44] d'avoir du cœur, ils en ont partout là où[45] il n'en faut pas. Ils débordent de sensibilité là où il importe peu d'en avoir et, si souvent ils ne peuvent pas faire comme ils voudraient, c'est[46] uniquement parce qu'ils gaspillent[47] leurs sentiments dans leur vie privée[48] avec tant de prodigalité[49] que leurs[50] réserves[51] ne cessent[52] de s'épuiser[53]. Il faut avoir vu[54] la douceur[55] et la tendresse[56] du jeune Berlinois dans ses rapports[57] avec la petite Viennoise sous le clocher[58] de la cathédrale Saint-Etienne pour comprendre[59], une fois pour toutes[60], que la brutalité[61] de son comportement au téléphone[62] ne permet pas de conclure[63], de sa part[64], à un manque de sentimentalité. C'est ce que[65] la caméra met en lumière[66]. Il aime réellement[67] les opérettes, il rêve[68] vraiment d'un coin idyllique[69] où il puisse[70] ouvrir[71] tranquillement[72] ce[73] pauvre cœur qu'il doit chasser[74] de tous les autres établissements[75]. S'il n'y a pas à la maison la Viennoise[76] qui l'empêche de se mêler à[77] la vie des affaires[78], ce cœur peut également, à la rigueur, trouver un bon abri[79] dans un phonographe[80]. Les films permettent de prouver avec une exactitude toute documentaire[81] que le nombre[82] des parcs naturels[83] réservés à[84] la sensibilité augmente[85] constamment en fonction[86] de la croissance[87] de la prospérité. Quant[88] aux petites vendeuses, elles finissent par se rendre compte[89] que leur brillant patron est également en or au-dedans[90], et elles attendent impatiemment le jour où elles pourront réconforter[91] un jeune Berlinois avec leur petit cœur naïf[92].

1) La matière se traduit au sens propre par *en* ou *de,* au sens figuré par *de.* Cf. p. 38, rem. 4.
Ici il faut jouer sur le double sens de *golden.* D'où le choix de *en* qui exprime à la fois la richesse et le sentiment.
un cœur d'or: un cœur généreux, excellent
Doré est à rejeter (= vergoldet).
Cf. p. 110, rem. 39.

2) *Le marchand* désigne la profession de celui qui vend et achète avec, en général, l'idée d'un petit commerce (= Händler).
Le commerçant a une activité plus importante que le marchand; il possède une installation, un personnel (= Kaufmann).
Le négociant dirige un commerce important et son activité se caractérise par des démarches et des transactions multiples. C'est donc le terme qui importe ici.
Marchand en gros, commerçant en gros ou *grossiste* sont des traductions impropres, car il ne s'agit pas ici d'opposer le commerce en gros au commerce en détail, mais de souligner l'importance et l'envergure de l'entreprise.
Aujourd'hui on parlerait d'*un chef d'entreprise* ou d'*un homme d'affaires* de manière plus générale. Malheureusement, ces expressions ne peuvent s'employer ici en raison du contexte (*entreprise* et *affaires* viennent un peu plus loin).
Noter d'autre part le sigle moderne *P.D.G.* = *président-directeur-général* qui désigne l'homme d'affaires qui dirige administrativement une entreprise, sans cependant en être forcément le propriétaire.

3) Var.: *organisateur de valeur,* en renchérissant sur le sens de *tüchtig*
 organisateur habile, traduction plus neutre
 capable, traduction plus terne (Ex.: C'est un homme très *capable*)
De mérite a une signification morale (= verdienstvoll).
laborieux = qui travaille beaucoup et avec ardeur. Toutefois, cet adjectif s'emploie de moins en moins dans ce sens et il tend à désigner quelque chose de difficile, de pénible.
Ex.: une entreprise *laborieuse*
 des recherches *laborieuses*

4) Var.: *établissement*

5) En insistant plus sur la qualité que sur l'importance, on dira: *de première classe.*

6) En marquant moins le caractère officiel de la visite: *va voir.* Se rappeler que *visiter* ne se dit pour une personne que si la visite revêt un caractère charitable ou si elle est faite par un médecin.
Ex.: On *visite* les indigents, les prisonniers, les malades.

7) Attention à la place du complément qui ne doit pas gêner la construction.
L'adjectif *viennois* après *d'affaires* est à rejeter pour des raisons de style; *Geschäftsfreund* étant déjà rendu en français par un nom composé, ce terme est en outre suivi du complément de nom *de son père.*

8) Il n'existe pas de traduction mot à mot en français du terme allemand *Geschäftsfreund.*

9) Var.: *dépérit*
   va à la faillite
   Var. plus imagée: *s'achemine vers la ruine*

10) Var.: *en raison de,* qui insiste davantage sur l'explication rationnelle
   A cause de marque une idée morale de faute: par la faute de.

11) *La pagaille* possède également deux autres ortographes: pagaïe et pagaye.
   Variantes moins familières: *du laisser-aller*
   de la négligence
   du désordre
   de la gabegie, qui désigne un désordre provenant d'une
   mauvaise gestion et qui est synonyme de *gaspillage.*
   Ex.: la *gabegie* administrative

12) Mis en relief, l'adjectif prend ici toute sa valeur.
   Expression encore plus forte: *saisi d'horreur.*

13) Prendre garde aux différentes traductions de *Gast.*
   Gast = *l'invité*
   Dans un style plus relevé ou pour marquer soit la durée, soit la qualité de l'hospitalité
   donnée, on emploie *hôte* (qui désigne également celui qui reçoit = Gastgeber).
   Dans un hôtel, *Gast* se traduit généralement par *client.*
   Cependant le patron de l'hôtel parlera de ses *hôtes,* voulant montrer par cet euphé-
   misme l'excellence de son accueil qui est plus celui d'un maître de maison que d'un
   commerçant.

14) *Se détourner* désignerait le simple fait de tourner la tête d'un autre côté, pour ne pas
   voir et non l'action de quitter les lieux. D'autre part ce verbe exige un complément.
   Ex.: *se détourner* de ses amis
   se détourner d'une opinion reçue

15) Var.: *si la fille de la relation d'affaires, une adorable petite Viennoise, ne lui appre-*
   nait pas
   La périphrase *s'il n'y avait pas* est cependant préférable en raison de la longueur des
   déterminants du sujet.
   wenn nicht = *sinon,* pour coordonner soit des termes de propositions, soit des propositions
   Ex.: Sein Haus war eins der schönsten, wenn nicht das schönste in der Umgebung. =
   Sa maison était une des plus belles, *sinon* la plus belle des environs.
   Wenn nicht se traduit aussi dans ce dernier cas par *si ce n'est.* Toutefois *si ce n'est*
   est une expression figée s'employant généralement à l'indicatif présent. Pour insister
   sur l'éventualité, *wenn nicht* reliant deux propositions se traduira par *à moins que.*
   Ex.: Er antwortet nicht auf das Klingelzeichen; er ist offenbar verreist, wenn er
   nicht krank ist. = Il ne répond pas au coup de sonnette; il est sûrement parti
   en voyage, *à moins* qu'il ne soit malade (wenn nicht = es sei denn).
   Var.: *s'il n'y avait la fille*
   si la fille . . . ne lui apprenait qu'il

273

Après *si* marquant la condition ou employé dans le sens de *à moins que,* il est possible de supprimer la seconde partie de la négation *(pas).* Cette suppression donne plus d'élégance à la phrase, mais elle ne s'impose pas.

16) *La relation d'affaires* étant une expression impersonnelle et lourde par sa longueur peut être ici avantageusement remplacée par *cet ami,* traduction assez explicite.

17) Var.: *adorable petite Viennoise*
Le maintien de l'article indéfini dans la traduction de l'apposition renchérit sur le caractère particulier et original de la personne évoquée. Cf. p. 204, rem. 32.

18) Var.: *charmante petite Viennoise*
  exquise petite Viennoise

19) Il est difficile de rendre la nuance familière et bien régionale contenue dans le mot *Mädel.*
Fille de Vienne est une expression trop emphatique, évoquant l'idée de patrie, de pays auquel on est fier d'appartenir. Noter l'expression familière: *un beau brin de fille* (ein schönes Mädel).

20) Var.: *expliquer*
Quelques traductions de *aufklären:*
jemanden aufklären = *informer, renseigner, éclairer qn*
jemanden über einen Irrtum aufklären = *tirer d'erreur*
einen Mord aufklären = *tirer au clair, élucider un meurtre*
ein aufgeklärter Mensch = *un homme éclairé, libre de préjugés*
die Sexualaufklärung = *l'information sexuelle*
das Zeitalter der Aufklärung = *le siècle des Lumières*
die Aufklärung = *la philosophie des Lumières*

21) Le français relie davantage que l'allemand; les deux points marqueraient une rupture trop grande dans la phrase. Cf. p. 200, rem. 2.

22) Var.: *vagues,* terme qui insisterait cependant davantage sur le mouvement agité de l'eau.
Onde, au singulier, littéraire et poétique: eau.
Au pluriel, ce terme fait partie du vocabulaire de la physique. *Les ondes liquides* sont les mouvements concentriques qui se propagent sur l'eau quand on y jette une pierre.
De manière absolue, *les ondes* désignent aujourd'hui la radio.
Ex.: Cette nouvelle a été propagée *sur les ondes* et dans la presse.

23) *Charmé* marquerait une émotion plus extérieure et plus conventionnelle que *ravi.*
Il en est de même pour *enchanté* (entzückt) qui a perdu de son sens premier pour n'être plus qu'un cliché correspondant à l'allemand *sehr erfreut.*
Heureux est un terme trop faible pour convenir ici.

24) Var.: *sa sensibilité encore vierge*
La traduction mot à mot *inutilisée* ayant un sens trop concret, il faut ici interpréter.

On parle des ressources *inutilisées* d'une région.
Autre traduction trop concrète de *unbenutzt: qui n'a pas servi.*
sans emploi = ohne Beschäftigung, unbeschäftigt

25) Var.: *cœur*
Sensibilité traduira le sens affectif donné ici à *Gemüt* qui désigne la possibilité d'éprouver des sentiments, de l'émotion.
Cœur et *âme* sont d'un emploi plus littéraire et désignent surtout le caractère.
Quelques exemples de traductions de *Gemüt:*
ein edles Gemüt = un noble *cœur,* une *âme* noble
ein weiches Gemüt = une âme *sensible*
ein verhärtetes Gemüt = un cœur *dur*
Er hat wenig Gemüt. = Ce n'est pas un *sentimental.*
Attention cependant au sens péjoratif du substantif *sentimentalité.*

26) Var.: *assainit*
   réorganise la firme, plus faible (= wieder auf die Beine helfen)
Assainir s'emploie à l'origine pour une région, un logement qu'il convient de rendre plus sains.
Ex.: La Grand-Motte, Port-Camargue s'élèvent dans la région marécageuse *assainie* du delta du Rhône.
Par extension *assainir* s'emploie en économie, au sens de stabiliser, équilibrer, ou à la rigueur pour une affaire.
Ex.: *assainir* une monnaie (la soustraire aux influences entraînant sa dévalorisation)
   assainir le marché de la viande de bœuf (supprimer les excédents)
Remettre à flot a le sens bien précis d'investir de l'argent, de donner des fonds et accessoirement d'organiser.

27) La tournure verbale remplace ici avantageusement l'adverbe. Cf. p. 42, rem. 38 et p. 62, rem. 87.

28) Pour *de nouveau* et *à nouveau,* cf. p. 16, rem. 33.

29) Var.: *à rapporter des bénéfices*
   faire des bénéfices
Prendre garde ici à l'expression idiomatique. Ne pas dire: *apporter du profit, profiter* qui demandent un complément *à* et signifient être utile à qn ou qc.
Ex.: Cet héritage lui a beaucoup *profité.*
Cependant, dans la langue familière, on emploie *profiter* de manière absolue, au sens de se développer, se fortifier.
Ex.: L'enfant *profite* bien.
Pour la différence entre *profit, bénéfice* et les synonymes de ces termes, cf. p. 187, rem. 40.

30) *Gagner,* trop imprécis, ne va pas.
Quelques expressions avec *gagner:*
gagner de l'argent, gagner sa vie = Geld verdienen
gagner à la loterie, au jeu

gagner la porte = an die Tür gehen, gelangen
gagner qn à sa cause = jemanden für sich gewinnen

31) Var.: *en tirer profit*
En faire usage ne se dira pas, même au sens figuré ou ironique, pour une personne.
La mettre en valeur serait trop positif.
L'exploiter est ambigu (ausbeuten).
mettre à profit: utiliser pour en tirer tous les avantages possibles
Remarquer que l'emploi du pronom *en* dans la variante est justifié, car la jeune Viennoise prend la valeur marchande d'un objet.

32) *Chez lui, à la maison* = zu Hause, donc moins savoureux que *foyer* qui est plus intime, siège de la famille. Pour les différents sens de *Heim,* cf. p. 193, rem. 92.

33) *Auch* a le sens fort de sogar, d'où sa traduction par *même.* Cf. p. 106, rem. 7.

34) adjonction nécessaire pour la clarté de la phrase

35) Var.: *plausible,* c'est-à-dire digne d'être admis
Croyable s'emploie surtout de manière négative ou restrictive dans une phrase exclamative.
Ex.: C'est à peine *croyable!* Ce n'est pas *croyable!*
Crédible désigne ce qui est digne de confiance, ce qui est vraisemblable, mais c'est un terme rare.

36) Ne pas dire *soit . . . soit* qui désignerait simplement l'alternative (entweder . . . oder), sans marquer de sens concessif.

37) Var.: *sur les bords du Neckar enchanteur*
     sur les berges du Neckar enchanteur
Enchanteur et non *beau,* pour éviter la dissonance, traduction cependant trop forte, d'où le transfert de l'adjectif devant *rive.*
Le bord est le terme général, moins poétique que *la rive* qui implique par ailleurs l'idée d'une pente douce.
Le rivage désigne une rive étendue et s'emploie en parlant d'un grand fleuve ou pour la mer.
De même *la côte* et *le littoral* ne conviennent qu'à la mer.
La berge se dit pour les fleuves et les rivières; elle implique des bords élevés.
La grève, terme poétique, désigne un bord étendu et plus particulièrement couvert de gravier et de sable.
La plage (= Strand) désigne un endroit aménagé pour la baignade.

38) Var.: *dans je ne sais quelle*
dans n'importe quelle région = in der ersten besten Gegend
Dans une région quelconque aurait un sens dépréciatif.
Ex.: Comment trouves-tu cet homme? Il est *quelconque,* c.-à-d. terne, sans qualités propres (= unbedeutend).
Cf. p. 84, rem. 27.

39) Var.: *région*
La *contrée* a un sens plus vague que *la région* qui désigne l'aspect géographique ou économique d'une partie de terre.
Une région est chaude, froide, riche ou pauvre, *une contrée* est riante ou sauvage.
Contrée désigne donc un aspect plus apparent, plus extérieur que *région*.

40) La traduction mot à mot ne donnerait aucun sens en français, puisque *sein Herz an jemanden verlieren* se rend par *tomber amoureux*. Il est cependant nécessaire, dans tout ce contexte, de garder l'image du cœur. Or on dit *donner son cœur à qn*, au sens d'aimer, et *montrer qu'on a du cœur,* au sens d'être généreux.
Var. plus explicite, mais rendant moins l'aphorisme: *donnent leur cœur en découvrant qu'ils en ont un.*

41) Pour insister sur le caractère subjectif du jugement, l'emploi de *ce* est également possible et correspond à une tendance de la langue parlée.

42) Après la construction impersonnelle négative, on emploiera plutôt *le subjonctif* dans la subordonnée. Cependant *l'indicatif* est possible comme marquant une idée de certitude. L'indicatif se rencontre surtout avec la tournure commençant par *ce*.

43) Var.: *est en contradiction avec*
Dément est possible, bien que peut-être trop imagé, car il implique une personnification du film.
Contredit est moins bon, car il insiste surtout sur la rigueur de la prise de parti, sur la force de l'opposition, sans marquer de résultat.

44) Er hat das Herz auf dem rechten Fleck. = *C'est un homme de cœur.*
Le jeu de mots allemand entre *recht* et *unrecht* ne peut se rendre correctement en français dans une traduction mot à mot.

45) La présence de *là* est nécessaire quand *wo* commence une phrase non interrogative et n'a pas d'antécédent.

46) Var.: *ils ne peuvent pas faire comme ils voudraient uniquement parce que*
La construction avec *si* permet de rendre la mise en relief de l'argument, mise en relief produite en allemand par la place de *nur deshalb*.

47) Var. plus ironique: *prodiguent,* car *prodiguer,* c'est dépenser avec excès, mais dans un but généralement louable
Ex.: *prodiguer* des conseils, des encouragements
Dissiper est toujours péjoratif. C'est dépenser à tort et à travers des sommes plus ou moins considérables.
Ex.: Le banquier a *dissipé* les fonds qui lui étaient confiés.
Dilapider renchérit sur *dissiper* et s'applique à une très grosse fortune.
Ex.: Ce fils prodigue a *dilapidé* l'énorme fortune de son père en quelques mois.
Gaspiller est le terme le plus général.

48) *Dans leurs propres affaires* est ambigu, *affaires* pouvant désigner un objet.
Affaire privée s'emploie au singulier au sens de Privatangelegenheit, Privatsache. On dira: C'est une affaire *privée* (ou personnelle), cela ne regarde que moi.

Quelques traductions de *privat:*
Privateigentum = propriété *privée*
Privatmann = le *particulier*
die Privatschulen = les écoles *privées,* ou les écoles *libres*
Privatstunde = leçon *particulière*
Privatdozent = *maître de conférences*
zu Privatzwecken = pour usage *personnel*

49) Var.: *avec si peu d'économie*
Var. plus lourde, mais également possible: *de façon (de manière) si peu économique.*
Il n'existe pas d'adjectif négatif formé sur *économique.*
La traduction retenue correspond mieux au sens absolu du verbe *gaspiller* qui supporte difficilement une restriction, comme c'est le cas dans les variantes.
Pour la différence entre *façon* et *manière,* cf. p. 47, rem. 81.

50) L'article défini allemand se rendra ici, pour plus de clarté, par le possessif.

51) *Provisions, stocks* (traductions possibles) s'emploient surtout pour des marchandises et prennent, dans ce contexte, une nuance ironique.

52) Voici un autre cas où la particule verbale permet de rendre en français l'adverbe allemand. Cf. rem. 27.
Ici cet emploi est particulièrement avantageux, la juxtaposition de *toujours* et de *de nouveau* étant impropre en français. Il faudrait donc dire: *s'épuisent toujours,* traduction qui ne rend pas exactement le texte allemand.
Var.: *viennent toujours à s'épuiser,* ici le verbe *venir* sert à marquer la progression.

53) Var.: *viennent toujours à manquer*
S'épuiser se dit d'une marchandise.
Autres traductions de *ausgehen:*
Das Feuer geht aus. = Le feu *s'éteint.*
Die Geschichte geht gut aus. = L'histoire *finit* bien.
wenn wir davon ausgehen = *en commençant par là, en considérant les choses de ce point de vue*

54) Il s'agit du film, d'où la traduction de *erfahren* non par *apprendre,* ni par connaître, mais par *voir.*

55) *La faiblesse, la mollesse* sont des interprétations plus dépréciatives de *Weichheit* qui implique à la fois le sens de *douceur* et celui de *mollesse.*

56) *Tendresse* de préférence ici à *délicatesse.*
La tendresse souligne l'activité du sentiment, alors que *la délicatesse* marque davantage l'art d'exprimer ce sentiment avec finesse, tact ou discrétion.

57) Bien noter le pluriel de *rapports* et ne pas confondre avec certaines locutions prépositives telles que: *être en rapport avec qn* (= in Beziehung zu jemandem stehen) ou *par rapport à* (= im Verhältnis zu).
Relations, de même que *fréquentations,* désignent les personnes avec lesquelles on est en rapport. On parle de *relations* d'amitié et de *relations* amoureuses.

La liaison désigne aujourd'hui clairement une relation amoureuse (= Liebschaft).
Il s'agit ici de la manière de se comporter, d'où le choix de *rapports*.

58) *Le clocher,* plutôt que *la tour* (également possible), pour distinguer entre les deux tours de la cathédrale de Vienne et donner à l'image un aspect plus solennel: celui du bonheur des amoureux salué par les cloches.
Il est possible de garder l'expression allemande du nom du lieu et de dire: *sous la Stephansturm.*
Cf. p. 82, rem. 15.

59) *Comprendre,* de préférence à *saisir* et *concevoir,* qui soulignent la rapidité de la compréhension en train de se réaliser. On *saisit* une nuance, on *conçoit* une idée, mais on *comprend* le fond d'un problème.
Var.: *réaliser,* un anglicisme qui se répand de plus en plus en français.

60) *Pour de bon* est du français parlé.

61) Le français insiste sur la caractérisation en transformant l'adjectif en substantif.
De même: ihr schönes Gesicht = *la beauté* de son visage; ihre weißen Hände = *la blancheur* de ses mains

62) Concentration de l'expression française. Traductions plus précises, mais plus lourdes: *au bureau où il téléphone,* ou encore: *au téléphone de son bureau*

63) Ne pas confondre *conclure* et *déduire.*
Déduire, c'est tirer la conséquence d'un raisonnement logique, sans forcément aboutir à une fin.
Conclure insiste sur le point d'aboutissement.

64) Var.: *chez lui*
La locution prépositive est préférable à l'adjectif possessif pour des raisons de clarté syntaxique.
Son manque de sentimentalité rendrait un défaut indélébile, or il s'agit d'un trait de caractère passager.

65) La mise en relief par la particule démonstrative est nécessaire en français, l'accent de la phrase allemande étant mis sur *es.*
La traduction mot à mot par le pronom personnel *le (la caméra le révèle)* entraîne une imprécision sur le sens de ce *le.*
D'où l'importance du relatif neutre *ce que.*

66) Var.: *ce que la caméra révèle*
        ce que fait bien voir la caméra
Attention à l'expression: an den Tag bringen = *mettre au jour,* ce qui signifie: étaler aux yeux de tous, divulguer.
Ex.: Tel homme politique a *mis au jour* les documents secrets de son ministère.
Ne pas confondre cette expression avec *mettre à jour.*
Ex.: J'ai *mis* ma correspondance *à jour.* (= Ich habe meine Korrespondenz in Ordnung gebracht.)

67) *Réellement* est plus fort que *vraiment,* possible aussi, mais dont le sens s'est affaibli du fait d'un emploi abusif. Cf. p. 97/98, rem. 30 et 38.

68) Var.: *avoir la nostalgie de*
La traduction de *sich sehnen* est délicate en français. Ne pas dire *désirer* qui est trop terne.
Aspirer à, au sens de désirer ardemment, demande une construction verbale.
Ex.: Il *aspire à* trouver un coin idyllique.
Mais on dira, avec un substantif abstrait: *il aspire aux honneurs, à la solitude, au repos.*
Prendre garde aux deux constructions de *rêver.*
rêver de qc.: souhaiter ardemment ou simplement voir qn ou qc. en rêve.
Ex.: J'ai *rêvé de* repas plantureux.
rêver à: penser, réfléchir à
Ex.: J'ai longtemps *rêvé à* ce problème, sans trouver la solution.

69) Ne pas dire *angle* qui est un terme de géométrie. *L'angle* droit = der rechte **Winkel**. Cependant, dans un sens métaphorique, on dira: il voit les choses sous un **certain** *angle,* c.-à-d. d'une certaine manière, d'un certain point de vue, sous un certain aspect.

70) Le subjonctif souligne le sens final de la relative: un coin idyllique pour pouvoir ...
Le conditionnel *pourrait* est également possible.

71) Noter l'expression *épancher son cœur:* dire avec sincérité ce qu'on a sur le cœur, interprétation également possible.

72) Var.: *sans être dérangé*
Sans gêne s'emploiera dans un autre contexte en parlant de qn qui ne se soucie pas de l'avis ou de la commodité des autres.
Un sans gêne désigne une personne désinvolte au point d'être impolie.
Madame Sans-Gêne était le surnom donné à la femme du maréchal Lefebvre, maréchal de Napoléon, qui n'arrivait pas à se plier à l'étiquette de la cour de l'empereur.

73) Var.: *son cœur*
Valeur déictique de l'article allemand qui se rend en français soit par le démonstratif, soit par le possessif.

74) *expulser:* faire sortir impérativement ou même avec violence; trop fort ici.

75) Var.: *endroits,* plus neutre et ne marquant pas le caractère public et administratif contenu dans *établissements.*
Ex.: un *établissement* scolaire, un *établissement* pénitentiaire
Autre variante: *lieux,* plus vague encore.

76) Var.: *si la Viennoise, qui l'empêche de se mêler à la vie des affaires, est absente de la maison*
Attention à bien placer le relatif après son antécédent.
Manquer ne peut s'employer absolument dans ce sens.
Cependant on dira: cet élève a *manqué* trois fois cette semaine.
Manquer a ici un complément implicite: manquer l'école, manquer les cours.

77) Var.: *intervenir dans*
Ne pas confondre *se mêler à* (participer à une activité) et *se mêler de* (s'occuper de qc.).
Ex.: Cette commère *se mêle* trop *des* affaires d'autrui.
Se mêler de a donc une nuance dépréciative.
Ex.: De quoi vous *mêlez*-vous (vous êtes trop indiscret).
Ce même sens dépréciatif se retrouve dans les verbes *s'immiscer* et *s'ingérer.*
En politique internationale, on parle de principe de *non-ingérence,* de *non-intervention* ou de *non-immixtion.*

78) Ou, de manière plus générale: *vie économique.*

79) Var.: *peut être mis en sûreté*
Pour *sûreté* et *sécurité,* cf. p. 208, rem. 77.

80) Attention à l'orthographe du mot en français.
Selon les époques, cet appareil a été désigné par des noms différents. D'abord *phonographe* (ou *phono*), il a ensuite pris le nom d'une marque anglaise *gramophone,* puis ce fut le *pick-up* au début du 20e siècle qui a concurrencé le mot français *tourne-disque;* aujourd'hui *tourne-disque* est certes encore employé, mais il laisse de plus en plus la place à *électrophone.*

81) Var.: *de manière authentique*
avec une exactitude très minutieuse
les films montrent des preuves à l'appui

82) Précision pour plus de clarté. Cf. p. 173, rem. 67.

83) Var.: *parcs nationaux*
Naturschutzgebiet = *domaine réservé* ou *domaine protégé*
Gebiet, das unter Naturschutz steht = *site naturel protégé*

84) Etoffement de la préposition en français.
Autres exemples:
Grammatik für die Oberstufe der Gymnasien = grammaire *à l'usage* des classes supérieures des lycées.
Bücher für Kinder = des livres *à la portée* des enfants

85) *Se multiplier* est trop fort dans ce cas: augmenter, se répéter en grand nombre de fois.
Ex.: Les cas de grippe *se multiplient.*
Pour des êtres vivants, *se multiplier* signifie se reproduire à un très grand nombre d'exemplaires.

86) Var.: *avec,* préposition cependant moins précise et moins idiomatique

87) *L'accroissement* par rapport à *la croissance* évoque davantage la progression mathématique.
Ex.: *l'accroissement* des bénéfices d'une société
l'accroissement de la population

88) Il ne s'agit pas d'une opposition, mais d'un passage à un tout autre ordre d'idées, d'où *quant à, cependant*.

La construction avec *quant à* demande la reprise du substantif sous forme de pronom personnel.

Ex.: *Quant à* votre valise, on ne *l'*a jamais retrouvée.

Cf. p. 38, rem. 7.

89) Var.: *prendre conscience du fait que*

90) Prendre garde au sens d'*intérieur* en français:

avoir *un intérieur* en or = ein Heim (Haus) aus Gold haben

une femme d'intérieur = eine (gute) Hausfrau

91) L'emploi de *rafraîchir* (rendre frais, refroidir) aboutirait à un contresens.

Ex.: En été, il est agréable de boire quelque chose de *rafraîchissant*.

Cependant, dans la langue familière, on dira: Vous avez oublié vos promesses, je vais vous *rafraîchir* la mémoire.

Remonter est également du langage familier.

Ex.: Il est très déprimé et un whisky va le *remonter*.

92) Var.: *bête*

niais = albern

stupide = einfältig

Ces deux adjectifs sont cependant trop méchants pour convenir ici.

TEXT 19

Stimmen im Dunkel

Der Gedanke, daß er sich in einem nachtdunklen Gefängnis befinden könnte, erschien Robert so lächerlich und absurd, daß er sich mit der Hand über das Gesicht strich, verwundert die harten und zwickenden Bartstoppeln bemerkte, aber noch in der Unsicherheit des Begreifens aufstand und sich an der feucht-kalten Wand vorwärtstastete. Kaum war er zwei Schritte gegangen, da stolperte er über einen Strohsack, der auf dem Boden ausgebreitet lag. Er stürzte und schlug mit dem Kopf heftig gegen den Leib eines Mannes, der, plötzlich aus dem Schlaf geschreckt, laut aufschrie wie ein Tier. Robert sprang zurück, er drückte sich zitternd an die Wand, und da fiel ihm alles wieder ein: die Verhaftung, die Verhöre, die Protokolle, das Gericht und die Verurteilung und jetzt diese Zelle, von der man nicht wußte, ob es eine Zelle war, weil einfach nur Dunkelheit da war, nach allen Seiten hin undurchdringliche Finsternis, die wie ein enges Gewand seinen Körper einschnürte, die durch Nase, Mund und Ohren in ihn einfloß, so daß er nichts mehr fühlte, nur noch die bittere, verschwenderische Finsternis. Von irgendwo drangen jetzt auch Geräusche an sein Ohr, er hörte ein Kratzen und Scharren, dann Stimmen, die immer lauter wurden und nach Ruhe riefen. Der Mann auf dem Strohsack verstummte langsam. Robert lehnte gebückt an der Wand, etwas zusammengekauert wie ein Mensch, der Angst hat. Aber er hatte keine Angst; in ihm war nur der Wunsch, das Dunkel zu durchdringen, wenn nicht mit den Augen, so mit den Ohren. Der Mann, der vorhin aufgeschrien hatte, sagte etwas, er sagte es mit einer Stimme, in der noch die Furcht zitterte: „Mein Gott, was ist los? Was ist denn passiert?"
Aber keiner antwortete. Auch Robert nicht. Robert war nur verwundert, eine menschliche Stimme zu hören, eine Sprache, die er verstand. Vorhin, als das Schreien war, glaubte er, so müsse ein Tier schreien, wenn es getötet wird. Robert hielt den Atem an, um sich nicht zu verraten. Die Stimmen von vorhin waren verstummt. Es war wieder ganz still. Nur der Mann, der eben gesprochen hatte, wälzte sich unruhig und verängstigt auf seinem Strohsack hin und her. Er murmelte noch leise und unverständlich vor sich hin, dann aber blieb auch er ganz ruhig.

Horst Bienek, aus: *Nachtstücke*

Des[1] voix dans les ténèbres[2]

La pensée[3] qu'il pouvait[4] se trouver dans la nuit noire[5] d'une prison sembla[6] à Robert si ridicule[7] et si[8] absurde qu'il se passa la main sur le visage[9], remarquant[10] avec étonnement[11] les poils durs[12] et piquants[13] d'une barbe naissante[14], et[15], encore incertain[16] de comprendre, se leva et s'avança à tâtons[17] le long du[18] mur humide et froid[19]. A peine avait-il[20] fait deux pas qu'il trébucha[21] sur une paillasse[22] étendue par terre[23]. Il tomba en allant[24] violemment[25] donner[26] de[27] la tête contre le corps d'un homme qui, réveillé en sursaut[28], se mit à hurler[29] comme une bête[30]. Robert fit un bond[31] en arrière, tremblant, il se serra[32] contre le mur, et voilà que[33] tout lui revint à l'esprit[34]: l'arrestation, les interrogatoires, les procès-verbaux[35], le tribunal[36], la condamnation, et[37] maintenant cette cellule dont on ne savait pas si c'en était une[38], pour la simple raison qu'il n'y régnait qu'obscurité[39], de tous côtés[40] des ténèbres impénétrables qui enserraient[41] son corps tel un vêtement étroit, s'infiltraient[42] en lui par le[43] nez, la bouche, et les oreilles, si bien qu'il ne sentait plus rien, si ce n'est[44] ces ténèbres hostiles[45] et envahissantes[46]. Maintenant[47], des bruits dont il ignorait la provenance[48], parvenaient également à son oreille, il entendit[49] des grattements et des raclements[50], puis des voix de plus en plus fortes[51] qui réclamaient[52] le silence. L'homme sur la paillasse se tut[53] peu à peu[54]. Robert était appuyé contre le mur[55], baissé[56], légèrement recroquevillé[57] comme un homme qui a peur. Mais il n'avait pas peur;[58] il n'y avait en lui que le désir de percer l'obscurité, sinon[59] par la vue, du moins par l'ouïe[60]. L'homme qui avait crié auparavant[61] dit quelque chose, il le dit d'une voix tremblant[62] encore de peur: «Mon Dieu, qu'est-ce qu'il y a[63]? Qu'est-ce qui s'est donc passé[64]?»
Mais personne ne répondit. Robert était seulement étonné d'entendre une voix humaine, une langue qu'il comprenait[65]. Tout à l'heure, lorsqu'il y avait eu ces cris[66], il avait pensé[67] qu'une bête qu'on tue devait crier ainsi. Robert retenait son souffle[68] pour ne pas se trahir. Les voix entendues précédemment[69] s'étaient tues[70]. Tout était revenu au calme. Seul[71] l'homme qui venait de parler se tournait et se retournait[72], inquiet[73] et apeuré[74], sur sa paillasse. Il murmura[75] encore des paroles incompréhensibles, mais ne tarda[76] pas à se calmer lui aussi[77].

1) L'article indéfini pluriel *des* rend en français le caractère vague des voix perçues. Cependant il est possible, dans un titre, de laisser l'article de côté.

2) Var.: *dans l'obscurité*
   dans le noir
   Les *ténèbres* renchérit sur *obscurité* en évoquant l'absence totale de lumière. En outre, le terme *ténèbres* est plus littéraire.
   Le noir est d'un emploi plus familier.

3) *la pensée* plutôt que *l'idée*
   Il s'agit ici d'opérations de l'esprit par lesquelles le héros essaie de prendre conscience de l'endroit où il se trouve. *L'idée* désignerait une simple image qui traverse l'esprit.

4) De la même manière, il faut renoncer à employer l'infinitif et ne pas traduire, par exemple, par *la pensée de se trouver,* traduction élégante certes, mais fausse, car elle implique une idée de futur possible, de jeu de l'imagination. Nous avons affaire à un fait réel, d'où l'emploi de l'indicatif.
   Var.: *qu'il pourrait se trouver*
         qu'il pût se trouver
   Ces variantes insistent davantage sur l'éventualité.
   Le conditionnel *pourrait,* comme le subjonctif *pût,* soulignent plus que l'indicatif le doute qui règne dans l'esprit de Robert.

5) Var.: *sombre comme la nuit*
   Le français traduit volontiers l'adjectif épithète allemand par un substantif lorsque cet adjectif a une valeur de caractérisation, c'est-à-dire insiste sur l'impression, porte un jugement, comme c'est le cas ici avec la comparaison contenue dans le composé.
   Obscur renchérit sur *sombre,* mais ne peut s'employer dans cette expression.
   Remarquer la tournure figée: il fait *nuit noire.*

6) Var.: *semblait*
   Le passé simple *sembla* marque le point de départ, alors que l'imparfait *semblait* souligne davantage la durée préalable.
   Pour la différence entre *sembler* et *paraître,* cf. p. 45, rem. 63.

7) Pour la traduction de *lächerlich,* cf. p. 142, rem. 41.

8) L'adverbe d'intensité *si* porte sur les deux adjectifs; il vaut mieux le répéter devant le second.

9) Les parties du corps ne sont généralement pas précédées de l'adjectif possessif en français. Cependant il faut préciser le possesseur en employant le pronom réfléchi *se,* comme c'est le cas dans le texte allemand.
   Var.: *se passa la main sur la figure*
   Pour la traduction de *Gesicht,* cf. p. 29, rem. 40.

10) Il s'agit d'une impression tactile, d'où *remarquer* et non *s'apercevoir.*
    Cependant on pourrait dire: *s'aperçut de la présence de,* étoffement indispensable pour rendre le sens de *bemerken.* Le participe présent *remarquant* a été utilisé pour

éviter l'accumulation des verbes, peu élégante en français; l'action de *remarquer* peut être considérée comme secondaire par rapport aux autres et comme un élargissement du fait précédent.

Pour la différence entre *remarquer* et *s'apercevoir,* cf. p. 44, rem. 56.

11) Var.: *remarquant, étonné,*

12) Var.: *rudes*

Rude s'emploie au sens de *dur* pour exprimer qu'une chose est non polie, sans douceur au toucher.

Ex.: une peau *rude*
     une barbe *rude*

13) *Zwicken* se traduit au sens propre par *pincer.* Ce terme est toutefois impropre à rendre la sensation causée par une barbe non rasée.

Remarquer les traductions de *zwicken* au sens figuré: *tourmenter, tracasser* ou, plus familièrement, *turlupiner.*

14) Var.: *barbe de plusieurs jours*

Etant donné l'absence de contexte, *barbe naissante* est plus vague, donc préférable dans ce cas.

Pour *barbe, bouc, collier* et *barbiche,* cf. p. 55, rem. 23.

15) *Aber* ne peut se traduire par une conjonction marquant l'opposition, car le texte devient incompréhensible.

Aufstand étant sur le même plan que *strich,* il faut maintenir le lien logique et traduire par la conjonction de coordination *et.*

16) Var.: *encore dans l'incertitude de comprendre*
      encore peu sûr de comprendre

17) Var.: *s'avança en tâtonnant le long du mur*

Noter l'expression idiomatique *tâtonner:* chercher en tâtant (au propre); manquer de certitude (au figuré).

Ex.: L'enquête n'avance pas; la police *tâtonne.*

18) Nécessité d'expliciter *an der Wand* en français, d'où la traduction par *le long du* mur.

19) Les deux adjectifs ici en composition étant d'importance égale se traduisent en français par deux adjectifs coordonnés.

Une locution telle que *d'un froid humide* serait impropre.

Pour *humide, moite,* cf. p. 62, rem. 85.

20) Var.: *à peine eut-il*

Le plus-que-parfait insiste sur l'idée de situation ou d'action interrompue par rapport au passé antérieur qui représente le fait dans une succession sérielle.

Cf. pour la traduction de *kaum* p. 141, rem. 32.

Autre variante: *il n'avait pas fait deux pas*

Dans ce dernier cas on choisit le plus-que-parfait, l'action interrompue se trouvant plus fortement marquée que dans la première variante.

21) *trébucher contre* ou *sur*
Broncher contre, dans ce sens, est archaïque et ne s'emploie pratiquement plus que pour les chevaux.
Buter contre évoque un ébranlement moins considérable que *trébucher* qui est presque toujours suivi d'une chute.

22) *Un sac de paille* serait textuellement un sac rempli de paille. Il s'agit ici d'une sorte de matelas.

23) Var.: *sur le sol*
Pour la différence entre *terre* et *sol, à terre* et *par terre,* cf. p. 230, rem. 103.

24) Var.: *et alla*
Cette variante équivaudrait à une simple succession de deux actions dans le passé. L'emploi du gérondif dans la traduction retenue souligne davantage l'aspect descriptif, il précise la manière dont la chute s'est produite.
L'emploi du passé simple *alla* se justifie par le fait que, par rapport à l'allemand qui voit l'action de manière ponctuelle et se contente de noter le phénomène, le français précise le mouvement à l'aide de verbes comme *aller, venir, se mettre,* employés comme auxiliaires.
Cf. p. 70/73, rem. 37 et 59.

25) Ne pas dire *véhémentement.*
Par rapport à *violent* qui a un sens physique et attire l'attention sur l'effet extérieur, *véhément* est plus restrictif et avant tout moral. Il s'emploie pour les mouvements de l'âme ou la parole.
Ex.: parler avec *véhémence*
Mais: Le vent souffle avec *violence.*

26) *donner dans* ou *contre*
Heurter sa tête contre ou *à* est également possible, toutefois
donner dans ou *contre* souligne davantage le fait d'être emporté par un brusque mouvement, ce qui est le cas ici.
Se cogner la tête contre est la plus familière des trois expressions.

27) *de* la tête et non pas *avec*
Cf. à ce propos p. 101, rem. 74.

28) Var.: *tiré brusquement de son sommeil*
Cf. p. 73, rem. 63.

29) Au moyen du passé simple *se mit,* le français précise le début d'une action qui va durer quelque temps comme le contexte nous l'indique avec *verstummte langsam.*
Cf. rem. 24 ci-dessus.
C'est cet aspect inchoatif qui fait choisir le verbe *hurler* plutôt que *pousser un grand cri* ou *pousser un cri perçant de bête,* variantes possibles, mais suggérant un bruit de courte durée.
crier fort: crier pour se faire entendre
crier à tue-tête = aus vollem Hals schreien

La locution adverbiale *à tue-tête* signifie: d'une voix si forte qu'elle casse la tête. La comparaison avec un animal interdit son emploi.

30) *L'animal* est le terme général par opposition à l'être humain.
On distingue entre le règne animal, végétal et humain.
La bête, c'est l'animal considéré comme être inférieur. Il prend souvent un sens péjoratif.
Ex.: une sale *bête*
D'autre part, ce terme s'emploie pour désigner des petits animaux.
Ex.: la *bête* à bon Dieu: la coccinelle (= Marienkäfer)
Noter cependant qu'*animal,* comme injure, désigne aussi une personne stupide et grossière (= Flegel).
Ex.: Quel *animal!* Il m'a presque renversé en voulant passer plus vite!

31) Pour la différence entre *bond* et *saut,* cf. p. 59, rem. 61.

32) *se serrer:* se mettre tout près de, tout contre
se blottir: se ramasser sur soi-même de manière à occuper le moins de place possible
se tapir: se cacher, se dissimuler en se ramassant sur soi-même

33) Var.: *c'est à ce moment-là que*

34) Var.: *revint à la mémoire*

35) En français *le protocole* est surtout employé pour la diplomatie. Il s'agit des règles établies pour les honneurs et les préséances dans les cérémonies officielles, les réceptions de souverains ou les réunions mondaines.
Dresser un protocole se dit pour *dresser un procès-verbal* de conférence diplomatique.

36) *La cour* s'emploie pour les juridictions supérieures.
cour d'appel = Appellationshof, Berufungsgericht
cour d'assises = Schwurgericht
cour de cassation = Kassationshof, correspond à peu près au *Bundesgerichtshof* en tant qu'instance de révision en Allemagne

37) Généralement la conjonction de coordination *et* s'emploie avant le dernier terme de l'énumération.

38) Le français évite les répétitions, là où il ne s'agit pas de faire un effet de style. Il vaut donc mieux employer l'indéfini accompagné du pronom *en.*

39) L'abstrait *obscurité* est évoqué dans sa plus grande extension et précédé de la particule restrictive *ne ... que;* on ne met donc pas d'article. Mais le rétablissement de l'article est nécessaire devant *ténèbres,* car ce mot est déterminé par un adjectif d'une part et une proposition de l'autre.
Ne pas dire *de l'obscurité;* obscurité étant un terme absolu n'accepte pas l'idée de partage.
Var.: *qu'il y régnait une obscurité totale*
C'est l'indétermination (ou la généralité indéfinie) de l'idée qui explique dans ces phrases l'absence de l'article.

40) Var.: *de toutes parts*
Dans ces expressions figées *tout* reste sans article.
On dit de même: *à tout moment, en tout cas* etc.

41) Quand il s'agit de tirer sur des lacets pour fermer qc., *einschnüren* se traduit par *lacer, serrer*.
Ex.: A la Belle Epoque les femmes *laçaient* leur corset pour rehausser la finesse de leur taille.
Ici *serrer* est trop faible et ne marque pas le caractère d'étouffement suscité par l'obscurité.

42) Var.: *se glissaient*
      s'insinuaient
Couler ne va que pour un liquide.
Entrer, pénétrer restent neutres et trop imprécis, ils ne rendent pas l'idée de glissement contenue dans le verbe allemand.

43) L'article est indispensable dans les cas où le français présente une divergence d'avec l'allemand pour l'emploi de l'article défini.

44) Var.: *si ce n'était*
Toutefois *si ce n'est* est une expression figée s'employant généralement à l'indicatif présent.
Autre variante: *rien d'autre que.*

45) Var.: *pénibles*
Amer s'emploie au sens propre en parlant d'une saveur, généralement désagréable. Au sens figuré, *amer* désigne ce qui produit ou exprime de l'affliction ou encore de l'acrimonie.
Ex.: un deuil *amer*
     une douleur *amère*
     des larmes *amères*
Amer, accolé à *ténèbres,* serait étrange en français.

46) *verschwenderisch = dissipateur, dépensier, prodigue,* adjectifs de valeur morale qui ont trait à l'incapacité d'une personne de garder de l'argent.
Envahissant souligne ici la présence d'un élément qui occupe une place excessive.
Pour une personne *envahissant* signifie *importun.*
Pour *verschwenden,* cf. p. 277, rem. 47.

47) Var.: *des bruits parvinrent alors*
Jetzt se traduit par *maintenant,* lorsque l'action se réfère au présent ou à une action future. En général on ne saurait introduire par *maintenant* une action à un temps du passé.
Avec un passé simple, *jetzt* se traduit par *alors.*
Toutefois *maintenant* peut s'accompagner d'un imparfait qui, dans ce cas, souligne l'actualité, le caractère vécu, subjectif de l'action.

48) Ne pas dire: *de n'importe quel endroit.*
Cf. p. 84, rem. 27.

49) Var.: *il entendait*
Les deux temps conviennent également, selon qu'on envisage l'aspect descriptif (imparfait) ou l'aspect de succession de l'événement (passé simple).

50) *racler:* frotter rudement, de façon à égaliser une surface
Ex.: *racler* une allée
racler une casserole (ou enlever ce qui y adhère)
gratter: frotter avec qc. de dur, en entamer légèrement la surface
Ex.: *gratter* un mur
piétiner: s'agiter sur place en frappant vivement le sol du pied (auf der Stelle treten)
Ex.: Un enfant *piétine* de colère.
(frapper le sol du pied à coups répétés = trampeln)
(fouler aux pieds = zertreten)
Ex.: Une femme est *piétinée* par la foule prise de panique.
trépigner: frapper le sol du pied à plusieurs reprises, tout en restant sur place; c'est donc une amplification de *piétiner* (stampfen).
Ex.: pieds qui *trépignent*
trépigner de joie, de colère, d'impatience
piaffer: trépigner pour un cheval ou familièrement, au sens figuré, pour une personne (vor Ungeduld stampfen)
Ex.: *piaffer* d'impatience
Piétinement et *trépignement* seraient trop forts et trop précis.
Raclement rend mieux l'allitération.

51) Var.: *qui se firent de plus en plus fortes*

52) L'imparfait *réclamaient* a une valeur explicative par rapport à *se firent.*
Exiger serait trop fort ici.
Cf. p. 190, rem. 57.

53) On revient ici à la succession des événements vus du dehors, sous un aspect objectif et ponctuel. D'où l'emploi du passé simple.
Les grammairiens ont coutume de distinguer entre *ich schwieg,* qui se traduit par *je me taisais* et évoque un arrêt sur l'événement, une durée et *ich verstummte,* qui marque l'événement nouveau et se traduit par *je me tus.*

54) Var.: *petit à petit*
Cf. p. 222, rem. 44.

55) Var.: *s'appuyant au mur*
Etre adossé ne convient pas ici, puisque le héros ne peut à la fois avoir le dos contre le mur et être baissé.

56) *Incliné* est relatif au point de départ, s'écarter du plan de l'horizon ou de la verticale (*s'incliner* = sich verneigen).

Penché est relatif au point d'arrivée, c'est incliner beaucoup de façon à s'approcher de la terre, à être prêt à tomber (*se pencher* = sich neigen).

Courbé se dit de la tête ou du front que l'on penche par soumission ou sous le poids des ans (*se courber* = sich beugen).

Baissé, en parlant de la tête, marque le résultat de l'action des trois verbes précédents (*se baisser* = sich bücken).

57) *S'accroupir:* s'asseoir sur ses talons, rendrait plutôt sich niederhocken, sich kauern. *Se pelotonner:* se ramasser sur soi-même en prenant la forme d'une boule. S'emploie dans un sens familier.

Ex.: Le hérisson *se pelotonne.*

Se recroqueviller se dit, au sens propre, de matières telles que le parchemin, le cuir qui se rétractent, se replient sous l'action de la chaleur ou du froid. Dans un sens figuré, ce verbe traduit une attitude de repli du corps sur lui-même.

58) Le point-virgule est nécessaire en français pour mieux marquer la coupure.

59) Var.: *si ce n'est*
Ces deux locutions conjonctives s'emploient par ellipse pour exprimer l'opposition et la négation.
Sinon marque encore mieux que *si ce n'est* l'opposition.
Cf. p. 273, rem. 15.

60) L'image utilisant les parties du corps serait étrange. Le français substitue plutôt les sens aux organes sensoriels.
Toutefois l'image des yeux perçant l'obscurité est acceptable.

61) Var.: *précédemment*
         tout à l'heure
Cf. p. 129, rem. 73.

62) On dit *une voix tremblante,* parce que *tremblante* est adjectif verbal, mais *une voix tremblant de peur,* car dans ce cas *tremblant* est participe présent suivi d'un complément, donc invariable.
Pour l'emploi de la préposition *à* ou *de* devant *voix* cf. p. 111, rem. 50.

63) Var. plus littéraire: *qu'y a-t-il?*

64) Var.: *qu'est-ce qui est donc arrivé?*
Var. plus littéraire: *que s'est-il donc passé?*
Qu'est-ce qui se passe? est du français parlé.
Que se passe-t-il? est du français littéraire.
Qu'est-ce qu'il se passe? s'emploie abusivement en français parlé. Cf. à propos de telles constructions p. 171, rem. 56.

65) Var.: *qu'il comprît*
L'imparfait de l'indicatif traduit une simple constatation du fait qu'il comprend cette langue, tandis que l'imparfait du subjonctif marque davantage son étonnement de comprendre; il prend ici une valeur affective.

66) *Au moment des cris,* concision correspondant davantage à la langue parlée; expression trop peu précise.

67) Var.: *cru*
L'imparfait allemand a ici une valeur de plus-que-parfait.

68) Var.: *sa respiration*
son haleine
Cf. p. 69, rem. 25.

69) Var.: *les voix de tout à l'heure*
les voix qu'il avait entendues précédemment
Cf. rem. 61 ci-dessus.

70) Le verbe *se taire* étant un verbe essentiellement réfléchi, l'accord du participe se fait avec le sujet. Cf. p. 68, rem. 13.

71) *Nur* portant sur un substantif ne se traduit pas par l'adverbe *seulement,* mais prend la valeur d'un adjectif qui s'accorde en genre et en nombre avec ce substantif.
La traduction *il n'y avait que l'homme qui* est trop lourde. Cf. p. 114, rem. 83.

72) Var.: *se roulait*
se vautrer: se coucher, se rouler sans aucune retenue, essentiellement péjoratif
Ex.: *se vautrer* sur l'herbe

73) *unruhig = inquiet,* lorsqu'il s'agit d'un état d'âme
agité, quand il est question de la condition physique.
La traduction par *agité* convient moins bien, car elle fait pléonasme avec *wälzte sich.*

74) Pour *apeuré* et les synonymes, cf. p. 264, rem. 82.

75) *murmurer:* bruit de voix articulé, sourd et prolongé (murmeln)
marmotter: plus familier, bruit de voix confus et maladroit, dû à la rapidité du débit ou à l'intention (in seinen Bart brummen)
marmonner: bruit de voix sourd et hostile (murren)
chuchoter: murmurer très bas (flüstern)
Ne pas dire *murmurer à voix basse* ou *murmurer tout bas,* le sens de *murmurer* étant ‹parler à voix basse›; l'expression ferait pléonasme.

76) Var.: *finit par se calmer lui aussi*
Cf. p. 42, rem. 38 et p. 62, rem. 87.

77) Var.: *il resta également tranquille*
Ici l'ambiguïté n'est pas possible bien que *auch* porte sur *er.* Cf. en comparaison p. 13, rem. 6.

TEXT 20

Brecht

Der Umgang mit Brecht, anstrengend wie wohl jeder Umgang mit einem Überlegenen, dauert nun ein halbes Jahr, und die Versuchung, solchem Umgang einfach auszuweichen, ist manchmal nicht gering. Es ist Brecht, der dann wieder einmal anruft oder auf der Straße, immer freundlich in seiner trockenen und etwas verhaltenen Art, fragt, ob man einen freien Abend habe. Brecht sucht das Gespräch ganz allgemein. Meinerseits habe ich dort, wo Brecht mit seiner Dialektik mattsetzt, am wenigsten von unserem Gespräch; man ist geschlagen, aber nicht überzeugt. Auf dem nächtlichen Heimweg, seine Glossen überdenkend, verliere ich mich nicht selten in einen unwilligen Monolog: Das stimmt ja alles nicht! Erst wenn ich dann ähnliche, ebenso leichtfertige, oft auch gehässige Erledigungen aus dem Mund von Drittpersonen höre, fühle ich mich genötigt, doch wieder nach Herrliberg zu radeln. Die bloße Neugierde, die man einem Berühmten gegenüber empfinden mag, würde auf die Dauer kaum ausreichen, um das Anstrengende dieser Abende, die stets zu einer Begegnung mit den eignen Grenzen führen, auf sich zu nehmen. Die Faszination, die Brecht immer wieder hat, schreibe ich vor allem dem Umstand zu, daß hier ein Leben wirklich vom Denken aus gelebt wird. (Während unser Denken meistens nur eine nachträgliche Rechtfertigung ist; nicht das Lenkende, sondern das Geschleppte.) . . .

Es fällt mir dabei auf, daß Brecht noch nie von seinen Erlebnissen erzählt hat, überhaupt nie von seiner Person oder nur sehr mittelbar. Wir sprechen über Architektur, über Wohnen. Brecht geht auf und ab, zuweilen stehen wir beide, um besser sprechen zu können, Gänge machend wie auf der Bühne, wobei Brecht, so verhalten er ist, einen starken gestischen Ausdruck hat. Eine winzige wegwerfende Bewegung der Hand, Verachtung, ein Stehenbleiben im entscheidenden Punkt eines werdenden Satzes, ein Fragezeichen, ausgedrückt mit einem schroffen Heben der linken Schulter, Ironie, wenn er mit der Unterlippe den dreist-schlichten Ernst der Rechtdenkenden nachahmt, oder sein plötzliches, etwas krächzendes, sprödes, aber nicht kaltes Lachen, wenn ein Widersinn auf die Spitze getrieben ist, (. . .) sein schutzloses Gesicht, wenn man etwas erzählt, was ihn wirklich betrifft, bekümmert oder entzückt. (. . .) Am besten klappt unser Umgang, wenn das Gespräch, das Brecht immer auch den Einfällen und Bedürfnissen des anderen überläßt, um Fragen des Thea-

Mes[1] relations[2] avec Brecht, semblables par l'effort exigé[3] à toutes celles qu'[4] on a avec un esprit supérieur[5], durent maintenant depuis six mois[6] et la tentation de se soustraire[7] tout simplement[8] à de telles relations est assez forte[9]. C'est Brecht qui téléphone[10] alors une nouvelle fois[11] ou qui[12], toujours aimable, de sa façon[13] sèche et un peu réservée[14], vous[15] demande dans la rue si vous avez une soirée[16] de[17] libre. Brecht recherche[18] le dialogue[19] quel qu'il soit[20]. Quant à moi[21], je tire le moins de profit[22] de notre entretien[23] là où Brecht me met en échec[24] avec sa dialectique; on est battu[25] sans être[26] convaincu[27]. La nuit[28], sur le chemin du retour, méditant sur[29] ses commentaires[30], il n'est pas rare[31] que je me perde[32] dans un monologue où se traduit ma mauvaise humeur[33]: mais tout cela ne tient pas debout[34]! Ce n'est que[35] lorsque j'entends un tiers[36] l'expédier[37] avec autant de légèreté[38] et même parfois de haine que je me sens malgré tout[39] obligé de[40] prendre ma bicyclette[41] pour aller une nouvelle fois[42] à Herrliberg . . . La fascination que ne cesse d'[43] exercer[44] Brecht, je l'attribue surtout[45] au fait[46] que, dans son cas[47], une vie est réellement[48] vécue à partir de[49] la pensée. (Tandis que[50] notre pensée n'est, généralement[51], qu'une justification a posteriori[52], non pas le principe actif, en tête[53], mais passif, à la traîne[54] (. . .)

Ce qui me frappe[55] en même temps[56], c'est que Brecht n'a encore jamais parlé de[57] sa vie[58], pas un mot[59] de sa personne ou seulement de façon très indirecte[60]. Nous discutons[61] architecture, logement[62]. Brecht fait les cent pas[63], par moments[64], nous nous tenons tous deux[65] debout pour mieux[66] pouvoir parler, en évoluant[67] comme sur une scène et[68] Brecht, si réservé qu'il soit[69], a alors des mouvements fortement expressifs[70]. Un tout petit[71] geste de refus[72] de la main, le mépris[73], un arrêt[74] au point décisif[75] d'une phrase dans son développement[76], un point d'interrogation exprimé par un haussement[77] brusque[78] de l'épaule gauche, l'ironie quand, de[79] sa lèvre inférieure, il imite le sérieux[80] naïf[81], mêlé d'impertinence[82], des gens bien-pensants[83], ou son rire soudain[84], un peu rauque[85], sec[86], mais dépourvu de froideur[87] quand un contresens[88] est poussé à l'extrême[89], puis à nouveau[90] son visage[91] sans défense[92] lorsqu'on raconte quelque chose qui le touche[93] vraiment[94], l'afflige[95] ou le ravit[96] . . .

Nos relations marchent[97] le mieux[98] lorsque l'entretien, que Brecht ne manque jamais non plus[99] d'abandonner[100] aux idées[101] et aux besoins de l'autre[102],

ters kreist, der Regie, der Schauspielerei, Fragen auch des schriftstellerischen Handwerks, die, nüchtern behandelt, unweigerlich zum Wesentlichen führen. Brecht ist ein unerschöpflicher Erörterer. Zusammen mit einem Kunstverstand, der wissenschaftliche Methodik liebt, hat er eine kindhafte Gabe des Fragens. Ein Schauspieler, was ist das? Was macht der? Was muß der Besonderes haben? Eine schöpferische Geduld, wieder von vorn anzufangen, Meinungen zu vergessen, Erfahrungen zu versammeln und zu befragen, ohne ihnen die Antwort aufzudrängen. Die Antworten, die ersten, sind oft von verblüffender Dürftigkeit. „Ein Schauspieler", sagt er zögernd: „das ist wahrscheinlich ein Mensch, der etwas mit besonderem Nachdruck tut, zum Beispiel trinken oder so." Seine fast bäurische Geduld, sein Mut, hilflos auf leerem Feld zu stehen, auf Entlehnungen verzichtend, die Kraft, ganz bescheiden zu sein und möglicherweise ohne Ergebnis, dann aber die Intelligenz, Ansätze einer brauchbaren Erkenntnis festzuhalten und durch Widerspruch sich entwickeln zu lassen, und endlich die Männlichkeit, Ergebnisse ernst zu nehmen und danach zu verfahren, unbekümmert um Meinungen, das sind schon wunderbare Lektionen, Exerzitien, die in einer Stunde leicht ein Semester aufwiegen. Die Ergebnisse freilich gehören ihm. Zu sehen, wie er sie gewinnt, ist unser Gewinn. Dann ist es Zeit, den Heimweg anzutreten; Brecht nimmt die Mütze und den Milchtopf, der vor die Haustüre gestellt werden muß. Brecht ist von einer seltenen Art unlaunischer, zur Geste gewordener, dennoch herzlicher Höflichkeit. Wenn ich das Rad nicht habe, begleitet er mich an die Bahn, wartet, bis man eingestiegen ist, winkt mit einer knappen, etwas verstohlenen Gebärde der Hand, ohne die graue Schirmmütze abzunehmen, was stillos wäre; den Leuten ausweichend verläßt er den Bahnsteig mit raschen, nicht großen, eher leichten Schritten, mit Armen, die auffallend wenig pendeln, und stets mit etwas schrägem Kopf, die Schirmmütze in die Stirn gezogen, als möchte er sein Gesicht verstecken, halb verschwörerisch, halb schamhaft. Er wirkt, wenn man ihn so sieht, unscheinbar wie ein Arbeiter, ein Metallarbeiter, doch für einen Arbeiter zu unkräftig, zu grazil, zu wach für einen Bauern, überhaupt zu beweglich für einen Einheimischen; verkrochen und aufmerksam, ein Flüchtling, der schon zahllose Bahnhöfe verlassen hat, zu schüchtern für einen Weltmann, zu erfahren für einen Gelehrten, zu wissend, um nicht

roule[103] sur des questions ayant trait[104] au théâtre, à la mise en scène[105], au jeu des acteurs[106], sur les problèmes relatifs également au métier[107] d'écrivain[108] et qui, traités avec objectivité[109], conduisent[110] inévitablement[111] à l'essentiel[112]. Brecht ne se lasse pas[113] de discuter[114]. En même temps qu'[115] un sens de[116] l'art épris[117] de méthodes scientifiques[118], il a, comme un enfant[119], le don[120] de poser des questions[121]. Un acteur, qu'est-ce que [122] c'est? Qu'est-ce qu'il fait? Qu'est-ce qu'il doit avoir de particulier[123]? Une patience de créateur[124] de recommencer dès le début[125], d'oublier des opinions[126], de rassembler[127] des expériences et de les interroger[128] sans imposer de réponse[129]. Les réponses, tout d'abord[130], sont souvent d'une pauvreté[131] stupéfiante[132]. «Un acteur» dit-il avec hésitation[133], «c'est vraisemblablement quelqu'un[134] qui fait quelque chose avec une insistance[135] particulière, boire ou je ne sais quoi[136] de ce genre[137]». Sa patience de paysan presque[138], son courage de rester désarmé, à court d'arguments[139], renonçant à tout emprunt[140], la force[141] d'être tout[142] modeste[143] et peut-être sans résultat[144], puis l'intelligence de retenir[145] les linéaments[146] d'un acquis[147] dont on pourra tirer parti[148] et de le laisser se développer en faisant jouer[149] la contradiction, enfin la virilité[150] de prendre les résultats au sérieux et de s'y conformer[151], sans se soucier[152] des opinions d'autrui[153], ce sont là[154] de merveilleuses leçons, des exercices[155] qui en une heure valent largement[156] un semestre. Certes, les résultats lui appartiennent[157]. Voir[158] comment[159] il les obtient[160], voilà[161] notre profit[162].

Puis il est temps[163] de prendre le chemin du retour. Brecht saisit[164] sa[165] casquette[166] et le pot à[167] lait qu'il faut[168] mettre devant la porte de la maison. Brecht est d'une politesse[169] d'une rare constance[170] qui, étant devenue rituelle[171], n'en est pas moins[172] cordiale. Quand je n'ai pas ma bicyclette, il m'accompagne au train, attend que vous[173] soyez monté, de la main, fait un signe d'adieu[174], bref[175], un peu à la dérobée[176], sans ôter[177] sa casquette grise, ce qui dénoterait un manque de style[178]; s'écartant[179] des gens, il quitte le quai à pas rapides, sans faire de grands pas[180], sa démarche est plutôt légère, ce qui frappe[181], c'est qu'il balance[182] peu les bras, sa tête est toujours un peu inclinée[183], sa casquette tirée sur le front[184], comme s'il voulait cacher son visage, d'un air[185] à demi[186] conspirateur[187], à demi pudique[188]. Quand on le voit ainsi[189], il passe[190] aussi inaperçu[191] qu'un ouvrier, un métallurgiste[192], pourtant il paraît[193] trop peu vigoureux[194] pour être un[195] ouvrier, trop grêle[196], trop alerte[197] pour un paysan, de toute façon[198] trop vif[199] pour être du pays[200]; replié sur lui-même[201] et attentif, un fugitif[202] qui a déjà quitté d'innombrables gares, trop timide[203] pour un homme du monde[204], ayant une trop grande

ängstlich zu sein, ein Staatenloser, ein Mann mit befristeten Aufenthalten, ein Passant unserer Zeit, ein Mann namens Brecht, ein Physiker, ein Dichter ohne Weihrauch . . .

Max Frisch, aus: *Tagebuch 1946—1949*

expérience de la vie[205] pour être un savant[206], en sachant trop[207] pour ne pas être inquiet[208], un apatride[209], un homme aux séjours limités[210], un passant[211] de notre époque[212], un homme du nom de Brecht, un physicien, un poète qui refuse l'encens[213].

1) L'article défini allemand est rendu par un adjectif possessif en français afin d'apporter dès l'abord la lumière sur les personnes dont il s'agit.
Autre possibilité de traduction: *les relations que j'entretiens avec Brecht.*

2) *Relations* est le terme le plus général.
Rapports suppose un rapprochement plus naturel.
Ex.: *relations* d'affaires
　　rapports de parents à enfants
Le commerce s'emploie dans le sens des deux termes susmentionnés, mais ce mot est archaïque; on ne le trouve plus guère que dans l'expression: *être d'un commerce* + adjectif (facile, agréable etc.).
Le contact est trop ponctuel, trop restreint.
Fréquentations s'emploie, au pluriel, pour désigner les personnes que l'on prend plaisir à voir, personnes dont l'influence peut être bonne ou mauvaise.
Ex.: Ses mauvaises *fréquentations* l'ont conduit en prison.
Au singulier, *fréquentation* peut s'employer pour désigner les contacts que l'on peut avoir avec une personne, un milieu ou avec des choses telles que les théâtres, les cours, les musées etc.
D'où la variante possible: *la fréquentation de Brecht.*
La phrase *Der Umgang mit Brecht dauert nun ein halbes Jahr* pourrait également se rendre par: *Il y a six mois maintenant que je fréquente Brecht,* mais il serait difficile d'y rattacher le membre de phrase commençant par *anstrengend wie . . .*

3) Var.: *fatigantes,* traduction qui a cependant le désavantage d'insister trop sur le côté négatif physique et nerveux, alors qu'il s'agit d'une fatigue intellectuelle enrichissante.
Attention aux différences orthographiques existant entre le participe présent et l'adjectif verbal des verbes en *-ger, -guer* et *-quer.*
Ex.: un travail *fatiguant* l'esprit (participe présent)
　　une activité *fatigante* (adjectif verbal)

4) Eviter la répétition de *relations* grâce au pronom démonstratif *celles.*
Noter d'autre part que *celui* ou *celle* est généralement suivi du relatif.
Ex.: De toutes les robes du magasin, elle a pris *celle* qui coûtait le plus cher (mieux que coûtant le plus cher).
Cette construction, rejetée par les grammairiens, est pourtant très courante dans la langue parlée.

5) *Supérieur* ne convient pas seul.
Un supérieur, c'est un patron, un chef, par opposition à *un subalterne,* par exemple.
Etre supérieur évoque plus l'idée d'une force surnaturelle que celle d'un homme dont l'esprit en impose.
Noter que *jemandem überlegen sein* se traduit en français par: *surpasser qn* ou, plus familièrement, *faire mieux que qn.*

6) Cf. p. 176, rem. 98.

7) Var.: *se dérober*
      éviter
   Eviter est le terme le plus général correspondant à *ausweichen*.
   se dérober: éviter en se cachant ou en s'excusant
   se soustraire: s'affranchir ouvertement ou par la ruse d'une chose qui vous pèse.
   C'est des trois termes proposés celui qui convient le mieux.
   esquiver: éviter par feinte, grâce à un saut de côté ou à un écart adroit. Ce verbe
   s'emploie pour exprimer qu'on échappe au coup qui vous était porté (*esquiver* un
   coup) ou, dans certains contextes abstraits (*esquiver* une objection, une remarque
   désagréable). L'emploi de ce terme est impropre dans ce contexte.

8) Var.: *tout bonnement.* Cf. p. 225, rem. 70.

9) Var.: *n'est pas négligeable*
   Négligeable est un terme qui s'emploie surtout par euphémisme, accompagné d'une
   négation pour souligner l'importance d'une chose.
   On parle en français d'une *forte,* mais non d'une *faible tentation,* d'où la nécessité
   de remplacer le tour négatif par le tour positif dans la variante.
   Moindre ne convient pas non plus. On dit par exemple: un prix *moindre,* une vitesse
   moindre etc. *Moindre* s'emploie pour la quantité.

10) Var.: *qui donne un nouveau coup de téléphone*
   Donner ou *passer un coup de fil* sont des expressions courantes, mais familières.

11) Pour les différentes traductions de *wieder (encore une fois, une nouvelle fois, à
    nouveau, de nouveau),* cf. p. 16, rem. 33.

12) Nécessité de répéter le pronom relatif sujet en français pour plus de clarté.

13) Var.: *manière*
    Façon est plus fréquent que *manière.*
    Cf. p. 47, rem. 81.
    Avec un adjectif, ces substantifs se construisent de préférence avec la préposition *de.*
    Avec la préposition *à,* l'expression *à ma façon* signifie selon mon goût, à ma guise,
    comme il me plaît.

14) Var.: *discrète*
    Sobre s'applique essentiellement à une personne ou à une chose évitant tout excès.
    Ex.: un homme *sobre* (se contentant de peu de nourriture ou de peu de boissons)
         un style *sobre* (dépouillé, sans abondance d'ornements)
    Retenu désigne l'état d'esprit de celui qui garde toujours l'empire de soi.

15) Le français donne à la phrase un tour plus personnel en remplaçant le pronom in-
    défini par le pronom personnel, d'autant plus que *on,* employé de cette manière, est
    ironique ou familier.

16) Pour la différence entre *soir* et *soirée,* cf. p. 120, rem. 3.

17) L'emploi de *de* est facultatif. La préposition sert à présenter l'adjectif avec une
    valeur d'attribut en le détachant davantage.
    Var. plus familière: *si vous êtes libre un de ces soirs*

18) *Rechercher* et non *chercher*, dans ce cas. *Rechercher*, c'est chercher à obtenir, à réaliser quelque chose.
Ex.: *rechercher* la vérité
rechercher la compagnie de qn

19) Var.: *conversation*
Conversation est plus général que *dialogue* qui est réservé à la conversation se déroulant entre deux personnes dans une atmosphère d'entente.
Entretien roule sur des matières sérieuses fixées d'avance.
Cf. p. 57, rem. 38.

20) Var.: *sous toutes ses formes*
D'une manière générale serait une expression ambiguë, cela pourrait également signifier: sur des thèmes de portée générale.
En général voudrait dire, dans ce contexte: dans la plupart des cas.

21) Var.: *quant à moi*
De mon côté ne convient pas dans ce contexte. Cette expression pourrait s'employer pour marquer qu'une personne a entrepris des démarches dans un but précis.

22) Var.: *je profite le moins*
Pour la différence entre *profit, avantage, parti, utilité, bénéfice, fruit, cf.* p. 187, rem. 40.

23) Cf. rem. 19 ci-dessus.

24) *Matt setzen* est un terme d'échecs dont l'équivalent français est *faire qn mat.* Toutefois cette expression ne s'emploie pas au sens figuré; d'où la nécessité d'utiliser *mettre en échec.*
Mettre hors de combat est une expression de caractère trop belliqueux pour convenir ici.

25) Eviter le calembour: *vaincu ... convaincu.*
Pour le sens de *con* cf. p. 175, rem. 83.

26) Var.: *mais on n'est pas convaincu*
Dans la variante, il est préférable de répéter le verbe parce que celui-ci est à la forme affirmative dans la première partie de la phrase et à la forme négative dans la seconde.

27) *Convaincre* suppose que l'esprit de la personne à qui on s'adresse reçoit des preuves sans que sa volonté soit concernée.
Persuader, c'est entraîner la volonté sans que l'esprit voie clairement la vérité.
Cf. p. 111, rem. 53.

28) *Nächtlich* se traduit normalement en français par *nocturne,* toutefois cet adjectif est réservé à ce qui arrive pendant la nuit (Ex.: promenade *nocturne*) ou à ce qui sort ou vole pendant la nuit (Ex.: papillon *nocturne,* oiseau *nocturne*).
Il n'est pas possible d'employer cet adjectif pour qualifier le chemin du retour.
Pour la différence entre *la nuit, de nuit,* cf. p. 67, rem. 8.

29) Var.: *réfléchissant sur*
Attention à la différence de sens introduite par la préposition suivant le verbe *méditer*.
méditer qc.: préparer par une longue réflexion, mûrir, rouler dans sa tête
Ex.: *méditer* un projet, un dessein
méditer sur qc.: penser longuement et profondément sur un sujet précis
Ex.: *méditer sur* la signification profonde de la vie
Réfléchir peut en principe s'employer indifféremment avec la préposition *sur* ou *à*.
Toutefois l'usage veut que l'on réfléchisse *sur* son *passé*, mais *à* son *avenir*.

30) *Une glose* est un terme vieilli, désignant un commentaire littéral.
De nos jours, ce terme a pris un sens péjoratif, il désigne des commentaires malveillants, obscurs ou pédants.
Ex.: les *gloses* d'une commère sur ses voisins

31) Var.: *il arrive souvent que* + subjonctif
Mise en relief de *nicht selten* dans la traduction retenue. La traduction et la variante sont conformes à une tendance de la traduction de l'allemand en français, à savoir rendre l'adverbe allemand *(nicht selten)* par un verbe français accompagné d'un adverbe de temps *(il arrive souvent)*.

32) *S'égarer* est un terme trop négatif dans ce contexte. On parle, par exemple, d'un fou dont la raison *s'égare*.

33) Var.: *plein de dépit*
Il est difficile en français de caractériser le monologue par un terme tel que *dépité* (contrarié), *indigné* (dont la révolte est évidente) ou *mécontent* qui s'appliquent à des personnes. Le français est plus explicite en ajoutant le membre de phrase *où se traduit*. *Mauvaise humeur* est un terme assez vague pour convenir ici.

34) Var.: *mais tout cela n'est pas vrai*
La traduction retenue est plus idiomatique que la variante (on dit d'un argument qu'il *tient* ou *ne tient pas debout*); elle rend mieux le caractère impulsif de la réflexion à laquelle se livre l'auteur.

35) Var.: *ce n'est qu'après*
Pour la traduction de *erst*, cf. p. 102, rem. 90.

36) Var.: *une tierce personne*
Impossibilité d'employer dans cette expression consacrée signifiant *autrui* l'adjectif numéral ordinal *troisième*.

37) Var.: *prononcer des jugements*
Le tour nominal *(Erledigung)* ne peut pas être conservé en français. Pour les différentes traductions de *erledigen*, cf. p. 203, rem. 28.
Erledigung pourrait également se traduire par *prononcer un jugement péremptoire*, c'est-à-dire un jugement ne souffrant aucune répartie, aucune contradiction.
Var.: *ce n'est qu'après avoir entendu des opinons semblables, aussi superficielles et souvent haineuses de la bouche d'un tiers,* autre interprétation possible, plus générale, car elle ne concerne pas spécialement Brecht.
Remarquer dans la traduction retenue l'impossibilité de traduire *Mund*.

38) Il s'agit ici du manque de réflexion caractérisant le jugement porté, d'où l'impossibilité d'employer les traductions classiques de *leichtfertig,* telles que *frivole, inconscient.*

Si on opte en faveur de la variante de la remarque précédente caractérisant le jugement porté, *leichtfertig* peut très bien se traduire par *superficiel.*

Irréfléchi, étourdi marquent le manque de jugement, de réflexion.

Ex.: une jeune personne *étourdie*
      un comportement *irréfléchi*

39) Var.: *tout de même*
       quand même
Cf. p. 21, rem. 76.

40) Var.: *dans l'obligation*
Pousser à est un verbe transitif ne convenant pas ici.
pousser qn *à* agir, *à* prendre une décision
Pour *obliger à / de,* cf. par analogie p. 26, rem. 22.

41) Var.: *prendre mon vélo*
Au sens propre du terme, *radeln* se traduit en français par *pédaler,* ce serait cependant mettre trop l'accent sur l'aspect technique de l'opération. On dit par exemple: Les coureurs cyclistes *pédalent* à fond de train (à toute allure). Ce qui importe ici, c'est le fait que Frisch va voir Brecht *à (en) bicyclette* (ou plus familièrement *à vélo* ou *en vélo*) et non en voiture par exemple.

42) Mot à mot: *quand même une nouvelle fois,* mais ce serait trop insister, l'adverbe de restriction figurant déjà plus haut.

43) Les adverbes allemands sont rendus par un verbe exprimant lui aussi la répétition, mais dont l'emploi est plus idiomatique. Cf. la remarque 31 ci-dessus.

44) *Exercer une fascination* est une expression consacrée.
A l'inverse on dit: *subir une fascination.*

45) Var.: *avant tout*

46) *Umstand* se traduit généralement par *la circonstance,* toutefois ce serait dans ce contexte un terme trop précis pour être retenu.
La circonstance est le détail accessoire d'un événement.
Ex.: les *circonstances* d'un accident

47) Nécessité de précision en français; d'où la traduction *dans son* cas. *Ici* serait un terme trop vague.

48) Var.: *véritablement*
Pour la différence entre *vrai* et *véritable,* cf. la note relative à *Wahrheit,* p. 27, rem. 29.
Les adverbes *vraiment* et *véritablement* sont pratiquement interchangeables, cependant *vraiment* a perdu de son intensité et il a une teinte plus subjective, d'où le choix de *réellement.* Cf. p. 97/98, rem. 30 et 38.

49) Var.: *en étant dirigée par la pensée*

50) Pour la différence entre *tandis que* et *pendant que,* cf. p. 57, rem. 41.

51) Var.: *la plupart du temps*

52) Var.: *après coup*
Noter la locution adverbiale latine qui s'emploie dans le domaine de la logique: *un jugement a posteriori* est un jugement fait en partant des données de l'expérience. Cf. par analogie les différentes traductions de *rückwirkend* p. 188, rem. 47.

53) Il est impossible de traduire mot à mot l'adjectif verbal *lenkend.*
Dirigeant s'emploie comme adjectif (Ex.: les classes *dirigeantes*) ou comme substantif (Ex.: Le chef d'Etat ou de gouvernement ainsi que les ministres sont *les dirigeants* d'un pays).
Actif rend la note dynamique contenue dans l'expression allemande, tandis que *en tête* traduit l'idée implicite de *lenkend.*

54) Ce qui a été dit dans la remarque précédente vaut par analogie pour celle-ci. On met l'accent sur le côté subi, d'où la traduction par *passif,* tandis que l'idée de *schleppen* est rendue par la locution *à la traîne.*

55) Noter la différence de construction des deux expressions:
ce qui me frappe, c'est que + indicatif
il est frappant que + subjonctif
Cf. p. 164, rem. 2.
il me vient à l'esprit = es fällt mir *ein*

56) Var. selon le contexte: *cependant*

57) von etwas erzählen = *parler de*
Raconter, verbe transitif, s'emploie surtout pour une histoire, une aventure. *Raconter sa vie* serait en faire le récit chronologique, tandis que *parler de sa vie,* c'est en aborder certains épisodes.

58) A proprement parler, *Erlebnis* désigne une *expérience vécue,* toutefois ce terme est trop concret, trop précis pour convenir ici.
von seinen Erlebnissen erzählen = *raconter ce qu'on a vécu, ce qui vous est arrivé au cours de votre vie.*
Ces expressions sont trop longues et alourdiraient inutilement la phrase.
Noter que, dans le domaine affectif, *Erlebnis* se traduit par *aventure amoureuse.*
Pour la traduction de *erleben,* cf. p. 89, rem. 76.

59) Var.: *absolument pas*
La traduction mot à mot de l'expression allemande est incorrecte en français.

60) Var.: *d'une façon très indirecte*
      de manière très indirecte
      d'une manière très indirecte
La traduction *seulement très indirectement* est correcte en soi, mais il faut l'éviter à cause de l'accumulation des terminaisons en *-ment.*

61) Pour éviter une répétition, il vaut mieux ne pas employer ici le verbe *parler*.
Parler de est l'expression la plus courante.
Le verbe *parler* peut toutefois s'employer transitivement, on dit alors *parler affaires, politique,* c'est-à-dire aborder ou traiter dans la conversation tel ou tel sujet.
Discuter, dans le même sens, s'emploie de la même manière.

62) *Une habitation,* c'est l'endroit dans lequel on peut habiter.
L'habitat (m.) désigne soit l'ensemble des faits géographiques relatifs à la résidence des êtres humains, soit l'ensemble des conditions relatives à l'habitation.
Ex.: *l'habitat* rural / urbain
     Le gouvernement a l'intention d'améliorer les conditions de *l'habitat.*
Style d'habitation, questions de logement sont des traductions trop concrètes.

63) Cf. p. 61, rem. 81.

64) Var.: *parfois*
          de temps à autre
          de temps en temps
Par moments rend davantage le caractère pris sur le vif de l'action.
Quelquefois s'oppose à *jamais,* tandis que *parfois* est l'antonyme de *rarement.*
De temps à autre et *de temps en temps* ajoutent à ces deux expressions une idée de périodicité.

65) Var.: *tous les deux*
Cf. p. 188, rem. 41.

66) Attention à la place de *mieux* qui pourrait changer le sens de la phrase, en effet, *pour pouvoir parler mieux* fait allusion à la qualité de ce qui est dit, à la valeur de l'expression. Il n'est question ici que de plus grande commodité.

67) *En marchant* convient moins bien à la situation présentée dans cette phrase. C'est un terme trop général, trop peu précis, pour désigner la façon dont on se déplace sur une scène.
Evoluer s'emploie pour des acteurs, une troupe, des danseurs, une équipe sportive, une flotte, des avions etc.

68) Traduire *wobei* par *cependant que* serait donner une nuance trop adversative à la phrase.
Wobei se traduit parfois par *tout en* + gérondif, ce n'est toutefois pas possible ici à cause de l'incise: *so verhalten er ist.*

69) Var.: *malgré sa réserve*
Pour des sentiments tels que la joie, la tristesse, *verhalten* se traduit par *contenu.*
En parlant d'une colère, c'est *rentré* ou *refoulé* qu'il convient d'employer.
L'expression *pour autant réservé qu'il est* (dans la mesure où il est réservé) serait équivoque, car elle mettrait en doute le fait qu'il est réservé.
A propos de *pour autant que,* cf. p. 159, rem. 86.
Si réservé soit-il donnerait à la phrase une nuance de doute.

70) Pour la différence entre *geste* et *mouvement,* cf. p. 58, rem. 51.
Ici *mouvement* a été choisi pour éviter la répétition de ce mot dans la phrase qui suit.

Il est possible de traduire l'adjectif allemand *gestisch* par le qualificatif français *gestuel* (c'est-à-dire concernant les gestes, qui se fait avec des gestes). On parlera ainsi des expressions *gestuelles* des acteurs, des comédiens ou de la peinture *gestuelle* (peinture réalisée spontanément, sans autre objectif préconçu).

On obtiendrait la variante: *a de fortes expressions gestuelles.*

Autre variante, ironique à cause du caractère archaïque du terme *force: s'exprime avec force gestes* (c'est-à-dire avec beaucoup de gestes, à grand renfort de gestes).

Variante très libre: *le geste vient fortement à l'appui de la parole.*

Noter que *Ausdruck* se traduit souvent en parlant du visage par *mimique, jeu de physionomie,* la portée de ces expressions serait toutefois trop restreinte dans le cas présent.

Gesticuler, c'est faire beaucoup et souvent trop de gestes. Ce terme évoquant des mouvements de caractère généralement désordonné est à rejeter.

L'expressivité est l'attitude, le comportement d'une personne cherchant à être expressive. Ce terme, théoriquement possible, ne peut s'employer avec *s'exprimer.*

71) Var.: *un geste infime*
Menu, minuscule, autres traductions possibles de *winzig,* ne s'emploient qu'à propos de choses ou de personnes.

72) Var.: *dédaigneux*
       de dédain
       de mépris
       méprisant
Les deux dernières variantes proposées sont théoriquement possibles, il vaut toutefois mieux les éviter à cause de ce qui suit: *le mépris.*

Il n'existe pas de traduction mot à mot de l'adjectif verbal allemand; le participe présent français garde alors soit sa valeur verbale et ne peut être employé comme adjectif, soit s'il est adjectif, il prend un sens figuré. Ainsi *repoussant* a le sens d'affreux, hideux, répulsif. Comparez de même:

ein heulendes Kind = un enfant *en pleurs (en larmes)*
ein heißer Kaffee = un café *brûlant*
Cf. p. 39, rem. 11.

73) Il est nécessaire d'employer l'article défini, *le mépris,* et non le partitif *du mépris,* car il s'agit ici de l'expression d'un sentiment en tant que tel et non de la façon de celui-ci de s'exprimer.

Il est possible d'expliciter le texte allemand en rajoutant un verbe en français, d'où la variante: *un tout petit geste de la main traduit (signale) le mépris.*

Toutefois cette variante ne rend pas le rythme de la phrase allemande.

74) Var.: *une pause*
Cf. p. 42, rem. 41.

75) Var.: *déterminant*
Crucial est à l'origine un terme de philosophie. Une expérience *cruciale* permet de

confirmer ou de rejeter une hypothèse. Par extension ce qualificatif a pris le sens de *déterminant, décisif;* il s'emploie cependant dans des expressions très fortes.
Ex.: le moment *crucial* d'une guerre

76) Var.: *d'une phrase en son cours*
Il est nécessaire d'avoir recours à des images assez précises telles que celles qui sont proposées dans la traduction et dans la variante. Il n'est pas possible d'utiliser sous une forme quelconque la traduction française *devenir* du verbe *werden.*
Var. plus imagée, mais inusitée: *d'une phrase naissante*

77) *Hausser les épaules* est une expression consacrée.

78) *Abrupt* ne convient pas pour qualifier un mouvement. Ce terme désigne ce qui est escarpé et rompu.
Ex.: une pente *abrupte* (formant une ligne brisée)
     un sentier *abrupt* (dont la pente est raide)

79) Var.: *avec sa lèvre inférieure*
Pour l'emploi de la préposition, cf. p. 57, rem. 44 et 101, rem. 74.

80) Pour la différence entre *sérieusement* et *gravement,* cf. p. 145, rem. 70.

81) La traduction la plus courante de *schlicht* est *simple.*
Toutefois, pour caractériser le sérieux, cet adjectif ne convient pas; il est donc nécessaire de choisir un qualificatif plus explicite, tel que: *naïf,* d'autant plus que *simple* est un terme neutre et positif, alors qu'il s'agit de souligner l'ignorance ou l'inexpérience des gens en question.

82) Var.: *et à la fois impertinent*
Dreist = hardi, audacieux, effronté ou plus familièrement *culotté.*
Il est toutefois difficile d'accoler un de ces adjectifs au substantif *sérieux,* la traduction retenue est plus étoffée.
A propos des adjectifs en composition, cf. p. 121, rem. 11.

83) Var.: *des bien-pensants*
Noter que les composés de *bien* s'écrivent avec un trait d'union et que seul le second mot prend la marque du pluriel.
Quelques exemples:
le(s) *bien*-aimé(s),
les gens *bien*-disants.
Var. plus libre: *les honnêtes gens* (sens plus positif)

84) Var.: *brusque*
Cf. la remarque 78 ci-dessus.
Il s'agit de souligner ici le caractère du rire dont la force surprend. D'autres traductions de *plötzlich,* telles que *imprévu, inopiné, inattendu* ne feraient qu'insister sur l'effet de surprise et non sur l'intensité du rire.

85) Var.: *une sorte de croassement*
Le *croassement* est le cri du corbeau.

Krächzen, pour une personne, c'est *parler d'une voix rauque,* toutefois on peut garder l'image proposée en variante.

Ne pas confondre *le croassement* (cri du corbeau) avec *le coassement* (cri de la grenouille).

86) Var.: *cassant*
Noter l'emploi de *cassant* dans les expressions suivantes:
une voix *cassante* (une voix qui ne supporte pas de réplique),
un ton *cassant,*
un caractère *cassant* (impérieux, intransigeant).

87) Var.: *sans froideur*
Eviter de traduire par deux monosyllabiques, *non* (ou: *pas*) et *froid* dont le sens est alors ambigu.

88) Var.: *le paradoxe*
Le contresens désigne l'interprétation erronée d'une chose ou la chose elle-même opposée à toute logique, à toute raison.
Le paradoxe, c'est, en philosophie, la contradiction à laquelle aboutit, dans certains cas, un raisonnement abstrait.
Le non-sens s'applique à la chose dépourvue de sens, entachée d'absurdité.
L'absurdité désigne toute chose violant non seulement les lois de la logique, mais inconcevable pour l'esprit à cause d'une contradiction interne.

89) Var. plus faible: *est poussé jusqu'au bout,* traduction qui se contente de marquer le point final, sans ajouter l'idée d'exagération.
Ne pas employer dans ce cas l'expression *atteindre son comble* qui ne convient pas à un exercice de l'esprit tel que celui dont il est question.
Pousser qn à bout, c'est le mettre lors de lui, à la limite de ses forces nerveuses.

90) Pour les différentes traductions de *wieder,* cf. p. 16, rem. 33.

91) Cf. p. 29, rem. 40.

92) Var.: *désarmé*

93) Var.: *concerne*
Toucher, c'est avoir rapport avec quelque chose qui vous tient à cœur, avec l'honneur ou avec un être cher.
Concerner exprime un rapport assez vague.
Regarder, plus spécial, signifie qu'une chose doit susciter l'intérêt d'une personne ou qu'elle est de sa compétence.
Ex.: Cela ne me *regarde* pas. = Es geht mich nichts an.
Emouvoir (émeut) = rühren, verbe trop fort ici.

94) Var.: *véritablement*
Cf. rem. 48 ci-dessus.

95) Var.: *l'inquiète*
lui donne du souci
lui cause du souci

Eviter de traduire *bekümmern* par le verbe transitif *soucier,* qui est d'un emploi vieilli et tend à reculer au profit des expressions *qc. cause du souci à qn, qc. donne du souci à qn.*

Inquiéter, c'est également causer du souci, mais ce terme est plus vague que les expressions précédentes.

Affliger introduit une notion de tristesse. C'est donc le terme qui s'oppose le mieux à *ravit.*

Tracasser est d'un emploi familier. Ce terme est réservé à des petites choses troublant la quiétude, la paix de l'esprit ou de l'âme.

96) Var.: *le charme*

        l'enchante

Ravir: exercer un ascendant sur quelqu'un, le mettre dans un état d'extase, puis, dans un sens plus restreint: mettre qn dans un état de profonde admiration.

charmer: toucher les sens ou le cœur de façon agréable, très douce

enchanter: émerveiller l'esprit, surtout par des qualités artistiques

émerveiller: susciter l'étonnement et l'admiration devant qc. d'extraordinaire

97) Eviter les expressions trop familières telles que *coller, aller comme sur des roulettes.* *Fonctionner* est à rejeter à cause de sa connotation trop technique.

Bien s'entendre est une expression trop vague dans ce contexte. Il faudrait alors dire: *nous nous entendons le mieux.*

98) *Pour le mieux:* très bien, excellemment, le mieux possible, s'emploie surtout dans des expressions consacrées telles que: tout va *pour le mieux.*

Ex.: Tout est *pour le mieux* dans le meilleur des mondes (Voltaire).

au mieux: de la meilleure façon, dans le meilleur état possible

Ex.: faire quelque chose *au mieux*

      en mettant les choses *au mieux*

Elliptiquement *au mieux* = dans les meilleures conditions possibles

Ex.: *Au mieux,* le candidat de la gauche à la présidence obtiendra 49⁰/₀ des suffrages.

C'est toutefois l'expression de la portée la plus générale, *le mieux,* qu'il convient d'employer ici.

99) Noter la tournure verbale négative: *ne jamais manquer . . . non plus.* La juxtaposition des adverbes *toujours* et *aussi* serait lourde dans la phrase ci-dessus. Cf. rem. 31 et 43 ci-dessus.

100) Var.: *laisse*

Céder suppose une résistance préalable, ce qui n'est pas le cas.

101) Pour la traduction de *Einfall,* cf. p. 27, rem. 24.

102) Var. plus explicite: *de son interlocuteur*

103) Var.: *porte*

Tourner autour ne convient pas ici. Cette expression signifie que l'on essaie d'aborder une question de façon indirecte.

Ex.: *tourner autour* d'un problème (ne pas oser débattre franchement le problème)
tourner autour du pot (= wie die Katze um den heißen Brei herumgehen)

104) Var.: *concernant le théâtre*
      relatives au théâtre
      inhérentes au théâtre
Var. moins étoffée: *des questions de théâtre* ou *les questions du théâtre* (attention aux articles!)
Traiter, transitif, ne se dit que pour une personne, au sens de *behandeln.* Pour une chose, *traiter,* c'est voir tous les aspects de qc., s'occuper à fond de qc.
Ex.: *traiter* une question, un sujet
Traiter de qc. s'emploie avec un sujet de chose.
Ex.: Un livre *traite de* recettes magiques, au sens de disserter longuement, exposer en long et en large. Il faut d'autre part remarquer que *traiter de* est vieilli.

105) *régie:* direction du service intérieur d'un théâtre ou d'une production cinématographique
L'allemand *der Regisseur* équivaut en français au *metteur en scène; le régisseur* est la personne qui, dans un théâtre ou dans une production cinématographique, fait exécuter les ordres du metteur en scène et qui porte, devant la direction, la responsabilité du bon déroulement du spectacle. Au théâtre, on dit ‹der Inspizient› et au cinéma, ‹der Aufnahmeleiter›.

106) *La comédie* serait un terme équivoque, puisque ce mot signifie également *Lustspiel.*
Le cabotinage désigne le jeu d'un mauvais acteur ou de quelqu'un cherchant à se faire remarquer par sa faconde ou sa mimique. C'est un terme péjoratif. On donne à celui qui se livre au cabotinage le nom de *cabotin.*
L'art dramatique s'applique à tout ce qui a trait au théâtre.
La dramaturgie, c'est l'art ou le traité portant sur la composition des pièces de théâtre.

107) *Artisanat* serait un contresens. C'est le nom donné au métier de *l'artisan,* c'est-à-dire de celui qui exerce un travail manuel à son compte, seul ou avec l'aide de sa famille et de *compagnons* (= Gesellen).
La profession traduirait *Beruf,* au sens général, et non au sens de technique, savoir-faire.

108) *L'écrivain* fait surtout allusion aux qualités du style.
L'auteur est celui qui a composé, ne serait-ce qu'un seul ouvrage, sans être forcément écrivain.
L'homme de lettres (au pluriel: *les gens de lettres*) insiste surtout sur la condition sociale de celui qui fait métier d'écrivain et vit de la vente de ses livres.
Le littérateur désigne souvent celui qui s'adonne au métier d'écrivain par goût, généralement en amateur.
Le métier d'écrivain est une expression consacrée.

109) Pour exprimer que l'on a l'estomac vide, *nüchtern* se traduit par *à jeun;* que l'on n'a pas bu d'alcool: *qui n'est pas ivre, sobre.*

la lucidité: qualité de celui qui voit ou exprime clairement les choses
le sang-froid: tranquillité, maîtrise de soi dans une situation difficile
Il s'agit ici de rendre une manière de juger, sans passion, sans aucune partialité, d'où le choix d'*objectivité.*

110) Var.: *mènent*
      vont
      aboutissent
Tous ces termes s'emploient en parlant d'arguments.

111) *Inéluctablement* insiste sur la notion de destin, de fatalité.
Fatalement renchérit sur le terme précédent.
Forcément est à la fois trop fort (= zwangsläufig) et d'un emploi plus familier.
Quand *unweigerlich* a plutôt le sens de *sicher,* il se traduit par les expressions suivantes: *à coup sûr, infailliblement, immanquablement.*

112) *Le principal* est d'un emploi plus général. C'est, parmi plusieurs points, celui qui est le plus important.
L'essentiel insiste sur la substance, la raison profonde d'une chose, c'est donc le terme qui convient le mieux ici.
Var. plus imagée: *au cœur du sujet.*

113) *Inépuisable* se dit de toutes les ressources auxquelles on peut avoir recours sans jamais en voir la fin.
Ex.: Les ressources de pétrole des pays arabes ne sont pas *inépuisables.*
Intarissable s'emploie uniquement pour des choses qui semblent couler comme une source et dont on ne peut arrêter le jaillissement.
Ex.: Il a versé des larmes *intarissables.*
      C'est un bavard *intarissable.*
Pour la construction, voir la remarque suivante.

114) *discuteur:* celui qui aime discuter, terme rare
commentateur: auteur commentant des textes ou personne qui, à la radio ou à la télévision, commente une émission.
Le substantif *raisonneur* s'applique à l'origine à une personne qui aime raisonner. Toutefois ce terme a fini par désigner toute personne qui fatigue par de longs raisonnements ou quelqu'un qui réplique à toute occasion et souvent hors de propos.

115) La traduction mot à mot de *zusammen mit* est incorrecte en français.

116) *Compréhension de l'art* ou *compréhension artistique* sont des expressions trop concrètes dans ce cas précis.
Un expert en matière d'art s'applique à la personne dont la profession est de juger, d'apprécier la valeur d'œuvres d'art.

117) Var.: *passionné de,* traduction plus forte
      affectionnant les méthodes
Le participe *épris de* ou *passionné de* remplace la proposition relative qui alourdirait la phrase.

Affectionner s'emploie seulement pour des choses, cela veut dire avoir du goût, une certaine prédilection pour qc.

Avoir un faible pour indique l'affection ressentie pour une personne ou pour une chose. C'est une expression plus neutre.

118) *Methodik* se traduit en français par un pluriel: *les méthodes.*
La méthodologie = partie d'une science étudiant les méthodes auxquelles elle a recours.

119) Attention à la place de *comme un enfant* qui doit suivre immédiatement le verbe. Après le groupe verbe + complément, *poser des questions,* on aurait un contresens, puisque cela voudrait dire que Brecht pose des questions tellement simples qu'elles pourraient être le fait d'un enfant.
Noter la différence de sens existant entre les adjectifs suivants:
Enfantin: qui convient seulement à un enfant. Cet adjectif évoque la gaieté, l'innocence et le charme de l'enfance.
Ex.: les amours ou les amitiés *enfantines*
Par extension on dira d'une chose si facile à faire qu'elle pourrait être exécutée par un enfant:
    C'est un travail *enfantin.*
    C'est un problème *enfantin.*
Puéril est très souvent péjoratif, insiste sur les inconvénients, les défauts de l'enfance ou de catégories de personnes qui y sont assimilées.
Ex.: Quel comportement *puéril* pour une personne d'un âge aussi avancé!
Infantile est un terme de médecine, désignant ce qui se rapporte à l'enfant, ce qui touche l'enfance.
Ex.: La rougeole est une maladie *infantile.*
Par extension, ce terme en est venu à désigner toute façon de penser, tout comportement paraissant arriéré, demeuré dans l'enfance.
Ex.: C'est un sujet *infantile* (c'est-à-dire: le développement de ses facultés intellectuelles en font l'égal d'un enfant).

120) *le don:* aptitude à un comportement bon ou mauvais
Ex.: Il a *le don* du fouillis, il laisse toujours tout traîner.
    Elle a *le don* d'organiser un petit dîner après le théâtre.
le talent: enchérit sur le don en soulignant la supériorité de la personne concernée dans un domaine particulier.
Ex.: Ce peintre est encore loin d'avoir *le talent* d'un Picasso, mais il arrivera.

121) Explicitation nécessaire, le verbe *demander* ne pouvant pas s'employer de manière absolue: *poser* des questions.
Ne pas dire *interroger,* car il convient d'insister sur la manière de poser des questions.

122) Pour rendre le langage familier, il est préférable d'employer les tours interrogatifs propres au français parlé.

313

123) Var.: *Qu'est-ce qu'il lui faut de spécial?*
Spécial renchérit sur *particulier* en y ajoutant l'idée d'exclusion d'autre chose.

124) Ne pas confondre:
créateur (-rice) qui désigne la qualité de celui qui crée à partir de rien, du néant
Ex.: le Dieu *créateur*
    le *Créateur*
créatif (-ive): qui présente le don de créer, d'inventer.
Ex.: La faculté *créative* d'un poète est fonction de son inspiration.
Cependant ce terme récent est encore réservé à certaines expressions de psychologie.

125) *Dès le début* marque mieux le point de départ que *depuis le début* ou *au début*.
Pour la différence entre *le début* et *le commencement,* cf. p. 108, rem. 26.

126) *Opinion* insiste sur la position intellectuelle et théorique dans la manière de juger; ce peut être à la fois une manière de penser subjective ou une prise de position fondamentale sur un sujet (au sens de *Anschauung*). On parle d'une *opinion* personnelle, de l'*opinion* publique (die öffentliche Meinung), de la liberté d'*opinion*. *Avis* est plus vague; il suppose qc. de moins théorique qu'*opinion* et son emploi est fixé par des expressions.
Ex.: Quel est votre *avis* (votre *opinion* là-dessus)?
Mais: *à mon avis; être d'avis de* ou *que,* etc.

127) Pour *rassembler* et les synonymes de ce verbe, cf. p. 15, rem. 29.

128) Var.: *poser des questions*

129) Var.: *sans forcer la réponse*

130) Var.: *les premières*
L'expression adverbiale *tout d'abord* est d'un emploi plus fréquent que le nombre ordinal *les premières*.
Ex.: Als erstes werden wir die Gegend besichtigen. = Nous allons *tout d'abord* (en premier lieu) visiter la région.

131) Var.: *insuffisance*
La pauvreté insiste sur la teneur des réponses tandis que *l'insuffisance* fait plutôt penser à l'absence de quantité.
L'indigence traduit le manque de ressources et ne convient pas ici.
La médiocrité serait un terme trop péjoratif, puisqu'il implique que la chose ou la personne dont il est question n'a aucune valeur.

132) *Surprenant, étonnant* sont des termes trop faibles dans ce contexte.
Stupéfiant signifie que l'on reste muet, immobile sous l'effet de la surprise.
Ahurissant s'emploie dans le même sens avec une nuance légèrement familière, de même que *ébouriffant*.
Epoustouflant est un terme encore plus familier que les deux précédents.

133) Var.: *en hésitant*

314

134) Var.: *un homme*
    un être
    Cf. p. 184, rem. 17.

135) *De façon extrême* est trop négatif.
    L'emphase (f.) est un terme réservé au style et à la manière de s'exprimer; ce terme
    est impropre au comportement.
    La fermeté a trait à la force de caractère.
    expressément = ausdrücklich
    Ex.: Il est *expressément* interdit de se baigner sans bonnet de bain dans les piscines
        publiques.
        Les balançoires des terrains de jeu sont *expressément* réservées aux enfants.

136) Mot à mot: *quelque chose*
    A éviter en raison de la répétition.

137) Var.: *de semblable*
    comme ça, plus familier

138) Var.: *presque paysanne*
    Pour définir un trait de caractère faisant penser à une catégorie d'individus, l'emploi
    du complément de nom est plus explicite que celui de l'adjectif.

139) Var.: *à bout d'arguments*
    La traduction littérale de l'expression allemande est impossible en français.
    Des expressions telles que *en plein champ, en rase campagne* ne peuvent s'employer
    qu'au sens propre.
    Image possible, à la fois concrète et abstraite: *en terrain désert.*
    Les expressions dont on peut se servir ici sont donc en général moins imagées qu'en
    allemand, de plus, elles constituent une explicitation de la phrase.

140) Var.: *renonçant aux emprunts*
    A tout emprunt est encore plus restrictif (= auf jede Art von Entlehnung).

141) *La puissance* serait plutôt la traduction de l'allemand *die Macht.*
    Pour les sens et les emplois de ce terme, cf. p. 238, rem. 1.

142) Var.: *tout à fait*
    Tout modeste insiste sur la nuance affective.
    Pour les différentes traductions de *ganz* devant un adjectif, cf. p. 216, rem. 7.

143) Noter que *bescheiden*, à propos d'un repas, se traduit par *frugal;* en parlant du mode
    de vie par *simple.*

144) Var.: *sans obtenir de résultat(s)*
    même si cela ne donne rien

145) Var.: *saisir*
    Saisir, par rapport à *retenir,* insiste sur la rapidité de l'action dans son début, *retenir*
    sur la durée.

146) Var.: *rudiments*

Les *linéaments* (m.), terme plus littéraire, désignent les premiers traits d'un ouvrage en développement.

Les *rudiments* sont les éléments les plus grossiers d'une chose qu'il faut en conséquence développer, élaborer.

Ex.: avoir des *rudiments* d'une langue étrangère (avoir quelques connaissances qu'il faut développer)

Ansätze se traduit parfois, dans un sens très général, par le *point de départ, le début.*

147) Var.: *découverte*

Le substantif allemand *Erkenntnis* traduit un développement, une prise de conscience, ce que ne rend pas tout à fait le substantif français *connaissance,* traduction à la fois trop vague, trop statique et trop abstraite. *Une connaissance* c'est, entre autres, ce que l'on sait pour l'avoir appris. D'où les traductions proposées qui insistent davantage sur l'élaboration du raisonnement.

148) Var.: *qui pourra servir*
     utilisable, moins précis

149) La préposition allemande *durch* est rendue en français par une tournure plus étoffée et plus dynamique. Il faut autant que possible expliciter ce qui peut paraître trop abstrait.

150) *La masculinité* est un terme appartenant plutôt au domaine de la biologie et de la psychologie. C'est, par opposition à *la féminité,* l'ensemble des caractères physiques et psychologiques masculins.

Viril s'emploie au sens moral d'actif, d'énergique et de courageux.

151) Var.: *d'agir selon eux*
     de les mettre en pratique
     Les traductions très concrètes de *verfahren,* telles que *procéder,* ne conviennent pas.

152) Var.: *sans se préoccuper de*

Se préoccuper de par rapport à *s'occuper de* (possible aussi) ajoute une nuance d'inquiétude, de souci plus grand.

Noter les traductions possibles de l'expression allemande *unbekümmert sein: ne pas se mettre en peine, ne pas se faire de soucis,* traductions qui ne conviennent pas ici, *unbekümmert* étant suivi d'un complément.

153) Il est nécessaire de préciser *opinions* en ajoutant *d'autrui,* ou d'une manière plus générale, en interprétant davantage, *des opinions toutes faites* ou *des opinions reçues.*

154) Var.: *voilà*

La traduction de *schon* par *déjà* est superflue dans ce cas.

Les expressions proposées suffisent à rendre le sens exclamatif de la phrase allemande.

155) Noter le sens religieux du terme: *la retraite.* On dit: *faire une retraite,* dans un couvent par exemple.

156) Des verbes tels que *compenser* et *contrebalancer* sont réservés à des emplois plus concrets tels que: Les progrès réalisés *compensent* (ou: *contrebalancent*) la peine que l'on a prise à apprendre une langue étrangère.

Noter la traduction en français de l'expression: nicht mit Gold aufzuwiegen sein = *valoir son pesant d'or, ne pas avoir de prix.*

L'adverbe *largement* forme avec *valoir,* au sens de *aufwiegen,* une expression consacrée.

157) Var.: *les résultats sont à lui*

158) Var.: *de voir*
De n'est pas obligatoire.

159) Var.: *la façon (manière) dont*

160) *Obtenir un résultat* est une expression consacrée, d'où l'impossibilité de traduire *gewinnen* par des verbes tels que *gagner, acquérir.*
Var. plus familière: *comment il y arrive*

161) Var.: *c'est là*
tel est
Ces tournures servent à rappeler le sujet déjà exprimé.

162) Pour les différentes traductions de *Gewinn,* cf. par analogie les traductions de *Nutzen,* p. 187, rem. 40.

163) Var.: *puis vient le moment de*
es ist höchste Zeit = *il est grand temps de*

164) Var.: *prend,* moins bon à cause de la répétition

165) Le français emploie ici l'adjectif possessif de préférence à l'article défini, sauf pour les substantifs désignant une partie du corps. Cf. p. 243, rem. 61.

166) Var. *pot au lait,* à l'origine partie du titre de la fable de la Fontaine «Perrette et le pot au lait», passé dans la langue française dans le sens d'une espérance chimérique. *Au* ne s'emploie que dans cette expression. La préposition habituelle est *à.*
Ex.: une vache *à* lait: une vache laitière
Il faut distinguer entre les prépositions *à* et *de.*
Le pot *à* lait (ou: *au* lait) est le pot où on met habituellement *du* lait (ou: *le* lait), tandis que le pot *de* lait est le pot contenant *du* lait.
De la même manière, on parle de boire un verre *de* vin et de casser un verre *à* vin.

167) Pour *Mütze,* cf. p. 259, rem. 45.

168) L'actif est de style plus léger que le passif dont l'emploi n'ajouterait rien au sens de la phrase.

169) Pour la différence entre *la politesse* et *la courtoisie,* cf. p. 42, rem. 42.

170) *Unlaunisch* qualifiant le caractère se traduit par *ignorant tout caprice, sans caprices, ignorant toute saute d'humeur.*
A propos de la politesse, c'est plutôt le terme *constance* qui convient.

On loue également *la constance d'humeur* d'une personne qui n'est pas lunatique.
Var. plus accentuée: *d'une constance rare*

171) La traduction littérale est impossible, car la même expression en français exige une précision de *geste* par un adjectif.
Pour *rituel,* cf. p. 115, rem. 92.

172) Var.: *est pourtant*
Pour la traduction de *aber, dennoch,* cf. p. 21, rem. 76.
Le tour négatif restrictif est plus fort que le tour positif pour opposer deux adjectifs.

173) *On* est plus vague et plus familier que *vous.*
On peut avoir le sens de *tout le monde,* ce qui n'est pas le cas ici.
Cf. p. 174, rem. 82.

174) *Faire un signe* (ou: *des signes*) est une expression consacrée: *d'adieu* a été ajouté pour préciser.

175) Les traductions courantes de *knapp: court, petit* ne conviennent pas pour désigner un geste.

176) Var.: *et furtif*
L'expression *à la dérobée* et l'adjectif *furtif* signifient que l'on accomplit une action de façon à échapper aux regards.
Pour qualifier le regard, on peut employer: *à la dérobée, furtif, en coulisse.*
Pour le rire: *sous cape, dans sa barbe.*

177) Var.: *enlever*
Pour un vêtement, *ôter* ou *enlever* peuvent indifféremment traduire l'allemand *abnehmen, ausziehen.*
Cf. p. 106, rem. 6.

178) Var.: *ce qui serait manquer de style*
Stillos se traduit également par l'expression *sans style* qu'il est toutefois difficile, pour des raisons d'assonance, d'employer après le verbe *être* en fonction d'attribut; d'où les traductions proposées qui explicitent davantage.

179) Var.: *évitant,* qui suppose cependant une certaine réticence. Pour les différentes traductions de *ausweichen,* cf. rem. 7 ci-dessus.

180) Il serait maladroit de traduire littéralement l'allemand en accolant directement les trois adjectifs au substantif, d'où la traduction choisie. Pour éviter une double répétition, le terme *démarche* remplace *pas* devant le troisième adjectif. D'autre part, il est plus courant de parler d'une *démarche légère* que de *pas légers.*

181) *Auffallend* se traduit généralement par l'adverbe français *remarquablement,* toutefois étant donné la présence de l'adverbe de quantité *peu,* il vaut mieux traduire de la façon proposée. Cf. 164, rem. 2.

182) *Pendeln,* au sens concret, pour des choses se traduit par *osciller.* Pour les bras, c'est *balancer* qui convient.

Noter l'expression: *aller* ou *marcher les bras ballants* (avec des bras qui pendent et se balancent). Il n'est toutefois pas possible de l'employer à cause de la présence de l'adverbe de quantité.

183) Var.: *penchée de côté*
Pour les différentes traductions de *schräg,* cf. p. 244, rem. 64.

184) Noter l'emploi de la préposition *sur,* dans l'expression française.
Baissé, enfoncé sont des qualificatifs trop forts pour convenir ici.

185) Nécessité d'explicitation en français pour mieux faire sentir qu'il s'agit d'une comparaison et non d'une caractérisation.

186) Pour les différentes possibilités de traduction de *halb,* cf. p. 80, rem. 6.

187) Il convient tout d'abord de distinguer *le complot* et *la conspiration.*
Le complot désigne l'union de quelques personnes en vue d'abattre un homme. La fin d'un complot est souvent abjecte, odieuse. Cependant ce terme s'emploie souvent dans un sens ironique.
La conspiration, c'est l'union d'un très grand nombre de personnes en vue de s'attaquer à l'Etat, à un monarque etc. Elle poursuit généralement une fin plus noble.
Les substantifs respectifs désignant les personnes sont *le comploteur, le conspirateur.*

188) *La honte* est le sentiment pénible de son infériorité ou le regret d'avoir commis qc. de répréhensible.
La pudeur, c'est la crainte de blesser les bienséances (surtout en parlant de choses sexuelles), la modestie ou la délicatesse. Ce terme se rapproche de la retenue.
la gêne = die Verlegenheit

189) Ne pas employer ici l'expression consacrée *à le voir* qui exigerait une construction telle que: *on avait l'impression.* Cf. p. 71, rem. 42.

190) *Wirken* se traduit dans ce sens par *produire un effet, faire (une) impression.* Toutefois avec l'adjectif retenu pour la suite, *passer* forme avec *inaperçu* une expression consacrée.

191) *Insignifiant* est impropre, ce serait déjà un jugement de valeur. Ce terme s'applique à des choses dont on veut souligner le manque de valeur, d'importance ou de conséquence.

192) Var.: *ouvrier métallurgiste*
Métallo est l'abréviation familière courante de métallurgiste.

193) Nécessité d'explicitation, de développement en français, sinon il y aurait rupture de construction.

194) *Faible* serait ambigu, car ce terme peut également évoquer un trait de caractère, il correspond plutôt à l'allemand *schwach.*

195) Il s'agit dans ce cas non de la profession (être ouvrier, être médecin, être avocat), mais de la caractérisation, d'où la présence de l'article.

196) *Grêle* s'emploie à propos des parties du corps ou du corps dans son ensemble, menu, maigre et assez faible.

Gracile est un doublet de grêle, mais il se dit surtout en bonne part et signifie qu'un corps est fin, élancé.

197) Var.: *vif,* cf. rem. 199.

Pour qualifier le mouvement, la démarche, *wach* se traduit par *alerte.*

Eveillé s'applique à l'esprit.

Réveillé indique uniquement l'état dans lequel on se trouve au sortir du sommeil.

198) Var.: *en tout cas*

199) Var.: *nerveux*

Attention aux traductions plus concrètes de *beweglich* qui ne sauraient convenir ici.

Mobile indique la capacité d'une chose à se déplacer ou à être déplacée.

Ex.: Dans les appartements modernes, les cloisons *mobiles* permettent un habitat plus fonctionnel.

On peut trouver ce terme accolé à un visage (plein de vivacité) ou à une population (qui se déplace sans cesse), mais pas à une personne.

Mouvant traduit la capacité de provoquer un mouvement,

Ex.: une force *mouvante*

ou la qualité de ce qui peut se mouvoir:

Ex.: Le Mont Saint-Michel est dangereux à marée basse, car il est entouré de sables *mouvants.*

Mouvementé est, au sens propre, synonyme d'accidenté.

Ex.: une région montagneuse particulièrement *mouvementée*

Au sens figuré, ce terme est l'équivalent d'agité, de troublé.

Ex.: Des débats *mouvementés* ont précédé le vote de la loi.

Meuble se dit d'un sol qui peut facilement être retourné, déplacé par les labours.

Au sens juridique du terme, il qualifie toute chose susceptible d'être déplacée.

Ex.: un bien *meuble* (par opposition à un immeuble)

200) *L'indigène* (m.) désigne toute personne originaire d'un pays, surtout par opposition au *colon* et se dit en parlant des populations autres que celles d'Europe et d'Amérique du Nord.

L'arborigène (m.) est un terme de sociologie, synonyme d'indigène.

L'autochtone (m.) est le terme le plus employé de nos jours; il implique que la personne en question est issue du sol où elle habite, qu'elle n'y est pas venue par immigration.

Ces termes étant trop techniques pour être appliqués à Brecht, il vaut mieux employer l'expression *être du pays.*

Le natif s'emploie toujours suivi de l'endroit d'où l'on tire son origine.

Ex.: être *natif* (originaire) de Narbonne

201) *Renfermé* rend trop le caractère permanent de celui qui ne se livre pas facilement.

Les sens propres de *verkrochen: rentré, caché, terré, tapi* sont trop concrets pour un tel contexte.

202) *Le fugitif* désigne toute personne prenant la fuite, indépendamment des raisons.
Le réfugié s'applique à toute personne qui a quitté un pays parce qu'elle y était opprimée et qui a généralement trouvé asile dans un autre pays.
Le fuyard est réservé aux soldats quittant le combat, c'est un terme négatif.

203) *Timoré* renchérit sur *timide* en y ajoutant un sens péjoratif.
Ce terme s'applique à la personne qu'une timidité ou des scrupules excessifs paralysent quand il s'agit de passer à l'action (= verzagt, zaghaft).

204) Ne pas confondre *le mondain* et *l'homme du monde.*
Le mondain est celui qui ne se plaît qu'à la fréquentation du beau monde, du grand monde et dont les manières sont d'une politesse très superficielle.
L'homme du monde est un terme plus positif. Il désigne celui qui a acquis les qualités intellectuelles et morales que peut donner la fréquentation du monde. Il suppose de l'expérience et un grand savoir-vivre.
Le snob, péjoratif, c'est celui qui se targue de ses relations dans le grand monde.

205) *Expérimenté* désigne la personne qui tire son instruction de l'expérience. Dans un sens restrictif, ce terme est synonyme d'adroit, habile.
Ex.: un médecin *expérimenté*
Mais il s'agit ici d'une expérience particulière, celle de la vie.

206) *Le savant* est le terme le plus général.
L'érudit est un savant dont le savoir est fondé surtout sur l'étude détaillée de documents et de textes.
Ex.: Pasteur a été un grand *savant,* Erasme un humaniste, philosophe en même temps qu'*érudit.*
Le scientifique est un savant spécialiste d'une science ou qn qui étudie les sciences autres qu'humaines.
le chercheur = der Forscher
Noter la traduction de Wissenschaftler: *homme de science.*

207) Remarquer l'expression consacrée: *en savoir trop.*
Se rappeler les deux participes présents formés sur *savoir.*
sachant: qui n'a qu'une fonction verbale et ne peut s'employer qu'avec un complément
savant (adjectif ou substantif) = gelehrt
Var.: *trop bien informé* (sachant tout ce qui se passe)

208) Var.: *anxieux*
Anxieux implique un état psychologique d'attente d'un événement désagréable.
Peureux met trop l'accent sur le manque de courage.
Angoissé est l'état de celui qui ressent une oppression physique accompagnée d'une sensation psychique douloureuse.

209) Var.: *homme sans patrie*

210) Var. plus terne: *qui ne reste pas longtemps au même endroit*
Noter: die Aufenthaltserlaubnis = *le permis de séjour*

211) *Le passager,* c'est la personne qui emprunte un moyen de transport.

212) Var.: *de notre temps* (expression plus générale)

213) Eviter l'expression *sans encens* à cause de l'assonance.
Noter le verbe *encenser:* flatter avec excès.

BIBLIOGRAPHIE

Damourette, J. et Pinchon, E.: *Des mots à la pensée*. Paris (éd. d'Artrey) 1968.

Georgin, R.: *Difficultés et finesse de notre langage*. Paris (A. Bonne) 1954.

Giraud, J., Pamart, P. et Riverain, J.: *Les mots dans le vent*. Paris (Larousse) 1971.

Gougenheim, G.: *Système grammatical de la langue française*. Paris (éd. d'Artrey, Bibliothèque du «français moderne») 1938.

Grevisse, M.: *Le bon usage*. Gembloux (Duculot) 1964.

Imbs, P.: *L'emploi des temps verbaux en français moderne*. Paris, 1960.

Klein, H.-W.: *Schwierigkeiten des deutsch-französischen Wortschatzes*. Stuttgart (Klett) 1968.

Kleineidam, H. et Gottschalk, W.: *Französische Synonymik*. Munich (Hueber) nouvelle édition 1972.

Malblanc, A.: *Stylistique comparée du français et de l'allemand*. Paris (Didier) 1963.

Mauger, G.: *Grammaire pratique du français d'aujourd'hui*. Paris (Hachette) 1970.

Truffaut, L.: *Grundprobleme der deutsch-französischen Übersetzung*. Munich (Hueber) 1968.

Wagner, R. L. et Pinchon, J.: *Grammaire du français classique et moderne*. Paris (Hachette) 1963.

Dictionnaires:

Bailly, R.: *Dictionnaire des synonymes de la langue française*. Paris (Larousse) 1957.

Bénac, H.: *Dictionnaire des synonymes*. Paris (Hachette) 1956.

Bertaux, F. et Lepointe, E.: *Dictionnaire allemand-français*. Wiesbaden (Brandstetter) 1963.

Grappin, P.: *Dictionnaire moderne, français-allemand et allemand-français*. Paris (Larousse) 1963.

Hanse, J.: *Dictionnaire des difficultés grammaticales et lexicologiques*. Bruxelles (Les éditions Baude) 1949.

Langenscheidts *Großwörterbuch Deutsch-Französisch*. Berlin, München, Zürich, 2. Auflage 1970.

Littré, E.: *Dictionnaire de la langue française*. Paris (Gallimard/Hachette) 1963.

Maquet, C.: *Dictionnaire analogique*. Paris (Larousse) 1936.

Nouveau petit Larousse. Paris (Larousse) 1975.

Robert, P.: *Dictionnaire alphabétique et analogique de la langue française*. Paris, 1970.

Thomas, A. V.: *Dictionnaire des difficultés de la langue française*. Paris (Larousse) 1956.

Hueber Hochschulreihe, Band 24

Nadine Kölsch

Frankreich in der deutschen Presse

Übersetzungstexte. 159 Seiten, kart, Hueber-Nr. 3116

Der Band kommt dem Wunsch zahlreicher Studenten entgegen, neben literarischen Texten auch Presseartikel zu übersetzen. Er soll sie mit einem Französisch vertraut machen, das ihnen überall im öffentlichen Leben begegnet. Die Texte sind daher für zukünftige Dolmetscher und Übersetzer besonders interessant.

Inhaltlich bieten die Artikel Informationen über Frankreich: über seine politischen, wirtschaftlichen und sozialen Probleme, über sein Schulwesen und Aspekte seines kulturellen Lebens. Sie können somit auch als Grundlage für das freie Gespräch über die jeweiligen Themen dienen.

Hueber Hochschulreihe, Band 31

Louis Truffaut

Exercices de stylistique

244 Seiten, kart., Hueber-Nr. 3117

Dieses Arbeitsbuch bietet Studenten der Romanistik und der Dolmetscherinstitute vielfältigen Übungsstoff zu allen Schwierigkeiten und Feinheiten der französischen Sprache. Jede der 137 Übungen ist einem anderen Aspekt gewidmet. Oftmals werden dem gerade behandelten Problem Erläuterungen beigegeben.

MAX HUEBER VERLAG ISMANING BEI MÜNCHEN